Brinkmann: Die unsichtbare Faust des Marktes

Ulrich Brinkmann

Die unsichtbare Faust des Marktes

Betriebliche Kontrolle und Koordination im Finanzmarktkapitalismus

Bibliografische Information der Deutschen Nationalbibliothek

Die Deutsche Nationalbibliothek verzeichnet diese Publikation in der Deutschen Nationalbibliografie; detaillierte bibliografische Daten sind im Internet über http://dnb.d-nb.de abrufbar.

ISBN 978-3-8360-3576-7

Umschlagbild: Stephen M. Johnson, Torrance, California. Abgedruckt mit freundlicher Genehmigung des Urhebers.

Druck: Rosch-Buch, Scheßlitz

Printed in Germany

Inhalt

1. Einleitende Bemerkungen

In den letzten zwei Dekaden haben die Debatten über Krise und Zusammenbruch des Staatssozialismus einerseits und über Ausmaß und Folgen der forcierten Globalisierung andererseits auch die Diskussion um die Zukunft der regulierten Kapitalismen stark entfacht. Ob etwa als Auseinandersetzung über die Zukunft sozialstaatlicher oder partizipatorischer Institutionen im globalen Wettbewerb (Albert 1992; Crouch/Streeck 1997; Dörre 2002b), ob als Bestandteil der Debatte über die Varieties of Capitalism (Hall/Soskice 2001) oder in einer evolutionstheoretischen Interpretation ökonomischer und kultureller Selektionsprozesse (Windolf 2002): Nach einer langen Phase vergleichsweise stabiler Entwicklungsprozesse im „Goldenen Zeitalter" des Fordismus (Hobsbawm 1995: 558ff.; Lipietz 1998a) spiegelt sich in allen Debatten, dass viele gesellschaftliche Übereinkünfte zu normativen Grundvorstellungen und prozessualer Koordination in Frage gestellt werden. Lange Zeit sah es so aus, als ob etwa die Ausweitung sozialstaatlicher Sicherungen und Stabilisierungen eine unaufhaltsame Zwangsläufigkeit sei, die auch als gesellschaftlicher Konsens in Stein gemeißelt zu sein schien. Dieses Blatt hat sich mittlerweile gewendet: Was in den letzten Jahren in vielen gesellschaftlichen Bereichen unter den Stichworten „Eigenverantwortung", „Entbürokratisierung" oder „Flexibilisierung" im Gewande von Reformbemühungen diskutiert und in die Tat umgesetzt wurde, stellt oftmals eine paradigmatische Kehrtwende von bisherigen Vergesellschaftungsprozessen dar. Vorbereitet und begleitet wurden diese real(politisch)en Veränderungsprozesse auf der gesellschaftlichen Ebene stets durch „eine immense gesellschaftliche Definitionsarbeit" (Boltanski/Chiapello 2003: 50), die zur „Normalisierung" des Bruchs, seiner Ziele und Ergebnisse beitrug.

Bevor sich der vorliegende Text den Wandlungsprozessen in den Unternehmen, seinem zentralen Untersuchungs- und Erklärungsgegenstand, zuwendet, ist es daher notwendig zu fragen, was sich in deren Umfeld verändert hat.

Die Kapitel 2 (zur Entwicklung des Finanzmarktkapitalismus) und 3 (zur ostdeutschen Transformation) des vorliegenden Buchs erfüllen deshalb zur Klärung dieses Umbruchs gleich drei wichtige Funktionen:

- Sie stellen den Wandel von Unternehmen und Betrieben in einen gesellschaftlichen Kontext und bieten damit für viele jener Veränderungsinitiativen Erklärungen an, die ihren Ursprung außerhalb der Organisation haben.
- Sie zeichnen eine historische Linie und helfen damit erst, ein Verständnis für Ausmaß und Tiefe des Wandels zu gewinnen.

– Sie verweisen mit dem Untergang des Realsozialismus und dem Aufstieg des Finanzmarktkapitalismus auf zwei der zentralen Triebkräfte, die den Ablösungsprozess vom Nachkriegsfordismus befördern.

In Kapitel 2 („Vom Fordismus zum Finanzmarktkapitalismus") wird zu diesem Zweck die organisationale Prioritätenverschiebung hin zu Maximen der Wertsteigerung und Methoden der Marktzentrierung als Ausdruck einer betrieblichen Verarbeitung des Wandels zum Finanzmarktkapitalismus interpretiert. Zu dessen wichtigsten Kennzeichen zählen etwa die Aufkündigung des „fordistischen Versprechens" der Nachkriegszeit, der Wandel der Corporate Governance vieler Unternehmen oder auch die Re-Kommodifizierung der Arbeitskraft, u.a. mit deutlichen Prekarisierungstendenzen (vgl. dazu ausführlich: Brinkmann et al. 2006). Der Aufstieg neuer professioneller Eigentümer (wie der Fonds) führt zu hohen Renditeforderungen, die sich an Finanzmarktkriterien orientieren und die oft von der Konzernmutter auf die Tochterunternehmen bis hin zu deren Untereinheiten und einzelnen Beschäftigten heruntergebrochen werden.

Ein solcher Wandel setzt auch ein neues Denken voraus. Erst die Dominanz der „übriggebliebenen" Großideologie des Neoliberalismus nach dem Zusammenbruch des Realsozialismus konnte eine solch strenge Marktzentrierung und Wertsteuerung von Unternehmen forcieren. In diesem Sinne sind die von einigen wenigen hellsichtigen Autoren (wie Hobsbawm) schon früh prognostizierten Rückwirkungen des Verschwindens des Systemgegensatzes auf den Westen der Gegenstand des Kapitels 3 (Ostdeutschland als Laboratorium des „Markttests").

Der gesellschaftliche „Großversuch" (Giesen/Leggewie 1991) der ostdeutschen Transformation wird hier als Elitenprojekt und überdimensionales Labor zur Durchsetzung einer neoliberalen Idee des deregulierten Marktkapitalismus gedeutet: Der allgegenwärtige „Markttest" (so der Sachverständigenrat zur Begutachtung der gesamtwirtschaftlichen Entwicklung) im Zuge der praktizierten „Schocktherapie" entschied nicht nur konkret über das Weiterbestehen ganzer industrieller Standorte in Ostdeutschland, sondern – so das Argument – mutierte seither auch zum Katalysator gesamtdeutscher Transformationsprozesse. Statt wie in der Tradition des friedlichen Wandels in Ostdeutschland auf demokratische oder beteiligungsorientierte Verfahren zu setzen, herrschte eine ökonomische Engführung vor, die einen wichtigen Katalysator der Marktzentrierung darstellte. Die ostdeutschen Bundesländer wurden im Zugriff jener Eliten damit zum „Laboratorium des Westens" deklariert. Anhand zweier einflussreicher Akteure wird dieses „Labormaus"- bzw. „Minenhund"-Argument in Kapitel 3 ausdifferenziert.

In beiden Kapiteln wird auch die ideologische Einbettung gesellschaftlicher Umbruchprozesse deutlich: So selbstverständlich sozialer und arbeitspolitischer Fortschritt im späten Fordismus erschien, so „naturgemäß" und scheinbar alternativlos kam der Abschied von seinen Traditionen daher. Wenn im Text etwas vom Erstaunen des Autors über diese durchgreifende Naturalisierung sozialer Prozesse durchschimmert, so ist das nicht ungewollt. Ein breites Bewusstsein über die problematischen Implikationen dieser Art politischen und ökonomischen Handelns jedenfalls scheint erst in Momenten krisenhafter Zuspitzung zu entstehen (so bei der sich abzeichnenden ostdeutschen Deindustrialisierung oder im Zeichen der Finanzmarktkrise 2008ff.).

Der vorliegende Text kann den betrieblichen Bruch mit dem Fordismus natürlich nicht allumfassend darstellen; er nähert sich ihm daher über unterschiedliche Dimensionen und Gegenstände, die exemplarisch für die neue betriebliche Unübersichtlichkeit stehen, da sie viele alte Gewissheiten in Frage stellen. Die Untersuchung wird von der Frage nach den Ursachen und Auswirkungen des konzeptionell vorgedachten und mittlerweile empirisch vorfindbaren Wandels betrieblicher Kontroll- und Koordinationsmodi geleitet.

Das anschließende Kapitel 4 („Die Verschiebung der Marktgrenzen“) erfüllt im Buch daher den besonderen Zweck eines Angelpunktes (vgl. Abb. 1). Hier wird der Analyseansatz entwickelt, der an die dargelegten gesellschaftlichen Prozesse und die zeitgenössischen Debatten zur Unternehmenssteuerung anknüpft. Es wird festgehalten, dass sich Gesellschafts-, Mikro- und Subjektpolitik wechselseitig abstützen und über den Austausch von Ideologemen, inhaltlichen Versatzstücken und Argumentationslogiken anschlussfähig halten.

Abb. 1: Aufbau der Arbeit

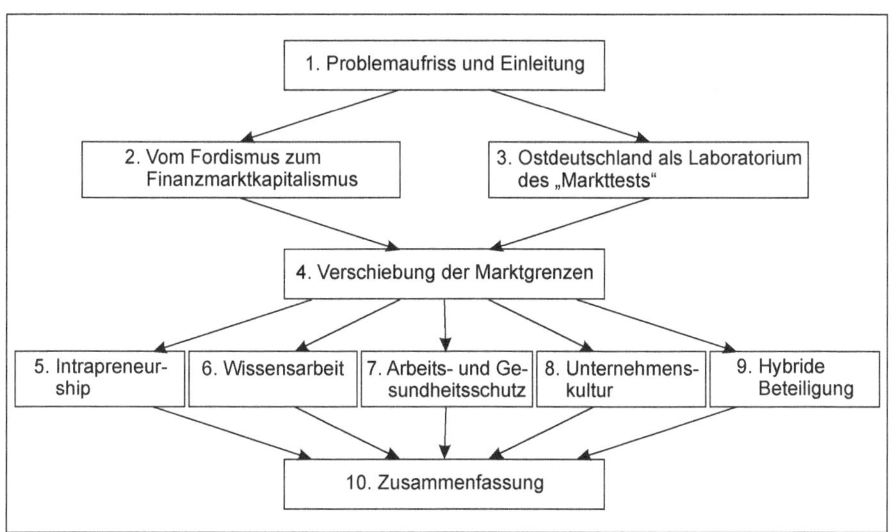

Die Agitation für den Markt, der geradewegs zu einem sozioökonomischen Supraleiter erklärt wird, schlägt sich nach 1989 schrittweise mit der Durchsetzung neuer Kontroll- und Koordinationsmodi in den Unternehmen nieder, Widerstand wird oft mit Verweis auf das Scheitern ökonomischer Planungsprozesse (im Realsozialismus) attackiert.

Der seither einsetzende Wandel erscheint vielen Beobachtern ex-post wie eine Naturgewalt. Dies hängt auch damit zusammen, dass sich die Marktzentrierung in der Regel als teleologischer Sachzwang inszeniert. In dieser Betrachtung steckt aber die Gefahr einer Verdinglichung sozialer Vorgänge, zumal sich ein solcher Sachzwang empirisch gar nicht verifizieren lässt. Denn das Verhältnis von oder die Entwicklungsrichtung zwischen marktförmiger und nicht-marktförmiger Regulierung ist keineswegs vorgegeben – sie ist gesellschaftlich (vgl. dazu auch das Landnahme-Theorem von Dörre in Dörre et al. 2009) genauso wie betrieblich umkämpft. Diese Prozesse werden daher nicht als „Vermarktlichung", sondern als „Marktgrenzenverschiebung" definiert, bei der die Akteure (als Grenzverschieber) und ihre Strategien in den Blick genommen werden. In diesem Verständnis werden Märkte eben nicht (nur) als ein Schnittpunkt von Angebot und Nachfrage konzipiert, sondern stellen eine soziale, kulturelle und politische Konfiguration dar. Das bedeutet:

Die Bezugnahme auf den Markt kann diesem Gedanken folgend auf den unterschiedlichen Ebenen wie „Gesellschaft", „Organisation" und „Subjekt" als politischer Prozess begriffen werden, bei dem es um die inszenierte und/oder materiale Verschiebung von Marktgrenzen geht, die das Verhältnis der Organisation zu ihrer Umwelt aber auch das Innenleben der Betriebe neu definiert. Ganz unterschiedlich wirkende Phänomene wie Outsourcing, Leiharbeit, Reduzierung auf das Kerngeschäft oder die Verbreitung des Werkvertragswesens können in diesem Sinne als Marktgrenzenverschiebungen verstanden werden. Stets gilt, wie in Kapitel 4 dargelegt wird: Die politische Machtauseinandersetzung um die Verschiebung von Marktgrenzen spielt sich immer auf zwei analytisch unterscheidbaren Ebenen ab: der Gestaltung der konkreten Reorganisationsprozesse ebenso wie der Auseinandersetzung über die Definitionsmacht im Kontext einer Politik der Bedeutungsstiftung („politics of signification", vgl. dazu Hall 1982).

Ein besonders augenfälliges Beispiel betrieblicher Signifikationspolitik wird in Kapitel 5 („Die neue Unternehmerkultur und der ‚Intrapreneur' – zum Wandel der Rollen[vor]bilder") skizziert. Die klassische tayloristisch-fordistische Konzeption der Shop-Floor-Beschäftigten (vor allem am Fließband) zeichnete sich vor allem dadurch aus, dass diese primär dequalifizierte Tätigkeiten vollzogen. Die Trennung von Hand- und Kopfarbeit wurde damit ebenso zu einem konstitutiven Merkmal wie der Schutz der Beschäftigten vor direkten (Arbeits-)

Marktkräften – letzteres vor allem als Resultat von Klassenkämpfen und anderen sozialen Auseinandersetzungen.

Dass dieser „fordistische Normalarbeiter“ in Betrieben, die auf Marktzentrierung und Wertsteuerung ausgelegt sind, kein adäquates Rollenvorbild mehr sein könnte, ist geradezu eine notwendige Implikation dieses Umbruchs. Schon in den Hochzeiten des Fordismus verkörperte dieser Idealtypus vor allem eine normative Abstraktion, von der die empirische Wirklichkeit vieler, insbesondere weiblicher Beschäftigter deutlich abwich. Mittlerweile hat das alte Rollenvorbild des „dekommodifizierten fordistischen Normalarbeiters“ in vielen Unternehmen einen Nachfolger erhalten, der sich deutlich von ihm unterscheidet. Beschäftigte sollen sich dort heute nicht mehr als Befehlsempfänger/innen, sondern als „Unternehmer im Unternehmen“ („Intrapreneure“) verhalten. Diese Übernahme von Elementen der Unternehmertypik wird daher in Kapitel 5 als Verschiebung der Marktgrenzen in die tradierten Rollen hinein interpretiert.

Den Beschäftigten verspricht das neue Rollenvorbild des Intrapreneurs einen Freiheitszugewinn, für das Management stellt es eine zeitgenössische Lösung des klassischen Transformationsproblems von Arbeit einerseits und aktueller finanzmarktkapitalistischer Anforderungen andererseits dar. Allerdings – das soll in diesem Kapitel gezeigt werden – ist dieses Rollenvorbild amorph, in hohem Maße in seinen Anforderungen an die Akteure widersprüchlich, dazu anmaßend, da es auf deren Lebenswelt übergreift. Und es gründet nicht zuletzt auf problematischen Grundannahmen, indem es etwa vernachlässigt, dass erzwungenes Unternehmertum ein Widerspruch in sich ist.

Während sich der Intrapreneur, also der „Unternehmer im Unternehmen“ möglicherweise zum Rollenvorbild für *alle* Beschäftigtengruppen transformiert, wird in Kapitel 6 („Wissensarbeit, Macht und Subjektivierung von Arbeit“) mit den Wissensarbeiter/inne/n eine spezifische Gruppe innerhalb der Belegschaft genauer ins Auge gefasst, die in den vergangenen Jahren immer mehr Aufmerksamkeit erfahren hat und in den Augen vieler Autor/inn/en beinahe zu Garanten betrieblichen und gesellschaftlichen Erfolges stilisiert wurde.

Von Wissensarbeiter/inne/n wird in der Regel erwartet, dass sie den betrieblichen Anforderungen im Finanzmarktkapitalismus am besten gewachsen sind. Denn diese Elite der „informational economy“ zeichnet sich weniger durch ihre hierarchische Stellung als vielmehr durch ein hohes Qualifikationsniveau zur Beherrschung von Ungewissheitszonen, eine Portabilität ihres zentralen Produktionsmittels (Wissen) und eine starke Marktposition aus (vergleichsweise knappes Angebot), was ihnen eine gute Arbeitsmarkt- und innerbetriebliche Machtposition verschafft. Sie entwickelten sich damit schrittweise zu einer Konkurrenz für das Management, das sich im Gegenzug an die Wiederherstellung der traditionellen Machtverhältnisse machte, indem es einerseits auf die konsequente Kommodifizierung von Wissensarbeit zur Erhöhung ihrer Substituierbarkeit und andererseits auf eine quantifizierende Verpreislichung setzte, die der Kontrollverbesserung und Herstellung von Transparenz in einem Bereich dient, der sich traditionell vor allem durch „tacitness" auszeichnet.

Neben dieser Marktsteuerung lassen sich aber noch weitere Strategien der Einbindung, Kontrolle und Entmachtung von Wissensarbeit identifizieren. Das Management setzt dazu der (im Sinne Crozier/Friedbergs) Macht begründenden Ungewissheit der Wissensarbeit eine eigene Strategie entgegen: Die Ungewissheit der Machtbegründung. Das heißt, dass Wissensarbeiter/innen (oft aber auch andere Beschäftigtengruppen) nicht mehr sicher sein können, welche Ressource zu einem Zeitpunkt tatsächlich eine Machtposition begründen darf, da das Management pragmatisch zwischen Kontroll- und Koordinationslogiken pendelt. Zu beobachten ist daher, dass sich unterschiedliche Kontrollmodi chronologisch oftmals nicht ablösen, sondern vielfach nebeneinander wirken. Auch dies ist ein Hinweis darauf, dass wie oben dargelegt eine einseitige wissenschaftliche Fokussierung von „Vermarktlichungsprozessen" relevante Bestandteile der Wirklichkeit ausblendet.

Mit dem Arbeits- und Gesundheitsschutz (AGS) als betrieblichem Querschnittsbereich befasst sich das Kapitel 7 der vorliegenden Arbeit. Auch hier stellt sich die Frage nach den Auswirkungen des Wandels der Kontroll- und Koordinationsmodi auf die Institutionen und Prozesse, die die Gesundheit der Belegschaften sichern sollen. Ein Kennzeichen fordistischer Vergesellschaftung, das man auch als Bestandteil des fordistischen Versprechens interpretieren kann, war die Tendenz zur Einhegung warenförmiger Vernutzung von Gesundheit. Im Zuge des einsetzenden Wandels zur Marktzentrierung und Wertsteigerung wird auch dieses Versprechen nun oftmals von Unternehmensseite aufgekündigt. Gleichzeitig lässt sich auch auf der Ebene der zuständigen Politik eine Strategie der „Flexibilisierung" und „Entbürokratisierung" beobachten, die zentrale Regelungen aufgibt und die Gestaltung des AGS an die Betriebsparteien delegiert. In Kapitel 7 wird dargelegt, dass der staatliche Ordnungsrahmen zum AGS nicht mehr regelmäßig wirksam durchgesetzt werden kann, denn in einem Zustand weitgehend fehlender konkreter Normensetzung und -durchsetzung sind Unternehmer und Geschäftsleitungen in der Regel in einer machtvolleren Position. Trotz und auch wegen dieser Entwicklung finden sich vielgestaltige widerständige Haltungen und Praxen gegen diese Variante avisierter Marktgrenzenverschiebung, die sich entweder durch eine Strategie der Rückbesinnung auf traditionelle (fordistische) Regulierungen als Referenz oder durch Strategietypen auszeichnen, die sich die Marktlogik offensiv zu Eigen machen möchten.

Die Kapitel 8 und 9 behandeln abschließend zwei alternative Logiken betrieblicher Koordination im Wandel. In Anlehnung an die von Hirschman entwickelte Exit-Voice-Loyalty-Heuristik werden Loyalty (als Unternehmenskultur) und Voice (Partizipation, Mitbestimmung) in ihren aktuellen Ausprägungen und Konzeptionen analysiert.

Die Leitfrage von Kapitel 8 („Unternehmenskultur“ als Kitt der marktzentrierten Organisation?) ist dabei, ob und inwieweit durch Marktzentrierung desintegrierende Organisationen über managementinduzierte Kulturinitiativen wieder reintegriert werden können. Das Konzept der Unternehmenskultur war zu Beginn der 1980er Jahre zunächst als Strategie zur Funktionalisierung von Kultur zur Produktivitätssteigerung und gleichzeitig als Humanisierungsangebot für die Beschäftigten entworfen worden. Sein zwischenzeitiger Abstieg lag unter anderem in der Enttäuschung der Beschäftigten über den situativen Charakter von Partizipationsangeboten, die auf einem instrumentellen Kulturverständnis basieren, und in Neuorientierungen des Managements begründet (Shareholder-Value, „Re-Taylorisierung“ u.ä.). Seit Ende der 1990er Jahre lassen sich aber neue Versuche des Managements zur kulturellen Reintegration zentrifugal zerbröselnder Markt-Organisationen identifizieren. Unternehmenskultur soll nunmehr oft als Kitt der marktzentrierten Organisationen dienen. Dem desintegrativen Unternehmenskonzept vom „Binnenmarkt“ wird damit ein integrierendes Vergemeinschaftungskonzept eines „Culture Club“ zur Seite gestellt, was man als einen Versuch interpretieren kann, den von Hirschman identifizierten Loyalty-Faktor innerbetrieblich zu nutzen. In vielen Unternehmen lassen sich Anstrengungen beobachten, insbesondere markt- und machtstarke Beschäftigte, also potentielle Exit-Wähler (die jederzeit das Unternehmen verlassen könnten) wie z.B. Wissensarbeiter/innen, über unternehmenskulturelle Anrufungen an die Unternehmen zu binden. Allerdings – so versucht die Argumentation in Kapitel 8 zu zeigen – stehen auch diese Unternehmenskulturinitiativen wiederum auf tönernen Füßen, da sie den abermaligen instrumentellen Rückgriff auf Kultur nicht verhehlen können.

Kapitel 9 („Voice-Organisation, oder: Wie verwirklicht sich das ‚elementare Bedürfnis nach demokratischer Beteiligung’?“) fragt abschließend wiederum unter Bezugnahme auf Hirschman danach, welche Relevanz der Koordinationslogik Voice in diesem Szenario zukommen könnte: Kann Voice eine Alternative zu den bis zu diesem Punkt diskutierten Kontroll- und Koordinationsformen darstellen? Untersucht wird dies am Beispiel der „hybriden Beteiligung“ als vergleichsweiser neuer und ambitionierter Beteiligungsform.

Im Anschluss an Boltanski/Chiapellos Überlegungen zur Künstler- und Sozialkritik wird dazu dargelegt, dass auch auf der betrieblichen Ebene eine Neujustierung des Verhältnisses von repräsentativen und direkten Verfahren der Teilhabe stattzufinden scheint. Denn Teilhabeangebote und Freiheitsräume, die von Exit- und Loyalty-Konzepten in Spiel gebracht werden, fallen offensichtlich bei vielen Beschäftigten auf fruchtbaren Boden, auch wenn sie deren unsicheren Charakter durchaus kritisieren. Neue Formen „hybrider Beteiligung“ können

– so das Argument in diesem Kapitel – ein Scharnier zwischen institutioneller Mitbestimmung und direkter Partizipation darstellen: Seit der Novellierung des BetrVerfG von 2001 stellen die eingefügten Paragrafen § 28 (a) und § 80 Absatz 2 Satz 3 nun abgesicherte Wege zur Verfügung, mit dem Einsatz von „sachkundigen Arbeitnehmern“ und „Arbeitsgruppen“ sowohl den Betriebsräten als Vertretern der sozialkritischen Seite als auch den interessierten Beschäftigten entgegenzukommen, die sich nur situativ und projektförmig engagieren möchten.

In einer repräsentativen Befragung (Auswertung der Daten der WSI-Betriebsrätebefragung) zeigt sich, dass diese neuen Instrumente schon vergleichsweise weit verbreitet sind. In Kapitel 9 wird zudem in Einzelfallstudien dargelegt, dass die betrieblichen Voice-Akteure über Projekte dieser Art mit dem Einbezug vieler Akteure nachhaltigere betriebliche Veränderungsprozesse in Gang setzen und sich gleichzeitig aus ihrer strategischen Defensive befreien können.

Die Analyse der Kapitel 5 bis 9 ist demgemäß von der Suche nach den betrieblichenAuswirkungen des Wandels der Kontroll- und Koordinationsformen gekennzeichnet. Die Folgen der Verschiebung der Marktgrenzen als aktueller Leitidee organisationaler Steuerung aber auch die Kombinationspragmatik des Managements hinsichtlich des gleichzeitigen Einsatzes ganz unterschiedlicher Kontroll- und Koordinationsformen zeitigen weitreichende Konsequenzen. Die Arbeit versucht in der Vielfalt der beobachtbaren Formen auf den unterschiedlichen Ebenen die zentralen Linien und mögliche Entwicklungsperspektiven aufzuzeigen.

*

Das im Rahmen dieser Arbeit angeführte empirische Material entstammt verschiedenen Forschungszusammenhängen, an denen ich in den letzten Jahren beteiligt war. Mein Dank geht an die Kolleg/inn/en, mit denen ich gemeinsam die Daten erheben und Befunde diskutieren konnte:

Klaus Dörre, Klaus Kraemer und *Frederic Speidel* (Projekt „Desintegration der Arbeit“), *Rainer Benthin* (Projekt „Innovative Unternehmenskulturen“), *Karina Becker* und *Thomas Engel* (Projekt „Partizipatives Gesundheitsmanagement“) und Karina Becker, Thomas Engel, *Maike Schulz* und *Diana Lehmann* (Projekt „Leiharbeit und Gesundheitsschutz“).

In seiner ursprünglichen Fassung ist dieser Text als Habilitationsschrift an der Friedrich-Schiller-Universität Jena eingereicht worden. Mein Dank geht an die Gutachter *Klaus Dörre, Christoph Köhler* und *Rainhart Lang* (TU Chemnitz) für die Begleitung im Verfahren und die hilfreichen Hinweise in den Gutachten, von denen viele auch ihren Weg in diese endgültige Fassung gefunden haben.

Karina Becker und *Alexandra Scheele* haben vor der Abgabe der Habilitationsschrift den Text Korrrektur gelesen und deutlich zur Verbesserung der Lesbarkeit und inhaltlichen Kohärenz beigetragen. Vielen Dank für Eure Mühen!

*

Ich widme das vorliegende Buch meiner Partnerin *Urte Helduser* und meinem Sohn *Phil*, die mich in der Phase der Habilitation und Vertretungsprofessur immer nur viel zu kurz bei sich hatten, wenn ich im Dreieck Kassel – Jena – Trier bei ihnen Station machte.

2. Vom Fordismus zum Finanzmarktkapitalismus

Finanzialisierung als strenge Ausrichtung der Corporate Governance vor allem von Großunternehmen an Kapital- und Finanzmarktimperativen wurde Ende der 1990er Jahre zu einem Thema, als im Zuge der New-Economy-Euphorie der Ruf nach einer stärkeren Shareholder-Value-Orientierung lauter wurde (Froud et al. 2001; Kädtler 2010). Damit erlebte eine Debatte einen Aufschwung, die bereits seit Mitte der 1980er Jahre mit dem Ziel geführt wurde, einem zentralen Problem des „Managerkapitalismus" (Chandler 1977, 1992) zu begegnen, der Interessendivergenz von Prinzipal und Agenten (Pratt/Zeckhauser 1985) durch die Trennung von Eigentum und Kontrolle, die zu einem Machtgewinn des Managements (insbesondere im Fall von Streubesitz) führte. Statt über komplizierte Kontrollmechanismen sollten Manager als Angestellte der Eigentümer auf die Verbesserung der einen performativen Zielvariable einer Wertsteigerung hin festgelegt werden:

> „The primary responsibility of management is to maximize shareholder's total return via dividends and increases in the market price of the company's shares around." (Rappaport 1986: 1; zur Geschichte dieser Denkfigur vgl. Fligstein 1990)

Die Shareholder-Value-Orientierung wurde in den 1990er Jahren zum konzeptionellen Kern des Dominanzzugewinns der Finanzmärkte und ihrer Funktionslogiken im globalen Kapitalismus, auch wenn die nationalen kulturellen und institutionellen Spezifika den Entwicklungspfaden zweifellos einen eigenen Stempel aufdrückten (Hall/Soskice 2001). An dieser Stelle können weder diese Debatte nachgezeichnet noch die Frage diskutiert werden, ob sich an der gewachsenen Dominanz der Finanzmärkte bereits die zentrale Logik einer neuen kapitalistischen Formation oder gar einer neuen Prosperitätskonstellation ablesen lässt. Darüber wurde schon vor der globalen Finanzmarktkrise kontrovers gestritten (vgl. Chesnais 1996; Orléan 1999; Aglietta 2000a; Brenner 2003), in der Februar 2000-Ausgabe von „Economy and Society" entzündete sich beispielsweise eine umfangreiche Diskussion an dieser Thematik (Aglietta 2000b; Boyer 2000; Froud et al. 2000). Für den vorliegenden Zusammenhang aber ist entscheidend, dass die Dynamik der globalen Finanzmärkte als Katalysator für den Wandel der gesellschaftlichen, insbesondere auch der betrieblichen Steuerung hin zu einer stärkeren marktförmigen Logik wirkt:

> „Indem er die Restrukturierungsbemühungen in spezifische Handlungskorridore lenkt und an marktzentrierten Leitbildern und Produktionsnormen ausrichtet, fungiert der Finanzmarktkapitalismus somit tatsächlich als Triebkraft eines nachfordistischen Produktionsmodells." (Dörre/Brinkmann 2005: 87)

Die Implementierung der neuen Steuerungsprinzipien findet dabei sukzessive zunächst in Großunternehmen sowie in Tochterfirmen von oftmals amerikanischen Unternehmen statt, ausschlaggebend ist in vielen Fällen die Umstellung des betriebswirtschaftlichen Controllings der Rechnungslegung auf die General Accepted Accounting Principles (GAAP) bzw. den International Accounting-Standard (IAS, Wagner 2005).

Fasst man das Produktionsmodell als regulationstheoretische Kategorie (z.B. mit Boyer/Durand 1997: Kap. 1), so handelt es dabei um ein Netzwerk sozialer Verhältnisse („Production Model as a Network of Interdependencies"), gekennzeichnet durch eine Kombination spezifischer Managementprinzipien, Organisationsformen und der Regulation von Arbeitsbeziehungen. Diese Kombination als eine „Fundsache" (Lipietz 1985) zeichnet sich durch eine gewisse Stabilität gegenüber den ansonsten vorherrschenden dynamischen Suchprozessen aus; man könnte daher von einem Entsprechungsverhältnis der Corporate Governance, der Arbeitsorganisation, der industriellen Beziehungen, der Unternehmensfinanzierung, des Bildungssystems etc. sowie deren ideologischer/diskursiver Überhöhung durch konzeptionelle Managementmoden sprechen. Das fordistische Produktionsmodell etwa zeichnete sich Boyer (1992; Boyer/Freyssenet 2002) zufolge durch eine Reihe von zentralen konstitutiven Prinzipien aus: die fortschreitende gesellschaftliche Arbeitsteilung und Technisierung von Arbeit, die an die Grundidee der Hierarchie anknüpfende Ausdifferenzierung der Managementfunktionen, eine komplementäre Struktur von massenproduzierenden Großbetrieben und spezialisierten kleineren und mittleren Betrieben sowie eine geradezu stilbildenden Dominanz der Angebots- über die Nachfrageseite, oder allgemeiner gefasst: der Produktions- über die Marktökonomie (am Beispiel von IBM: Boyer/Durand 1997: 14f.). Der letzte Aspekt verweist auf das Kennzeichen einer Dekommodifizierung, also einer relativen Abkopplung betrieblicher Abläufe (Produktion, Berufswege, Beschäftigungsverhältnisse der „fordistischen Normalarbeiter") von direkten Marktanforderungen und -risiken. Die vergleichsweise Homogenität der großen Stammarbeiterschichten etwa in Bezug auf ihre Interessenlagen innerhalb eines dergestalt strukturierten Großunternehmens erleichterte es den Gewerkschaften als Massenorganisationen einen bedeutenden Einfluss auch auf die Corporate Governance dieser Organisationen auszuüben. Die damit verbundenen Aushandlungsprozesse führten sowohl zu einer Stabilität der Prozesse der Unternehmenssteuerung als auch zu einer relativ starken Wohlstandsentwicklung der betroffenen Beschäftigten (vor allem also jener in „Normalarbeitsverhältnissen", vgl. Mückenberger 1985) über die Teilhabe an Produktivitätsfortschritten und über Umverteilungsprozesse. Dies ging allerdings mit einer Akzeptanz von Arbeitsbedingungen einher, die nicht selten entfremdend und gesundheitsschädigend waren.[1] Dieses „erkaufte Erdulden“ seitens der Beschäftigten markierte die zentrale Logik des kompromissförmigen „fordistischen Versprechens“ (Hirsch/Roth 1986), oder um es mit Friedman (2000: 60) zu formulieren:

> „Workers accepted the harsh conditions of the labour process and management's right to organise and reorganise based on new technology. In return, workers received high and regularly rising wages, as well as certain general guarantees of employment security, at least for long-serving employees.“

Dekommodifizierte Erwerbsarbeit nahm in diesem fordistischen Produktionsmodell daher eine zentrale Position ein (Castel 2000); sie war ein konstitutives Element des „Produktivitätspakts zwischen Lohnarbeit und Kapital“ (Boyer 1990: 182) und stellte für einen großen Teil der Beschäftigten nicht nur ein diskursiv geteiltes Leitbild dar, sondern bescherte vielen von ihnen eine vergleichsweise hohe Beschäftigungssicherheit mit abgesicherten materiellen, sozialen und betrieblichen Partizipationsrechten. Gleichzeitig sorgte die Nachfrage (schon von Henry Ford „im kleinen“, also mikroökonomisch propagierten Bereich) auch gesamtgesellschaftlich für einen Stabilitätseffekt: so zielte die Einführung des Fünf-Dollar-Tages in Fords Highland-Park-Fabrik nicht nur auf die Schwächung der Gewerkschaften und die Eindämmung der hohen Beschäftigtenfluktuation, sondern eben auch auf die Stärkung der Nachfrage nach dem „Model T“ durch die Beschäftigten selbst. Dieses „sell what has already been produced“ (Boyer/Durand 1997: 12) führte wiederum aufgrund der Skaleneffekte zu Preissenkungen und Absatzsteigerungen, so dass Ford selbst ironisch sinnieren (lassen) konnte, dass die Lohnerhöhung vermutlich seine effizienteste Kostensenkung gewesen sei (Ford 1923: 171). Auf die Gesamtformation bezogen stützte im Fordismus somit ein wachsender Massenkonsum die Massenproduktion ab (vgl. Bruch 1997: 203; Aglietta/Rebérioux 2005: 12f.), Konsum wurde nachgerade und nicht nur in den USA in dieser Periode geradezu als „patriotic duty“ apostrophiert (Reich 1992) und stellte einen weiteren eingebauten Stabilisator (Hübner 1990: 196) in der fordistischen Formation dar.

Unterscheidet man nun idealtypisch – wie beispielsweise in der angloamerikanischen Debatte (vgl. Freeman 1995; Marsden 1995; Dore 1996) – zwischen den Pfaden „low pay, low skill, price competition“ und „high quality, high skill, high wage“, so ist das westdeutsche Modell, das sich nach dem Zweiten Welt-

---

1 Auch in diesen betrieblichen Feldern gab es selbstverständlich niemals Stillstand, sondern politische Prozesse kollektiver Willensbildung und neokorporatistischer Auseinandersetzungen (Schmitter 1979; Esser 1982), die in Veränderungen mündeten. Man denke dabei an Programme wie die „Humanisierung des Arbeitslebens“ oder die zahlreichen ausdifferenzierenden Verbesserungen im Arbeits- und Gesundheitsschutz.

krieg herausbildete, dem zweiten Typ zuzuordnen. Es verkörperte, wie Streeck noch 1997 resümierte, eine erfolgreiche Kombination von „competitive efficiency with high economic equality and social cohesion“ (1997: 42). Auch die Herrschafts- und Kontrolllogik des Managements waren in dieser Variante eines „kooperativen Kapitalismus“ (Windolf/Beyer 1995) traditionell weniger strikt ausgeprägt und stark an verbriefte industrielle Rechte oder bindende informelle Praktiken gebunden.

Die „tyranny of finance“ löst den „kooperativen Kapitalismus“ ab

Sieben Jahre später sieht Streecks Analyse düsterer aus; Deutschland stecke nunmehr in einer „high equilibrium trap“:

> „the same institutions that once provided for economic prosperity and social cohesion today impede adjustment and stand in the way of a sustainable response to new problems.“ (Kitschelt/Streeck 2004: 1)

Mit dem Aufbrechen dieses eingespielten Entsprechungsverhältnisses scheint sich das tradierte Produktionsmodell aufzulösen (Dörre 2001c). Selbst in seinen Phasen der Stabilität ist ein Produktionsmodell nicht durch simple Kausal- oder Ableitungsbeziehungen seiner konstitutiven Elemente gekennzeichnet. Ein Entsprechungsverhältnis zwischen seinen unterschiedlichen Elementen ist daher nicht als *gegeben* oder *zwangsläufig* verstehbar, sondern immer als ein politischer und mikropolitischer Prozess, der sich insbesondere in Phasen der Neuformierung dynamisiert. Die Akteure in Politik, Verbänden, Medien und eben auch in den Unternehmen handeln dabei nach eigenen Logiken, sie sind „relativ autonom“ auch in ihrer Prioriätensetzung, lassen sich also nicht auf einzelne Grundverhältnisse reduzieren. In komplexen diskursiven und realpolitischen Machtauseinandersetzungen kann dabei aus dieser oftmals kakophonen Vielstimmigkeit eine neue stabile, gegebenenfalls auch hegemoniale Konstruktion entstehen, die an einem wachsenden Grad von Kohärenz erkennbar ist, gekennzeichnet etwa durch isomorphe Unternehmensstrukturen insbesondere in den Leitbranchen (DiMaggio/Powell 1983), durch Prozesse der Institutionalisierung (Lipietz 1998b; Aglietta 2000a) neu gefundener Übereinkünfte sowie durch eine Dauerhaftigkeit der neuen Spielregeln und Ressourcen (Crozier/Friedberg 1994 [1979]) in den Organisationen selbst. Eingeschränkt wird die „relative Autonomie“ der Handelnden natürlich durch die systemspezifischen Struktur- und Funktionslogiken: Auf die Dauer etwa kann sich ein Management-Akteur ceteris paribus nicht erfolgreich behaupten, ohne dass das Unternehmen Profite erwirtschaftet oder zumindest Verluste verringert.

Als „weiche Vereinheitlichungsfaktoren“ wirken zudem kulturelle Leitbilder und Moden (Abrahamson 1996) sowie Mythen (Deutschmann 1997), an denen sich die Akteure orientieren. Es hat sich gezeigt, dass insbesondere dieser kulturelle Faktor von einer außergewöhnlichen Beständigkeit ist (Brinkmann 2002b). Die Langwierigkeit des „Escape from Fordism“ (Bakker/Miller 1996) hängt also von den Akteursdispositionen ebenso ab wie von der Bedeutung der jeweiligen Branche, der Ausprägung der Machtkonstellationen (der betrieblichen und überbetrieblichen industriellen Beziehungen, aber auch der einzelnen Eigentümer- und Managementkoalitionen) sowie von der Persistenz einer langjährig hegemonialen Kultur des kooperativen und koordinierten Kapitalismus.[2]

Die auf das fordistische Modell aufprallenden neuen Anreize müssen freilich organisationsintern und auch zwischen Unternehmen keineswegs einheitlich verarbeitet werden. Das gilt für den Reorganisationsdruck seit den 1980er Jahren, als sich viele Produktmärkte aufgrund relativer Marktsättigungen von einem Verkäufer- zum Käufermarkt transformierten und damit einen verschärften Kostendruck induzierten, auf den viele, aber keineswegs alle Unternehmen mit Varianten von „lean production“-Konzepten reagierten (Womack et al. 1992; kritisch dazu: Dörre 1997). Das gilt aber ebenso für den Druck durch die globalen Finanzmärkte. Denn bis sich bei vielen Akteuren tatsächlich eine „tyranny of finance“ (Froud et al. 2002) nachhaltig in der Habitualisierung von Zwängen verfestigt, kann eine längere Zeit vergehen. Nichtsdestoweniger ist erkennbar, dass die tradierten „fordistischen“ Verhaltensmuster und Organisationsstrukturen immer stärker diskursiv von einem „neuen Geist des Kapitalismus“ (Boltanski/Chiapello 2003) herausgefordert werden, dessen zentrale Botschaft ein weit reichender Glaube an den Markt als Koordinationsform ist (Aglietta/Rebérioux 2004). Vorgetragen wird er von interessierten Akteuren, deren Ziel es ist, die finanz- und betriebswirtschaftliche Logik auf weite Bereiche der Gesellschaft, Unternehmen und Individuen auszudehnen.

Die augenfällige Dominanz der Kapital- und Finanzmärkte liegt nicht zuletzt in ihrem starken Größenwachstum der vergangenen Dekade begründet. Eine scherenförmige Vermögensentwicklung (vgl. z.B. Deutsches Institut für Wirtschaftsforschung 2008) sowie eine staatliche Förderung von kapitalbasierten Privatrenten führte dazu, dass in großem Umfang frei werdende Mittel neue Verwertungsmöglichkeiten suchten und diese in den Finanzmärkten fanden, die wiederum mit der Schaffung immer neuer, aufeinander aufbauender Produkte (Collateralized Debt Obligations u.a.) auf die wachsende Nachfrage reagierten. Diese Verbriefungskaskaden ermöglichten einerseits ein enormes Größenwachs-

---

2 Verharrt man nur einen Moment bei diesem Bündel von Argumenten, so wird deutlich, dass die ostdeutschen Bundesländer als großes Experimentierfeld eine zentrale Rolle für das Verständnis des deutschen Weges darstellen (vgl. Kap. 3).

tum der Märkte; seit den 1990er Jahren fand damit eine regelrechte Entkopplung der weltweiten Finanzmärkte von der globalen BIP-Entwicklung statt (Aglietta/Rebérioux 2004; Le Monde diplomatique 2006). Zudem sicherten sie für einen gewissen Zeitraum auch außergewöhnlich hohe Eigenkapitalrenditen von nicht selten 15 bis 25 Prozent, die eine starke Ausstrahlungskraft auf die Gesamtwirtschaft ausübten (Windolf 2008). Auf der einen Seite lassen sich also Verselbstständigungstendenzen der Finanzsphäre ausmachen, andererseits gibt es zunehmende und enge Wechselbeziehungen zwischen Real- und Finanzwirtschaft, denn das Niveau der Rendite hat vermittelt über den Konkurrenzmechanismus direkte Rückwirkungen auf eben diese. Auch hier verlangen viele Eigentümer eine analoge Renditeentwicklung – von der Konzernmutter werden diese Vorgaben dann in der Regel auf die Unternehmenstöchter bis hin zu deren Untereinheiten heruntergebrochen. Dies gilt insbesondere für börsennotierte Unternehmen, bei denen es für institutionelle Eigentümer auch eine kurzfristige Exit-Option gibt. Zu diesen zentralen Akteuren in diesem Feld haben sich in den letzten Jahren auch im Rheinischen Kapitalismus die Investment- und Pensionsfonds entwickelt, deren Wirken in den unterschiedlichen Unternehmen auffällige Vereinheitlichungsprozesse hin zu einer marktzentrierten Steuerung sicher stellte. Den Bedeutungszuwachs dieser Investoren auch in einem koordinierten Wirtschaftssystem verdeutlichen die Studien von Beyer (2003) und Höppner (2003) – in ihm spiegelt sich zugleich der Bedeutungsverlust des für die rheinische Variante des Fordismus konstitutiven Bausteins eines „relational contracting" zwischen dem Unternehmen und „seiner" Hausbank und damit der tendenziellen Umstellung der Unternehmensfinanzierung von Krediten (dem „geduldigen Kapital" der Banken, vgl. Windolf 2005b) auf Aktien.

Die Unternehmen profitieren auf diese Weise einerseits von den neuen Finanzierungsmöglichkeiten, gleichzeitig geraten sie aber zunehmend unter den Druck dieser neuen Kapitalgeber (Sablowski/Rupp 2001; Sablowski 2005). Diese sorgen vielfach dafür, dass sich eine straffe an ihren Interessen als Shareholder ausgerichtete Corporate Governance etabliert, die etwa sicher stellt, dass der Verkauf der betrieblichen „underperformer" eingeleitet werden. Das neue Steuerungsprinzip lässt sich daran verdeutlichen: Indem man die im früheren Deutschen Modell gängige Praxis (einer Art Quersubventionierung) nunmehr als den Gewinn verschleiernde „Fehlallokationen" apostrophiert und damit geradezu einen „Diebstahl" an den Shareholdern insinuiert, gelingt es zwar einerseits, diesen internen Kapitalmarkt auszutrocknen und die frei werdenden Mittel einer einmaligen Renditeerhöhung zuzuführen. Andererseits dockt man damit *direkt* an die Schwankungen der externen Kapitalmärkte und damit auch an das darin enthaltende Krisenpotential an.

Der innerbetriebliche Umstellungsprozess folgt dabei in der Regel einem einfachen Schema: Ein erster Schritt ist zumeist die Identifizierung jener unternehmensinternen Quersubventionierungen und die daran anknüpfende Neubewertung jedes Bereichs auf seinen Beitrag zur Wertsteigerung der Gesamtorganisation. Um das Value-Adding-Prinzip dieser Art implementieren und kontrollieren zu können, bietet sich aus Sicht der Kapitalgeber eine möglichst enge Rückkopplung der einzelnen betrieblichen Einheiten an den Markt an. Dieses Durchstellen der externen Marktimperative findet seine nicht unbedingt zwangsläufige, aber „idealtypische“ Besiegelung in einem Outsourcing der betroffenen Abteilung, sofern diese nicht zum definierten Kerngeschäft gehört. Marktzentrierung meint aber auch die Hereinnahme von Konkurrenz- und Marktmechanismen in das Unternehmen selbst, indem frühere, vor allem bürokratische Koordinations- und Kontrollmodi umgestellt oder ergänzt werden mit internen Verrechnungspreisen oder marktorientierten Anreizsystemen, die den Akteuren die Imperative einer verstetigten Konkurrenz aufzwingt (Sauer/Döhl 1996).

Der Steuerungsvorgang erfährt damit eine geradezu dramatische Komplexitätsreduktion, indem vormals ausdifferenziert gelenkte Prozesse zu einzelne Erlös- und Renditeziffern verdichtet werden. Auf der Ebene der Betriebsstrukturen wird damit ein Vorgang nachgeholt, der seinen Ausgang im Wandel der Steuerung des Managementhandelns durch die Einführung stark unterkomplexer erfolgsabhängiger Vergütungen nahm, zu denen Gewinnbeteiligungen, Aktienoptionen, an die Marktentwicklung angepasste Boni- oder Barzahlungen gehörten – Incentives also, mit denen der vermutete Gegensatz zwischen Eigentümer und Manager aufgelöst werden soll.

Die unternehmensinterne Finanzialisierung und die Dezentralisierung der Organisationsstrukturen (Faust et al. 1997; Moldaschl/Sauer 2000; Sauer 2000) stellen demgemäß komplementäre Entwicklungslogiken dar. Die Art und der Grad dieser symbolischen, nicht selten auch realen Dekonstruktion des Unternehmensgebildes durch die Vorherrschaft des Konkurrenzprinzips ist jedoch kein zwangsläufiger Vorgang, sondern wiederum durch politische Prozesse vermittelt (mehr dazu in Kap. 4). Festhalten lässt sich allerdings, dass der Verlust der im Fordismus durchgesetzten Sicherheiten kumuliert auf die abhängig Beschäftigten einwirkt (Lordon 2003) und die fordistisch regulierte, das heißt weitgehend dekommodifizierte Arbeitskraft somit in der Tendenz wieder zu einer normalen Ware transformiert wird. Damit wandelt sich diese zu einer betriebswirtschaftlichen Residualgröße, die mit den üblichen Angebots-Unwägbarkeiten konfrontiert ist. Ein Grund dafür liegt auch im Wandel der betrieblichen Arbeitsbeziehungen, der eher subkutan in einer formal noch intakten Institutionenhülle abläuft: Die bisherigen Kompromisse und Institutionalisierung werden vielfach auf den Prüfstand gestellt und ebenfalls auf ihren Beitrag zur Wertsteigerung hin neu beleuchtet. Sozialer Fortschritt über die Einbindung der abhängigen Arbeit durch materielle und demokratische Teilhabe und Sicherheiten im Fordismus muss sich nun neu rechtfertigen und steht oftmals als Kostenfaktor am Pranger – in dieser Logik stellen demokratische Verfahren der Mitbestimmung in Zeiten der Finanzialisierung einen Wettbewerbsnachteil dar (z.B. bei Schmid/Seger 1998).

Der Prozess der Rekommodifizierung der Arbeitskraft wird zwar durch sozialstaatliche Puffer abgefedert, aber auch auf dieser Ebene hat sich mit der Entwicklung von Welfare zu Workfare (Jessop 2003; Pestieau 2006) ein paralleler Abbau von Absicherungen durchgesetzt. Finanzialisierung geht damit in der Regel mit einer Zunahme von Prekarität einher (Brinkmann et al. 2006). Am deutlichsten wird dies bei der engsten Ankoppelung von abhängiger Arbeit an den Markt: der wachsenden Gruppe der Leiharbeitskräfte[3] sowie den über Werkverträge geregelten Arbeitsverhältnissen. Wirkungen dieser Logik sind aber längst auch schon in Bereichen identifizierbar, die noch von der Zone der Prekarität entfernt sind. So stellt die wettbewerbsförmige Umgestaltung der betrieblichen Leistungsregimes (Haipeter/Lehndorff 2004) für viele Angestellte etwa eine faktische Arbeitszeitverlängerung dar (vgl. dazu auch Kratzer/Nies 2009; Menz 2009).

Finanzialisierung, Rekommodifizierung und die Verschiebung der Risiken auf die einzelnen Beschäftigten betreffen demnach nicht alle Gruppen in gleichem Maße. Wie schon im Fordismus das Verhältnis von Normalarbeitsverhältnis und Prekarität immer beispielsweise einen Gender-Bias hatte, so findet sich dieselbe Entwicklungslogik der Ungleichheit nun auch im Regime des Finanzmarktkapitalismus wieder, wie etwa Wright (2006) dies in einer globalen Perspektive nachzeichnet.

Mit der zunehmenden Orientierung am Shareholder Value und der wachsenden Dominanz der institutionellen Anleger hält nicht nur eine neue Kapitalverwertungs*dynamik* Einzug, es ändert sich auch deren *Richtung:* Anders als bislang üblich ist nicht mehr das nachhaltige Wachstum des Unternehmens primäres Ziel der Eigentümer, sondern die eher kurzfristige Maximierung des Profits. In diesem „Regime der kurzen Frist“ (Sennett 2002), in dem Managemententscheidungen an die Renditekriterien des Kapitalmarktes zurück gebunden werden, geraten langfristige Entscheidungen unter erhöhten Legitimationsdruck und sind demgemäß schwerer durchzusetzen – mit entsprechenden Folgen für

3 Die Belastungskumulation beispielsweise von Leiharbeitskräften ist dabei in der Regel keine abstrakte Größe. Bei einer untersuchten Stadtreinigung nahm diese Gruppe prekär Beschäftigter beispielsweise mit den Festangestellten am üblichen Akkord-Programm teil. Die Festangestellten strebten danach, ihre Müllabfuhrtouren nach sechs Stunden absolviert zu haben – oftmals, um einer zweiten Beschäftigung am Nachmittag nachgehen zu können. Während sie nach Abschluss dieses Akkord-Programms in den Feierabend gingen, versammelten sich die Leiharbeitskräfte, die das gleiche Pensum absolviert hatten, zur Verrichtung von weiteren Tätigkeiten, um die Differenz zum vertraglich vereinbarten Acht-Stunden-Tag auszugleichen (vgl. zu diesem und anderen Fallbeispielen das BMAS-geförderte Forschungsprozekt: www.grazil.net).

die Innovationsfähigkeit des Unternehmens (vgl. dazu Kap. 4). Letztlich geben damit auch die Fonds den Konkurrenzdruck ihres genuinen Marktes an die von ihnen beherrschten Unternehmen weiter, indem sie beispielsweise die Drohung einer feindlichen Übernahme inszenieren[4] oder den Abzug des Kapitals ankündigen. Wenn sich das Management des betroffenen Unternehmens diesem Druck beugt und etwa die geforderten Reorganisationsmaßnahmen durchführt, handelt es sich letzten Endes auch hier um eine Variante des oben angesprochenen (hier erzwungenen) Isomorphismus.

Eine wachsende Shareholder-Orientierung und Finanzialisierung der Unternehmen führt allerdings nicht zwangsläufig zu einer Ablösung des Managerkapitalismus. Zwar kann man über die verstärkte Performanceorientierung beobachten, dass auch das Management diese Zielgröße priorisiert. Allerdings lassen sich gewichtige Gegentendenzen festhalten: Im Verhältnis der Manager zu den Eigentümern ändert sich grundlegend nichts an dem Phänomen, dass die Eigentümer (bei Streubesitz ohnehin, aber meist auch bei gebündeltem Fondsbesitz) als Unternehmensexterne für alle relevanten Informationen letztlich Outsider bleiben (Dörre/Brinkmann 2005). Die Einkommensentwicklung im Managementbereich deutet eher darauf hin, dass es den betroffenen Managern gelungen ist, das neue System zur Verfolgung eigener Interessen zu nutzen, ohne dass es zu dem angestrebten Kontrollgewinn für die Eigentümer gekommen ist (Strulik 2004).

Da sich im gleichen Zuge auch die innerbetrieblichen Macht-Antipoden wie die Betriebsräte tendenziell im Niedergang befinden oder geschwächt sind, erwächst auch an dieser Stelle nur ein eingeschränktes Widerstandspotential. Stellt man zudem in Rechnung, dass sich nicht nur die Exit-Option der institutionellen Anleger, sondern auch die Fluktuation des Managements deutlich erhöht haben, so wird deutlich, dass der Faktor Arbeit aufgrund geringerer Mobilität und Flexibilität und eingeschränkter Mitbestimmungsmöglichkeiten bei strategischen Entscheidungen dem größten Druck unterworfen ist, kurz: bei einer sinkenden Sozialverpflichtung des Unternehmens fehlt vielen Betroffenen sowohl die Exit- als auch Voice-Option (vgl. ausführlich dazu Kap. 8 und 9). Diese Konstellation verdeutlicht unter anderem, warum die Einführung der Marktzentrierung, obwohl sie oftmals mit Rückschritten bei den Arbeitsbedingungen der abhängig Beschäftigten verbunden ist, auf vergleichsweise wenig Widerstand stieß und stößt. Das bedeutet in der Konsequenz, dass sämtliche Schutzmechanismen von der tariflichen Begrenzung der Wochenarbeitszeiten bis hin zum arbeitsrechtlich garantierten Kündigungsschutz tendenziell zum Zielobjekt solcher Verwertungs-

---

4 Windolf (2005: 48) hat zu Recht darauf verwiesen, dass es schon aufgrund der hohen damit verbundenen Transaktionskosten sowie des potentiellen Prestigeverlustes der betroffenen Unternehmen nur in seltenen Fällen tatsächlich zu einer feindlichen Übernahme kommt – entscheidend sei jedoch, dass die Drohung mit ihr glaubwürdig erscheint.

strategien werden. Durch das Verschieben jener Limitierungen des Arbeitsmarktes, die dadurch entstehen, dass regulierende Institutionen den Warencharakter der Arbeitskraft einschränken, kann eine Art Flexibilisierungsarbitrage erwirtschaftet werden, die allerdings auf nur kurzfristig wirksamen und zudem fragilen Kostenvorteilen beruht. Aus der Flüchtigkeit dieser Wettbewerbsvorteile ergibt sich, dass der so in Gang gesetzte Prozess einer Rekommodifizierung von Arbeitskraft nie zu Ende ist (Dörre/Brinkmann 2005).

Die Aufkündigung des fordistischen Versprechens stellt also einerseits einen Ausdruck für die Verschiebung von gesellschaftlichen und betrieblichen Machtverhältnissen dar. Jenseits von neu implementierten ökonomischen Sachzwängen taucht andererseits ein neues „nachfordistisches Versprechen" zumindest schemenhaft auf: der mögliche Zugewinn an Freiheiten und Wahlmöglichkeiten, auf die das selbstbewusste Marktsubjekt nun zurückgreifen könne (ausführlich dazu Kap. 4). So wie das gesellschaftliche Markt-Versprechen die Befreiung von Bevormundung und Bürokratie verkündet, so stößt der betriebliche Diskurs ins Horn der Freisetzung von Kreativität in neuen Spielräumen. Spannend ist dabei zu beobachten, wie die Management-Akteure mit der Problematik der zumindest potentiell schwindenden hierarchischen und bürokratischen Macht umgehen, die eine implizite Folge der Implementation von Marktszenarien darstellt (dazu Kap. 6). In jedem Fall ist zu vermuten, dass in dieser wie auch in der fordistischen Variante das operative Management auf freiwillige Zustimmung und aktive Mitarbeit der Belegschaften angewiesen bleibt (Burawoy 1979).

Die Rede vom vormaligen „Kommandosystem" und auch die Unterschätzung der Mitgestaltungsspielräume der neuen Logik (Peters 2001) stellen daher eine strukturalistische Überzeichnung der Zwangsaspekte dar, da sie eine zu bruchlose Übernahme neuer Organisations- und Steuerungskonzepte und deren ebenso geartete Implementierung deterministisch unterstellen. Die „radikale Vermarktlichung" (Peters/Sauer 2005: 31) führt dann zu einer „weitergehenden Durchsetzung der kapitalistischen Verwertungslogik und des Konkurrenzprinzips oder ganz generell einer weitergehenden Ökonomisierung aller gesellschaftlichen Bereiche" (ebd.) – eine Perspektive, die nahe legt: „Mit dem Markt kann man nicht verhandeln." (ebd.: 48) In dem Wunsch, voluntaristische Interpretationen zu vermeiden, erscheint in dieser Sicht die Tendenz zur „Vermarktlichung" geradezu als teleologisches Gesetz. Diese „Einbahnstraßenperspektive" verstellt den Blick dafür, dass das jeweilige Verhältnis von marktförmiger und nicht-marktförmiger Regulierung keineswegs gegeben, sondern eben doch das Ergebnis von politischen Aushandlungsprozessen nicht mit „dem Markt", aber mit den Akteuren seiner Inszenierung und Implementierung ist. Was die herrschende Managementlehre vorgibt, findet daher gelegentlich in den sozialwissenschaftlichen Forschungen eine ungewollte Verdopplung, indem organisationale Veränderungsprozesse als gegeben behandelt werden, wenngleich sie de facto das Ergebnis mikropolitischen Akteurshandelns sind. Man kann sogar die begründete Vermutung anstellen, dass die marktzentrierte Variante stärker noch als ihre Vorgängerin die Beschäftigten zur Sicherstellung ihrer Funktionsweise integrieren muss (Tullius 2004).

Zusammenfassend lässt sich festhalten, dass mit der allmählichen Transformation des fordistischen Produktionsmodells ein politisch umstrittener und vermittelter Suchprozess im Gang ist, der nicht auf einzelne Ebenen beschränkt ist und eher einem „muddling through“ (Jürgens/Krzywdzinski 2007) als einem Masterplan folgt:

> „Der Kapitalismus revitalisiert sich, indem er sein Legitimationsregime erneuert, Taylorismuskritik absorbiert, Autonomiebestrebungen von Beschäftigten adaptiert, die Produktionsstrukturen umwälzt und die Arbeitsbeziehungen transformiert.“ (Dörre/Brinkmann 2005: 110f.)

3. Ostdeutschland als Laboratorium des „Markttests“

Konzepte von „Markt“ und „Unternehmertum“ erleben eine geradezu atemberaubende Renaissance.[1] Als Katalysator dieses Prozesses in Deutschland fungierte dabei der Prozess der staatlichen Vereinigung und sozioökonomischen Transformation, der im Folgenden unter dem Aspekt beleuchtet werden soll, welche Rolle strategische Eliten in der Forcierung dieser Konzepte gespielt haben.

Der Schriftsteller Ingo Schulze formulierte in einer Rückschau:

> „1990 markiert auch insofern eine Wende, weil mit dem vermeintlichen ‚Ende der Geschichte' von nun an Alternativen zum Status quo als erledigt, gescheitert oder utopisch abgetan wurden. Sozialleistungen wurden zu Kostenfaktoren und Wachstumsbremsen. Der Markt zur heiligen Kuh, die Privatisierung zur Ideologie. Alles, was der reinen Lehre widersprach, erschien diskreditiert. Jenseits von Wachstum, Effizienz, Aktienkurs und Shareholder Value galt nichts. Mit jedem Jahr hat sich die Gesellschaft mehr polarisiert. Man vergaß, dass Freiheit und Gleichheit zwei gleichberechtigte Forderungen sind.“ (Süddeutsche Zeitung, 7.3. 2009)

Bereits 1990 hat Hobsbawm als einer der ersten Autoren retrospektiv auf die innergesellschaftlich integrierende Funktion der Systemkonkurrenz und die Folgen ihres Verschwindens hingewiesen. Spricht man mit verhandlungserfahrenen Gewerkschafter/inne/n, so erfährt man gelegentlich ebenfalls von der Rolle der „Systemalternative“ als eines „unsichtbaren Dritten“ in Tarifverhandlungen vor 1989. Hobsbawm (1990: 21) schlussfolgert aus diesem Gedanken, dass die Systemkonkurrenz in gewisser Weise auch Vorteile „for the common people“ mit sich gebracht habe. Er fragt daher nach dem Verschwinden des Realexistierenden Sozialismus:

> „Who or what has lost, apart from the regimes of ‚really existing socialism', which plainly have no future? The main effect of 1989 is that capitalism and the rich have, for the time being, stopped being scared. All that made Western democracy worth living for its people – social security, the welfare state, a high and rising income for its wage-earners, and its natural consequence, diminution in social inequality and inequality of life-chances – was the result of fear. Fear of the poor, and the largest and best-organised block of citizens in industrialised states – the workers; fear of an alternative that really existed and could really spread, notably in the form of Soviet communism. Fear of the system's own instability. (...)

---

1 Eine frühe Fassung dieses Kapitels wurde auf dem VI. Chemnitzer Ostforum vorgestellt und veröffentlicht in Lang (2005).

> It is no accident that the Keynes-Roosevelt way of saving capitalism concentrated on welfare and social security, on giving the poor more money to spend, and on that central tenet of post-war Western policies – and one specifically targeted at the workers – ‚full employment'."

Hobsbawm ist weit davon entfernt, den Realexistierenden Sozialismus schön zu reden. Es geht ihm hier vielmehr darum aufzuzeigen, wie selbst so eine unattraktive Formation die Rolle einer System*alternative* spielen konnte. Dabei war eine stete Verbalisierung „des Anderen" gar nicht nötig – der Dritte war unsichtbar – allein die Existenz einer alternativen Vergesellschaftungsform entfaltete offenbar eine nachhaltige Angst bei „den Reichen", oder weiter gefasst: bei den gesellschaftlichen Funktionseliten. Mit dem Wegfall dieser Angst, so der Historiker Hobsbawm, könne man auch einen entsprechenden Wandel der Politik erwarten: eine Re-Kommodifizierung, die ein Abnehmen der sozialen Sicherheiten, ein Schrumpfen des Sozialstaats, zurückgehende Lohnquoten sowie ein Ansteigen sozialer Ungleichheit und ungleicher Lebenschancen nach sich ziehen dürfte.

Fast zwei Jahrzehnte später kann man konstatieren, dass vieles davon tatsächlich eingetreten ist. In Deutschland hat die spezifische Transformationsmethode in Ostdeutschland einen nicht unerheblichen Anteil an diesem durchgreifenden Wandel gehabt. In den frühen Jahren nach der Wende wurden dabei realökonomische und diskursive Tatsachen geschaffen, die oft bis heute ihre Wirkungen entfalten, abzulesen beispielsweise am höheren Anteil prekärer Arbeits- und Lebensformen in den neuen Bundesländern, am gescheiterten Streik um die 35-Stunden-Woche, an der Erosion der Bindekraft des Flächentarifvertrags oder der langjährigen Praxis der Härtefallregelungen.

Binnen Jahresfrist wurde nach 1989 der Markt zur dominanten Koordinationsform und Gradmesser für sozioökonomisches Handeln in der früheren DDR. Dies hing einerseits mit der Defensive jeglicher Planungs- und Regulierungsideen nach dem Scheitern des Realexistierenden Sozialismus zusammen. Andererseits fungierte der Osten im Zugriff neoliberal ausgerichteter Eliten als „Laboratorium des Westens". Die von den Forschungsinstituten in ihren Berichten an die Bundesregierung über viele Jahre analysierten „Anpassungsfortschritte in Ostdeutschland" waren für diese Eliten eine eher problematische Sichtweise: eher müsse sich der Westen den Osten zum Vorbild nehmen.

Im Ostdeutschland der Nachwendezeit war es daher vor allem der Markt für die Kontrolle von Unternehmen und Unternehmensteilen, der geradezu ungehindert seine sichtbare Wirkung entfalten durfte. Während sich zu Beginn der 1990er Jahre die arbeitspolitisch progressiven Management-Diskurse im Westen noch um die Anwendung neuer Beteiligungsformen für die Beschäftigten im Betrieb, um Arbeitsanreicherungen, verlängerte Taktzeiten oder die Humanisierung der Arbeitsorganisation rankten, fand in Ostdeutschland eine solche „partizipative Wende“ im Management erst gar nicht statt (Windolf et al. 1999). Statt dessen – so könnte man mit Hobsbawm sagen – erlebte die Angst ihre Wiedergeburt: allerdings nun auf Seiten der Beschäftigten bzw. der Arbeitslosen als Angst vor der Prekarisierung. Die ostdeutsche Entwicklung seit der deutschen Einheit 1990 kann daher in vielfacher Hinsicht als eine frühe Vorwegnahme der später einsetzenden westdeutschen Veränderungen interpretiert werden, als auch dort das Pendel zurück schwang und sich die Entscheidungskorridore schlossen (Dörre 2001a) – vor allem auch als machtvolle Antizipation des Kommodifizierungsdiskurses.

Per aspera ad astra? – Der ökonomische Niedergang Ostdeutschlands und das Marktregime der Treuhandanstalt

Die Transformation in Ostdeutschland gestaltete sich unter politischen Gesichtspunkten als vollständiger Institutionentransfer, der unter weitgehender Vermeidung einer staatlichen Strukturpolitik (wie industriepolitischen Maßnahmen) defizitfinanziert und sozialetatistisch durchgeführt wurde. Die Privatisierung der Betriebe sollte von der Treuhandanstalt (THA) in erster Linie auf einem Markt für Unternehmenskontrolle realisiert werden, der zu diesem Zeitpunkt in Deutschland kaum entwickelt war. Zuvor wurden die ehemaligen Kombinate von der THA in „marktkonforme“ Teile zerschnitten.

Die Ergebnisse dieser Politik sind vielfach dargestellt worden (für Details vgl. Lutz/Schmidt 1995; Pohlmann/Schmidt 1995; Brinkmann 2002a). Für den Zeitpunkt, an dem die THA bzw. deren Nachfolgeorganisationen ihre Arbeit weitgehend vollbracht hatten (1995/96), lässt sich festhalten, dass die neuen Bundesländer in Relation zu ihrem Bevölkerungsanteil einen deutlich unterdurchschnittlichen Industriebesatz, ein halbiertes BIP sowie einen Industrieumsatz von einem Drittel aufwiesen. Die Rede vom deutschen Mezzogiorno hat in diesen Deindustrialisierungsprozessen ihren materialen Kern. Bis heute ist von den angekündigten „blühenden Landschaften“ nur wenig zu sehen, sieht man von vereinzelten Leuchttürmen ab. Bei einer Reihe von zentralen Indikatoren gibt es über die Jahre betrachtet immer wieder bzw. noch immer einen deutlichen Rückstand (Arbeitslosigkeit, Außenbeitrag etc.) der neuen Bundesländer im Vergleich zum Westen.

Entgegenlautenden Beteuerungen der Treuhandanstalt (THA) in ihrem Abschlussbericht (Treuhandanstalt 1994a) zum Trotz handelte es sich bei den überlebenden Unternehmen in den neuen Bundesländern nur vergleichsweise selten um selbständige Finalproduzenten, sondern oftmals eher um jene berüchtigten „verlängerten Werkbänke“, denen man zentrale FuE-Kapazitäten oder Headquarterfunktionen genommen hatte und die als eher regional ausgerichtete Nischenproduzenten nur eine unterentwickelte Exportneigung aufwiesen.

Die zentrale Begründung für die im internationalen Vergleich außergewöhnliche Deindustrialisierung Ostdeutschlands ist in der Spezifik der dort praktizierten Transformationsmethode und -geschwindigkeit zu suchen. Die THA hatte zwar einen expliziten Auftrag zur Privatisierung, Sanierung oder Stilllegung einer vollständigen Volkswirtschaft. Allerdings erwies es sich, dass die Staatsholding trotz der Reichweite ihrer Aufgaben regional- und strukturpolitische Implikationen ihres Handelns kaum in Rechnung stellte. Es wurde deshalb vielfach kritisiert, dass die Schwerpunktsetzung der „Privatisierung vor Sanierung“ gepaart mit der hohen Privatisierungsgeschwindigkeit zu einem unnötigen ökonomischen Kahlschlag führte. Festzuhalten bleibt daher, dass die THA zwar mit weitreichenden Vollmachten ausgestattet, jedoch kaum einem ökonomischen Risiko ausgesetzt war. Eine Folge dieser Konstellation war, dass die THA-Akteure (unter Billigung durch die Politik) eine spezifische Definition ihres Aufgabenfelds vornahmen, die keiner direkten demokratischen Teilhabe oder Kontrolle unterworfen wurde: Der Markt wurde als entscheidendes Erfolgskriterium sozioökonomischer Aktivitäten postuliert; gleichzeitig hielt damit ein eher kurzfristiges Denken und eine Vorherrschaft quantifizierender Bewertungen Einzug. Begünstigt wurde die daran anschließende De-Industrialisierungspolitik noch durch die fehlende Widerstandserfahrung der betrieblichen Akteure.

In der Transformationstheorie fand die Präzendenzlosigkeit dieses Transformationsvorgangs früh ihren Niederschlag in den Debatten über das „Sequencing“ und „Timing“ der einzuleitenden Maßnahmen im Prozess des Umbruchs (vgl. Ettl/Jünger 1991; Fischer/Gelb 1991; Westphal et al. 1991). Abhängig von der Relevanz, die sie den (markt-)regulierenden Institutionen beimessen, lassen sich die theoretischen und präskriptiven Ansätze auf einem Kontinuum zwischen den Polen „gradualism“ und „radicalism“ verorten (vgl. Altvater/Mahnkopf 1993; Grabher 1994; Fitoussi 1997). Entschiedener noch als die meisten osteuropäischen Staaten ging Ostdeutschland den Weg des „radicalism“, der hier allerdings sozialstaatlich (und tarifvertraglich) abgefedert wurde. Die Spezifik der selektiv durchgeführten „Schock-Therapie“ führte dann zu den großen Belastungen insbesondere für die betrieblichen Einheiten. Dazu gehörten sowohl die abrupte Preisfreigabe, der Abbau von Subventionen als auch eine drastische Währungs*aufwertung* – dies alles vor dem Hintergrund, dass es für die Betriebe keine machtvolle ökonomische oder politische Lobby gab. Da die Transformation der ostdeutschen Betriebe institutionell als Top-Down-Verfahren angelegt war (mit der THA als zentraler Akteurin), war eine nachhaltige Beteiligung ostdeutscher betrieblicher Protagonisten auch gar nicht eingeplant. Dieser Ansatz drückt sich beispielsweise in der umstandslosen Übertragung der Property Rights auf die THA aus: die Staatsholding hat die damit verbundenen Pflichten oftmals nur unzureichend wahrgenommen.

Der „Markttest“ als Gradmesser

Ein zentrales Kennzeichen des Vorgangs der ostdeutschen Transformation war der bei den führenden Akteuren vorhandene Marktglaube. Hier ist vermutlich die Begründung dafür zu suchen, dass sich die THA über einen langen Zeitraum offenen Auseinandersetzungen oder Suchprozessen verweigert hat. In ihrer Ignoranz gegenüber der Kritik aus Wissenschaft, Politik und Betrieben deutete sich eine Haltung an, die geradezu von Omnipotenzphantasien getragen war: man sah sich als Vollzugsorgan einer quasinatürlichen Marktlogik. Damit scheint auf, dass die Berufung auf das Marktgesetz immer auch ein Top-Down-Disziplinierungsinstrument war: Wer wollte sich schon der „Natur des Marktes“ widersetzen? Zu dieser Denkweise passt, dass auch nach Abschluss ihres Auftrags von verantwortlicher Seite keine besonderen Anstalten unternommen wurden, den Transformationsprozess kritisch aufzuarbeiten. Die Schließung der THA 1994/95 und damit das Verschwinden der verantwortlichen Akteurin markiert auch symbolisch das Verschwinden von Ansatzpunkten für eine kritische Inpflichtnahme.

Die marktzentrierte Transformation bedeutete zunächst, dass die THA den ihr unterstellten Betrieben eine erforderliche Anpassungszeit aus Kostenerwägungen nicht einräumen wollte. Obwohl sie durch das THA-Gesetz auch auf die Sanierung der Unternehmen festgelegt war, orientierte sie sich früh am Motto: „Schnelle Privatisierung bedeutet schnelle Sanierung“ (Treuhandanstalt 1994b, Band 7: 535) – so die vielfach angeführte Schlüsselpassage aus dem Rohwedder-Mitarbeiterbrief vom 27.3.1991. Die THA beschritt damit den umgekehrten Weg wie zum Beispiel die britische Regierung bei ihren zahlreichen Privatisierungsprogrammen in den 1980er Jahren.

Die Entscheidung über mögliche Sanierungsfähigkeit wurde von der THA daran festgemacht, ob sich auf dem Markt für Unternehmenskontrolle, auf dem die früheren VEB angeboten wurden, ein Käufer fand, der sich zur Übernahme des Risikos der Sanierung bereit erklärte. Bei der gewählten Privatisierungsmethode war also der *Markttest* das zentrale Element zur Bestimmung der Sanierungs- und damit auch Überlebensfähigkeit von Unternehmen.

Die Relevanz dieses Markttests wurde auch vom einflussreichen Sachverständigenrat (SVR) sehr früh in einer an Deutlichkeit kaum zu übertreffenden Argumentation betont:

„Ziel der Treuhandanstalt muß es sein, die ihr unterstellten Unternehmen (...) entweder über die Privatisierung der Sanierung zuzuführen oder stillzulegen. (...) Eine generelle Regelung, die gewährleisten soll, daß über Stilllegung und Sanierung von Unternehmen nach ökonomischen Kriterien und frei von politischem Druck entschieden wird, muß sich an den Maßstäben des Marktes orientieren. Ein Unternehmen ist sanierungswürdig, wenn private Investoren bereit sind, Kapital dafür einzusetzen. Wenn sich nun aber für ein Unternehmen nach öffentlicher Ausbietung und hinreichendem Zeitablauf kein privater Investor findet, der die Sanierung mit eigenen Mitteln übernimmt, so begründet dies die Vermutung, daß dieses Unternehmen nicht sanierungsfähig ist." (Sachverständigenrat zur Begutachtung der gesamtwirtschaftlichen Entwicklung 1990: 234)

Die Entscheidung für den Gradmesser „Markttest" bedeutete für die Politik der Privatisierung die Festlegung auf betriebswirtschaftliche Parameter als primäre Entscheidungskriterien. Unberücksichtigt bleibt bei diesem Vorgehen, dass es sich bei einer so weitgehenden Privatisierungsoffensive keineswegs um einen bloßen „Akt der Definition von Eigentumsrechten, sondern (um einen) Teil eines an die Wurzeln gehenden gesellschaftlichen Umbaus" handelt (Altvater/ Mahnkopf 1993: 230). Diese Marktzentrierung von Transformationspolitik – als eine Form der „Entbettung" von Politik (Polanyi 1977 [1957]) – bedeutete nichts anderes als einen kalkulierten Rückzug der Politik aus der Gestaltung des Prozesses. Damit führte aber die Betonung des Instruments Markttest in dreierlei Hinsicht zu nicht intendierten bzw. unvorhergesehenen Ergebnissen.

Erstens basierte die einseitige Akzentuierung betriebswirtschaftlicher Entscheidungsvorgänge (z.B. zum Kauf eines ostdeutschen Unternehmens) entweder auf einer problematischen Ineinssetzung von volks- und betriebswirtschaftlichen Erfolgskriterien oder auf einer Vernachlässigung volkswirtschaftlicher Notwendigkeiten. Was volkswirtschaftlich oder gesamtgesellschaftlich empfehlenswert erscheint, steht betriebswirtschaftlichen Effizienzerwägungen nicht selten entgegen und vice versa. Die Rettung industrieller Kernbetriebe kann deshalb zum Beispiel wichtig für den Erhalt einer regionalen Wirtschaftsstruktur sein, auch wenn sich in einem fixierten Zeitrahmen kein Käufer für den Betrieb finden lässt. Denn eine komplette Ausdünnung der regionalen Wirtschaftsstrukturen (bis hin zur Deindustrialisierung) hat auch zur Folge, dass Multiplikator- und Akzeleratoreffekte nur sehr schwache Wirkungen entfalten.

Zweitens ist eine wichtige Vorannahme nicht erfüllt: Wenn man sich seinen Kriterien überhaupt unterwerfen möchte, dann zeitigt ein Markttest taugliche Ergebnisse nur bei einem Markt, dessen Gleichgewicht nicht wie im vorliegenden Fall durch ein Überangebot völlig aus den Fugen geraten ist – kein Wunder, wenn man berücksichtigt, dass die THA innerhalb kürzester Zeit knapp 15.000 Unternehmen auf einen Markt warf, der in Deutschland zu jenem Zeitpunkt im Vergleich beispielsweise zu den USA kaum entwickelt war. Sehr bald stellte sich deshalb heraus, dass auf dem Käufermarkt für Unternehmensbeteiligungen und Unternehmensübernahmen die Nachfrager so stark dominierten, dass viele Unternehmen nicht einmal zum Nulltarif verkauft werden konnten – trotz staatlich zugesicherter Investitionshilfen, die sich teilweise auf über 50% der Investitionssumme addierten und damit den Preis für Kapital stark verbilligten. Trotzdem musste beispielsweise der damalige sächsische Wirtschaftsminister Schommer schon früh konzedieren: „Wir müssen die Unternehmen geradezu bestechen – sonst gehen sie woanders hin.“ (Die Zeit, 12.7.1996: 17). Der hohe Schuldenstand der THA von 256 Mrd. DM Ende 1994 (vgl. Bundesanstalt für vereinigungsbedingte Sonderaufgaben 1995) lässt sich zu einem nicht geringen Teil mit diesen Marktverhältnissen erklären, nachdem noch 1990 die Marktlage vollständig fehl eingeschätzt wurde. So behauptete der damalige THA-Leiter Rohwedder bzgl. des THA-Vermögens am 19.10.1990: „Der ganze Salat ist 600 Milliarden wert.“ (ADN-Nachricht, vgl. Sinn/Sinn 1992: 89). Festzuhalten bleibt hier: So machtvoll anfangs der Markt als Gradmesser installiert werden konnte, so nachdrücklich gelang es den verantwortlichen Eliten in den Folgejahren auch das eingetretene Marktversagen als externes Problem zu identifizieren: die Zusammenfassung der THA-Schulden in einem „Erblastentilgungsfonds“ gibt davon Zeugnis.[2]

Drittens sind die Motive der Käufer zum Erwerb der Unternehmen oftmals idealisiert worden. In einer Vielzahl von Fällen stand weniger die Errichtung oder Erhaltung einer eigenständigen Produktionsstätte im Vordergrund, sondern die Ausschaltung möglicher Konkurrenz oder die Nutzung der VEB als „verlängerte Werkbank“. Ex post gesteht dies sogar der damalige Kanzler Kohl (aus: Die Zeit Nr. 36, 27.08.1999):

> „Und ich habe 1990 noch geglaubt, westdeutsche Firmen würden in großer Zahl den ostdeutschen Betrieben helfen, wettbewerbsfähig zu werden. Viele waren aber einzig daran interessiert, denkbare Konkurrenz auszuschalten.“

Das grundsätzliche Problem der fehlenden Messbarkeit der tatsächlichen Kaufmotive wurde durch den praktizierten Markttest auf dem gesättigten Markt für Unternehmenskontrolle eher vergrößert denn minimiert. So nimmt es nicht wunder, dass die neuen Eigentümer, die großteils aus Westdeutschland stammen, in vielen Fällen im Anschluss an die Privatisierung lediglich eine defensive Sanierungsvariante durchgeführt haben, in deren Verlauf Investitionen in Technologie oder auch Produktinnovationen nur sehr zögerlich stattfanden (Windolf et al. 1999).

---

2 Die ebenfalls hinzugefügte Gesamtverschuldung der DDR stellte lediglich einen geringen Teil des Fonds dar.

Im blinden Vertrauen auf den „Markttest“ war die THA erst dann zu Zugeständnissen bereit, wenn es für Ansätze des „Schöpferischen“ in der von ihr mit verursachten ökonomischen Zerstörung oft schon zu spät war.

Es bleibt festzuhalten, dass die ökonomische Transformation Ostdeutschlands gleichsam als sozioökonomisches Experimentierfeld einer Verallgemeinerung des Denkens und Handelns in marktzentrierten Maßstäben Vorschub leistete – trotz ihres weitgehenden Scheiterns, muss man hinzufügen.

Die dominante marktzentrierte Modernisierungsvariante in Ostdeutschland lässt sich aber auch innerbetrieblich beobachten. Von Beginn an spielte beispielsweise in der Personalpolitik eine Orientierung an qualitativen Aspekten kaum eine Rolle. Qualifizierung und Weiterbildung mussten hintan stehen, der Abbau von Personal stand über Jahre im Zentrum (Pawlowsky/Willkens 2001). „Fit für den Markt“ bedeutete weniger: Nutzung des kreativen Potentials der Belegschaften zur Effizienzsteigerung. Die erzielten Produktivitätssprünge waren vielmehr über eine lange Zeit vor allem auf diese Reduzierung des Personals (auf nicht selten ein Zehntel der Ursprungsbelegschaftsgröße) zurückzuführen; hier spielten insbesondere die von den meisten ostdeutschen betrieblichen Akteuren (Betriebsräten, aber auch Manager/innen) kritisierten Unternehmensberatungen eine unrühmliche Rolle, die mit pauschalen Sanierungskonzepten und quantitativen Kennziffern (hier vor allem die Relation Umsatz zu Beschäftigten) eine Dominanz kurzfristigen Management-Denkens etablierten und einer Simplifizierung von Management-Handeln Vorschub leisteten.

Macht man die Probe aufs Exempel und fragt nach der Verbreitung partizipativer Managementkonzepte in Ostdeutschland, so bleibt man auf einige (vor allem neu gegründete) Inseln verwiesen. Das Gros der Unternehmen ist traditionell defensiv „modernisiert“, d.h. auf einen ökonomischen Kern geschrumpft worden.

Der primäre Rückgriff auf „harte“ Managementkonzepte und die bewusste Verengung der Entscheidungskorridore führten vor der Folie einer krisenhaften ökonomischen Entwicklung in den Neuen Bundesländern zu einem betrieblichen „Regime der Angst vor Entlassung“, das die Interessenvertretungen der abhängig Beschäftigten in ihren Handlungsmöglichkeiten rigoros beschränkt. Für das Betriebsklima, insbesondere für die langfristig aufzubauenden Vertrauensbeziehungen, hat dies zur Folge, dass nicht nur in der THA-Phase sondern auch in den Jahren danach eine Erosion der innerbetrieblichen Vertrauensverhältnisse (Seifert/Brinkmann 1999) festzustellen waren. Die problematischen Folgen dieser Politik lassen sich dabei bis heute ablesen (Behr et al. 2008). Insoweit bildete die ostdeutsche Entwicklung auch einen Brutkasten für eine Entwicklung zur Quantifizierung und Kurzfristigkeit sozioökonomischer Aktivitäten, die auch in Westdeutschland mit der Verallgemeinerung des Shareholder-Prinzips immer mehr Raum greift.

Die Labormaus und die Eliten: Die Transformation als Gelegenheitsstruktur zur Forcierung der Marktzentrierung

Für die Überlegung, der Osten fungiere als Testgebiet und damit als Vorreiter der Marktzentrierung lassen sich viele Hinweise anführen. Natürlich soll hier nicht der Eindruck erweckt werden, die Entwicklung in Ost- und Westdeutschland ließe sich verschwörungstheoretisch auf den Punkt bringen. Es geht vielmehr im Folgenden darum, beispielhaft zu zeigen, wie sich dieser „gesellschaftliche Großversuch“ (Reindl 1995), dieses „Experiment Vereinigung“ (Giesen/ Leggewie 1991) auch als ein konzeptionelles Projekt von Eliten darstellt, über den Umweg einer Versuchskaninchen-Region ohne traditionelle institutionelle Vorprägungen den gewachsenen gesellschaftlichen Zusammenhang West- und damit Gesamtdeutschlands zu verändern. Vorweg geschickt sei, dass die Vorreiter-Position Ostdeutschlands in den letzten Jahren als „Pionier-Argument“ auch in der Soziologie eine spezifische positive Wertschätzung erfahren hat. So hat Engler (2004) in einem Beitrag aufgezeigt, dass die „Ostdeutschen als Avantgarde“ die Schattenseiten sowohl realsozialistischer als auch realkapitalistischer Vergesellschaftung kennen gelernt haben und damit auch nicht selten über ein privilegiertes Potential für einen kritischen Blick aus der Meta-Perspektive verfügen und damit für die Zukunft besser gewappnet seien:

> „Sofern es überhaupt einen geschichtlichen Auftrag gibt, den die Ostdeutschen durch ihr Herkommen und ihre jetzige Stellung in der Welt als ihren ureigensten begreifen können, dann den, Gleichheit und Freiheit miteinander zu versöhnen.“ (Ebd.: 33)

Allerdings wird diese Sicht auch kritisiert, insbesondere ihre Verengung auf die positiven Seiten der neu gewonnenen Freiheiten und Einsichten. So vermerkt beispielsweise Neckel (FR, 06.09.2005):

> „Und dann gibt es noch jene Stimmen ostdeutscher Intellektueller, die in den Ostdeutschen eine gesellschaftliche Avantgarde sehen, weil deren vielfach prekäres Erwerbsleben bald die Zukunft in ganz Deutschland sei. Mal abgesehen davon, dass es ganz schön wäre, über Politik auch ohne ‚Führungsansprüche‘ diskutieren zu können – warum soll es avantgardistisch sein, sich am meisten gefallen lassen zu müssen?“

Aufgrund des Machtungleichgewichts insbesondere auf der betrieblichen Ebene (Brinkmann 2002a) scheint die Benennung als Avantgarde auch weniger zutreffend zu sein als die Labormaus-Kennzeichnung.

Man kann dieses Argument sehr deutlich anhand der Invektiven vieler Vertreter/innen der wissenschaftlichen Eliten entfalten. Nicht nur der Sachverständigenrat zur Begutachtung der wirtschaftlichen Entwicklung hat sich in diesem Diskurs eindeutig platziert; auch die Gutachten der Wirtschaftsforschungsinstitute zu den „Anpassungsfortschritten in Ostdeutschland“, in denen regelmäßig einer „stärkeren Lohndifferenzierung“ das Wort geredet wird, lassen keinen Zweifel über die Relevanz einer Re-Kommodifizierung:

> „Ostdeutschland könnte auch hierbei ein Vorbild für ganz Deutschland werden. Standortvorteile kann sich Ostdeutschland gegenüber Westdeutschland auch dadurch verschaffen, dass *Regulierungen*, die sich hemmend auf wirtschaftliche Aktivität auswirken, beschleunigt abgebaut werden. (...) Regulierungen sind in vielen Fällen aber auch bloße Folge erfolgreicher Lobbyisten-Tätigkeit oder überkommener Traditionen. (...) Nach Ansicht der Institute sollte dieser Weg der Deregulierung fortgesetzt werden.“

Die nachfolgenden Vorschläge zur Deregulierung erstrecken sich unter anderem auf die Bereiche Arbeitsrecht und Umweltrecht (vgl. z.B. Deutsches Institut für Wirtschaftsforschung et al. 2002: 454f.). Etwas impliziter, aber im Duktus ähnlich argumentieren regelmäßig auch die Prognos-Studien (hier am Beispiel des Jahres 2002) zur regionalen Leistungsfähigkeit, in der euphemistisch und mit Schumpeterschem Impetus konstatiert wird, dass Ostdeutschland bei der Leistungsfähigkeit aufhole. Ostdeutschlands spezifische Effizienz

> „kommt sicher auch daher, dass im Osten nach den harten Umbrüchen heute weniger alte Strukturen mitgeschleppt werden als in vielen West-Regionen – vielleicht eine Bestätigung für die Schumpetersche These der *Schöpferischen Zerstörung*. Der schöpferischen Zerstörung wird im Osten mehr Entfaltungsraum zugebilligt als im Westen: im Osten sind alte Strukturen weitestgehend zerstört, neuen Strukturen, Ideen, Prozessen steht man aufgeschlossener gegenüber.“

In vielen Fällen ist das Neue aber gerade das geringere Lohnniveau, das den Osten auszeichnet. Dies wird von Managementseite auch nicht bestritten. So zitierte vor einiger Zeit die Süddeutsche Zeitung (3.11.2006) den damaligen Jenoptik-Vorstand von Witzleben, dass

> „ein Unternehmen wie Jenoptik inzwischen wettbewerbsfähiger denn je (ist, UB), auch weil die Löhne niedriger liegen und die Gewerkschaften wenig mitreden. ‚Aber es gibt gewisse Hemmungen in der Politik, solche Vorteile offensiv zu vertreten.’“

Ein Blick auf die einschlägigen Internetseiten der lokalen Wirtschaftsförderer belehrt jedoch eines Besseren: Zumindest in der ostdeutschen Lokalpolitik ist man sich der Vorteile des Nachfragermarktes für Investoren bewusst. An anderen Orten wird gerade dies in den Vordergrund gerückt, wenn man mit den örtlichen „hochqualifizierten und motivierten Arbeitskräfte“ bei gleichzeitig „günstigen Lohn- und Arbeitskosten“ wirbt (z.B. www.gera.de).

Hier hat sich eine Re-Kommodifizierungslogik Bahn gebrochen, deren Ursprünge in der Transformationsphase liegen.

Am Beispiel zweier ökonomischer *und* politiknaher Akteure, die ihre eigenen ökonomischen Aktivitäten weltanschaulich einbetten, soll nachfolgend deren Konzeption des ostdeutschen Markt-Laboratoriums nachgezeichnet werden.

Lothar Späth (Jenoptik): Der Osten als „Minenhund des Westens"

Als Jenoptik-Vorstandsvorsitzende und Vorgänger des oben zitierten von Witzleben hat sich Späth gleichzeitig als besonders eifriger Subventionssammler in der Praxis und Marktbefürworter im Diskurs platziert. Aber nicht diese contradictio in adiecto ist Ausgangspunkt seiner Betrachtungen in Buchform, sondern das Leitbild eines „fruchtbaren Systemwettbewerbs" (1998: 24) zwischen Ost- und Westdeutschland. Späths zentrale Frage dreht sich darum, wie die „Verkrustungen" Westdeutschlands aufgebrochen werden können. Bei ihrer Beantwortung kommt ihm das ostdeutsche Laboratorium gerade recht: Das

> „Paradigma wohlfahrtsstaatlicher Anspruchswahrung muss überwunden werden! Die neuen Länder werden dabei Vorreiter sein und ihren Teil dazu beitragen, dass verkrustete Strukturen aufgebrochen werden." (Ebd. : 85)

Wunschvorstellung dieser Position ist eine Billiglohn- und Flexibilisierungskonkurrenz und nicht zufällig kulminiert diese Rede in bellizistischer Metaphorik:

> „Die Systemkonkurrenz, die zu DDR-Zeiten nie wirklich eine war, kann vielleicht bald auf ganz andere Weise Wirklichkeit werden: als Wettbewerb zwischen einer träge-apologetischen Westgesellschaft und einer aggressiv-ambitionierten Ostgesellschaft. Der Osten ist heute eine Art ‚Minenhund' des Westens, er muß sich mit den Problemen auseinandersetzen, die auch dort kaum mehr unter dem Teppich zu halten sind. Realer Lohnstopp, Arbeitslosenquoten regional bis zu 25 Prozent, versiegende Steueraufkommen, leere öffentliche Kassen bei Ländern und Kommunen, Zusammenbruch von Altindustrien, um nur einiges zu nennen. In den neuen Ländern kann man besichtigen, wohin die Reise geht, wenn wir uns nicht zusammenreißen." (Ebd. : 28)

In einem Interview der Berliner Zeitung (02.06.1998) auf den Zynismus der Minenhund-Metaphorik angesprochen führt er aus:

> „*Berliner Zeitung:* Aber leben Minenhunde nicht sehr gefährlich?"
>
> „So ist es", sagt *Späth.* „„Die sind zwar vorsichtiger als andere Hunde, weil sie wissen, wie gefährlich die Minen sind, aber sie setzen sich nicht vor das Minenfeld und sagen: ‚Ach, ich wäre ja so gern ein Minenhund, aber da, wo die Dinger liegen, geh ich nicht hin'."

Eher ungewollt gibt diese explizite Bildlichkeit auch den funktionalistischen Blick auf das Beitrittsgebiet frei: der Minenhund ist immer nur Mittel zum

Zweck, echtes Eigeninteresse wird ihm nicht zugestanden. Und gleich weiter in der bildlichen Veranschaulichung:

> „Der Durchbruch zum Weltmarkt muß darum gleichzeitig ein Befreiungsschlag der neuen Länder aus dem Geflecht ihrer goldenen Fesseln und ein Abschied von den Blütenträumen eines ökonomischen Idylls nach dem Muster der alten Bundesrepublik sein.“ (Späth 1998: 63)

Die „goldenen Fesseln“ sind diesem Verständnis folgend abzulegen; sozialstaatliche und tarifvertragliche, kurz: den Markt regulierende Absicherungen werden auf diese Weise vollständig uminterpretiert:

> „Die neuen Länder müssen ihren eigenen Weg finden, ohne sich dabei in vorgefundene Schemata pressen zu lassen. Mit dem ‚Modell Westdeutschland' ist die Politik einer fixen Idee nachgejagt. Eine solche Vorstellung vergißt völlig, worauf das Wirtschaftswunder in den fünfziger Jahren gegründet war: Risiko- und Verzichtsbereitschaft, Selbstvertrauen und unternehmerischer Pioniergeist.“ (Späth 1998: 63)

Späth unterschlägt hier das völlig andersartige ökonomische Umfeld privatwirtschaftlicher Betätigung der beiden Modelle und blendet sowohl aus, dass die Prozesse der Dekommodifizierung wie sozialstaatlicher Absicherungen die Zustimmung der Bevölkerung zum West-Modell erst sicher gestellt hatten, als auch dass es gerade die marktzentrierte Transformationsstrategie war, die zur weitgehenden Deindustrialisierung Ostdeutschlands führte – im Gegenteil: das Problem liege immer noch in einem zu großen Ausmaß den Markt behindernder Regulierungen und staatlicher Aktivitäten.

Späths Jenoptik trat seinem Credo folgend bereits Mitte der 1990er Jahre aus dem Arbeitgeberverband aus, und schloss einen Haustarifvertrag mit der IG Metall ab, nicht ohne zuvor mit der unbedeutenden christlichen Metallgewerkschaft[3] einen eigenen Haustarif zu verschlechterten Konditionen zu vereinbaren. Kaum eine seiner ostdeutschen Aktivitäten legitimiert Späth ohne Seitenblick auf die Konsequenzen für Westdeutschland:

> „Was wäre passiert, wäre ein Sondertarifgebiet Ost mit der Freiheit betriebsbezogener Tarifflexibilität als befristete Übergangsregelung eingeführt worden? Dann wäre im ‚schlimmsten' Falle das Tarifkartell im Westen zusammengebrochen. Nun ist genau das im Osten eingetreten, wenngleich es offiziell nicht eingestanden wird. Die Tarifvereinbarungen im Osten sind längst ‚virtual reality'. Die Mehrzahl der ostdeutschen Betriebe hat sich vom Flächentarif verabschiedet, um ihr Überleben zu sichern. Das ist aktive, subsidiäre Selbsthilfe!“ (Späth 1998: 31f.)

Sein Minenhund-Argument trägt er allerdings mit einer Kennedy-Attitüde vor:

3 Die CGM hatte zu diesem Zeitpunkt 15 Mitglieder bei Jenoptik, die IG Metall 400.

> „Aus meiner Sicht dient ein Unternehmen, das Löhne vereinbart, die es tatsächlich zahlen kann, der Volkswirtschaft mehr als ein Betrieb, der seine Beschäftigten mit Spitzengehältern in die Arbeitslosigkeit entlässt oder die Hand nach Subventionen aufhält, die letztlich nur dazu dienen, die überhöhten Löhne zu stützen. Jeder, der sich selbst hilft, statt sich vom Staat helfen zu lassen, tut diesem Land einen Dienst." (Späth 1998: 32)

Von Anspielungen über ostdeutsche „Spitzengehälter" angesichts des dort vorherrschenden Lohnniveaus ist es nicht mehr weit zur Kritik sozialer Grundabsicherungen, alles natürlich im Dienste marktzentrierter Effizienzsteigerungen: „Arbeitslosigkeit ist schlimm, doch noch schlimmer ist das Bemühen des Wohlfahrtsstaates, diesen Zustand erträglich zu gestalten" (Späth 1998: 33).

Deutlich wird, dass Späth als ein prominenter Akteur im Diskurs schon früh ein Modell der ostdeutschen Transformation vertritt, das diese in den Dienst einer marktförmigen Umwälzung auch westdeutscher Standards stellt.

Hans Christoph von Rohr (Industrial Investment Councils): Ostdeutschland als „Speerspitze der Flexibilisierung"

Hans Christoph von Rohr war bis Mitte 2002 der Vorsitzende des Industrial Investment Councils (IIC), des 1997 von der christdemokratisch-liberalen Bundesregierung ins Leben gerufenen Gremiums zur Anwerbung ausländischer Investitionen. Seit seiner Berufung in dieses Amt hat er sich insbesondere in der Frankfurter Allgemeinen Zeitung (FAZ) mit zahlreichen Stellungnahmen zur ostdeutschen ökonomischen Entwicklung eingebracht. Fast alle Beiträge durchzieht seine Überzeugung, nach der Ostdeutschland die „Speerspitze der Flexibilisierung" (so in der FAZ, 10.09.2002, S. 12) sein möge.

Schon in einem frühen „FAZ-Unternehmergespräch" (20.5.1997, S. 16) stellte von Rohr sein „Sonder-Marketing für den Standort Ost" vor:

> „Eng damit verknüpft ist ihre (der ausländischen Investoren, UB) Sorge vor ‚Vergewerkschaftung' der unternehmerischen Tätigkeit. Von Rohr rät den Ostdeutschen, nicht wie ein Kaninchen auf die Schlange ‚Angleichung der Lebensverhältnisse' zu starren, sondern die Unterschiede zum Westen – etwa geringere Lohnkosten bei längerer Wochenarbeitszeit – als Pfund in die Waagschale zu werfen. Die Investoren sollten wissen, daß im Osten nur noch gut ein Drittel der Betriebe tarifgebunden sei, hebt von Rohr hervor. Mehr als 60 Prozent könnten also ihre Löhne viel flexibler dem Markt und der Produktivität anpassen. Die Zahl der ostdeutschen Gewerkschaftsmitglieder sei überdies seit der Vereinigung auf die Hälfte geschrumpft, die Streikneigung im Vergleich zu anderen europäischen Ländern oder Amerika äußerst gering."

Auch bei von Rohr stehen der west-östliche „Systemvergleich" im Zentrum der Argumentation:

> „Kein Wunder, daß Ostdeutsche im Schnitt zirka 150 Stunden im Jahr länger arbeiten als ihre westdeutschen Kollegen, daß die Arbeitskosten für gleichartige Tätigkeiten um 25 bis 40 Prozent niedriger liegen – kein Investor, der dies nicht als wichtigen Vorteil wertet, den die Ostdeutschen mit Klauen und Zähnen verteidigen sollten, anstatt den Westeinkommen und damit der Wettbewerbsunfähigkeit hinterherzulaufen." (FAZ, 6.2.1998, S. 14)

Die Speerspitze der Flexibilisierung, der „Vorreiter für Veränderungen in Deutschland" (FAZ, 8.3.1999, S. 18) könne unter anderem mit einem niedrigeren Krankenstand für sich werben. Die Pfunde, mit denen der „Osten im Vergleich zum Westen wuchern" könne, seien außerdem „das niedrigere Lohnniveau, der geringere tarifliche Organisationsgrad und die höhere Veränderungsbereitschaft" (FAZ, 17.8.1999, S. 15). Aber es gelte, das erreichte niedrige Niveau der abgesenkten marktregulierenden Standards nochmals zu unterschreiten, denn in den Gesprächen mit ausländischen Investoren würden jetzt viele Fragen zum weiteren „Fortschritt bei der Flexibilisierung der Arbeitsbeziehungen" gestellt: „Die Gespräche drehen sich immer wieder um Arbeitsrecht und Betriebsverfassung, Sozialversicherung oder Pensionen" (FAZ, 14.2.2001, S. 18). Ergo:

> „Nur durch weitere, massive Differenzierung gegenüber Westdeutschland haben die neuen Bundesländer eine Chance, sich im Wettbewerb um Investoren durchzusetzen. Diese Differenzierung muß im Osten die Möglichkeit schaffen, in Kernbereiche des Arbeitsrechts einzugreifen: die Schwelle für betriebsbedingte Kündigungen zu senken, Mitbestimmungsbürokratie auszuschalten, Lohnfortzahlung einzuschränken, den Betrieben Abweichungen von Tarifbestimmungen zu gestatten." (FAZ, 10.09.2002, S. 12)

Von Rohrs Argumente zielen vor allem auf den Faktor Arbeit; „Differenzierung" heißt in diesem Sprachgebrauch stets Absenkung sozialer Standards, Rückschrauben von Demokratie, Abbau von Sicherheiten. Ihm ist klar, dass diese Strategie auf Widerstände treffen wird:

> „Praktisch wird sich dies für ganz Ostdeutschland kaum durchsetzen lassen. Doch könnten die Landesregierungen geographisch klar abgegrenzte ‚Vorranggebiete' schaffen, die als ‚Oasen der Flexibilität' verstärkt unternehmerische Investitionen an sich ziehen. Maßstab für die Eignung als Vorranggebiet könnte die Arbeitslosenquote sein." (FAZ, 10.09.2002, S. 12)

Dahinter steht die Überlegung, dass in Gebieten mit der größten industriellen Reservearmee wahrscheinlich der geringste Widerstand zu erwarten ist.[4] Und dann richtet auch von Rohr wieder den Blick nach Westen:

---

4 Mit der Stellungnahme für eine „Sonderwirtschaftszone Ost" reiht sich von Rohr in eine wachsende Zahl von Befürwortern dieser Art von Modellprojekt ein, zu der Altbundeskanzler Helmut Schmidt und der damalige sächsische Wirtschaftsminister Martin Gillo

> „Haben diese ‚Sonderwirtschaftszonen' Erfolg, wird ihr Rezept zur Nachahmung anregen und einen Druck auf gesamtdeutsche Veränderungen ausüben, dem sich die Politik nicht entziehen kann.“

Und schließlich könne das Beitrittsgebiet auf diese Weise seine ‚Schulden' begleichen:

> „Damit würde Ostdeutschland unserem Land einen Dienst erweisen, der in seiner positiven Wirkung auf unsere Wettbewerbsfähigkeit volkswirtschaftliche durchaus ein Gewicht haben könnte, das die seit der Wende in Richtung Osten geflossenen Transfermilliarden aufwiegt.“ (FAZ, 10.09.2002, S. 12)

Voraussetzung dafür sei allerdings, dass man in Ostdeutschland die Scheu vor einem „Sonderweg“ der Absenkung tariflicher Standards ablege sowie

> „daß man das rückwärts gewandte Postulat ‚vollständige Angleichung der Lebensverhältnisse' aufgibt und auf bestimmten Gebieten das ostdeutsche Anderssein als Stärke, als Wettbewerbsvorteil begreift und daraus Selbstbewusstsein schöpft.“ (FAZ, 10.09.2002, S. 12)

Das Argument ist also, dass die Betroffenen daran glauben, sie könnten aus der eigenen Schwäche Stärke schöpfen. Es ist interessant, dass die seit langem feststellbaren Migrationsbewegungen von Arbeitskräften nach Westdeutschland vom IIC-Chef zwar beklagt werden (FAZ, 23.8.2000, S. 17), er allerdings keinen Zusammenhang zwischen problematischen Rahmenbedingungen und Abwanderungsbewegungen aus Ostdeutschland sieht, obwohl auch hier eine marktwirtschaftliche Erklärung und Reaktionsweise nahe läge, die zum Beispiel in der besseren Bezahlung der qualifizierten Fachkräfte bestünde. Dieses Argument wird im Verlaufe des Textes noch einige Male aufscheinen: die positive Bezugnahme auf den Markt geschieht in der Regel aus einer Position der Stärke heraus (z.B. als Nachfrager auf Nachfragemärkten) und unterbleibt wie im vorliegenden Fall.

An diesen prominenten Beispielen aus der öffentlichen Debatte wurde dargelegt, dass die ostdeutsche Transformation nicht nur in einem Top-down-Verfahren als marktzentrierte Privatisierung exekutiert, sondern dieser Prozess von strategischen Eliten als hegemoniale Auseinandersetzung über die gesellschaftliche und betriebliche Bedeutung marktförmiger Koordination geführt wurde. Flächendeckend wurde der Markttest zum führenden Gradmesser weitreichender, die Gesellschaft als Ganze betreffender Entscheidungen. Deutlich wurde, dass die ostdeutsche Transformation in vielfacher Hinsicht als Experimentierfeld für Westdeutschland hergehalten hat. Dieser Vorgang ging nicht ohne treibende Akteure vonstatten, was am Beispiel der diskursiven Interventionen zweier zentraler ökonomischer und politischer Intellektueller dargelegt wurde: bei diesen lässt sich

---

(Handelsblatt, 10.01.2003) gehören. Eine Sonderwirtschaftszone war auch Teil des CDU-Wahlkampfprogramms zur Bundestagswahl 2002.

gleichsam eine Umkehrung der in der Nachwendezeit populären modernisierungstheoretischen Argumentationslogik aufzeigen: nicht mehr die Anpassungsfortschritte des Ostens an den Westen seien einzufordern, sondern das Gegenteil.

Fragt man danach, wie sich diese Dominanz entwickeln konnte, stößt man auf die bereits angesprochene Defensive sowohl marktregulierender Konzepte im Gefolge des planwirtschaftlichen Scheiterns als auch der Idee kollektiven Handelns nach ihrer Instrumentalisierung im Realexistierenden Sozialismus. Festzuhalten bleibt, dass der „Altlastendiskurs“, wie er sich nach der Wende entwickelte, ebenso Ausdruck einer konzeptionellen Schwäche der ostdeutschen „Exit-Revolution“ (Offe) wie Hinweis auf eine neoliberale Hegemonie ist, die mit der ostdeutschen Transformation in den 1990er Jahren einen deutlichen gesellschaftlichen Schub erfuhr.[5]

Auf der betrieblichen Ebene gab es zudem die bereits thematisierte eklatante Machtschwäche der ostdeutschen betrieblichen Akteure, insbesondere der Betriebsräte (für Details vgl. Brinkmann 2002a: Teil 2). „Mehr Geschehen als Initiative“ fasste Habermas (1993: 54) den Charakter der ostdeutschen Systemtransformation zusammen. Aus der Sicht der betroffenen Betriebsräte kann man ihm zustimmen: sie wurden Zeugen ihrer eigenen Entmachtung. Oftmals waren sie die dominanten Wendekräfte gewesen, konnten Strukturveränderungen wie die Ablösung vom Kombinatsverbund einleiten oder Personalentscheidungen wie die Entlassung von Führungskräften bewirken. Später wurden sie häufig in ein mehr oder weniger freiwilliges Co-Management gedrängt, bis sie nach der Privatisierung in vielen Fällen zu einem weitreichenden concession bargaining gezwungen wurden. Die ostdeutschen Arbeitgeber(-verbände) aber auch relevante Teile der politischen und journalistischen Eliten verstanden Ostdeutschland als Labormaus zur Durchsetzung weitgehender Standardabsenkungen und der Forcierung marktzentrierter Vergesellschaftung. Es sind damit diese betrieblichen und gesellschaftlichen Machtkonstellationen im Kontext der ostdeutschen Transformation, die der wachsenden Dominanz der Marktzentrierung in Gesamtdeutschland Nachdruck verliehen hat.

---

5 Mit Blick auf diese hegemoniale Stellung verweist Scharenberg (2009: 6) angesichts der Verwerfungen der Finanzkrise 2008/2009 zu Recht auf ihre Beharrungsfähigkeit: „Denn auch wenn der Neoliberalismus jetzt nicht länger ideologisch ‚führend‘ sein mag, so ‚herrscht‘ er doch einstweilen weiter. Dies gilt umso mehr, weil er nicht nur eine wirtschaftspolitische Ideologie ist, sondern auch eine Einstellung bzw. habitualisierte Praxis. Denn der drei Jahrzehnte währende Siegeszug des Neoliberalismus ist nicht ohne Spuren an den ihm unterworfenen Subjekten vorbeigegangen. Er hat sich vielmehr tief in die Köpfe und Herzen, in das Leben und den Alltag der Menschen eingegraben. Dieser gewissermaßen ‚erlernte‘ Neoliberalismus bleibt so lange dominant, wie er nicht durch eine andere Ideologie und Praxis ‚ersetzt‘ wird.“

4. Die Verschiebung der Marktgrenzen

Der langsame Abschied von fordistischen Organisationsformen und die sich daran anschließenden Suchprozesse des Managements haben in den vergangenen Jahren auch in den Wirtschafts- und Sozialwissenschaften eine Reihe von Konzipierungsversuchen zu den beobachteten Reorganisationen im Bereich der Organisation von Unternehmen und Konzernen geführt. Den ökonomischen Einheiten des „disorganized capitalism“ (Offe; Lash/Urry 1987) wurde „Entdifferenzierung“ und „Entgrenzung“ (Sabel 1991) attestiert (kritisch: Funder 2000), sie seien – zumindest partiell –„imaginär“ (Wolf 1997) geworden, mit fließenden Organisationsgrenzen und entwickelten sich immer stärker zu Netzwerkorganisationen (DiMaggio 2001), welche von Dezentralisierungsprozessen (Sauer/Döhl 1996) gekennzeichnet sind, bis hin zu „virtuellen Unternehmen“ (kritisch: Moldaschl/Sauer 2000).

Bis weit in die 1990er Jahre kreisten beispielsweise betriebliche Arbeitspolitiken um den Kampf gegen tayloristische Arbeitsteilung und hierarchische Bevormundung. Mittlerweile aber erfährt der Markt als gesellschaftlicher und organisationaler Koordinationsmechanismus eine Wertschätzung, als sei er geradezu ein sozioökonomischer Supraleiter. Von der wissenschaftlichen Politik- und Managementberatung haben die Marktgesetze dementsprechend die höchsten Weihen empfangen:

> „Die Politik kann die aus Sachzwängen und menschlichen Verhaltensweisen resultierenden Gesetze des Marktes ebenso wenig außer Kraft setzen wie das Gesetz der Schwerkraft.“ (Sachverständigenrat zur Begutachtung der gesamtwirtschaftlichen Entwicklung 1999: Tz: 248)

Einmal in den Rang von Naturgesetzen erhoben, tut sich auch die Kritik an der Marktzentrierung oft schwer: Wer will schon Zweifel an der Gravitation anmelden?

Das „Lob der Marktes“ hat sich so schleichend in den letzten zwei Jahrzehnten von einer Spezialdebatte der Makroökonomie zu einer omnipräsenten Diskursfigur verallgemeinert. Mehr noch: die „Logik des Marktkapitalismus“ (Aglietta 2000a; Dörre/Röttger 2003), diese marktzentrierte Entbettung des Ökonomischen scheint inzwischen gesellschaftlich hegemonial zu sein. Auch realpolitisch findet dieser Wandel seinen Widerhall: Wie dargestellt vollzog sich die ostdeutsche Transformation unter dem Siegel des „Markttests“ und im Übergang zum Finanzmarktkapitalismus ersetzen tatsächliche oder inszenierte Marktinstrumente bisherige Koordinationslogiken auch in den Betrieben. Das Insistieren auf den Markt wird dabei zum allgegenwärtigen Erfolgskriterium, denn: „The market is always right“ (McCafferty 2003) – so der Titel eines einschlägigen Ratgeber-Bestsellers.

Diese Argumentationsfigur ist dabei keineswegs neu. Schon bei Hayek und anderen (neo-)liberalen Klassikern findet sie sich ähnlich formuliert.

Die Attraktivität ist einerseits durch ihre potentielle Universalität, andererseits durch die Suggestion einer Simplizität, also einer schlichten Einfachheit begründet, die Windolf (2005b: 26) anhand von Hayeks Argumentationsgang wie folgt darlegt:

> „Im Markt werden die Komplexität des Produktionsprozesses und die damit verbundenen Kontingenzen auf eine Zahl reduziert, nämlich auf den Preis. Mit dem Preis, den ein Käufer bereit ist zu zahlen, wird die Frage, ob der Produktionsprozess erfolgreich war (Qualität) und ob dabei nur die gesellschaftlich notwendige Arbeitszeit aufgewandt wurde, uno actu beantwortet. Der Markt ist also eine hoch effiziente Maschine zur Reduktion von Komplexität."

Auch eine unternehmensinterne Finanzialisierung kann daher als ein Instrumentarium verstanden werden, das darauf zielt, die Kontrollprobleme der Unternehmen in dynamischen und überkomplexen Umwelten dadurch zu entschärfen, dass jede operative Einheit marktförmig-finanzwirtschaftlichen Kontrollmechanismen unterworfen wird.

Die Ausdehnung dieser Denkweise auf bislang dekommodifiziertes Terrain ist in diesem Sinne keine Frage theoretischer oder praktischer Kompatibilität, sondern primär eine der gesellschaftlichen Hegemonie. Die sukzessive Privatisierung etwa der Sozialversicherungssysteme (z.B. Riesterrente) setzt voraus, dass sich eine zumindest vage gesellschaftliche Übereinkunft darüber herausgebildet hat, dass die Rentenversicherung um eine obligatorische privatwirtschaftliche (und damit über den Markt koordinierte) Säule ergänzt werden müsse. Dazu passt, dass sich Politik der gleichen Logik folgend immer mehr als „Management" neu definiert.

Auch wenn sich Marktzentrierung oft als teleologischer Sachzwang inszeniert, so ist doch das Verhältnis von oder die Entwicklungsrichtung zwischen marktförmiger und nicht-marktförmiger Regulierung keineswegs vorgegeben. Im Gegenteil: Es empfiehlt sich, diese Prozesse als *Marktgrenzenverschiebung* so zu konzipieren und damit die Akteure und ihre Strategien ins Blickfeld zu nehmen.[1] Denn Märkte sind nicht nur der Schnittpunkt von Angebot und Nachfrage, sondern auch eine soziale, kulturelle und politische Konfiguration (Pola-

1 Schon bei D'Alessio et al. (2000: insb. 2.1) findet sich bereits der Terminus von der „Verschiebung der Marktgrenzen". Sie bezogen dies vor allem auf das gewandelte Verhältnis von Volkswagen zu seiner Organisationsumwelt. Hier soll die Marktgrenzenverschiebung als universelles Phänomen verstanden werden, das sich ebenfalls auf die Marktdemarkationen zwischen Beschäftigten oder Gruppen, innerhalb von Organisationen, zwischen Organisationen sowie zwischen Organisationen und den organisationsexternen Märkten bezieht.

nyi 1977 [1957]; Fligstein 1996), die in der Regel stark organisiert und durch spezifische Koalitionen dominiert werden (Fligstein 2001). Diese Dominanz ist allerdings nicht in Stein gemeißelt, sondern – insbesondere in ökonomischen und politischen Krisenphasen – Gegenstand ständiger machtgestützter Verschiebungs- und Aushandlungsprozesse.

Die Bezugnahme auf den Markt ist daher auf den unterschiedlichen Ebenen wie „Gesellschaft“, „Organisation“ und „Subjekt“ als politischer Prozess (gesellschaftspolitisch, mikropolitisch, subjektpolitisch) zu begreifen, bei dem es um die inszenierte und/oder materiale Verschiebung von Marktgrenzen geht. Auch wenn sich das Augenmerk der vorliegenden Schrift primär auf die Unternehmen richtet, muss doch festgehalten werden, dass sich der Wandel auf der Organisationsebene in seiner Komplexität ohne gesellschaftstheoretische Einbettung kaum verstehen lässt (daher die vorstehenden Kap. 2 und 3): Gesellschafts-, Mikro- und Subjektpolitik stützen sich ab, halten sich wechselseitig anschlussfähig über den Austausch von Ideologemen, inhaltlichen Versatzstücken und Argumentationslogiken. Markt-Anrufungen können auf diese Weise geradezu universal wirken. Indem sie partiell an Alltagserfahrungen anknüpfen können, gehören sie bei vielen Betroffenen jedenfalls bereits zu den geläufigen Normalitätskonstruktionen – zumal die Alltagsdiskurse von Verlautbarungen der zitierten Expertenkommissionen weltanschaulich überhöht werden.

Tab. 1: Ebenen der Verschiebung von Marktgrenzen

Ebene	Politikbereich	Marktgrenzenverschiebung: aktuelle Tendenzen (Bsp.)
Gesellschaft	Wirtschafts- und Gesellschaftspolitik	Privatisierung von Sozialversicherungen, „Politik als Management“
Organisation	Mikropolitik	Centerstrukturen (intern), Outsourcing (extern) etc.
Subjekt	Subjektpolitik	Employability, Intrapreneurship, Freelancer, Vertrauensarbeitszeit

Die politische Auseinandersetzung um die Verschiebung von Marktgrenzen spielt sich dabei immer auf zwei analytisch unterscheidbaren Ebenen ab: der Gestaltung der konkreten Reorganisationsprozesse ebenso wie der Auseinandersetzung über die Definitionsmacht im Kontext von (betrieblicher) Signifikationspolitik („politics of signification“, vgl. Hall 1982). In diesen bargaining-Prozessen fällt die Entscheidung darüber, welche Unternehmensbereiche und Funktionen dem Marktzugriff ausgesetzt werden sollen, sie sind deshalb als integrale Bestandteile der interessenpolitischen Auseinandersetzungen zu begreifen.

Von Seiten der Wirtschaftswissenschaften ist gelegentlich die „halbherzige“ marktförmige Restrukturierung beanstandet worden. Hodgson (2001: Kap. 17) beispielsweise verweist darauf, dass es sich innerhalb von Unternehmen oft nur um scheinbare Märkte handele. Daraus ist zu schlussfolgern, dass es letztlich eine empirisch zu beantwortende Frage ist, ob sich bestimmte Formen der Marktgrenzenverschiebung lediglich auf die Inszenierung eines Marktes (im Sinne von Signifikationspolitik) beschränken.

Einen Gutteil ihrer Anziehungskraft verdankt die Marktapologetik neben der Universalität ihrer Anrufungen auch jener behaupteten Allgemeingültigkeit ihrer Einsatzfähigkeit: Ob Subunternehmertum, Freelancer, Leiharbeiter oder Werkvertragler, ob ertragsabhängiger Leistungslohn, Programmentgelt oder Vertrauensarbeitszeit, ob Centerstrukturen, interne Märkte oder Outsourcing: die erklärte Unbegrenztheit des Prinzips spart keinen Unternehmensbereich und traditionelle Demarkationen aus. Die Vertreter dieser Konzeption erinnern mit ihrem die Organisation sezierenden Blick zuweilen an Ingenieure, die eine technische Explosionszeichnung zur Darstellung von Einzelteilen erstellen – diese allerdings nicht ohne den Blick auf die Funktionsweise des Ganzen zu vergessen.

Die Attraktivität dieser Steuerungsform liegt auch darin begründet, dass mit ihrer Hilfe die Organisationseinheiten in kurzen Zeitabständen betriebswirtschaftlich durchleuchtet werden können. Die Interessen der Kapitalgeber, die die Expansion der Unternehmen finanzieren und ihrerseits auf Transparenz und umfassende Informationen bestehen, um das Verhältnis von Risiken und Gewinnerwartungen möglichst genau abschätzen zu können, wirken ebenfalls darauf hin, die Unternehmensorganisation anhand betriebswirtschaftlicher Kriterien zu „zerlegen“. Wichtigstes Instrument sind Ergebnisbewertungen, die sich an der Kapitalproduktivität orientieren und von den Konzernspitzen auf Geschäftsfelder, Betriebe, Profit- oder Costcenter heruntergebrochen werden.

Mit dieser Verschiebung der Marktgrenzen in die Organisationen entsteht aus ehemals fordistisch befriedeten Zonen unsicheres Grenzgebiet, Beschäftigte und Betriebsräte sehen sich in überwunden gedachte Grenzstreitigkeiten verstrickt.

Das Management der Unternehmen übt sich in der Rhetorik und Praxis der Verschiebung von althergebrachten Demarkationslinien zwischen Organisationen und Umwelt, zwischen ehedem reguliertem und nunmehr kommodifiziertem Gelände. Die Verschiebung von Marktgrenzen zwischen Organisation und Umwelt sowie innerhalb der Organisationen scheint mittlerweile den Grenzzwischenfall zum Normalzustand zu erheben. Im Gefolge dieser Umbrüche werden aus immer mehr Erwerbstätigen wohl oder übel Grenzgänger/innen oder „Grenz“-Beschäftigte (Brinkmann 2004): Zunächst stellt die direkte Kopplung der Beschäftigten an das Marktrisiko eine Auflösung jenes mit dem Normalarbeitsverhältnis verbundenen fordistischen Versprechens dar, sprich: die früheren kumulationstheoretischen Annahmen von gleichzeitigem Arbeitsvertrag und Eingliederung in das Unternehmen treffen für sie immer weniger zu. Nach dem

Abb. 2: Unternehmen und Marktgrenzenverschiebung

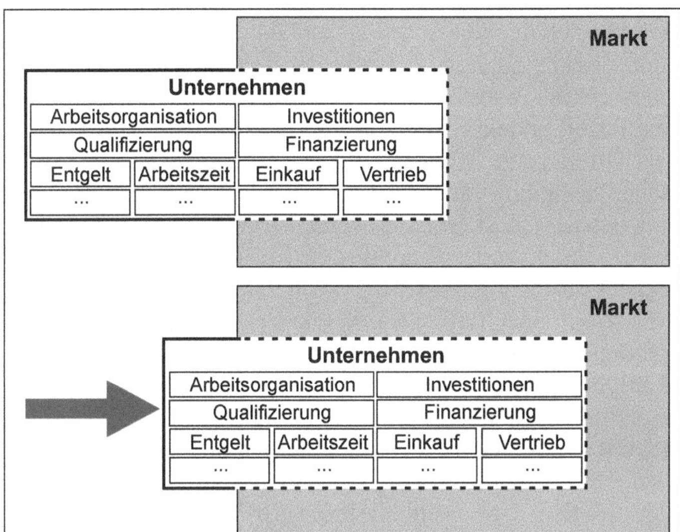

Übergang von organisationalen zu marktförmigen Sozialbeziehungen ist ihre Arbeitskraft unvermittelt dem Gossenschen Gesetz unterworfen und stellt dann im ungünstigen Fall für den Käufer einen zu geringen Grenznutzen dar – mit der Folge einer faktischen Exklusion aus dem Austauschgefüge.

Die zahlreichen aufgezählten Reorganisationsvarianten entspringen letztlich einer einzigen Logik der Marktzentrierung des Unternehmens und stellen demnach Spielarten ein und derselben programmatischen Kommodifizierungstendenz dar. Ihre Varianten lassen sich sinnvoll nach ihrem *Ansatzpunkt* und nach ihrer *Reichweite* differenzieren (vgl. Tab. 2): Ob sie also entweder auf die Organisationsstruktur (2, 4) oder direkt auf die Arbeitsebene der Beschäftigten (1, 3) abzielen bzw. ob sie als interne (1, 2) oder externe (3, 4) Flexibilisierungsmaß-

Tab. 2: Varianten der Marktgrenzenverschiebung (Beispiele)

Marktgrenzverschiebung	von Arbeit	von Organisationen/Bereichen
durch interne Flexibilisierung	1 variable Entlohnungsmodelle, Vertrauensarbeitszeit, Intrapreneure	2 Interne Märkte: Profit-Center-Strukturen
durch externe Flexibilisierung	3 Einsatz von Freelancern, Leiharbeitern	4 In-/Outsourcing

nahme verstanden werden können (festgemacht an der traditionellen Unternehmensgrenze und Organisationsmitgliedschaft).

Was sich auf der Unternehmensebene feststellen lässt, trifft analog auch auf die Ebene der einzelnen Beschäftigten zu. Prozesse der Rekommodifizierung lassen sich hier unter anderem am Wandel der dominanten Arbeitsvertragsformen ablesen. Die Abnahme fester, unbefristeter Vollzeitarbeitsverträge wird betrieblich durch prekäre Beschäftigungsverhältnisse kompensiert – im Extremfall durch Werkverträge, bei denen lediglich ein Produkt oder eine Leistung eingekauft wird, die zuvor oft im Betrieb selbst erbracht worden war. Damit ersetzen Unternehmen fixe Personal- durch variabel anfallende Kosten für das zu erbringende Werk, entledigen sich im gleichen Zuge auch sämtlicher Risiken (z.B. Marktschwankungen) und Pflichten (z.B. Sozialversicherungsbeiträge). In abgeschwächter Form trifft dies auch auf Zwischenstufen zu. Die Zunahme etwa von ergebnisorientierter Entlohnung bei „festen" Arbeitsverträgen deutet darauf hin; Beispiele lassen sich dafür viele finden bis hin zu Arbeitsverträgen bei einem untersuchten großen Elektronikkonzern, die einen Fixlohn von einem Euro garantieren und den Rest der Bezahlung variabel gestalten. Auf dem Kontinuum zwischen traditionellem fordistischem Normalarbeitsverhältnis und Werkvertrag ist diese „feste" Beschäftigung eher beim Werkvertrag zu verorten.

Die enge Rückkopplung des einzelnen Beschäftigten an den Markt lässt sich am besten in Kontexten realisieren, in denen die elektronische Rückkopplung von Leistung und ihrer Abrufung am weitesten fortgeschritten ist. Am Beispiel der schwedischen Internetzeitung „Nyheter24" kann diese Tendenz zur Rekommodifizierung gut veranschaulicht werden. Die tageszeitung (taz, 18.03.09) berichtete jüngst unter der Überschrift „Die schwedischen Klickhuren" über das dortige neue Entlohnungsmodell, bei dem die Zahl der Leser darüber entscheidet, wie viel der Autor an einem Artikel verdient: je öfter ein Beitrag angeklickt wird, um so höher die Entlohnung. Der Herausgeber Sandberg begründet dieses Modell und seine Incentive-Struktur ganz der Logik der Marktzentrierung folgend:

> „Unser Lohnsystem soll widerspiegeln, wie tüchtig jemand ist. Wie viele tatsächlich an dem interessiert sind, was der Mitarbeiter produziert. (...) Das ist ein einfaches Lohnsystem und wir sind ein kommerzielles Produkt."

Neben einem Grundlohn von ca. 1.500 Euro brutto besteht also abhängig vom Erfolg die Möglichkeit des Aufstockens. Oder aus der umgekehrten Perspektive betrachtet: um auf eine Entlohnung von durchschnittlich 3.000 Euro zu kommen, muss im Unterschied zu traditionellen Beschäftigungsverhältnissen der erfolgsabhängige Lohnanteil selbst erwirtschaftet werden, indem man darüber schreibt, „was die Leute interessiert" (so der Herausgeber), also ein marktfähiges Produkt erstellt.

Abb. 3: Marktgrenzenverschiebung am Beispiel des Journalismus

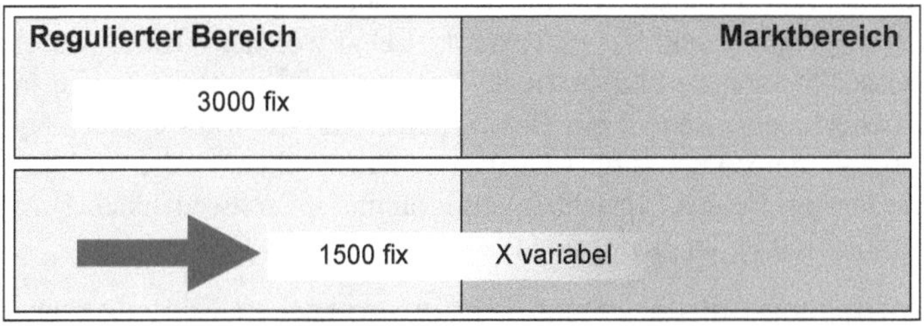

Regulierter Bereich | **Marktbereich**

3000 fix

1500 fix | X variabel

Auch die skizzierte Idee des Value-Adding findet sich in diesem Modell. Die taz gibt den Herausgeber wieder:

> „Und der Vorteil dieses Lohnmodells sei, dass es bei den Angestellten ein Bewusstsein dafür wecke, welch wichtiger Teil jeder von ihnen für den Erfolg des Unternehmens sei."

Die vom deutschen Journalisten gewählte Metaphorik in der Überschrift („Klickhuren") verdeutlicht die moralische Empörung über diese Grenzverschiebung – nicht untypisch für einen Umbruchprozess, der sich gerade ereignet; aber auch in diesem Beruf ist er letztlich nur ein forcierter Ausdruck eines Vorgangs, der seit Jahren schleichend vonstatten geht: Man denke an das Zeilenhonorar für freie Mitarbeiter/innen als typisches Beispiel einer Outputorientierung. Zudem schwingt in einigen wenigen Branchen, die entweder aufgrund ihrer gesellschaftspolitischen Bedeutung (die Presse als „unabhängige vierte Gewalt") oder ihrer traditionellen öffentlichen Orientierung (Gesundheits- und Pflegebranchen, Bildungsinstitutionen) eine Sonderrolle einnehmen, noch ein Ton von Illegitimität in Fällen von Marktgrenzenverschiebung mit. Diese Skepsis ist letztlich nur ein Ausdruck des Wandels von einer Gebrauchswert- zu einer Tauschwertorientierung beim Produzenten. In Bezug auf die Presse bedeutet das: Den gesellschaftlichen Nutzen stellt die vermutete kritische Rolle der Presse in Bezug auf die herrschenden politischen und ökonomischen Verhältnisse dar. Wenn sich nun ihr Selbstverständnis wandelt und nicht mehr dieser Nutzen, sondern die möglichst gute Verwertbarkeit der Ergebnisse am Markt das primäre Ziel der Arbeit darstellt, so weckt dies Zweifel, ob Tauschwert und Gebrauchswert noch konvergieren, mit anderen Worten: die Rolle als vierte Gewalt im Staat *kann* auch nach Finanzmarktgesichtspunkten ein einträgliches Geschäft darstellen, allerdings: sie *muss* es nicht. Die einzelnen von diesem Wandel der Bewertungsmaßstäbe ihrer Arbeit betroffenen Journalisten müssen neue Strategien wählen, um auf die Höhe des vormaligen Festgehaltes zurückkehren zu können. Zwei Implikationen schildert die taz in ihrem Bericht:

> „Die Seite wird kritisiert, weil die Mitarbeiter vor allem die Nachrichten anderer Publikationen ab- und umschreiben. Was nicht verwundern kann: Jeder von ihnen produziert täglich im Schnitt zehn bis 15 Texte. (...) Und welcher Artikel war es, der seinem Verfasser bislang den höchsten Klick-Bonus einbrachte, also die Interessen der BesucherInnen offenbar am Besten getroffen hat? Laut eigener Nyheter24-Klickstatistik: ‚Hier kannst du Lulu Carter nackt sehen' – die Meldung also, dass die Moderatorin eines Einrichtungsprogramms im schwedischen Fernsehen sich auf ihrem Blog in der Badewanne zeigt."

Der zweckrationale Umgang mit den neuen Leistungsvorgaben führt demnach dazu, den Produktionsprozess quantitativ auszuweiten und qualitativ zu vereinfachen (z.B. keine eigene aufwändige Recherche mehr durchzuführen) und Boulevardthemen zu bevorzugen. Auch dies ist keine Neuheit, wenn man an die Einführung des Privatfernsehens beispielsweise in Deutschland Mitte der 1980er Jahre denkt. Neu allerdings ist die direkte Ankopplung des Produzenten an den Markt.

Ein weiteres Beispiel für die Verschiebung der Marktgrenzen in die Beschäftigten stellt die seit einigen Jahren diskutierte „Vertrauensarbeitszeit" dar. Ohne hier im Einzelnen auf die vertrauenstheoretischen Grundlagen einzugehen (vgl. dazu Brinkmann/Seifert 2001; Brinkmann/Meifert 2003), lässt sich festhalten, dass die spezifische Vertrauensfunktion, auf die dieser Spezialdiskurs abzielt, die funktionale Äquivalenz von Vertrauen zu Kontrolle ist (Luhmann 1989). Wer vertraut, muss nicht kontrollieren, und umgekehrt: Wer kontrolliert, kann offenbar nicht vertrauen. Vertrauen ist daher ein Schmiermittel sozialer Prozesse (Arrow 1974) und hilft beispielsweise, die mit einer Kontrolle auftretenden Transaktionskosten auch in ökonomischen Prozessen zu reduzieren. In dieser Logik liegt das Interesse des Managements begründet, den Kontrollaufwand von Arbeitszeit zu verringern und stattdessen den Beschäftigten „Vertrauen" zu schenken. „Vertrauen statt Kontrolle" – dieses Motto schien auch aus deren Perspektive ein altes gewerkschaftliches Argument gegen die Vorherrschaft der Stechuhr aufzunehmen – insofern schien der Tausch der Kontrollkosteneinsparung einerseits gegen vertrauensvolles Gewähren von Freiheit andererseits ein gerechter zu sein. Empirisch jedoch lässt sich jedoch seit einiger Zeit durchweg nachweisen (Pickshaus et al. 2001; Hoff/Priemuth 2002; Haipeter/Lehndorff 2004), dass sich die unbezahlte Mehrarbeit der Belegschaften unter den Bedingungen der Vertrauensarbeitszeit ausweitet.

Tatsächlich stellte die Kontrolle der Arbeitszeit unter den gegebenen technischen Möglichkeiten des Fordismus kein unlösbares Problem für das Management dar. Schwieriger gestaltete sich die Herausforderung, das Transformationsproblem von Arbeitskraft in konkrete Arbeit in den Griff zu bekommen (Braverman 1985) oder auch die produktionsrelevanten Rahmenbedingungen (Zulieferprobleme etc.) zu bearbeiten. Dies ist in der ersten Zeile der Tabelle 3 angedeutet. Während in der fordistischen Logik Preis (Entgelt für die Ware Arbeitskraft) und Arbeitzeit vertraglich geregelt waren, bestand das Risiko für das Management in der Qualität und dem Preis des Produktes, das abgesetzt werden musste. Die zweite Zeile beschreibt nun den Bruch mit der Einführung der Vertrauensarbeitszeit in einem ergebnisorientierten Entlohnungssystem.

Tab. 3: Vertrauensarbeitszeit und das Transformationsproblem

Preis & Zeit	=	Produkt
Preis & Produkt	=	Zeit

Geregelt, also vorgegeben sind nunmehr wiederum der Preis – nun allerdings nicht mehr der Preis der Ware Arbeitskraft, sondern der Preis des herzustellenden Produktes (gemessen am Marktpreis), sowie das Produkt selbst (Art und Qualität). Variabel ist damit nun nicht mehr wie vormals das Produkt (Preis und Qualität), sondern die Arbeitszeit, die zu seiner Herstellung benötigt wird. Unter dieser Maßgabe lassen sich (immer gemessen an den externen Marktvorgaben) stets neue Druckszenarien für die Belegschaften aufbauen, denen man im Zuge dieser direkten Ankopplung an den Markt nicht nur die Qualitätskontrolle des Produktes, sondern auch die Risiken des Produktionsprozesses sowie die Lösung des in der Labour Process Debate diskutierten Transformationsprozesses überantworten kann.

Die Geschäftsleitung eines untersuchten mittelständischen Unternehmens erläutert dies mit einem doppelten Schritt. Einerseits erhöht er (noch klassisch hierarchisch) das Arbeitstempo:

> „Wo ich schon manchmal staune, dass das geht. Es gibt so 'nen ganz komischen Spruch, den habe ich vorher noch nie gehört, es heißt hier im Werk: ‚Arbeit schiebt'. Das bedeutet, wenn sie so 'nen Berg im Rücken haben, dann werden sie kreativ. Und der Witz ist: Es stimmt ja!"

Um sich nicht mit widerstrebenden Gegenstrategien der Beschäftigten (die er antizipiert) auseinandersetzen zu müssen, führt er schrittweise eine neue Outputorientierung in den betroffenen Bereichen ein:

> „Und nur wenn Sie sagen, dass da ein Zwang von außen da ist, der Aufträge heißt, dann werden die Leute kreativ. Das geht ja dann auch in ihrer eigene Freizeit weiter. Aber es fehlt sonst, dass sie von selbst kommen und sagen: ‚Ich hätte da 'ne Idee'."

Dieser konkrete Prozess der Marktgrenzenverschiebung sollte keinesfalls mit der idealtypischen Darstellung des Paradigmenwechsels verwechselt werden; er kann sich betrieblich durchaus in unterschiedlichen Varianten darstellen. Das Management beschränkt sich im idealtypischen Szenario primär auf die Kontrolle der Qualität des Endprodukts (der Preis war bereits vorgegeben) – und sofern diese als unzureichend eingestuft wird, fällt es den Beschäftigten zu, die Qualität unter Einsatz unbezahlter Arbeitszeit zu verbessern (so beispielsweise im Programmentgelt des Automobilproduzenten Volkswagen).

Wenn man sich dieses modifizierte und nunmehr stärker marktförmige Transaktionsverhältnis vor Augen führt, so wird deutlich, dass es sich bei der neuen Arbeitszeitregelung nicht um eine „Vertrauensarbeitszeit" handelt, da es an keinem Punkt um die funktionale Äquivalenz von Vertrauen zu Kontrolle geht. Im Gegenteil: die Kontrolle (nunmehr des Endproduktes) bleibt erhalten, im Extremfall kann sie sogar bei zu schlechter Qualität des Produkts für die Beschäftigten eine Entwertung des vorangegangenen Arbeitsprozesses bedeuten. Vereinfacht dargelegt: Im fordistischen System wäre dies primär ein Problem des Managements gewesen, nach modifizierter Logik ist es ein Risiko der betroffenen Belegschaften. Kontrolle wird demnach nicht durch Vertrauen ersetzt – sie wird vielmehr verschoben von der Kontrolle der Arbeitszeit und des Arbeitsprozesses hin zur Endkontrolle des Produkts. Sofern Vertrauensarbeitszeit demnach mit einer Ergebnisverantwortung der Beschäftigten einhergeht, handelt es sich dabei oft um eine Marktgrenzenverschiebung durch die Hintertür. Machttheoretisch gesprochen: zwar findet eine Verlagerung der Kontrolle einer Ungewissheitszone auf (bzw. in) die Beschäftigten statt, gleichzeitig wird aber aufgrund der Betonung der Ergebnisorientierung diese Ungewissheitszone als Machtressource entwertet. Dies bedeutet, dass bezüglich der „Vertrauensarbeitszeit" weder Vertrauen noch Arbeitszeit relevant sind: in präzisen (vertrauens-)theoretischen Kategorien ausgedrückt geht es eher um eine tendenzielle Kontrollverlagerung bei gleichzeitig wachsender Arbeitszeitindifferenz seitens des Managements (Seifert/Brinkmann 2003).

Weiter oben wurde dargelegt, dass die realen Umbrüche des Produktionsprozesses in der Regel von einem unterstützenden Diskurs (Signifikationspolitik) unterlegt sein müssen, mit dem sie legitimiert werden. Mit Blick auf die so genannte Vertrauensarbeitszeit fällt also auf, dass der Begriff zwar in die Irre führt, aber den Diskurs für eine vergleichsweise lange Zeit beherrschte. Erst nach einigen Jahren und empirischen Erfahrungen wurde deutlich, dass es sich bei ihm mehr um ein geschicktes Marketing als um einen Vertrauensbeweis handelte. Der betriebliche Kampf um die „Rückkehr zur Stechuhr" ist in vielen Fällen daher weniger Ausdruck eines arbeitszeitpolitischen Konservatismus sondern stellt den Versuch dar, die Marktgrenzen und damit die Risiken des Produktionsprozesses wieder zurück zu verschieben.

Diese Darstellung soll keineswegs den Eindruck erwecken, dass ihre weitgehende Hegemonie gleichzeitig eine hermetische Abgeschlossenheit oder eine zwangsläufige Durchsetzung der marktzentrierten Denkweise bedeutet. Eine Reihe von euphemistischen Grundannahmen, die hinsichtlich marktzentrierter

Unternehmenssteuerung geäußert wurden, hält einer kritischen Überprüfung kaum stand. Denn Märkte stellen eine „Form der Verhaltenssteuerung“ und einen „finanziellen Sanktionsmechanismus“ (Heinemann 1976: 55) dar, der weit mehr als ein ahistorisches Medium zur Preisfindung und einen beliebig installierbaren Ort des Warenaustauschs repräsentiert. Märkte basieren auf voraussetzungsvollen kulturellen und historisch-spezifischen Institutionen und Normen[2], Regeln und Prozeduren, Routinen und Strukturen (z.B. hinsichtlich der Intensität des Wettbewerbs), Voraussetzungen, die in einer enthistorisierenden und ontologisierenden Markt-Apologetik oft untergehen. Schon ein historischer Rückblick veranschaulicht stets: Der Rückgriff auf marktförmige Steuerungselemente folgt weder einem Sachzwang noch einer quasi-natürlichen Entwicklungslogik. Er ist Ausdruck einer strategischen Entscheidung und (mikro-)politischer Implementierungsanstrengungen. Zudem finden sich auf allen betroffenen Ebenen nicht nur Unterstützungs-, sondern auch Widerstandspraxen, die sich aus alternativen „Weltsichten“, aber auch aus Erfahrungen der Entfremdung, Unterwerfung, Exklusion oder Entmachtung speisen. Wenn sie handlungsmächtig werden, greifen die Träger/innen dieser Erfahrungen auch als widerständige Akteure in den Prozess der (Rück-)Verschiebung von Marktgrenzen ein (vgl. Kap. 7 und 9).

Ein solcher Zugriff auf die Markt-Thematik holt diese aus ihrer entrückten Überhöhung und naturalisierenden Teleologie zurück in den Bereich des Machbaren. Denn einerseits erscheinen so von einem akteurstheoretischen Standpunkt aus betrachtet hinter der „Anonymisierung“ von Steuerung und Kontrolle (Castells 1996) die handelnden Akteure, andererseits gewinnen Richtung und Dynamik dieser politischen Prozesse den Charakter ergebnisoffener Aushandlungen. Antiteleologisch und akteurszentrierte Sichtweisen dieser Art entwickeln die gängigen Konzipierungen wie „Vermarktlichung“ oder auch „marketization“ weiter, denn diese beschreiben zwar präzise viele aktuelle Tendenzen, unterbelichten aber die spezifische Art, wie sich diese Marktgrenzenverschiebung politisch durchsetzt und stellen den Prozess zu sehr als Einbahnstraße dar. Problematisch ist also nicht das Konstatieren einer Marktzentrierung, sondern ihre Absolut-Setzung. In ihrer wissenschaftlichen Radikalisierung ähnelt dieses Herangehen der angesprochenen konzeptionellen Managementberatungsliteratur.

An der Thematik internalisierter Märkte kann die Verschiebung der Marktgrenzen in die Organisation geradezu prototypisch verdeutlicht werden.

---

2 Man denke beispielsweise an Sombarts (1954, 1967) oder auch Bourdieus (2000) Beschreibung der institutionellen Voraussetzungen einer historischen Verallgemeinerung von Marktprozessen.

Die Debatte über die „Internal Markets"

Wie oben angedeutet findet der Veränderungsdruck, den die Unternehmen auf den Kapital- und Produktmärkten erfahren, in den innerorganisationalen Prozessen, Strukturen und Bewertungsmaßstäben seinen Widerhall (Dörre 2002a; Müller-Jentsch 2002). Die Bedeutung jenes Value-Adding beispielsweise, die stete Frage also nach dem spezifischen Beitrag einzelner Beschäftigter, Abteilungen oder sogar Unternehmen innerhalb eines Konzerns zur Wertschöpfung der Gesamtorganisation gibt beredt Ausdruck von diesem Wandel.

Verglichen mit anderen Mechanismen der Koordination, Kontrolle und Steuerung sozialer Interaktion in Arbeitsystemen, Arbeitsbeziehungen und interorganisationalen Beziehungen hat der Markt in den letzten Jahren gegenüber „bürokratischer Herrschaft" oder „assoziativen Formen" deutlich an Bedeutung gewonnen. Folgt man der renommierten Harvard Business Review, so steht das „Internal Markets"-Konzept unmittelbar vor dem Aufstieg in den Olymp der Leitbilder des „Modern Management" (Hamel 2006: 80).[3] Die mit dieser Marktgrenzenverschiebung verbundenen Versprechen sind weitreichend und vollmundig: „Internal markets bring all the advantages of free markets inside large organizations", schreiben die Autoren des ersten Bestsellers zum Thema („Internal Markets : Bringing the Power of Free Enterprise Inside Your Organization", Geran ayeh et al. 1993: 4).

Innerorganisatorisch stellt diese Strategie ein Anknüpfen an die gesellschaftliche Verallgemeinerung des Markt-Leitbildes dar. Sie verspricht dem Management neben einem Prestigezugewinn durch das Kopieren modischer Restrukturierungsansätze[4] auch Lösungen für zwei ganz konkrete Probleme:

– Einerseits für die sinkenden Kontrollkapazitäten in komplexer werdenden Unternehmensstrukturen und -prozessen: Mit ihrer Outputorientierung und Reduzierung von Kontrollvariablen stellen interne Märkte für das Management zumindest dem Versprechen nach eine Kontrollvereinfachung dar, indem Kontrolle (und damit auch die damit verbundenen Kosten) delegiert werden: „In a world of escalating complexity and empowered people, leader-

3 Mit Blick auf den internen Arbeitsmarkt wird das Konzept „interner Märkte" bereits seit den 1960er Jahren und insbesondere von segmentationstheoretischen Ansätzen diskutiert (vgl. Doeringer 1971; Köhler 1988). Im Unterschied zur hier diskutierten Stoßrichtung beschränkten sich diese Analysen primär auf die Entwicklung der Arbeitsmärkte (z.B. „duale Arbeitsmärkte").

4 Schließlich spielt im Kontext der schrittweisen Verallgemeinerung des anglo-amerikanischen Modells der Corporate Governance (Beyer 2002) auch eine wichtige Rolle, dass marktzentriert reorganisierte Unternehmen als Vorreiter hervorgehoben und kopiert werden (Kühl 2002).

ship must cultivate the art of helping others to share the responsibilities of management" (Halal 1998a: 13; zur Spezifik dieser Kontrollproblematik bei wissensintensiven Unternehmen vgl. Mønsted 2006).

Die Schaffung interner Märkte verkörpert aus der Sicht des Managements zudem eine „Externalisierung" von Verantwortung und insbesondere von Risiken der Beschäftigung und der Produktion, die klassischerweise vom Unternehmen getragen wurden; die Änderung des Kontroll- und Koordinationsmodus ermöglicht die Durchstellung des Marktdrucks auf die einzelnen Abteilungen selbst – immer begleitet von Selbstorganisationsangeboten, aber auch mit der Drohung der Schließung: „Are some units suffering losses? A market would let them fail because they do not produce value" (Halal 1994b: 13).

Abb. 4: Organisationsstrukturen und -leitbilder (Zeitstrahl)

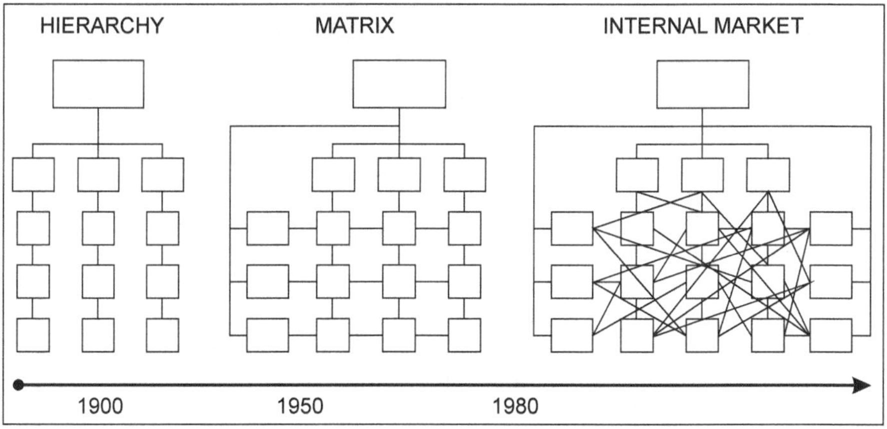

HIERARCHY MATRIX INTERNAL MARKET

1900 1950 1980

Quelle: Geranmayeh et al. 1993: 17

– Andererseits für die Herausforderung, innerhalb des Unternehmens über Wettbewerbsprozesse Innovationen sicherstellen zu können. Im Kontext der Intrapreneurship-Konzepte, die sich vor allem auf Schumpeters Unternehmer-Begriff (vgl. im Detail unten, Kap. 5) stützen, stößt man daher immer wieder auf die Behauptung, bürokratische und Matrix-Organisationen seien kaum mehr in der Lage, Innovation im benötigten Ausmaß zu gewährleisten (Välikangas 2001), weshalb es einer Dezentralisierung von Entscheidungen, Verantwortung und Risiken bedürfe: „Like oil and water, innovation and bureaucracy just don't mix" (Ross 1987: 23). Die traditionelle Rede in hierarchischem Vokabular wird dazu in unternehmerische Äquivalente übersetzt. Statt von Abteilungen und hierarchischen Zuordnungen wird von internen und innovativen Marktteilnehmern gesprochen. Die Konzeption der internen Märkte stellt damit die zentrale Begründungslogik zur Bildung von Profit- oder Cost-Centerstrukturen dar, die in aller Regel eine Verlagerung eines Teils des managerialen und unternehmerischen Risikos impliziert, gleichzeitig aber auch mit Freiheitsversprechen lockt, wie in diesem Beispiel ein HP-Manager: „The financial controls are very tight, what is loose is how (people) meet those goals" (zit. n. Halal 1996: 36; ähnlich bei IBM, vgl. Glißmann/Peters 2001).

Über ihre tatsächliche empirische Verbreitung wird in der Literatur gestritten; einig ist man sich aber, dass die Richtung der Marktgrenzenverschiebung seit einigen Jahren deutlich beobachtbar ist: „A growing number of companies are explicitly replacing bureaucratic internal resource allocation with internal markets" (Ellig 2001: 227). Zumindest theoretisch sind dem Aufbau interner Anbieter-Kunden-Beziehungen kaum Grenzen gesetzt, in unterschiedlichen Rollen kann sogar eine Einzelperson innerhalb der Organisation mehrere Marktrollen übernehmen. Auch das überlieferte Bild von Unternehmen gerät in diesem Zuge aus den Fugen, es gleicht – denkt man den Ansatz zu Ende – eher einer Shopping Mall als einer integrierten Organisation.

Grundsätzlich gilt die konzeptuelle Grundannahme, dass „all market functions can be replicated within organizations" (Halal 1994a: 74). Allerdings wird eine vollständige marktförmige Reorganisation der Unternehmung von Verfechtern der Idee nur selten eingefordert. Stattdessen beschreiben sie weiterhin geltende Enklaven, insbesondere in Form von öffentlichen Gütern, die von Seiten der Geschäftsleitungen der Gesamtorganisation zur Verfügung gestellt werden sollten. Zu diesen Gütern, die von allen Abteilungen unentgeltlich „genutzt" werden können, zählen ganz prominent neben der Forschung und Entwicklung die Investitionen in die Unternehmenskultur (Geranmayeh et al. 1993). Halal wie eine Reihe anderer Vertreter dieses Ansatzes tendiert jedoch dazu, seine eigenen normativen Vorüberlegungen bereits als empirisch gegeben anzusehen: „Some hierarchy will always be needed, but the former management system in which decisions flowed from the top down is now history" (Halal 1997: 18). In dieser Vermengung von Annahme und Wirklichkeit liegt – das wird weiter unten gezeigt werden – ein Grundproblem des Gesamtansatzes.

Die starke Verbreitung von internal-market-Konzepten bei Unternehmen wie HP und IBM ist im Übrigen kein Zufall. Insbesondere in der Phase der Dotcom-Blase mit ihrem Aufstieg kleiner, nicht typisch hierarchisch strukturierter Unternehmen orientierten sich auch die alteingesessenen Branchenführer neu. Allerdings stellte diese Phase gegen Ende der 1990er Jahre mindestens schon den dritten Schub dar, denn Anfang der 1980er Jahre wurde im Zuge der US-amerikanischen Debatte über die vermeintliche japanische Überlegenheit erstmals innerorganisatorischer Wettbewerb als Basis für ökonomische Exzellenz breit diskutiert (Peters/Waterman 1982).

Abb. 5: Die Organisation als Shopping Mall

Quelle: Halal 1994b, S. 8

Ihre Initialzündung erfuhren diese Konzepte aber Ende der 1980er Jahre mit dem Untergang des Realexistierenden Sozialismus. Belege für diese Vermutung lassen sich zahlreiche anführen, nicht immer sind sie allerdings so explizit wie bei Halal:

> „Major corporations comprise economic systems that are as large and complex as national economies, yet they are commonly viewed as ‚firms' to be managed by executives who move resources about like a portfolio of investments, form global strategies, restructure the organization, and set financial targets. How does this differ from the central planning that failed in the Communist bloc? Why would such control be bad for a national economy but good for a corporate economy?

> Can any fixed structure remain useful for long in a world of constant change?" (Ackoff 1993; vgl. ähnliche Argumentationsgänge bei Pinchot/Pinchot 1993; Halal 1996: 31)

Die Argumentation verläuft in der Regel so, dass man zunächst den Niedergang der Zentralverwaltungswirtschaften konstatiert, wie dieses Beispiel von Pinkerton (1993: 208) in einem Managementhandbuch verdeutlicht:

> „After decades of collectivization, we have seen the truth about an ideology whose central premise is a war against human nature, the basic human impulse for voluntary economic exchange and political freedom. Socialism, or central planning, doesn't work, no matter what name it goes by or where it is practiced. These failures were apparent to insightful scholars like Frederick Hayek a half century ago; many are simply more manifest in today's rapid world."[5]

Im Anschluss wird der Siegeszug des Marktes in den osteuropäischen Gesellschaften skizziert und dann die Logik des Grundgedankens auf große (und im weiteren Verlauf dann auch auf kleinere) Unternehmen übertragen, um die dortigen bürokratischen Zustände zu kritisieren: „In short, companies that fund and provide support services through a centralized bureaucracy exhibit some of the same maladies as centrally-planned economies" (Ellig 2001: 229). Einige Autoren kehren dann von der Organisations- sogar wieder auf die Gesellschaftsebene zurück, für die sie geradezu eine Markt-Utopie entwickeln:

> „Transforming organizations into market systems is formidable because it involves a profound social upheaval; it could be thought of as ‚Corporate Perestroika', somewhat like the struggle facing the post-socialistic bloc." (Halal 1996: 48)

Die Tragweite dieses Umbaus wird dabei nicht klein geredet – dem Wallstreet Journal (11.1.1993) zufolge sprachen auch die IBM-Manager über einen anstehenden Umbau als „perestoika under way at IBM". Halal merkt dazu an:

> „Many will think this challenge is too enormous, but that is exactly what we once thought about the prospect of changing the Soviet Union. The move to market organizations seems likely to roll on because internal markets offer the same powerful advantages that inspired the overthrow of Communism: opportunities for personal achievement, liberation from authority, accountability for performance, en-

5 Und er fügt hinzu: „Private sector bureaucracies can be just as bad. Ross Perot built Electronic Data Systems (EDS) from nothing into a billion-dollar company and then sold it to General Motors (GM). Now GM is taking EDS down with it as the parent company spirals into decline. Perot illustrated the cause of this failure by pointing out that it takes GM seven years to design a car, whereas we won World War II in only three and a half years. (...) Fortunately, companies in a free economic system face the ultimate test of the market where such inefficiencies cannot continue for long." (Pinkerton 1993: 208f.)

> trepreneurial initiative, creative innovation, high quality and service, ease of handling complexity, fast reaction time, and flexibility for change.“ (Halal 1996: 49)

Das Freiheitsversprechen im Sinne einer Befreiung aus bürokratischen Zwängen ist dabei allgegenwärtig:

> „It is important to allow all units the freedom to conduct business transactions both inside and outside the firm. Without that freedom, managers are subject to the monopoly and bureaucracy of central controls, about the same way the Soviets over-controlled their economy.“ (Halal 1994a: 73)

Vor dem Hintergrund einer solchen „Befreiungsperspektive“ wäre es aus Sicht der betroffenen Akteure kaum rational, sich gegen ein solches Szenario zu entscheiden, im Gegenteil:

> „Given this starting point, it is no surprise that both researchers and practitioners would turn to the price system as a way to improve the allocation of corporate resources.“ (Ellig 2001: 229)

Zwei weitere Trends stärken die diskursive Stellung der Internal-Markets-Position im Kampf um betriebliche und gesellschaftliche Hegemonie: Sie passt sich gut in den langfristigen (wenn auch phasenweise unterbrochenen) Trend zu Dezentralisierung im Nachkriegsfordismus (multidivisional form, Vancil/Buddrus 1979; Chandler 1995 [1962]; Malone 2004) ein. Die neue Figur des internen Unternehmers wird damit zum Signum dieser aktuellen Entwicklung, weil sich gesellschaftlich eine Verallgemeinerung unternehmerischer Einstellungen (Prisching 2000) konstatieren lässt und gleichzeitig in immer mehr Unternehmen Imitations- und Normativierungsprozesse ablaufen, die interne Märkte und internes Unternehmertum diskursiv und strukturell befördern. Auf dieser konzeptionellen Ebene lässt sich der behauptete Zusammenhang von Makro-, Meso- und Mikroebene der Marktgrenzenverschiebung leicht nachvollziehen.

Fasst man die – wiederum aus Vereinfachungsgründen unter Rückgriff auf Halals Oeuvre – zahlreichen Verheißungen zusammen, so lassen sich Argumente für den Ansatz auf unterschiedlichen Ebenen persönlicher Selbstverwirklichung, organisationaler Effizienzsteigerung und gesellschaftlichen Fortschritts wieder finden:

- „move to democracy“, „after a long history of authoritarian control“ (1997: 18)
- „free up the skills, creativity, an vision of ordinary people“ (1998b: 23)
- Überwindung der „top-down disadvantages of hierarchy“ (1999)
- Selbstbestimmung: „gaining control over their operations“ (1997: 18)
- Reduktion von Komplexität (1999)
- Überwindung der Kontrollprobleme des Managements: „art of helping others to share the responsibilities of management“ (1998a: 13)
- gesellschaftlicher Fortschritt: „to advance social progress“ (1999).

Outsourcing, oder: Aus den Augen, aus dem Sinn?

Die Konzeption der internen Märkte stellt eine Begründungslogik zur Bildung von Profit- oder Cost-Centerstrukturen dar. Allerdings handelt es sich bei diesen oft noch um abgefederte oder inszenierte Märkte: vor einer Schließung eines bedrohten Bereichs steht immer ein unternehmensinternes Bargaining. Denkt man hingegen die Interpretation des Unternehmens als Marktplatz oder Shopping Mall konsequent weiter, so wird deutlich, dass es sich bei den internen Märkten lediglich um eine konzeptionelle Vorstufe zum Outsourcing (der eigentlichen externen Flexibilisierungsstrategie) handelt, bei dem nicht nur eine fiktive sondern eine definitive Marktgrenze zwischen die Unternehmensbereiche geschoben wird. Für die betroffenen Beschäftigten stellt dieser Schnitt die radikalste Variante von Marktgrenzenverschiebung dar: es wird ihnen die Organisationsmitgliedschaft gekündigt.

Die Konjunktur des Outsourcings in den 1990er Jahren beruhte zunächst auf den simplen technologischen Voraussetzungen, die eine Separierung vormals eng verknüpfter Unternehmensbereiche überhaupt erst ermöglichten (Wardell et al. 1999: Kapitel 5). Im Anschluss an die Wiederentdeckung des Aufsatzes von Coase über „The nature of the firm“ (1937; 1990) fand aber auch eine theoretisch-konzeptionelle Wende hin zu einer (Neu-)Begründung institutionentheoretischer Überlegungen statt. Hier lautet das zentrale Argument für die Existenz von Firmen, dass sie aufgrund geringerer Transaktionskosten nur in be-

Abb. 6: Unternehmensabspaltung und Marktgrenzenverschiebung

Markt
Unternehmen
Markt
Unternehmen

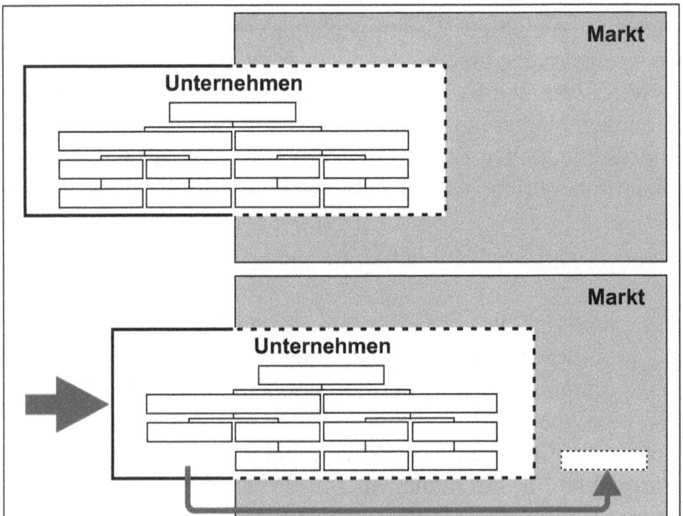

bestimmten Kontexten bessere Ergebnisse als Märkte erzielen. Firmen bilden sich also dann heraus, wenn die Transaktionskosten zur Herstellung einer Ware oder Dienstleistung innerhalb einer Organisation geringer sind als auf dem Markt: die „invisible hand“ wird dann zur „visible hand“ des Managements (Chandler), aus dem atomistischen Mechanismus Markt wird der auf Anordnung und machtförmiger Kontrolle basierende Mechanismus einer hierarchischen Struktur , und in seinem Gefolge findet eine Abgrenzung interner bürokratischer und externer marktförmiger Koordination statt.

Die Institutionentheorie hat seit Mitte der 1970er Jahre viel zu den Grenzen zwischen Markt und Unternehmen geforscht (Hodgson 2001), dabei ist insbesondere über die Fragen des Make-or-Buy seit Williamson (1975; 1985) in transaktionskosten- und vertragstheoretischer Perspektive einiges an Analysearbeit geleistet worden. Coase selbst begründete zwar eine spezifische Theorie der Unternehmung, das nach ihm benannte Theorem lenkt aber auch den Blick zurück auf die Existenzbedingungen von Organisationen und stellt sie systematisch in Frage, so dass sich an ihrer Beantwortung die Durchführung von Outsourcing (und auch Insourcing) entscheidet.

Fokussiert man die empirische Praxis von Outsourcing, so stellte die IT-Ausgliederung 1989 bei Eastman Kodak in den USA einen berühmten frühen Kulminationspunkt (vgl. Müller/Prangenberg 1997) dar. Mittlerweile haben sich diese Strategien auch in Europa verallgemeinert (Kakabadse/Kakabadse 2002). Aufgrund der hiesigen (politischen) Regulierungsstandards und kulturellen Traditionen existiert in Deutschland zwar noch eine deutlich höhere Fertigungstiefe – insbesondere bei Klein- und mittelständischen Unternehmen (KMU), dennoch haben beispielsweise immerhin 41% aller Unternehmen im Verarbeitenden Gewerbe zwischen 1999 und 2001 Outsourcing betrieben (Kinkel/Lay 2003).

Die Bandbreite von Ausgliederungen reicht je nach Zielorientierung vom einfachen Outtasking einzelner Funktionen bis hin zum Verkauf gesamter Bereiche. Die Tendenz des Outsourcing entwickelte sich im Laufe der Jahre von der Auslagerung einfacher Tertiärleistungen (Kantine, Reinigung etc.) über den Einkauf von Sekundärleistungen wie Logistik (McDermott 2002), Personalwesen (Greer et al. 1999; Lang et al. 2005a: 106f.; Alewell/Hauff 2008), IT (Finlay/King 1999; Sheperd 1999) oder FuE (Quinn 2000) bis hin zu Hybridformen wie Pay-on-Production-Modellen, bei denen beispielsweise Zulieferer innerhalb von Fabriken des Abnehmers zentrale Bereiche betreiben. Festzuhalten bleibt, dass sich Outsourcing als universelle Verschlankungsstrategie zu verallgemeinern scheint.

Eine eher affirmativ ausgelegte Managementliteratur extrapoliert aus dieser aktuellen gleichsam eine säkulare Tendenz. Man findet hier die bereits angedeuteten Naturalisierungsbestrebungen (das „Gravitations-Argument“) wieder, nunmehr konkret auf das Phänomen des Outsourcing bezogen. Prototypisch lässt sich das am Beitrag von Quinn (1999: 21) in der angesehenen Sloan Management Review zeigen. Er behauptet:

> „Increased outsourcing will be a natural outgrowth of our competitive system as it continues to globalize and move to knowledge-based services. For those who anticipate and manage these changes strategically, the gains can be enormous. For those who resist too long, the costs will be tragic."

Für das Outsourcing werden in aller Regel drei zentrale Argumentationslinien ins Feld geführt.

1) Hinsichtlich der Organisationsstruktur erzeugt jene am Shareholder Value ausgerichtete Steuerungsform einen Druck zur Straffung des Portfolios durch Abspaltung von Nicht-Kerngeschäftsfeldern. Outsourcing stellt in dieser Sicht eine Reduktion der Komplexität der Struktur dar und bietet dem Management zugleich eine Argumentationsvorlage, um mit „ineffizienten" betriebsinternen Bereichen umzugehen. Auch im Hinblick auf Managementmoden (Kieser 1996) scheint diese Restrukturierungsvariante in einer Zeit der Abkehr von integrierten Großkonzernen ein probates Mittel zur Erzielung schlanker Organisationsstrukturen zu sein.

2) Hinter vielen Outsourcing-Initiativen sind krude Kostensenkungsüberlegungen zu vermuten (für das Beispiel des IT-Bereichs: Vijayan 2002). Nicht zuletzt daher rührt auch die ungebrochene Popularität dieser Maßnahmen gerade in ökonomischen Krisenzeiten. Die Einsparungsbehauptungen basieren auf zwei Annahmen. Zunächst vermutet man beim Vendoren (also dem möglichen Anbieter der Leistung) einen kostensenkenden Skaleneffekt aufgrund seines Spezialisierungsgrades. Zudem stellt die Ersetzung von fixen Personal- und Sachkosten durch variable, volumenbasierte und nachfrageorientierte Kosten eine Flexibilisierung des Kostenmanagements dar.

3) Marktgrenzenverschiebungen durch Outsourcing verkörpern letztlich eine Neuordnung inner- und zwischenorganisationaler Arbeitsteilung. Die damit verbundenen Spezialisierungsschübe können Kompetenzvorteile zweierlei Art nach sich ziehen: einerseits bieten die spezialisierten Vendoren möglicherweise den outgesourcten Beschäftigten als neuer Arbeitgeber bessere Möglichkeiten zur Entwicklung ihrer Kompetenzen (Ulfelder 2002). Andererseits können die Käufer der Leistungen mit einem schnelleren Zugriff auf neue Lösungen, kompetente Experten und gutes Know-how im betroffenen Bereich zählen.

Wenn auch in der aktuellen Managementlehre die kritischen Studien zum Outsourcing vergleichsweise rar sind (Insinga/Werle 2000), gibt es doch zahlreiche Hinweise in der Literatur und Praxis, die einen kritischen Blick auf mit diesen

Marktgrenzenverschiebungen verbundene Dysfunktionalitäten und Widersprüche werfen. Sie stehen zumeist in enger Beziehung zum zentralen Kostenargument:

1) Mit der Entscheidung für „buy“ und gegen „make“ verzichtet das Management auf die traditionellen betrieblich-hierarchischen Kontrollmöglichkeiten für die zu erbringenden Leistungen. Daraus entstehen neue Transaktionskosten des „lateralen Managements“ (Useem/Harder 2000) zur Anbahnung, Koordination und Kontrolle der Marktbeziehungen (Barthelemy 2001). Hinzu kommt, dass Vendoren oftmals mehr versprechen, als sie halten können (am Beispiel von Worldcom: Fox 2002; Kern et al. 2002). Insbesondere eine Insolvenz des Vendors (am Beispiel von Pilot Services: Hancock 2001) kann dabei auch für das kaufende Unternehmen problematische Auswirkungen nach sich ziehen. Einige Autoren kommen deshalb zu dem Schluss, „that managing the vendor becomes impossible“ (Schulz 2002).

2) Neben den sichtbaren administrativen entstehen auch versteckte, „weiche“ Kosten des Outsourcing (Garaventa/Tellefsen 2001), die vor allem auf die sinkende Beschäftigtenmoral und eine damit einhergehende schlechtere Performance zurückzuführen sind. Die Ankündigung und/oder Durchführung von Outsourcing produziert nicht selten Unwägbarkeiten in der Binnenkohäsion, Unklarheiten über die Loyalitäten und über das Commitment dem „Produkt“ und dem Unternehmen gegenüber. Es ist deshalb zu vermuten, dass bei einer dominanten Steuerung über Preise das Management die Vertrauensdimension aus den Augen verliert (Davis/Green 2001). Aus solchen Überlegungen speist sich beispielsweise Druckers (2002) Warnung vor einem Outsourcing des Personalmanagements.

3) Die weltanschauliche Überhöhung des Marktes ist oft blind für die Konsequenzen der Grenzverschiebungen. Übersehen wird, dass nicht nur organisationale Hierarchien, sondern auch Märkte spezifische Transaktionskosten produzieren – beispielsweise bedarf es zur Verhinderung pareto-inferiorer Lösungen in der Regel einer Einführung von Transaktionskosten wie z.B. Kontrollkosten (North 1992: Kap. 7). Und selbst eine Begründungslogik, die auf die problematischen Transaktionskosten nicht-marktförmiger Kontrolle und Koordination verweist, unterschätzt nicht selten die spezifischen Vorteile der „informalen Organisation“ (wie das offene Gespräch unter Kolleg/inn/en). Die informale verhält sich zur formalen Organisation wie der Subtext zum Text. Wer diesen Subtext nicht lesen kann, übersieht möglicherweise, dass die informale Organisation eine Flexibilitäts- und Kreativitätsreserve darstellt, die mit verstärkter Marktzentrierung verloren gehen kann, ohne dass dadurch ein Äquivalent zur Verfügung gestellt würde. Die Verschiebung von Marktgrenzen in die Unternehmen stellt insofern auch einen Formalisierungsschub dar, der beispielsweise über die Verpreislichung von Kontakten geradezu verhindert, dass sich neue kreative Allianzen dynamisch herausbilden. Mehr noch: das Outsourcing zieht Demarkationslinien in die organisationalen Gebilde ein und erschwert die Arbeitsbedingungen beispielsweise von Wissensarbeiter/inne/n, für die ein erfolgreicher Wissenstransfer im Team eine zentrale Grundvoraussetzung ihrer Arbeitsprozesse geworden ist (mehr dazu in Kap. 6). Aus dem kurzen Dienstweg entsteht durch die Verschiebung der Marktgrenzen im günstigeren Fall ein kleiner Grenzverkehr, im ungünstigen ein eiserner Vorhang.

Die Entstehung von Exit-Organisation

In seiner bekannten Schrift „Exit, Voice, and Loyalty" hat Albert O. Hirschman (1970) spezifische Funktionslogiken von Markt und Politik herausgearbeitet und als Analysekategorien fruchtbar gemacht. Eine seiner Fragestellungen war, was sich im Verhältnis und damit auch im Verhalten von Kunden gegenüber einem Unternehmen ändert, wenn sich bei diesem die Qualität der Waren oder Dienstleistungen verschlechtert. Der Ausdruck von Unzufriedenheit und damit auch das Signal an die Organisation zur Verbesserung ihres Output bricht sich – so Hirschman – in Politik und Markt unterschiedlich Bahn: Während Kund/inn/en in der Regel den Weg über den Markt gehen, also zu einem anderen Anbieter wechseln werden (Exit), tendiere der politische Mensch dazu, seine Unzufriedenheit zu verbalisieren (Voice), um auf diese Weise eine Verbesserung in seinem Sinne herbeizuführen. Man muss dieses Argument Hirschmans vor dem Hintergrund seiner Auseinandersetzung mit dem dominanten neoklassischen Ansatz und dessen Betonung von Exit-Prozessen sehen: die Betonung der hohen Relevanz von Voice-Strategien ist ihm unverkennbar ein Anliegen – nicht nur, aber auch im realen ökonomischen Verhalten (vgl. Swedberg 1987: 108). Neben Exit und Voice billigt er der Variable Loyalty einen eigenständigen Interventionsstatus zu. Von der blanken Exit-Logik betroffene Unternehmen hätten aufgrund einer einmütigen ablehnenden Wahlhandlung ihrer Kund/inn/en (oder auch der Mitglieder einer Organisation) kaum Reaktionschancen. Das retardierende Moment verortet Hirschman daher jenseits der Abwanderung: „Loyalty holds exit at bay and activates voice" (1970: 78) – die Voraussetzung dafür sei allerdings der Glaube an die prinzipielle Reformfähigkeit der Organisation:

> „It is true that, in the face of discontent with the things going in an organization, an individual member can remain loyal without being influential himself, but hardly without the expectation that someone will act or something will happen to improve matters." (Ebd.)

Es muss also nicht einmal die eigene Stimme oder das eigene partizipatorische Eingreifen sein, das diese Verbesserung hervorbringt. Die Aktivierung von Voice durch eine Exit-Barriere: das ist die zentrale Funktion der Loyalität in Hirschmans Logik.

Viele Autor/inn/en haben in den vergangenen Jahrzehnten die Exit-Voice-Loyalty-Kategorisierung auf ganz unterschiedliche Themenfelder angewendet. Schon bei Hirschman selbst finden sich Übertragungen beispielsweise auf das Gesundheitswesen (1980) oder den Untergang des Staatssozialismus (1992). Auch dieser Text möchte sich die Kategorien in spezifischer Weise aneignen. Die Ausgangsüberlegung ist daher, dass das, was auf Produktmärkten zutrifft (Hirschman 1970: 35ff.), auch eine Rolle für die innerorganisatorischen Prozesse, Strukturen und Beziehungen in Unternehmen spielt. Unter einer Exit-Orientierung sollen daher im Folgenden jene Grundhaltungen zusammengefasst werden, die marktförmige Koordination und Kontrolle innerhalb von Unternehmen präferieren und diese auch vorantreiben. In der Voice-Variante sollen Steuerungsformen zusammengefasst werden, die demokratische oder zumindest auf Demokratie zielende Verhaltensweisen (Mitbestimmung, Partizipation) betonen. Die Loyalty-Orientierung setzt dagegen auf die normative Seite betrieblicher Integration und Steuerung und zielt auf Vergemeinschaftungsprozesse durch Wertekanonisierung und Leitbildorientierung oder Normen setzende Unternehmenskulturansätze.

Es wird also im Folgenden zu fragen sein, inwieweit es sinnvoll ist, Varianten einer Exit-Organisation von einer Voice- und einer Loyalty-Variante zu unterscheiden. Gemeint sind also keine Makro-Konstellationen, wie sie in der Varieties of capitalism-Debatte (Hall/Soskice 2001) thematisiert wurden, sondern deutlich unterscheidbare Ausprägungen, die auf der betrieblichen Ebene identifizierbar sind.

- *Exit-Organisation:* Variante, in der die Warenlogik weitgehend die Koordination nicht nur der zwischen- sondern auch der innerbetrieblichen Sozialbeziehungen in Praxis und Diskurs dominiert;
- *Voice-Organisation:* Variante, in der die demokratische Teilhabe als legitimer und abgesicherter Koordinationsmechanismus anerkannt ist und weit reichend praktiziert wird;
- *Loyalty-Organisation:* Variante, in der die normative Integration das zentrale integrative Moment darstellt.

Wenig hilfreich erscheint es, einzelne Varianten bestimmten Branchen zuzuordnen. Eine deutliche Exit-Dominanz, also marktzentrierte Organisation, findet man sowohl in Produktions- als auch in Dienstleistungsbetrieben, im Hochqualifiziertensektor (z.B. IT) ebenso wie bei gering Qualifizierten (z.B. Reinigungsgewerbe). Es lässt sich höchstens festhalten, dass kleine und mittelständische

Unternehmen (KMU) davon anfangs seltener betroffen waren. Die Voice-Variante ist in ihrer Ausprägung als Mitbestimmung dagegen eher eine Domäne jener (oft größeren) Produktionsbetriebe mit hohem gewerkschaftlichen Organisationsgrad und einem überwiegenden Anteil Beschäftigter im Normalarbeitsverhältnis, während die vergemeinschaftende Integration (Loyalty) ein typisches Merkmal vieler KMU ist.

Abb. 7: Koordinationslogiken

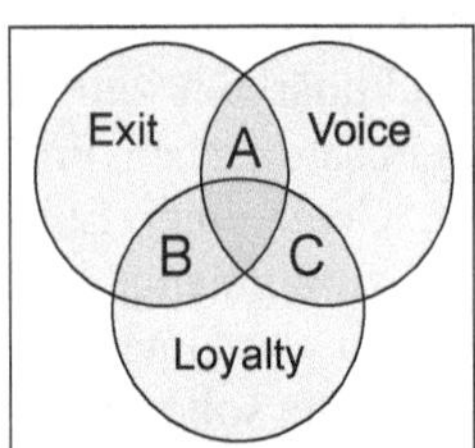

Da die Warenform die konstitutive Kategorie des Kapitalismus darstellt, macht eine Unterscheidung wenig Sinn, die diese drei als gleichgewichtige Varianten darstellt (die Proportionen der Abbildung sollten daher nicht falsch interpretiert werden). Andererseits wäre es ebenso naiv und vor dem Hintergrund der Entwicklung von Organisationen und organisationstheoretischen Ansätzen in den vergangenen Dekaden auch fahrlässig, die Relevanz der nicht-warenförmigen Sozialbeziehungen in Organisationen zu unterschätzen.

Zudem ist zu bedenken, dass die hier angeführten Varianten lediglich drei der zentrifugalen Tendenzen weg von der bürokratischen Organisationsform repräsentieren. Wie oben dargelegt bedeutet dies nicht, dass das vormalige Zentrum nunmehr verschwunden ist.

Dies vorausgesetzt kann man festhalten, dass es sich um drei Logiken handelt, die sich überschneiden und ergänzen, aber auch unterminieren. Die nachfolgenden Kapitel leuchten diese Überlappungen aus, fragen nach einigen neuen Verbindungen und nach Brüchen. Es ist davon auszugehen, dass auch das konkrete Zusammenwirken dieser drei Steuerungs- und Koordinationslogiken in den Unternehmen stets Gegenstand mikropolitischer Auseinandersetzungen ist, an denen sich die betrieblichen Akteure gemäß ihrer normativen Vorstellungen und Machtressourcen beteiligen. Daher ist eher nicht von einem dauerhaften und fixierten Status Quo in diesem Spiel auszugehen, da Managementmoden und auch gesellschaftliche Machtverhältnisse zu sehr in die Betriebe hineinwirken. Geht man aber dennoch von einer Art eingespielten betrieblichen Stabilität zwischen den drei Logiken aus, so wird klar, dass diese in dem Moment in Gefahr gerät, wenn eines der drei Elemente in kolonisierender Manier auf die Funktionslogiken und -sphären der anderen übergreift. Auch wenn in den Unternehmen zumeist retardierende Kräfte wirken und Widerstandsstrategien gegen diese Veränderungen auftreten, werden doch tradierte Übereinkünfte auf diese Weise ungewiss.

Wenn beispielsweise das novellierte BetrVerfG schon ab 200 Beschäftigten einen freigestellten Betriebsrat ermöglicht, modifiziert sich damit in der Regel auch die Bedeutung der Mitbestimmung im Unternehmen. Ebenso stellen viele Eigentümerwechsel die tradierte Loyalität der Beschäftigten auf eine harte Probe und münden gelegentlich in „cultural clashes" (Veiga et al. 2000), die das austarierte Verhältnis der drei Steuerungslogiken verändern. Wenn schließlich das Management einzelne Abteilungen als marktförmige Profit-Center reorganisiert, wirkt sich das auf die betriebliche Verteilung von Verantwortung, Chancen und Risiken – und damit auf das gesamte Sozialgefüge aus. Es stellt sich die Frage, welche Typen von Organisationen im Gefolge solcher Veränderungsprozesse entstehen.

Die Kategorie des „Exit-Kapitalismus" ist bereits seit einigen Jahren in der Debatte. Kühl (2003: er bezieht sich nicht auf Hirschman) setzte mit ihr beispielsweise am Punkt der schwindenden Langfristorientierung an: insbesondere Risikokapitalgeber, aber auch viele Fonds wählen bei Unternehmen nicht die Exit-Strategie, um auf eine Qualitätsverschlechterung zu reagieren. Sie steigen vielmehr bereits in dem Bewusstsein mit Kapital in das Unternehmen ein, dass sie nach vergleichsweise kurzen Zeiträumen wieder profitabel aussteigen (Exit) können, eine Investition wird damit im Zuge der schrittweisen Institutionalisierung des Gewerbes der Risikokapitalgeber „vom Ende her gedacht".

Exit entwickelt sich so zu einer regulären Handlungsoption für besondere Eigentümer, die anders als bei Hirschman nicht als Reaktion auf Verschlechterungsprozesse der Organisation sondern aus Gründen einer spezifischen Kapitalverwertungsstrategie auf den Abschied von ihr zielt – möglichst zum Zeitpunkt der größten Differenz zwischen Ankaufs- und Verkaufssumme. Bei Kühl erhebt sich Exit-Verhalten auf diese Weise zu einem konstitutiven Element des Wirtschaftens, das in seinen Auswirkungen nicht nur die Eigentümer, sondern auch die Binnenstruktur und -kultur betrifft, aus dem klassischen Unternehmer wird dadurch ein Exit- oder auch serieller Unternehmer, aus dem Beschäftigten ein „Arbeitskraftkapitalist" (2003: 47f., 56ff.).

An dieser Perspektive lassen sich einige Kritikpunkte anbringen, die nicht allein damit abgewiesen werden können, dass Kühl hier bewusst zugespitzt formulieren wollte (9ff.). Die fehlenden Voraussetzungen – allen voran entsprechende Machtressourcen, der geringe Anteil von Anteilseignern unter den Beschäftigten oder selbst eine für Wissensarbeiter/innen ungünstige Arbeitsmarktlage (mehr dazu in Kap. 6) – für eine Übernahme der Exit-Orientierung auch von Beschäftigten finden hier vor dem Bild des entworfenen Szenarios eine zu geringe Berücksichtigung: Wer zieht schon gerne die Exit-Karte, wenn sie für ihn nicht den Sprung ins nächste Abenteuer sondern ins kalte Wasser bedeutet?

Kühls Argument ist dennoch keineswegs falsch, denn es erklärt bestimmte Akteursstrategien und Bewegungen in einem bestimmten, sehr dynamischen Segment der Wirtschaft sehr plausibel. Um es allerdings verallgemeinern zu können, muss das Exit-Argument weiter gefasst werden, d.h. es muss aus dem engen Erklärungsrahmen der Risikokapitalvergabe herausgelöst und als Signum einer grundsätzlichen Orientierung an Marktimperativen verstanden werden, die sich auch und immer stärker in der betrieblichen Binnenorganisation finden lässt und statt über Kooperation oder Hierarchie vor allem wettbewerbsvermittelte Tauschhandlungen forciert. Die Marktgrenzenverschiebung als Exit-Orientierung kann demzufolge auf tatsächlich sichtbare Abtrennungsvorgänge (Profit-Center, Outsourcing etc.), sie kann aber auch auf einen Leitbildwandel des betrieblichen Diskurses bezogen sein, indem beispielsweise immer öfter darauf verwiesen wird, dass – wie am Beispiel des Outsourcing oben dargelegt – neben dem traditionellen „Make" immer auch eine „Buy"-Variante für Vor- und Zwischenprodukte existiert, also auf dem Markt gekauft und nicht mehr betrieblich produziert wird.

Kühl hat demzufolge eine Spur gelegt, die er selbst nicht weiter verfolgt: jene generelle Kommodifizierungstendenz, also die diskursive und praktische Durchsetzung der Warenlogik als allgegenwärtigem betrieblichen Koordinationsmodus. Eine Exit-Orientierung, die in diese Richtung verallgemeinert wird, modifiziert auch das Verhältnis von „sichtbarer" und „unsichtbarer Hand". Indem die Marktgrenzen in die Organisation hineingeschoben werden, kehrt sich ein Prozess um. Nachdem zunächst mit der Gründung von Unternehmen die unsichtbare Hand des Marktes von der sichtbaren Hand des Managements verdrängt wurde, greift das Management zur innerbetrieblichen Steuerung nunmehr auf die Logik der unsichtbaren Hand wieder zurück.

Viele marktzentrierte Strategien waren anfangs vor allem auf Großunternehmen zugeschnitten – als Kampf gegen Innovationsschwäche, Produktivitätsprobleme und bürokratische Verkrustungen (Mills/Ungson 2001). Mittlerweile finden sich Leiharbeiter, erfolgsabhängige Entlohnung, Beschäftigungsbefristungen oder Centerstrukturen bis hin zum Subunternehmertum oder der Vermietung von Produktionsflächen aber auch in KMU – allesamt Ausdruck der beschriebenen Logik. Ausschlaggebend für ihre betriebliche Durchsetzung scheinen einerseits zwar spezifische Produkte, Prozesse, Märkte oder Unternehmensgrößen zu sein, andererseits aber auch die jeweilige Einbindung der verantwortlichen Geschäftsleitungen oder der Eigentümer in den vorherrschenden Managementdiskurs, der dann zu diesen isomorphen Erscheinungen führt.

Aufgrund ihrer Größe stehen in KMU zudem besondere Varianten der Marktgrenzenverschiebung im Vordergrund, während andere nur indirekt Wirkungen entfalten können. Ein Beispiel für letztere ist die in börsennotierten Unternehmen zu beobachtende Steuerung betrieblicher Abläufe über Vorgaben des Kapitalmarktes, die in Form großer Investment- oder Pensionsfonds eine bestimmte Renditehöhe des eingesetzten Kapitals verlangen und jene beschriebene „Kultur der Maximalprofite" (Dörre/Röttger 2006: 287) etablieren. In KMU ist dies seltener zu beobachten, entweder weil man hier weniger auf Fremdkapital zurückgreifen muss oder aber dieses von Banken leiht, die (trotz Basel II) immer noch deutlich seltener in die betrieblichen Prozesse eingreifen. Das Finanzialisierungsargument des externen Sachzwangs, wo immer es vorgebracht wird, entfaltet aber erstaunliche Disziplinierungswirkungen (Windolf 2005a), so dass man selbst in kapitalmarktunabhängigen KMU nicht ganz darauf verzichten zu wollen scheint. Da eine explizite Bezugnahme nicht schlüssig wäre, findet man hier gelegentlich eine indirekte Form, also eine „Finanzialisierung über Bande". Der Eigentümer eines mittelgroßen Motorenherstellers bringt diese Logik im Zuge einer Auseinandersetzung mit dem Betriebsrat auf den Punkt:

> „Anderswo können aufgrund des Kapitalmarkts 15% Rendite verlangt werden. Die müssen die Mitarbeiter dann erbringen. Ich dagegen reinvestiere einen großen Anteil meines eigenen Gelds in die Firma. Da werde ich doch wohl ein entsprechendes Verhalten erwarten können."

Zu den KMU-spezifischen Varianten scheint dagegen die praktische Dominanz des immer wieder vorgetragenen Kundenorientierungsarguments zu gehören. Die direkten customer relationships sind hier oft eine spürbare face-to-face-Realität, die bis in die Organisationsstrukturen hineinwirken, die direkte und regelmäßige Kundenkontakte unterschiedlicher Abteilungen sicherstellen und damit auch die Verantwortung für Prozesse und Produkte sukzessiv auf die Beschäftigten verschieben:

> „Heutzutage arbeitet fast jede Abteilung zentriert auf die Marktanforderungen, wie z.B. das Produktmanagement, Vertrieb, Entwicklung aber auch die Produktion und Administration. In der Unternehmensstruktur muss klar hinterlegt sein, dass der Kunde König ist. Alle Mitarbeiter sollten ihr Handeln an den Bedürfnissen der Kunden ausrichten und messen." (...) „Es ist zwar klar, dass nicht jeder Mitarbeiter eine 100-prozentige Verantwortung für sein Handeln haben und übernehmen kann. Jedoch sollte sich jeder mit seiner Tätigkeit voll identifizieren, kontinuierlich versuchen, sich und die Prozesse zu verbessern, Lösungen und nicht Probleme suchen sowie die Kundenbedürfnisse in den Vordergrund stellen." (Eigentümer-Manager eines KMU)

Und der Geschäftsführer eines anderen metallverarbeitenden KMU wird nicht müde zu fordern: „Jeder einzelne soll die Kundenorientierung als Leitbild vorleben!" Er bringt eine kombinierte Exit-, Voice- und Loyalty-Orientierung in einen argumentativen Zusammenhang:

„Die Unternehmenskultur, die wir hier fördern ist, dass die Leute offen sind und mitdenken, dass sie in erster Linie natürlich dem Kunden dienen. Dass sie leistungsorientiert sind und dazu gehört natürlich, dass sie nicht nur Befehlempfänger sind, sondern dass sie sich einbringen können."

Mit der Verschiebung der Marktgrenzen in die KMU sind eine Reihe von – auch unbeabsichtigten – Folgewirkungen verbunden. Zunächst folgt aus einer stärkeren Marktzentrierung in der Regel auch ein Verlust betrieblicher Binnenkohäsion, da das Prinzip der individuellen Nutzenmaximierung (z.B. in Form von Abteilungsegoismen) innerbetrieblich salonfähig gemacht wird und desintegrative und zentrifugale Kräfte befördert:

„Als Schlüsselproblem für die Integration dezentraler Unternehmen erweisen sich die Effekte des ‚strukturellen Egoismus' der einzelnen Unternehmenseinheiten, ihre Orientierung am jeweils eigenen Geschäftserfolg und ihre Konkurrenz mit anderen Unternehmenseinheiten." (Hirsch-Kreinsen 1995: 429)

Zugleich sinkt die Integrationskraft über ein konkretes Unternehmensziel, wenn die einzelnen Untereinheiten verstärkt eigenlogisch handeln. Dies ist keine gänzlich neue Entwicklung, aber sie war bislang kein in diesem Ausmaß einkalkulierter und erwartbarer Effekt managerialer Entscheidungen. Die Verschiebung der Marktgrenzen in die Organisation beraubt zudem mit der konsequenten Betonung des Wettbewerbs die Arbeitsteilung ihrer Integration stiftenden Kraft. Die Frage „Make or buy?" stellt letztlich nichts anderes als die praktische Verwirklichung der theoretischen Suche nach jenen Konstitutionsmerkmalen von „Unternehmen oder Markt?" dar. Was als theoretische Diskussion von anregender Natur sein mag, bedeutet in der unternehmerischen Praxis den Abschied von Routinen und den damit verbundenen Sicherheiten. Das integrative, hegemoniale Potential dieser Denkweise besteht auch darin, dass dieser „neue Geist des Kapitalismus" an das Autonomiestreben von Beschäftigten(-gruppen) anknüpft (Boltanski/Chiapello 2003: 333ff.). Aber selbst den damit verbundenen Freiheitsversprechen mangelt es zumeist an einem Glaubwürdigkeitskern: Warum sollte beispielsweise eine von Outsourcing betroffene Abteilung über ihre neu gewonnene Freiheit glücklich sein? Einerseits bleibt trotz aller „Reduzierung auf das Kerngeschäft"-Rhetorik an ihr nicht selten der Makel eines underperformers kleben und andererseits: Welche Freiheit? Nicht selten enden verkaufte Bereiche in ähnlichen Abhängigkeitsverhältnissen, die das Freiheitsversprechen als instrumentelle Diskursstrategie demaskieren. Schlimmer noch: strikte organisatorische bedeutet nicht immer auch strikte räumliche Trennung. Oftmals bleiben outgesourcte Abteilungen in Sichtweite des Mutterunternehmens: „Outsourcing alienates both those who are outsourced and those who remain. This has destructive effect on corporate culture" (Deal/Kennedy 1999: 106).

Der Rückgang der Binnenkohäsion und damit auch des sozialen „Schmierstoffs“ lässt sich gut bei Warenhäusern entdecken, da die Grenzverschiebungsprozesse sich dort aufgrund der spezifischen parzellierten Waren- und Dienstleistungsstruktur offenbar besonders zügig vornehmen lassen. Hier ist vielen Beschäftigten oder auch ihren Vertretungen aufgrund der marktzentrierten Binnenstruktur (wie „Propagandisten“, „Rack Jobbern“ etc.) nicht mehr klar, welche Akteure bei welchem Unternehmen beschäftigt sind, geschweige denn von welcher Art die Beschäftigungsverhältnisse sind. Die Präsenz von Fremdfirmen wird hier ebenso schon zum Normalfall wie die damit verbundene Markt-, also Exit-Logik – die zu einer sinkenden Bindung der Akteure innerhalb des früheren Organisationsrahmens führt. Auf diese Weise stellt eine betriebliche Zersplitterung dieser Provenienz auch das traditionelle kollektive Handeln von Beschäftigten in Frage und trägt damit ceteris paribus zur Verstärkung einer ohnehin schon vorhandenen Machtasymmetrie zwischen Kapital und Arbeit bei.

Die Verschiebung der Marktgrenzen in die Organisation kann auch als ein Verdichtungsprozess interpretiert werden, in dessen Verlauf sich die Wirtschaftsorganisation immer stärker auf ihr Kerngeschäft reduziert und sich aus nichtzentralen Bereichen zurückzieht. Ganz in der Logik einer funktionalen Ausdifferenzierung lässt sich beispielsweise beobachten, wie frühere „Schonarbeitsplätze“ (Pförtner etc.) abgebaut oder ausgegliedert werden. So kann der vom Markt induzierte Druck auf verschiedenen Ebenen innerhalb der Organisation oder der Wertschöpfungskette seine Wirkung entfalten. Die direkte Marktanbindung erfordert einen Abbau von Zeit- und Materialpuffern.

Die Externalisierung des Problems der sinkenden Einsatzfähigkeit von älteren oder kranken Beschäftigten nimmt sich betriebswirtschaftlich als Produktivitätssteigerung aus, in einer stärker ausgreifenden Perspektive als eine spezifische Verlagerung von Kosten, Risiken und Verantwortung vom Betrieb auf die Gesellschaft (mehr dazu unten in Kap. 7). Der Verschiebung der Marktgrenzen in die Organisation entspricht hier die Verlagerung von ehemals betrieblichen Pufferzonen in die gesellschaftliche Betriebsumwelt. Die Marktgrenze fungiert in diesem Fall wie eine enger werdende Klammer, die den inneren produktiven Bereich immer stärker komprimiert, hoch wettbewerbsfähige betriebliche Inseln schafft und zudem oft nach einem (wohlfahrts-)staatlichen Umfeld verlangt, das die Folgen dieses Handelns kompensiert. Bellmann (2007: 50) hat diesen Zusammenhang am Verhältnis von Leiharbeit und Überstunden aufgezeigt:

> „Dies lässt folgern, dass in diesen Betrieben Leiharbeit anstatt Überstunden gewählt werden, um anfallende Kosten gering zu halten. Zu prüfen wird bleiben, ob das gegenwärtig beobachtbare Wachstum der Verleihbranche bereits als ein Umschwenken von Betrieben von internen auf externe Flexibilisierungsstrategien interpretiert werden kann.“

Zu echten Kulturbrüchen führt dies vor allem in KMU, deren Selbstdefinition als „familiärer Betrieb" mit einem solchen Exit-Verständnis kollidiert. Diesen Prozess strategischer betrieblicher Differenzierung klagen Beschäftigte – mit derartigen Restrukturierungen konfrontiert – dann oft als „wachsende Gleichgültigkeit" und sinkenden Schutz der „Familie" an. Gleichzeitig führt dieser Verdichtungsprozess nicht selten zu einer Gefährdung (in-)formeller etablierter Teilhaberechte, wenn beispielsweise engagierte Beschäftigte aufgrund fehlender Zeitspielräume nicht mehr in Betriebsratsprojekte integriert werden können oder weniger als die gesetzlich geforderten vier Betriebsversammlungen pro Jahr durchgeführt werden. Diese Tendenz ist umso problematischer, weil systematische Teilhabe gerade bei der Einführung anderer Marktzentrierungsmaßnahmen von Bedeutung ist. Der vermehrte Rückgriff auf geleaste Arbeitskräfte führt beispielsweise zu einem erhöhten partizipativen Regulierungsbedarf bei Beschäftigten und ihren Vertretungen.

Wie sieht es mit dem versprochenen Freiheitszugewinn für Beschäftigte aus, der im Gegenzug für deren erhöhtes Marktrisiko winkt? Die bisherigen empirischen Erfahrungen zeigen, dass viele Freiheitsräume eher informell, klein sowie abgezirkelt sind und nur situativ gewährt werden (z.B. Harlos 2001; Dörre 2002b). Sie bleiben den strategischen Entscheidungen des Managements untergeordnet – nicht selten entsteht eine neue Konkurrenz der Befugnisse, die für Beschäftigte im Normalfall mit Niederlagen endet (vgl. das Beispiel der so genannten Intrapreneure, Kap. 5). Zudem stimmt ein weiterer Aspekt dieses Szenarios skeptisch. Man kann mit einiger Berechtigung davon ausgehen, dass es insbesondere hoch qualifizierte Beschäftigte oder Beschäftigtengruppen sein werden, die sich dieser Herausforderung stellen können und wollen. Warum sollten aber gerade „High-Performer" die Markt-Exit-Logik nicht wörtlich nehmen und sich – ihres eigenen Marktwertes bewusst – von der Ursprungsorganisation verabschieden? Diese Verschiebung der Marktgrenzen in die Organisation senkt in der Hirschmanschen Diktion die „Exit-Barrieren", verleiht der Marktidee mehr Gewicht und drängt andere Logiken stärker in den Hintergrund. Dies gilt nicht nur für die Frage der Bindung an das Unternehmen (Loyalty), sondern ebenso für das Verhältnis von Exit und Voice, wie Williamson (1974: 68) schon in einer frühen Auseinandersetzung mit Hirschman verdeutlicht hat. Das Problem mit der Unzufriedenheit der stark qualitätsbewussten Akteure (hier Käufer eines Produktes) sei – so Williamson, dass sie prädestiniert sowohl für Exit als auch für Voice seien:

> „To the extent, therefore, that exit is (to them) a low-cost way by which to avoid an incipient quality decline, these users will commonly flee (exit) rather than actively resist, through voice, quality deterioration. Those members of the community who are less quality-conscious and less able to exit are thereby denied the spillover benefits of voice that a resistance effort by the quality-conscious types

> would have provided had they been prevented from leaving, or were otherwise encouraged, perhaps out of a sense of loyalty, to stay.“

Was Williamson indirekt anspricht, ist die ungleiche Verteilung von Machtressourcen innerhalb der Organisationen. Marktzentrierung perpetuiert oftmals nur vorhandene Machtdifferenzen. Deutlich wird dies, wenn man den Blick von den Hochqualifizierten hin zu den „durchschnittlich qualifizierten“ Beschäftigten richtet. Bei ihnen wird in Zeiten des Marktkapitalismus und struktureller Arbeitslosigkeit aus der Exit-Option am Arbeitsmarkt oft eine Exit-Drohung, die gerade verhindert, dass sich Voice entfaltet. Hier zeigt sich der Druck, den die Mikroökonomie im Kontext von Nachfrageelastizität (z.B. nach Arbeitsplätzen) elaboriert hat: die geringe Elastizität ist Ausdruck der Marktschwäche der Arbeitskräfte und eine schlechte Voraussetzung für Exit oder auch nur für die Exit-Drohung. Exit und Voice sind daher in diesem Fall keine funktionalen Äquivalente sondern neutralisieren sich in ihren Wirkungen.

Die FAZ (23.06.2007, Nr. 143: 11) schrieb dazu:

> „Nach der berühmten Formulierung von Franz Böhm, einem der Väter unserer Sozialen Marktwirtschaft, ist der Wettbewerb ‚das großartigste und genialste Entmachtungsinstrument der Geschichte‘.“

Der innerorganisatorische Markt – muss man hier anfügen – erfüllt diese Funktion ebenfalls, wenn auch anders als behauptet, da er die geschwächten Nachfrager nochmals entmachtet, indem er sie ihrer Optionen beraubt. Hirschman hatte verdeutlicht, dass das Vorhandensein von Exit-Möglichkeiten die Wahrscheinlichkeit von Voice tendenziell unterdrückt. Das Gegenteil scheint sich nun ebenfalls herauszukristallisieren: fehlende Abwanderungsmöglichkeiten spielen einer Unterdrückung von mikropolitischem Widerspruch in die Hände. Es ist der Ausfall der Machtressource, die sich ursprünglich in der Abwanderungsdrohung verkörpert, welche erfolgreiches mikropolitisches (d.h. machtvolles) Handeln von Beschäftigten untergräbt. Eher das Gegenteil ist der Fall: die Exit-Androhung ist mit der strukturellen Arbeitslosigkeit zwar als Handlungsoption für Beschäftigte geschwächt. Sie verschwindet damit aber nicht aus dem Spiel, sondern taucht als Globalisierungs- oder Sachzwangargument nun bei der Gegenseite auf (Dörre et al. 1997).

Neben den macht- spielen zudem kostenspezifische Argumente eine Rolle. Mit den dynamischen Transaktionskosten, die vor allem bei marktförmiger Koordination üblich sind, taucht ein nur schwer lösbares Problem auf. Die Schwierigkeit unterschiedlicher „mental models“ ist dazu zu zählen, die nicht selten in eine Sprachlosigkeit oder (teure) Missverständnisse einmündet: „When this occurs, contracting may fail not just because of incentive problems, but because of knowledge problems“ (Ellig 2001: 234). Die Gefahr inkompatibler Sichtweisen ist innerhalb von gewachsenen Organisationen als geringer einzuschätzen, da hier von einem gemeinsamen Set von geteilten Normen und Werten auszugehen ist, dagegen sind es die atomisierenden Marktprozesse, die diesen kulturellen Vorteil nachhaltig unterminieren.

Die angesprochene „Kultur des Kunden“ schließlich ist die Internalisierung des Abnehmers in die „Unternehmensfamilie“, die „Adoption“ des Käufers und die Übertragung der Verantwortung für ihn auf die Beschäftigten; deren Herausforderung ist damit, direkt an den Markt gekoppelt zu werden, ohne zentrale Randbedingungen dieser Anbindung kontrollieren zu können. Dies bedeutet, dass im selben Maße, wie diese Strategie die Komplexität für das Management reduziert, sie diese für den betroffenen Beschäftigten erhöht – mit dem Unterschied, dass diesem in der Regel nicht die gleichen Handlungsoptionen wie einem Manager eingeräumt werden. Sturdy (2000) hat gezeigt, dass in der Folge diese „culture of the customer“ daher oft nicht verinnerlicht, sondern nur oberflächlich ausgeführt wird. Andererseits – und auch darauf verweist Sturdy: Wenn mit der „Kundenorientierung“ tatsächlich zu Ernst gemacht würde, müssten Beschäftigte die Kundeninteressen im Vergleich zu den Organisationsinteressen höher gewichten. Die Grenzen vermag hier niemand zu ziehen: Sollen Beschäftigte etwa den Kunden zu billigeren Produkten raten oder die teureren, gleichwertigen Produkte empfehlen? Mit dieser widersprüchlichen, geradezu paradoxen Anforderung an die betroffenen Beschäftigten weitet sich der Blick auf ein anderes Feld im Wandel, das von den organisationalen Strukturen analytisch getrennt werden kann: die gesellschaftlichen Rollenvorstellungen von abhängiger Erwerbsarbeit bzw. hier konkret die betriebliche Ausgestaltung von Rollen(vor)bildern. Allgemein kann festgehalten werden, dass grundlegende kulturelle Brüche nur langsam vonstatten gehen (Reckwitz/Sievert 1999) – selbst wenn sich Organisationsstrukturen fundamental gewandelt haben (z.B. nach Mergers), bleiben in organisationalen Subeinheiten spezifische kulturelle Ausprägungen oft noch jahrelang existent. Diese Beharrungskraft – oder Trägheit, wie sie nicht selten kritisch genannt wird – lässt sich auch an Rollendefinitionen ablesen. Jener fordistische Normalarbeiter, der sich wie ein Zahnrädchen in eine ausdifferenzierte und in mechanistischer Manier aufeinander abgestimmte Organisationsstruktur einpassen sollte, musste in dieser Logik etwas überzeichnet lediglich „funktionieren“ oder wie Taylor es formulierte. „Einen intelligenten Gorilla könnte man so abrichten, dass er ein mindestens ebenso tüchtiger und praktischer Verlader würde als irgendein Mensch“ (Taylor 1995 [1913]: 43). Die daran gebundene Kultur verlangte geradezu eine instrumentelle Haltung der betroffenen Arbeiter/innen zu ihrer Erwerbsarbeit, die eine Identifikation mit ihr vor allem über die körperlichen Tätigkeiten und unter Ausblendung der intellektuellen Inhalte gewährleistete (Willis 1982). Diese Art fixierter und an (zum Teil verschriftlichte) Normen gebundener Rollenverständnisse sind Bestandteil jenes Sets von Institutionen, deren Beharrungskraft North (1992) als spezifische

„institutionelle Filter“ identifiziert hat. Sie stellen in der Tat ein Trägheitsmoment auch beim Wandel von Produktionsmodellen dar. Umgekehrt deutet es gerade auf einen Umbruch hin, wenn ein neues Rollenverständnis sich anschickt, betrieblich und gesellschaftlich hegemonial zu werden.

5. Die neue Unternehmerkultur und der „Intrapreneur“ – zum Wandel der Rollen(vor)bilder

Der durchgreifende Charakter des skizzierten Umbruchs wird nicht zuletzt daran erkennbar, dass die Marktzentrierung selbst neue elaborierte, wenn auch in hohem Maße widersprüchliche Rollenvorbilder hervorgebracht hat: So sollen sich Beschäftigte nicht mehr als Befehlsempfänger, sondern als „Unternehmer im Unternehmen“ („Intrapreneure“) verhalten. In der Terminologie der Marktgrenzenverschiebung: Denkt man das Konzept der Internal Markets konsequent zu Ende, verschiebt man also die Marktgrenzen noch tiefer in die Organisationen bis hin zu den einzelnen Subjekten, so landet man beim Leitbild des Intrapreneurs:

> „(...) when a business firm becomes a corporate community of entrepreneurs who buy, sell, and launch new products and services internally as well as externally, it gains the same creative interplay that makes market economies so advantageous.“ (Halal 1994b: 10)

Der interne Unternehmer stellt das neue Rollenangebot marktzentrierter Arbeit und damit den idealtypischen Gegenentwurf zum „fordistischen Normalarbeiter“ dar, der dem direkten Marktzugriff noch tendenziell entzogen war. Die Rolle des Intrapreneurs ist dabei noch die eines abhängig Beschäftigten mit Unternehmenszugehörigkeit; erst wenn man die Marktgrenze noch einen Schritt weiter verrückt, so landet man beim freien Selbständigen, dem Freelancer ohne Organisationsmitgliedschaft. Konzeptionell wird Intrapreneurship daher als ein Spezialfall der internal-market-Debatte diskutiert: während Internal Markets Risiken und Verantwortlichkeiten auf die Akteure übertragen, geht die Idee vom Unternehmer im Unternehmen noch einen Schritt weiter: sie verlangt vom Beschäftigten ein darüber hinausgehendes „Engagement“ für Innovation.

Diesem Wandel ist ein langjähriger gesellschaftlicher Kampf um Deutungshoheit vorausgegangen, man denke an die öffentlichkeitswirksamen Aktivitäten der Kommission für Zukunftsfragen der Freistaaten Sachsen und Bayern (1997) und der „Hartz-Kommission“ (2002). Erstere plädierte schon 1997 für eine Erneuerung gesellschaftlicher Leitbilder, so beispielsweise für eine „Aktivierung aller kreativen und innovativen, d.h. im umfassendsten Sinne unternehmerischen Kräfte sowie durch mehr Eigeninitiative und Selbstverantwortung“, damit „das Leitbild des Arbeitnehmers nicht im bisherigen Umfang bewusstseinsprägend“

bleibe: „Vielmehr ist das Leitbild der Zukunft der Mensch als Unternehmer seiner Arbeitskraft und Daseinsfürsorge“ (83).

Dieser Diskurs spiegelt sich in vielen Medien wider, beispielhaft die Forderung nach „Uni-Unternehmern“ (FAZ, 03.02.2008), nach „Schüler-Unternehmern“ (DB-Magazin „mobil“ 06/2008) sowie – unter Bezugnahme nicht auf die Unternehmer- sondern auf die Leistungslogik – der Hinweis, dass sich unter günstigen Bedingungen selbige schon im Kindergarten- (VentureCapital Magazin „Start-up“ 2006 — www.venturecapital.de) befördern lasse:

Geschichtlicher Ursprung des Konzeptes: „Aus Beamten werden kleine Unternehmer“ (E. Schmalenbach)

Auf frühe Hinweise dieser Denkweise stößt man in den Nachkriegsjahren. Schon 1948 verfasste Eugen Schmalenbach, einer der Begründer der modernen Betriebswirtschaftslehre (BWL), im Kontext der Entwicklung „einer dynamischen Bilanzrechnung“ seine Schrift „Pretiale Wirtschaftslenkung“, die von der Idee getragen wird, dass statt einer bürokratischen eher eine pretiale, also über Preise vermittelte Koordination von Unternehmen zielführend sei. Mithin sei weniger relevant, ob man mit Taylor ein Stabssystem oder mit Fayol ein Liniensystem bevorzuge. Schon diese, zu jener Zeit stark diskutierte Frage sei falsch gestellt, statt dessen präferiert Schmalenbach eine aus Kapitel 4 bekannte Argumentationsfigur:

> „Dagegen scheint mir der Unterschied zwischen zentraler und dezentraler Verwaltung, auf dessen Bedeutung ich schon vor vielen Jahren hinwies (...), so wichtig zu sein, dass man ihn als den wesentlichsten Unterschied an die Spitze stellen muss. Und da ich die zentrale Betriebsorganisation mit bürokratischen und die dezentrale Betriebsorganisation mit pretialen Mitteln arbeiten sehe, habe ich diese Bezeichnungen gewählt. Ob man in der Betriebsorganisation nach dezentralen Grundsätzen verfahren will, ist mehr Folge als Ursache des Wirkungsgrades, den man den pretialen Mitteln zutraut.“ (Schmalenbach 1948: 6)

Auch bei Schmalenbach bedingen sich „Verpreislichung“ und Dezentralisierung demnach wechselseitig – diese Perspektive setzt sich bruchlos in seiner Definition des Betriebs (also der Organisation) fort, die für ihn (in heutiger Terminologie) sowohl profit- oder non-profit-Organisationen einschließen kann als auch ganze Konzerne, einzelne Betriebe in Mutterkonzernen, Abteilungen, Cost-Center bis hin zu „Einheiten kleinster Ordnung, etwa einer Meisterschaft“ (Schmalenbach 1948: 7), unabhängig davon, ob sie in der Produktion oder der Verwaltung angesiedelt sind – man findet auch hier wie später bei den Vertretern der Internal-Markets-Position einen pragmatischen Umgang mit zumindest logischen Organisationsgrenzen. Das zentrale Kriterium für den Organisationsbegriff stellt eine formale Unabhängigkeit in der Entscheidungsfindung dar, in der Metaphorik bedient sich Schmalenbach der zu seiner Zeit in Mode (Morgan 2000) kommenden Organismusvergleiche:

> „Zum Begriff des Betriebes gehört, dass er ein Organismus und nicht nur ein Organ eines Organismus ist. Er muss einen eigenen Willen, der Leiter muss Anordnungsrechte besitzen, ohne bei allem und jedem fragen zu müssen. Ist eine Dienststelle bei allen ihren Maßnahmen von einer oberen Stelle abhängig, so ist sie ein Organ der oberen Stelle, aber kein Organismus. Der Charakter des Organismus tritt umso mehr hervor, je selbständiger der Betrieb sich regen kann. Daher kann auch bei pretialer Betriebslenkung eine Dienststelle als ein Betrieb anzusprechen sein, dem man bei bürokratischer Betriebslenkung den Charakter des Betriebs nicht zuerkennen würde, denn es liegt in der Natur der pretialen Betriebslenkung, dass sie unteren Dienststellen eine Selbständigkeit verleiht, die man ihnen bei bürokratischer Betriebslenkung versagt." (Schmalenbach 1948: 7)

Daher bestehe das Wesen dieser Frühform der marktzentrierten Organisation darin, „dass die Oberleitung den nachgeordneten Dienststellen weitgehende Selbständigkeit lässt und sich nur besonders wesentliche Entscheidungen vorbehält, dafür aber die Leistungen der Dienststellen bewertet, in der Regel auf Grund von Abteilungs-Erfolgsrechnungen. Bei Anwendung der pretialen Betriebslenkung mögen die Leiter der Dienststellen bis auf einige Vorbehalte tun, was sie wollen, aber sie sollen am Ende einer Rechnungsperiode ein gutes Ergebnis vorlegen" (Schmalenbach 1948: 7).

Diese ausführlichen Zitate verdeutlichen, dass es sich bei dem Text, der immerhin über 60 Jahre alt ist, um einen fernen Vorläufer der Internal Marktes-Debatte handelt. Auch wenn Schmalenbach nicht ganz mit der Emphase der von Glißmann/Peters untersuchten Protagonisten auftritt („Macht was ihr wollt, aber seid profitabel", Glißmann/Peters 2001), so sind die Parallelen doch unübersehbar[1] und lassen sich empirisch vielfach nachwiesen. Der Geschäftsführer eines ostdeutschen metallverarbeitenden Unternehmens dazu:

---

1 Zentrale Existenzbedingung pretialen Wirtschaftens sei eine Bevölkerung mit „Unternehmersinn", schreibt Schmalenbach und fährt geradezu essentialistisch fort: „Ich bin daher der Meinung, dass in Russland, dem Lande des östlichen Slawentums und der Orthodoxie, die Wirtschaftsform der freien Wirtschaft keinen großen Erfolg haben kann, und man kann daher zu der Überzeugung kommen, dass die Russen, wenn ihnen an einem großen volkswirtschaftlichen Erfolge gelegen ist, sich notwendigerweise einer gebundenen Wirtschaft bedienen müssen. Auch bei der Vergleichung der europäischen Länder unter sich zeigt sich, dass der Erfolg der freien Wirtschaft in hohem Grade abhängt von dem Unternehmersinn der Bevölkerung. Ganz so unsinnig, wie man es heute hinstellen möchte, war in Italien der Faschismus als Wirtschaftsorganisation nicht, und

> „Man muss die Folterwerkzeuge zeigen und auf der anderen Seite beginne ich jetzt mit den Leuten zu reden. Der Stil meines Vorgängers war so, es wird 'ne Ansage gemacht und dann musste genau das nach Schema F ausgeführt werden. Und ich sage jetzt: ‚Lieber Kostenstellenleiter dein Ziel steht dort oben, wie du dort hin kommst, da hast du alle Freiheiten.' Ich hab bei meinen Leuten auch mal das Denken hereinbekommen mal einfach herauszufahren und mal in den Klettergarten zu fahren. Da haben die zwar alle gesagt: ‚Der hat einen kleinen Schatten'. Aber danach wird es dann doch etwas anders."

Schließlich: Bei Schmalenbach finden sich zudem frühe Überlegungen zum Thema des Intrapreneurs, wenn er schreibt:

> „In Betrieben, in denen die pretiale Wirtschaftsrechnung längere Zeit besteht, macht sich der Unterschied im Habitus der Abteilungsleiter geltend. Aus Beamten werden kleine Unternehmer. Das ist nicht nur ein Werk der Erziehung, sondern auch der Auswahl. Beamtennaturen fühlen sich in einem Betriebe mir pretialer Betriebslenkung nicht wohl." (Schmalenbach 1948: 16)

Zur gleichen Zeit wie Schmalenbach führte Peter Drucker in „The New Society" (deutscher Titel: „Gesellschaft am Fließband") aus, dass sich Beschäftigte eine „managerial attitude" gegenüber Beruf, Arbeit und Produkt aneignen sollten, um Produktivitätsreserven zu erschließen (Drucker 1993 [1949]: Kap. 8). Druckers Ansatz hat seine Wurzeln ganz offensichtlich in der Human-Relations-Bewegung, deren Augenmerk auf der Wertschätzung des Faktors Mensch im kapitalistischen Produktionsprozess lag. Aus dieser Wertschätzung ergibt sich Drucker zufolge auch eine effizientere Nutzung der menschlichen Arbeitskraft, in seinen Worten:

> „In the better use of the human resources lies the major opportunity for increasing productivity in the great majority of enterprises–so that the management of men should be the most and foremost concern of operating managements, rather than the management of things and techniques on which attention has been focussed so far. We also know what makes for efficiency and productivity of the human resources of production. It is not primarily skill or pay; it is first and foremost an attitude – the one we call the ‚managerial attitude'. By this we mean an attitude which makes the individual see his job, his work and his product the way the manager sees them, that is, in relation to the work of the group and the product of the whole. (...)The demand for a ‚managerial attitude' on the part of even the lowliest worker is an innovation. There was neither room nor need for it in the pre-industrial order. It has come into being because mass-production technology depends on social integration." (Drucker 1993 [1949]: 158)

---

es war nur zu bedauern, dass man Politik und Wirtschaft in die gleichen Hände legte." (Schmalenbach 1948: 10)

Anders als beispielsweise Taylor stellt Drucker damit die Behauptung auf, dass schon das fordistische Massenproduktionsregime deutliche Produktivitätsgewinne durch unternehmerisch denkende Beschäftigte erlangen könnte:

> „Yet our studies show that the reservoir of productivity that lies in attitude is no smaller than the one that has been tapped through the mass-production principle. The ‚managerial attitude' among the production workers leads to an almost explosive increase in productivity and efficiency – maybe even a doubling of output.“ (Drucker 1993 [1949]: 159f.)

In der Rückschau wird deutlich, dass sich Drucker (wie auch Schmalenbach) mit diesem Ansinnen und Zuraten auf lange Zeit nicht durchsetzen konnte. Bei einem Vergleich der englischen Originalfassung mit ihrer deutschen Übersetzung tritt übrigens ein interessanter Fehler zutage. Während sich Drucker mit der „managerial attitude“ beschäftigt, schreibt der deutsche Übersetzer stets von „unternehmerischer Haltung“ – vermutlich in zeitgenössischer Ermangelung eines geeigneten deutschen Wortes für „Manager“ (Drucker 1950: 283). Diese Übersetzung verwischt zwar das oben beschriebene, für den Managerkapitalismus konstitutive Spannungsverhältnis zwischen Unternehmern und Managern, das sich durch die Aufspaltung von Eigentum und Kontrolle in Aktiengesellschaften oder größeren Unternehmen ergibt. Andererseits dürfte es tatsächlich weniger der Manager, sondern eher der Unternehmer gewesen sein, auf den Drucker abzielt, d.h.: die Übersetzung scheint in heutigem Lichte von höherer Präzision als das Original zu sein.

Intrapreneurship

Die theoretische Überlappung und wechselseitige Anschlussfähigkeit der beiden Ansätze interner Märkte und internen Unternehmertums sind mannigfaltig. Von Seiten der Internal Market-Ansätze wird in der Regel darauf verwiesen, dass sich mit der Rekonzeptionalisierung von Organisationsprozessen und -strukturen auch die Rollendefinitionen der vormaligen „Positionsinhaber“ transformieren: „Whereas it made sense to treat people as employees in a hierarchy, an internal market system requires people to assume the role of entrepreneurs“ (Halal 1994a: 80). Halal und andere Interpreten des Konzepts sehen die letztendliche Verwirklichung der Marktinternalisierung erst in der Verwirklichung eines „intraprise“-Gebildes erreicht, denn erst dann seien alle Vorteile des Marktprinzips realisierbar: „accountability for results, entrepreneurial freedom, incentives for achievement, rapid response time, customer focus, and creativity“ (Halal 1999).

Auf der anderen Seite werden Intrapreneur-Promotoren wie Pinchot nicht müde zu betonten, dass „noch keine menschliche Institution erfunden worden (ist), die komplexe Sachverhalte so effektiv koordinieren kann wie der freie Markt" (Pinchot 1988: 359).[2] Pinchot gilt vielen als Vater des Gedankens von Intrapreneurship – dies relativiert sich, wenn man die obigen Wurzeln der Idee verfolgt, aber zumindest die Begriffsbildung wird auf ihn zurückgeführt: „Ich nenne sie ‚Intrapreneure' – mein Kürzel für den ‚Intracorporate Entrepreneur'" (Pinchot 1988: 10)[3] – unter Bezugnahme auf ihn finden sich in den einschlägigen Werken heute daran anschließende Definitionen (stellvertretend für viele: Dressler 2004: 62; Morden 2004: 278; Furnham 2005: 104). Allerdings muss man festhalten, dass simultan einige andere Autoren sich in den 1980er Jahren dieser Idee zuwandten, so beispielsweise der damalige Herausgeber des „Economist" Norman Macrae, der sich in einem Artikel vom 1982 im Economist bereits auf Pinchots Begriff bezieht, dessen Idee in Buchform auf Englisch erst drei Jahre später erschien. Macrae beschreibt die zwei wichtigsten Maximen für „dynamische Unternehmen der Zukunft":

> „First, the right size for each profit centre or intrapreneurial group – by which I mean a group of friends working together in daily productivity hunt towards the same objective-is very small, probably not more than 10 or 11 people, however dynamic your top management. Jesus Christ tried 12, and that proved one too many. Second, firms should not pay people for attendance at the workplace but should pay competing groups for modules of work done." (Economist, 17.04. 1982)

Alternative Benennungen wie „internal corporate venture" (Burgelman/Sayles 1987) oder „corporate entrepreneurship" (Gautam/Verma 1997; für eine Übersicht vgl. Sharma/Chrisman 1999) haben sich nicht durchgesetzt. Statt eine ausdifferenzierte Definition vorweg zu schicken, sollen im Folgenden anhand spezifischer Einzelfragen die Facetten dieses Konzepts aufgezeigt werden.

Intrapreneurship ist kein exklusives Phänomen der angelsächsischen Kapitalismusvarianten und -debatten, auch wenn es dort als normatives und analytisches Konzept wird es dort am deutlichsten prononciert vorgetragen wird. Thematisiert wird es ebenso in der deutschen sozialwissenschaftlichen Debatte (vgl. z.B. Wunderer 1999; Faust et al. 2000; Kuhn 2000) und mittlerweile hat es auch den Einzug in die einschlägigen Printmedien gehalten: Es lassen sich bei einer Recherche in Printmediendatenbanken (wie lexisnexis) mit steigender Tendenz hunderte Einträge in allen wichtigen deutschsprachigen Organen auffinden.

---

2 Liest man Pinchots (1988) Hauptwerk, so finden sich hier ebenfalls jene zwei (für die Vertreter der internal-markets-Debatte aufgezeigten) Schübe der Abgrenzung von den japanischen ökonomischen Erfolgen und Seitenhieben auf die sowjetische Industrie, denen das amerikanische Unternehmertum entgegengesetzt wird.

3 Der Begriff Entrepreneur ist zu Beginn des 19 Jahrhunderts aus dem Französischen in das Englische eingezogen.

Selbst in den Bertelsmann-Studien zu Unternehmenskultur oder Führungsverhalten hat internes Unternehmertum den Aufstieg in die „zehn zentralen Elemente erfolgreicher Unternehmenskulturen“ geschafft (z.B. Bertelsmann Stiftung 2003), und in viele Unternehmen hat diese Denkweise in den letzten Jahren ebenso Einzug gehalten. Intrapreneure, „the dreamers who do“ (Pinchot), scheinen der Stoff zu sein, aus dem die Träume vieler Manager und Eigentümer heute gemacht sind. Insbesondere in kleinen und mittelständischen Unternehmen wird von Seiten der Eigentümer immer wieder der Wunsch formuliert, die „Mitarbeiter“ sollten sich doch – was Arbeitseinsatz, Sparsamkeit oder Effizienz angeht – bitte am Vorbild des Firmeninhabers orientieren. Der Eigentümer und Geschäftsführer eines Herstellers von Umwelttechnik (200 Beschäftigte) etwa beschreibt sein Anliegen so:

> „Der Unternehmer im Unternehmen; das ist das Innovative, was wir wollen, aktiv im Interesse des Unternehmens sollen die Mitarbeiter sein und über den Tellerrand hinaus blicken. (...) Ich würde sagen mündige Arbeitnehmer, die alle, bis auf die Werkbank runter als Entrepreneur im Unternehmen tätig sind, unternehmerisch handeln, denken und sich auch als Unternehmer fühlen, ihr Unternehmen. Und das ist glaube ich das, was wir in den letzten Jahren in der Unternehmenskultur hier gefördert haben.“

Dieser Wunsch eines Eigners, die Beschäftigten des eigenen Unternehmens „nach seinem Ebenbild“ schaffen zu wollen, ist keineswegs eine historische Neuigkeit. Schon Upton Sinclair (1983 [1937]: 48) ließ in seiner literarischen Henry-Ford-Biografie die Hauptfigur räsonieren:

> „Er kannte sein Ziel: Er wollte (...) die Gewohnheiten der Menschen ändern. Er wollte sie zu Menschen machen, wie er selbst einer war. Sie sollten nüchterne, ehrliche und fleißige Arbeiter werden gleich ihm.“

Fraglich ist allerdings, ob der paternalistische Henry Ford auch die Idee des Unternehmers im Unternehmen gut geheißen hätte: Gewiss wäre ihm der Grad des „Empowerments“ der Beschäftigten zum Beispiel durch die Übertragung von Entscheidungsbefugnissen deutlich zu weit gegangen.

Die unausgesprochene Grundidee normativer Konzepte des internen Unternehmertums scheint es somit zu sein, das Beste aus den zwei Welten innovativen Unternehmertums und abhängiger Beschäftigung zu kombinieren.[4] Welche

---

4 Den Urmythos aller Beschäftigten-Intrapreneure stellt vermutlich Art Fry von 3M dar, der der Erfinder der gelben Post-It-Notes ist. 3M als Unternehmen profitierte davon, dass sich dieser Beschäftigte mit seiner innovativen Idee nicht selbstständig machte, sondern trotz anfänglich zahlreicher Hürden im Unternehmen verblieb. Lange Zeit waren es vor allem Einzelfälle wie der angeführte, die in der Literatur als Erfolgsmodelle herhielten (Fry 1988), an dieser Stelle sollen statt dessen die theoretischen Implikationen des Ansatzes beleuchtet und nur gelegentlich empirische Verweise eingestreut werden.

spezifischen Vorteile kann sich ein Unternehmen von internem Unternehmertum versprechen, die über die skizzierte Konzeption interner Märkte hinausgehen? Letztlich laufen nahezu alle Begründungsvarianten auf die Bekämpfung des mit dem „Labyrinth bürokratischer Systeme“ (Pinchot 1988: 29) zusammenhängenden angesprochenen Innovationsproblems hinaus. In der markigen Beratersprache hängt geradezu das Überleben des Unternehmens selbst vom Wirken dieser Innovationsmotoren ab: „Face it: Out there in some garage, an entrepreneur is forging a bullet with your company's name on it. You've got one option: you have to shoot first“ (Hamel 1999: 72). Intrapreneure, so der Begründer der Idee,

> „werden ausschlaggebend dafür sein, ob Ihr Unternehmen Erfolg hat oder nicht. Der Verlust eines Entrepreneuring-Talents kommt das Unternehmen teuer zu stehen, denn er bedeutet mehr als den Verlust eines fähigen Ingenieurs oder Marketing-Fachmanns. Intrapreneure sind die Integratoren, die die Fähigkeiten der Techniker und Marketing-Leute kombinieren, indem sie neue Produkte, Verfahren und Dienstleistungen entwickeln. Ohne sie bleibt die Innovation auf der Strecke, oder sie bewegt sich im Schneckentempo der bürokratischen Prozesse.“ (Pinchot 1988: 11)

Intrapreneure wirken dieser Sicht folgend wie eine Verjüngungskur für die Organisation, so dass der „war for talent“ (so die McKinsey-Studie von 1997, in überarbeiteter Buchform: Michaels et al. 2001), also der Kampf um jene innovativen Köpfe wie die Wissensarbeiter/innen, geradezu als Maxime für vorausschauendes Human Resource Management ausgerufen wird (mehr dazu unten, Kap. 6). Dessen Arsenal sei nun um die „Waffe“ des internen Unternehmertums zu erweitern:

> „In Unternehmen, denen es nicht gelingt, ihre besten und innovativsten Mitarbeiter zu halten, werden nur die Inaktiven bleiben. (...) Bald ist das Unternehmen, ohne es zu merken, mit ‚wandelnden Leichen' besetzt.“ (Pinchot 1988: 36)

Greift man auf Schumpeter zurück, so sind diese Anstrengungen um so dringender, denn ihm zufolge ist eher nicht davon auszugehen, dass unternehmerische Innovationen (die „Durchsetzung neuer Kombinationen“, vgl. Schumpeter 1997 [1911]: Kap. 2.III) von Organisationsmitgliedern ausgehen, sondern eher außerhalb der Grenzen traditioneller Unternehmen keimen.[5] Der Versuch von Eigen-

---

5 „Es gehört nicht zum Wesen der Sache, daß die neuen Kombinationen von denselben Leuten durchgesetzt werden, welche den Produktionsprozeß oder den kommerziellen Weg der Waren in jenen eingelebten alten Kombinationen beherrschen, die durch die neuen überholt und verdrängt werden. Vielmehr treten der Idee und auch der Regel nach die neuen Kombinationen, bzw. die sie verkörpernden Firmen, Produktionsstätten usw., nicht einfach an die Stelle, sondern zunächst neben die alten, die aus sich heraus meist gar nicht in der Lage wären, den großen neuen Schritt zu tun: es waren, um bei dem ein-

tümern, auf diese Weise an die Wurzeln des eigenen Erfolges anzuknüpfen, erinnert daher immer auch etwas an die Quadratur des Kreises. Gegen diese Sicht betonen die Vertreter des Intrapreneurshipkonzepts gerade die Vorteile innerorganisatorischer Innovation.

Die „Innovations-Frage" stellt dabei für viele geradezu das Scharnier zwischen der Internal-Markets-Debatte und den Intrapreneurship-Konzepten dar. Gleichzeitig – und darin liegt wiederum ein widersprüchliches Element – modifiziert innerorganisatorisches Unternehmertum auch das Verständnis vom „Markt", denn es setzt ein hohes Maß nicht nur von Konkurrenz, sondern auch von innerorganisatorischer Kooperation voraus, denn um Innovation überhaupt generieren zu können, bedarf es eines Prozesses der Kopplung vorhandener Ressourcen. Was sind nun die Versprechen *inner*organisatorischer Innovation?

Neben den klassisch betriebswirtschaftlichen Argumenten wie dem Verweis auf die Möglichkeit der Nutzung professioneller Forschungs- und Entwicklungs-Kapazitäten, vorhandener Technologie, erfahrenen Marketings oder finanzieller Ressourcen finden sich bei ihnen erstaunlicherweise auch „weichere" Argumentationslinien, die von einem Bewusstsein über die soziale Seite organisationaler Vergesellschaftung Zeugnis ablegen, das viele von ihnen an anderer Stelle missen lassen. Diese Pluspunkte zielen primär auf all jene komparativen Vorteile, die etablierte Vertrauensbeziehungen für teamförmige Kooperation bieten (Meifert 2003). Die Neubegründung dieses Vertrauens als Grundlage von außerorganisationalen Austauschbeziehungen ist meist kostspielig und zeitaufwendig.

Zum anderen wird darauf verwiesen, dass innovatorisches unternehmerisches Handeln eines zeitlichen und örtlichen Schutzraumes bedarf, innerhalb dessen sich die Idee von einem Setzling zu einer starken Pflanze entwickeln können muss. Letztlich zielt auch dieses Argument auf die Vermeidung von Transaktions-, hier: Kontrollkosten, die ein notwendiges Misstrauen nach sich ziehen. Nur innerhalb der Organisation sieht Pinchot (1988: Teil 4) daher eine Form der Kommunikation ermöglicht, die gleichzeitig durch das Betriebsgeheimnis das entstehende Netzwerk funktional begrenzt und damit die Gefahren von Ideenklau oder Sabotage gering hält.

Mit welchen Versprechen winkt auf der anderen Seite das Konzept den Beschäftigten, denen mehr Innovationskraft und Commitment abverlangt wird?

Im Anschluss an bekannte Positionen in der wirtschaftswissenschaftlichen Theorielandschaft (z.B. von Hayek 1976) vollzieht sich in der Marktsteuerung von Arbeit im Allgemeinen eine Versachlichung sozioökonomischer Beziehungen, durch die die Abhängigkeit der Parteien von personenbezogenen Bindungen schwindet. In der Literatur wird dieser Vorgang offensiv als „Ent-Feudali-

---

mal gewählten Beispiel zu bleiben, im allgemeinen nicht die Postmeister, welche die Eisenbahnen gründeten." (Schumpeter 1997 [1911]: 110).

sierung“ der Management-Arbeitnehmer-Beziehungen (z.B. Reiss 2000) sowie als Freiheitszugewinn für die Beschäftigten angepriesen: „Units are converted into intraprises by accepting controls on *performance* in return for freedom of *operations*“ (Halal 1996: 36, Herv.i.O.).

Auch bei Teilen der Beschäftigten ist daher zu vermuten, dass Konzepte des internen Unternehmertums im Zuge der Zurückdrängung tayloristischer Arbeitsorganisation und der gleichzeitigen Schaffung von „Zonen kontrollierter Autonomie“ (vgl. Dörre 2001a) eine positive Wertschätzung erfahren, da sie ihrem eigenen Wunsch nach „Leistungsoptimierung“ (Pongratz/Voß 2002: 140-149) und Beitragsorientierung (Kotthoff 1997) entgegenkommen. Das von Baethge (1991) schon früh identifizierte Bedürfnis nach einer normativen Subjektivierung von Arbeit, das leicht variiert in der späteren Subjektivierungsdebatte in Form der „reklamierenden Subjektivität“ (Kleemann et al. 2002) wieder auftaucht, erfährt hier zumindest partiell eine Erfüllung: Insbesondere bei vielen „High-Flyers“ werden die Autonomiezugewinne als Freisetzung wertgeschätzt (Brinkmann 2003). Aus empirischen Untersuchungen (z.B. Dörre et al. 2004) sind auch Fälle bekannt, in denen die im Zuge von Marktgrenzenverschiebungen in die Unternehmen eingeführten Zielvereinbarungssysteme gerade den geringer Qualifizierten erstmals eine definierte Handhabe gegen willkürliche Zumutungen von Vorgesetzten gegeben haben. Eine ähnlich positive Bewertung erfährt das (tendenzielle) Verschwinden des „Kasernenhoftons“ im Gefolge des Übergangs von bürokratischer zu marktförmiger Koordination.

Insgesamt sind für mögliche Intrapreneure verschiedene Versprechen in der Debatte. Dazu zählen

- eine Versachlichung innerbetrieblicher Sozialbeziehungen;
- die Delegation von Autonomie und Verantwortung von oben nach unten;
- die Erfüllung subjektiver Ansprüche an Arbeit;
- das Durchbrechen bürokratischer Blockaden und die Schaffung eines innovativen und dynamischen Arbeitskontextes;
- eine „leistungsgerechtere“ Entlohnung beispielsweise durch vermehrte Leistungslohnbestandteile oder die Simulation unternehmerischer Risikoentlohnung.

Fragt man danach, in welchen Unternehmen Intrapreneurship angewendet werden kann, so stößt man auf eine leichte Verschiebung auf der Zeitachse: Die ersten Vertreter der Idee (z.B. Burgelman 1983) gingen – möglicherweise unter dem Eindruck der Debatten zum Managerkapitalismus – noch davon aus, dass es nötig sei, die Schumpetersche Logik, nach der erfolgreiche Unternehmer irgendwann mit wachsender Unternehmensgröße zu Managern werden, umzukehren: in Großunternehmen sollten Beschäftigte zu betrieblichen Unternehmern werden, um den stockenden Prozess der Innovation wieder in Gang zu bringen.

Im Laufe der Zeit wurde dieses Konzept aber auch auf kleinere Unternehmensgrößen übertragen (u.a. Zahra/Pearce 1994). Heute finden sich in nahezu allen Unternehmensgrößenklassen emphatische Bezugnahmen auf das Konzept durch das Management. In KMU wird etwa der Ruf nach Unternehmern im Unternehmen sowohl von bestellten Manager/inne/n als auch von Eigentümer-Unternehmern vorgetragen. Die empirischen Erfahrungen lehren, dass es oft weniger die Branchenzugehörigkeit oder Größe des Unternehmens als vielmehr die in der Person der Manager/innen liegenden Präferenzstrukturen und die daraus abgeleiteten Führungsstile sind, die dem Konzept betrieblich zum (zumindest diskursiven) Durchbruch verhelfen. Voraussetzung ist eine Offenheit für Management-Moden sowie eine unvoreingenommene Bereitschaft, gewisse Kompetenzen zu delegieren:

> „CEOs may give up much of their formal authority in a market system, but they lead by ensuring accountability, resolving conflict, encouraging cooperation, forming alliances, providing inspiration, and other forms of strategic guidance that shape this system into a more productive community. One of Hewlett-Packard's great strengths is that its executives guide by persuasive leadership rather than fiat. The CEO, Lewis Platt, said, ‚In HP, you really can't order people to do anything. My job is to encourage people to work together, to experiment'.“ (Halal 1996: 41)

Bei Eigentümer-Unternehmern im KMU-Bereich sind mögliche weitere Voraussetzungen gegeben: es finden sich weniger drosselnde Hierarchiestufen, und ein machtvoller unternehmerischer Durchgriff zur Durchsetzung solch radikaler Umbaumaßnahmen scheint noch auf allen Ebenen gegeben zu sein. Umgekehrt gilt auch: „Intrapreneurs can be first-class allies for owner-managers of growing small businesses“ (Carrier 1996: 7). Andererseits ist aus der Unternehmenskulturforschung bekannt, wie wichtig die Inszenierung eines Gründungsmythos bzw. einer „Helden“-Figur für die Kohäsionsstiftung innerhalb von Organisationen sein kann. Jeder „neue“ Intrapreneur stellt nun ganz analog zum ursprünglichen Unternehmensgründer einen konkurrierenden „Helden“ und eigenen Mythos dar: „Great intrapreneurs should end up the heroes and heroines of the company“ (Southon/West 2005: 25). Dies kann zu einem Problem auswachsen, wenn neben den Gründer-Unternehmer andere „heroes“ zu treten wünschen. Diese Zweischneidigkeit stellt auch die Intrapreneurforschung fest, wenn sie festhält, dass der Eigentümer-Manager „the main brake or, conversely, the main catalyst in the emergence of intrapreneurship within the firm“ sein kann (Carrier 1996: 16).

Die nahezu universelle Verwendbarkeit des Konzepts bezieht sich seinen Verfechtern zufolge nicht nur auf die unterschiedlichen Unternehmensgrößen, sondern auch innerhalb der Unternehmen auf nahezu das gesamte Kontinuum hierarchischer und funktionaler Positionen, mögliche Intrapreneure werden in allen Beschäftigtengruppen geortet: vom Top- über mittleres Management bis hin zum shop floor sollen zahlreiche Akteure die Intrapreneursrolle übernehmen können (Geisler 1993; Reitz 1998). Es bleibt allerdings vage (und wird weiter unten kritisiert), woher viele Vertreter des Ansatzes diesen Optimismus nehmen. Pinchot selbst vermutet daher wohl nicht ganz zu Unrecht, dass es besonderer Protagonisten bedarf, die – entsprechend unternehmerisch sozialisiert – sich auch gegen Obstruktionen innerhalb der Unternehmen durchsetzen können. Sein ernst gemeinter Rat an die Personalabteilungen lautet daher:

> „It is a particularly good idea to hire farm kids. They seem to make good intrapreneurs. I guess farm kids grow up with a kind of a can-do attitude and it never occurs to them that there is anything they aren't supposed to do. If the hay is on the ground, the bailer is broken and it is going to rain in six hours, you don't worry that you don't have a degree in bailer mechanics. Somehow farmers learn to get the job done."[6]

Paradoxien und entgegenwirkende Tendenzen

1994 schrieb Halal im Academy of Management Executive:

> „Surveying the evolution of structure over the past decades, the movement from hierarchy to enterprise comprises one of the most profound changes in management thought."

Hier mag man Halal in der Analyse noch zustimmen. Zwei Absätze weiter findet sich folgende Aussage: „In a decade or less the notion of hierarchy may seem as archaic as the medieval belief in the divine right of kings" (Halal 1994: 78). Diese Schlussfolgerung ist offensichtlich unzutreffend. Die Entwicklung der Marktgrenzenverschiebung ist – wie oben angedeutet – keine Einbahnstraße, verläuft eben nicht gradlinig und auch nicht in rasender Geschwindigkeit. Demarkationen können zurückverschoben werden oder ihre Verschiebung auf Widerstand stoßen. Dies hängt sowohl mit dem eigenlogischen Handeln organisationaler Akteure als auch – und dies wird das Thema im weiteren Fortgang des Textes sein – mit der Konzeption und ihren inneren Widersprüchen zusammen.

Drei Fragenkomplexe werden im Folgenden zu diesem Zweck thematisiert: (A) zunächst wird der Intrapreneur als Akteur auf seine subjektiven Voraussetzungen hin untersucht, (B) im Anschluss wird seine voraussetzungsvolle Einbettung in organisationale Kontexte analysiert und (C) schließlich wird gefragt, inwieweit aus seiner Idealvorstellung eine gesellschaftliche Utopie erwächst.

---

6 http://www.intrapreneur.com/MainPages/History/InnovThruIntra.html (13.04.2006, 17.05)

A. Der Intrapreneur als Akteur

Weder in der betrieblichen Praxis noch auf der konzeptionellen Ebene in der Literatur findet sich ein Intrapreneurship-Meisterplan. Aber: Mit dem amorphen Zuschnitt von Funktionen und Kompetenzen, mit der oftmals nur impliziten Thematisierung der Voraussetzungen wächst für den Intrapreneur die Rollenunsicherheit. „Dein Intrapreneur, das unbekannte Wesen", könnte man titeln. Er stellt eine Mischung aus „Heiligem" und „Ritter" (Reitz 1998) bzw. aus „Pirat" und „Spieler" (Peters 1992) dar, und auf einem ähnlich breiten Kontinuum finden sich die entsprechenden wertschätzenden oder missbilligenden Kommentare.

Die Vermutung, dass schon die Bezugnahme auf das Konzept des Unternehmers in aller Regel eher entsprechend fragmentarisch und reichlich selektiv ist, bestätigt sich bei genauem Hinsehen. Es bleibt eine Reihe kaum auflösbarer Widersprüche zwischen konzeptionellen Implikationen und betrieblicher Implementation.

Unternehmer aus Not oder aus freiem Antrieb?

Gemeinsam ist den klassischen und vielen darauf aufbauenden Ansätzen zur Unternehmerforschung, dass sie den Unternehmern explizit den Willen und die Fähigkeit zur „Urteilsbildung in wirtschaftlichen Entscheidungsprozessen" unterstellen (Casson 2001: 528) und üblicherweise davon ausgehen, dass die Übernahme dieser Rolle auf einer freiwilligen Entscheidung beruht. Diese Freiwilligkeit wird in weiten Teilen der Managementliteratur zwar den „High-Flyers" und Wissensarbeiter/inne/n (Drucker 1998; Markus et al. 2000) unterstellt; es bleibt aber dahingestellt, ob sie sich auch auf Beschäftigte erstreckt, die in keiner so exponierten Stellung im Unternehmen stehen und ob diese Haltung auch in ökonomischen Krisenphasen trägt (vgl. dazu auch Faust et al. 2000).

Freiwilligkeit, voraussetzungsvolle Kompetenzen und charakteristische Motivlagen deuten eher darauf hin, dass Unternehmer – ob innerhalb oder außerhalb einer Organisation – eher eine seltene Spezies darstellen. Daher im Folgenden ein eingehender Blick auf den einflussreichen Schumpeterschen Definitionsansatz und dessen Spiegelung im Intrapreneurship-Modell. Was bewegt nach Schumpeter den Unternehmer?

> „In der eigenen Brust dessen, der Neues tun will, erheben sich die Elemente der gewohnten Bahn und legen Zeugenschaft ab gegen den werdenden Plan. Eine neue und andersgeartete Willensaufwendung wird dadurch nötig, außer jener, die schon darin liegt, inmitten der Arbeit und Sorge des Alltags um Raum und Zeit für Konzeption und Ausarbeitung der neuen Kombination zu ringen und sich dahin zu bringen, in ihr eine reale Möglichkeit und nicht bloß Traum oder Spielerei zu sehen. Diese geistige Freiheit setzt einen großen Überschuß von Kraft über das

> Erfordernis des Alltags voraus, ist etwas Eigenartiges und ihrer Natur nach selten." (Schumpeter 1997 [1911]: 125f.)

Schumpeters Unternehmer ist also ein dünn gesäter Visionär, der im Alltag das Neue erblickt und zu verwirklichen trachtet. Dieses ganze Konzept basiert geradezu zwangsläufig auf einer fakultativen Grundkonstellation – die hoch voraussetzungsvolle unterlegte Motivlage lässt sich gewiss nicht aufnötigen:

> „Der typische Unternehmer fragt sich nicht, ob jede Anstrengung, der er sich unterzieht, auch einen ausreichenden ‚Genußüberschuß' verspricht. Wenig kümmert er sich um hedonische Früchte seiner Taten. Er schafft rastlos, weil er nicht anders kann, er lebt nicht dazu, um sich des Erworbenen genießend zu erfreuen." (Schumpeter 1997 [1911]: 137)

Der „fordistisch Normalarbeiter" verkörpert eben dazu den Gegenentwurf. Er oder sie fragt zu Recht nach dem „Genussüberschuss" für die oftmals entfremdete Tätigkeit und der Antrieb ist oftmals eben nicht zu leben um zu arbeiten, sondern umgekehrt: zu arbeiten, um zu (über-)leben. Sein ökonomisches Handeln basiert damit auf einer grundlegend anderen Motivstruktur als jener des prototypischen Unternehmers. Nochmals Schumpeter:

> „Da ist zunächst der Traum und der Wille, ein privates Reich zu gründen, meist, wenngleich nicht notwendig, auch eine Dynastie. (...) Da ist sodann der Siegerwille. Kämpfenwollen einerseits, Erfolghabenwollen des Erfolgs als solchen wegen andrerseits. (...) Freude am Gestalten endlich ist eine dritte solche Motivfamilie." (Schumpeter 1997 [1911]: 138)

Knapp acht Jahrzehnte später finden sich nahezu wortgleiche Charakteristiken des unternehmensinternen Unternehmertums bei Pinchot (1988: 76):

> „Die charakteristischen Merkmale der Intrapreneur-Persönlichkeit sind verständlich, sobald man begreift, von welchem inneren Druck ein Mensch beherrscht ist, wenn sich in ihm eine starke Visionskraft und ein unbezähmbarer Handlungsdrang vereinen. Ein solcher Mensch findet erst dann Ruhe, wenn sich seine Vision so in der Welt manifestiert, wie er sie vor seinem geistigen Auge sieht. Dieser Druck erklärt nicht nur die Tatkraft des Intrapreneurs, sondern auch seine Intoleranz gegenüber Anweisungen. Er zeigt sich zwar offen gegenüber Informationen und Ideen, aber seine Handlungen werden von seinen eigenen inneren Imperativen bestimmt. Aus dem Drang, die eigene Vision zu verwirklichen, erklären sich Engagement und Hingabe sowie die Bereitschaft, notfalls auch ganz gewöhnliche Arbeiten zu erledigen, damit das Intraprise ein Erfolg wird."

Dagegen trugen die typische berufliche Tertiärsozialisation sowie die skizzierten institutionalisierten Absicherungen dafür Sorge, dass die Beschäftigten im Nachkriegsfordismus den Markteffekten möglichst wenig ausgesetzt waren. Unternehmerisches Risiko verblieb bei den Eigentümern oder ihren Managern, umgekehrt waren die Handlungsspielräume, Mitbestimmungskompetenzen und damit die „Tatkraft“ der Lohnabhängigen sowie ganz gewiss ihre „Intoleranz gegenüber Anweisungen“ deutlich begrenzt. Die fordistische Arbeitsorganisation stellte wie dargelegt lange Zeit anstelle von kreativen auf Routinelösungen ab. Bei einem Gros der Beschäftigten fehl(t)en daher nicht nur der Wunsch nach internem Unternehmertum, sondern aus diesen Gründen auch die notwendigen Voraussetzungen dazu. Die von Schumpeter schon am Vorabend des Fordismus aufgestellte Behauptung dürfte daher heutzutage noch immer zutreffen: „Wo die Grenze der Routine aufhört, können deshalb viele Leute nicht weiter“ (Schumpeter 1997 [1911]: 118). Diese heiklen Voraussetzungen liegen dabei nicht nur in der Person begründet, sondern auch in der problematischen Interaktion zwischen Person und organisationalem/gesellschaftlichem Umfeld. Auch dies ist keine neue Erkenntnis, denn schon vor einem Jahrhundert von Schumpeter (1997 [1911]: 126) formuliert als „Gegendruck, mit dem die soziale Umwelt jedem begegnet, der überhaupt oder speziell wirtschaftlich etwas Neues tun will“. Liest man die autobiographischen Selbstzeugnisse von Intrapreneuren wie Art Fry, so wächst die Einsicht, dass sich an der allgemeinen Obstruktionshaltung im Kern wenig geändert hat. Duncan formuliert dies noch höflich: „Creative people are, to be honest, a pain in the neck“ (1988: 17). Dies hat auch die Intrapreneurforschung zumindest in Teilen zur Kenntnis genommen, so verweisen Jennings et al. (1994) und auch Carrier (1996) auf die vielfältigen und anspruchsvollen – sozialisatorischen, sozioökonomischen und persönlichkeitsbezogenen – Voraussetzungen. Festzuhalten ist: allein aufgrund dieser subjektiven Voraussetzungen ist Intrapreneurship eher die Sache einer verschwindend kleinen Minderheit.

Interne Unternehmer und Manager der eigenen Arbeitskraft

Wenn im Zuge der Marktgrenzenverschiebungen eine unternehmerische Grundhaltung von immer größeren Teilen der Belegschaft eingefordert wird, ist dies somit nur der konsequente Nachvollzug von Schumpeters Unternehmer-Postulat nach dem „Bestehen einer dem Wirtschaften zugewandten Mentalität“ (1928: 477), der die aktuelle Beratungsliteratur mit entsprechenden Titeln natürlich Rechnung trägt:

- „The brand called you: create a personal brand that wins attention and grows your business“ (Montoya/Vandehey 2009)
- „How to sell yourself: using leadership, likability, and luck to succeed“ (Lustberg 2008)
- „If your life were a business, would you invest in it? The 13-step program for managing your life like the best CEOs manage their companies“ (Eckblad/Kiel 2003)

Die aktuellen Folgen einer immer weiter fortschreitenden Internalisierung dieser Forderungen sind in der sozialwissenschaftlichen Debatte über die „Subjektivierung von Arbeit" (Moldaschl/Voß 2002; Graefe 2010; vgl. dazu auch Menz et al. 2010: 133) thematisiert worden. Insofern sie an Foucault anschließen, besteht die Spezifik dieser Ansätze vor allem in einer Art kontrolltheoretischer Wende, der Thematisierung einer Ersetzung von Fremd- durch Selbstkontrolle. Die Re-Kommodifizierung von Arbeitskraft mündet in dieser Perspektive irgendwann fast zwangsläufig in ein (subjekt-)"internes Unternehmertum" (McKinlay/ Starkey 1998) ein, das zu seinem Erfolg eine virtuose Beherrschung der „Selbsttechnologie" (Foucault 1993) voraussetzt. Es findet in dieser Logik sogar eine Verschiebung der Marktgrenzen in die Subjekte selbst statt. Bröckling et al. (2000) haben dies im Rahmen der Debatte über Foucaults Konzept der Gouvernementalität (Foucault 2000) am Beispiel des „Managements der eigenen Person" als Leitbild neoliberaler Subjektivität angedeutet. Bei Voß/Pongratz (1998) findet sich diese Tendenz in ihrer Analyse des „Arbeitskraftunternehmers" formuliert, der mit der Stärkung seiner „Employability" über eine erweiterte Selbstkontrolle, Selbst-Ökonomisierung und Selbstrationalisierung des Lebenszusammenhangs den vorherrschenden Typus des verberuflichten Arbeitnehmers ablösen werde (Voß/Pongratz 2000).

Der „Arbeitskraftunternehmer" ist als eine heuristische Analysekategorie viel umfassender angelegt als das normative Konzept des „Intrapreneurs", das lediglich ein spezifisches Rollensegment aufgreift und sich darauf beschränkt. Der Arbeitskraftunternehmer thematisiert dagegen kritisch auch das Kolonisierungsproblem und die lebensweltliche Seite.

Marktgesteuerte Arbeit von Intrapreneuren verkörpert in der Perspektive des Managements auf der einen Seite also den Versuch, jene produktivitätssteigernden subjektiven Kreativitätspotentiale zu erschließen, die in fordistischen Arbeitsverhältnissen weder erwünscht noch zugänglich waren. Viele Beschäftigte empfinden dieses Postulat auf der anderen Seite oft als Zumutung, gegenüber der sie sich nur schwer zur Wehr setzen können, weil diese als Sachzwang inszeniert wird. Marktgrenzenverschiebung stellt sich für sie nicht selten als In- und Extensivierung der Arbeit dar, die sich weit in die Lebenswelt hineinschiebt (Pickshaus et al. 2001). Schon in den frühen Texten von Schmalenbach wird dieser Kolonisierungsprozess ungeschminkt als Freiheit, vor allem aber auch als Inpflichtnahme beschrieben:

> „Da die pretiale Betriebslenkung den nachgeordneten Betriebsleitern wesentlich größere Freiheit lässt, müssen sie selbst die besten Mittel und Wege zur Erfüllung ihrer Aufgabe finden. Gegeben wird nur das ‚Was', das ‚Wie' sollen sie selber suchen. Dadurch spannt man nicht nur die Arbeitskraft und das fachliche Können, sondern auch das Sorgen in den Betrieb ein. Der Betrieb bekommt für das gezahlte Gehalt nicht bloß die achtstündige Arbeitszeit geliefert, sondern auch die

> Stunden des Nachdenkens außerhalb der Dienststunden; die halbe Stunde des Abends vor dem Einschlafen und eine Stunde des Morgens vor dem Aufstehen, beim Anziehen, beim Frühstück und auf dem Wege zur Fabrik." (Schmalenbach 1948: 15)

Anders als im sozialwissenschaftlichen Analyseansatz vom „Arbeitskraftunternehmer" geraten der Intrapreneurforschung diese Konsequenzen in der Regel nicht in den Blick, da sie sich auf die Fragen der Funktionalität des Rollensegments innerhalb der Organisation beschränkt. Kurzfristig mag dies sinnvoll erscheinen, auf lange Sicht gesehen untergräbt die (zumal unfreiwillige) Überforderung jedoch nachhaltiges Wirtschaften, insbesondere das „Bewirtschaften der eigenen Person" (mehr dazu in Kap. 7).

Selbstverwirklichung durch Teilhabe?

Selbst bei begründeten Zweifeln, ob der Intrapreneur eine (sinnvolle) Form des Unternehmertums bedeutet, kann er doch einen spezifischen Fall von „delegativer Partizipation" (Greifenstein et al. 1993) in Organisationen oder Bereichen darstellen, in denen die institutionalisierte Mitbestimmung möglicherweise eher schwach ausgeprägt ist. Das Konzept von Intrapreneurship dürfte seine stärkste Wirkung auf die Beschäftigten daher wahrscheinlich dann entfalten, wenn es sich als Freiheit stiftende Partizipationsvariante (Nichols 1989) ausweist, da es dann eine verbreitete Kritik an der Entmündigung und Entfremdung durch fordistische Arbeitsorganisation und Unternehmensstrukturen aufgreift.

Offen für die Beantwortung durch systematische empirische Forschung bleibt die Frage, ob internes Unternehmertum eher als eine Kompensation oder eine Folge schwacher Mitbestimmung zu verstehen ist. In beiden Fällen stellt es jedenfalls ein konkurrierendes Prinzip der Teilhabe dar, da der Intrapreneur die klassische Arbeitnehmerrolle partiell verlässt und damit auch den Geltungsbereich der kodifizierten betrieblichen Mitbestimmung. Selbst wenn dies auf freiwilliger Basis geschieht, ist damit doch ein deutlicher Unsicherheitsfaktor verbunden, wie die Forschung der letzten Jahrzehnte zum Verhältnis von freiwillig gewährter Partizipation und gesetzlicher Mitbestimmung zeigt (Brinkmann/Speidel 2006). Ungeklärt bleibt, wie sich der Intrapreneur in das System der industriellen Beziehungen einordnen wird. Schon in matrixförmig strukturierten Unternehmen und Produktionsverbünden erweisen sich die klassischen Formen kollektiver Interessenvertretung im deutschen Modell oft als weniger wirksam (Schmierl 1999). Einen Schritt weiter, in der marktzentrierten Organisation, werden die mitbestimmungsfreien weißen Flecke eher noch größer: Ist der Betriebsrat etwa für Unternehmer im Unternehmen zuständig oder nicht?

Um die Frage nach dem partizipatorischen Gehalt des Intrapreneur-Ansatzes zu klären, bedarf es zunächst eines Blicks auf die kulturelle Kompatibilität.

Im angelsächsischen Kapitalismus sind Formen direkter Partizipation weit gängiger als in dessen Rheinischer Variante. Insofern stößt das Selbstverwirklichungsangebot des internen Unternehmertums auch auf gänzlich andere Vorbedingungen. Dies wird schon offenkundig, blickt man nur auf Pinchots (1988) Debatten-Startschuss „Intrapreneuring“. Der englische Untertitel lautet „Why You Don’t Have to Leave the Corporation to Become an Entrepreneur“; er spricht damit den potentiellen Akteur selbst an, setzt voraus, dass dieser sich bereits mit Abwanderungsgedanken beschäftigt und versucht ihn im Unternehmen zu halten. Im Unterschied zu dieser Exit-Perspektive der amerikanischen Ausgabe nimmt die deutsche Übersetzung den umgekehrten Blickwinkel ein: „Intrapreneuring. Mitarbeiter als Unternehmer“. Diese Verkehrung geschieht aus gutem Grund: eine breite bottom-up-Bewegung von Intrapreneuren wurde in Deutschland bislang nicht gesichtet; es handelt sich dabei eher um einen Management- bzw. Beraterwunsch.

Ob in der angelsächsischen oder auch in der rheinischen Variante: Intrapreneure bedürfen weitgehender Handlungsrechte, die in das bestehende Herrschafts- und Machtgefüge der Organisation eingreifen. Am deutlichsten lässt sich dies an den Property Rights ablesen. Schumpeter zufolge muss bei Unternehmern nicht unbedingt Privateigentum in großem Stil vorhanden sein, ohne Verfügungsgewalt über Produktionsmittel jedoch dürfte die „Durchsetzung neuer Kombinationen“ kaum realisierbar sein. Deutet man ökonomische Güter als Bündel von Handlungs-, Verfügungs- und Nutzungsrechten, lassen sich nach der gängigen Eigentumsrechtanalyse vier Kategorien ausmachen (vgl. Wieland 1997: 37ff.):

1. Recht auf Nutzung des Gutes (ius usus),
2. Recht auf Veränderung der Form und Substanz (ius abusus),
3. Recht auf Nutzung der Erträge, die diesem Gut entspringen (ius usus fructus),
4. Recht auf Übertragung des Gutes und aller daran geknüpften Rechte auf Dritte (ius successionis).

Die Idee des internen Unternehmertums verlangt, dass dieses Bündel von Property Rights nun aufgeschnürt wird, so dass die Anreiz- und Verfügungsstruktur, die mit dem Privateigentum an Produktionsmitteln verbunden ist, auf andere Akteure wie Intrapreneure übertragen wird, natürlich ohne dass die ursprünglichen Eigentümer ihre letztendliche Kontrolle verlieren. Zu der ohnehin schon existierenden Konkurrenzsituation zwischen Eigentümern und Managern gesellt sich damit ein weiterer Akteur, der das Beziehungsgeflecht verkompliziert. Prototypisch sieht die Konzeption so aus:

> „The ideal arrangement is to treat each unit as a small, separate company, free to manage its own operations and resources. It is important to allow all units the

> freedom to conduct business transactions both inside and outside the firm.“ (Halal 1996: 36)

Normativ wird dieser Prozess als Demokratisierungsversprechen, als „move to democracy“ (Halal 1997) bzw. als „extension of democracy“ (Halal 1996: 55ff.) inszeniert.

Nach Schumpeter liegt das Wesen der Unternehmerfunktion im „Erkennen und Durchsetzen neuer Möglichkeiten auf wirtschaftlichem Gebiet“, der dynamische Unternehmer erfüllt dabei Aufgaben nachfolgenden Typs:

> „1. Die Erzeugung und Durchsetzung neuer Produkte oder neuer Qualitäten von Produkten,
> 2. die Einführung neuer Produktionsmethoden,
> 3. die Schaffung neuer Organisationen der Industrie (Vertrustung z.B.),
> 4. die Erschließung neuer Absatzmärkte,
> 5. die Erschließung neuer Bezugsquellen.“ (Schumpeter 1928: 483)

Diese Aufzählung verdeutlicht, dass alle genannten Aspekte der Property Rights vom Entre-, aber auch vom Intrapreneur wahrgenommen werden müssen. Betroffen sind demnach nicht nur Produkt- und Prozessinnovation, sondern auch Arbeitsorganisation, Ressourcenzugriff, die Entscheidung über Zulieferung und Absatz, bis hin zu damit verbundenen Fragen der Organisationsstruktur. In der Regel ist hingegen nicht davon auszugehen, dass die Rechteübertragung im angedeuteten Maße stattfindet, selbst wenn im konkreten Unternehmen der Wunsch nach dem internen Unternehmertum geradezu omnipräsent ist. Befragt zum tatsächlichen Ausmaß der Delegation wichtiger Entscheidungsbefugnisse benutzte der Geschäftsführer eines untersuchten Produzenten von Umwelttechnik und erklärter Verfechter der Idee von „Unternehmer in Unternehmen“ die Metapher, dass trotz allem natürlich der „Kutscher“, also er selber, den Weg bestimme. Man könnte das Halal-Diktum vom organisationalen Umbruch aufgreifen und anmerken, dass in vielen Unternehmen eher die „chinesische“ denn die „osteuropäische“ Variante gewählt wird: zwar ist eine Perestroika, nicht aber ein damit verbundenes Glasnost erwünscht. Die Grundhaltung vieler Manager zur Delegation von Partizipationsbefugnissen lässt sich dabei oftmals schon an ihren Umgangsweisen den gewählten Betriebsräten gegenüber ablesen: Wenn es an einer entsprechenden Kultur der Teilhabe mangelt, stellt auch die Gewährung alternativer Partizipationsrechte eher einen prekären Anspruch dar, der jederzeit auch wieder entzogen werden kann.

Festzuhalten ist, dass die von Schumpeter angedachten Kompetenzen eines dynamischem Unternehmers zur „Durchsetzung neuer Kombinationen“ viel weiterreichend konzipiert sind, als sie den Intrapreneuren in der Regel zugebilligt werden dürften.

B. Der Intrapreneur im Unternehmen: Amorphe Rollen im „Kamikaze-Kapitalismus"

In der bereits angesprochenen Schwierigkeit der amorphen Rollendefinitionen des Intrapreneurs, in welchem das Beste unterschiedlicher Welten miteinander kombiniert werden soll, lauern vielgestaltige Rollenunsicherheiten. Angelegt ist zunächst ein Intrarollenkonflikt als Arbeitnehmer-Unternehmer-Konflikt. Eine kurze Diskussion des von Robinson (2001) formulierten „vierten Gebots" eines jeden Intrapeneurs soll dies erläutern: „Come to work each day willing to be fired".[7] Diese drastisch-derbe Weisung stellt nichts anderes als die Aufforderung dar, seinen Beitrag im Unternehmen freundlicherweise eigenständig abzuschätzen und im Falle eines zu geringen value-addings oder Innovationsniveaus selbst den Daumen zu senken. Das unternehmerische Denken des Intrapreneurs soll also so weit gehen, dass er bei mangelhafter Wertschöpfung seine eigene Entlassung betreibt. Spätestens hier wird deutlich, dass schlechthin unvereinbare Rollenanforderungen an diese Akteure herangetragen werden. Die Vermischung der beiden Rollen des loyalen Beschäftigten und des innovativen Unternehmers in der Chimäre des Intrapreneurs lässt außer Acht, dass die mit den unterschiedlichen Funktionen verbundenen, oftmals antagonistischen Interessenstandpunkte ein diffuses und widersprüchliches Rollenmodell produzieren. Die tiefe Einbettung des Intrapreneurship-Ansatzes in die Internal-Markets-Debatte verdeutlicht sich nochmals, wenn man auf Halals analoges Lösungsangebot für anstehende Entlassungen schaut:

> „For instance, a market organization can help make downsizing, reengineering, and other forms of restructuring more successful. Just as any external business can manage its affairs better without government interference, these approaches are likely to work best if they originate voluntarily from autonomous units that are accountable for serving their clients. Managers who treat units as internal enterprises will almost invariably improve operations beyond their expectations. (...) In place of forced downsizing, then, this bottom-up approach produces self-initiated rightsizing throughout the organization- ‚self-sizing'." (Halal 1996: 46)

Selbst-Entlassung, hier euphemistisch als „self-sizing" tituliert, ist genau genommen eine logische Schlussfolgerung aus der Annahme, die Intrapreneure seien freiwillig[8] in ihre Rollen geschlüpft und damit auch für ihr Handeln selbst ver-

7 Die ursprüngliche Fassung der „10 Gebote des Intrapreneurs" war von Pinchot erstellt worden.

8 Das Thema „Freiwilligkeit" taucht in der internal market-Literatur ebenfalls explizit auf – allerdings in der Regel dann, wenn es um die „freiwillig" zu schulternden Effekte von schwacher Markt-Performance geht: „Operating units are better able to resolve such competitiveness issues through voluntary layoffs, growing the business, tolerating lower rewards, or other possible solutions they may prefer." (Halal 1994: 80)

antwortlich. Gleichzeitig aber – und hier dürfte ein wichtiger Grund liegen – entlastet diese Argumentationsfigur natürlich ein Management, das sich bei Entlassungsvorgängen weitgehend aus Begründungsnöten befreit, weil es entweder den Sachzwang betont, eine „Einheit“ habe sich nicht am Markt behaupten können, oder weil die Grenzbeschäftigten ihre Aufgabe in dieser Welt des „Kamikaze-Kapitalismus“ wahrnehmen und ihr self-sizing bereits selbst vollzogen haben.[9]

Inszenierte Märkte und die Verteilung des Risikos

Ein weiteres Problem ergibt sich, wenn man eine andere Entrepreneurship-Theorietradition konsultiert. Die an Knight (1985 [1921]) anknüpfenden risikotheoretischen Unternehmer-Konzepte sind ebenfalls mit den meisten der bekannten Intrapreneur-Praxen kaum in Deckung zu bringen; unterstellen sie doch, dass die Voraussetzung für die Entscheidung zur unternehmerischen Tätigkeit ein Ausdruck der spezifischen Risikoneigung der Wirtschaftssubjekte ist. „Unsicherer“ unternehmerischer Lohn stellt in dieser Logik die Prämie für die Übernahme der mit wirtschaftlichen Aktivitäten verbundenen Unsicherheit bzw. der nicht versicherbaren Risiken dar. Dies gilt nicht nur für den klassischen Unternehmer, sondern soll auch als Maxime für Intrapreneure herhalten, denn: „In der Risikobereitschaft haben diese Mitarbeiter sehr viel Ähnlichkeit mit Entrepreneuren. Sie nehmen persönliche Risiken auf sich, um neue Idee durchzuführen“ (Pinchot 1988: 10).

Die kritische Nachfrage muss daher wiederum dort ansetzen, wo risikoavers sozialisierte Lohnabhängige in risk-seeking Intrapreneure umgemodelt werden sollen. Der Intrapreneur bekommt als Akteur/Agent entweder vom Prinzipal oder von dessen Agenten, dem Management, Ressourcen und Kompetenzen zugewiesen, um gleichzeitig wie ein genuiner Eigentümer-Unternehmer und wie ein Beschäftigter zu agieren.

> „The old employment relationship in which people were paid for holding a position is yielding to a new relationship in which people are given an opportunity to use their talents, with all the freedom, self-control, risks, and rewards associated with being an entrepreneur.“ (Halal 1994b: 13)

In der angesprochenen Theorietradition Knights stellt sich die Frage, in welchem Verhältnis sich Ertrag und Risiko in dieser amorphen Konstellation zueinander verhalten, um einerseits den potentiellen Intrapreneur im Unternehmen zu

---

9 Das internal-market-Konzept liegt damit auch konträr zur organizational slack-Debatte, die sich ja gerade gegen die strikte und kurzfristige Anrechenbarkeit jeder organisationalen Handlung ausspricht und die Bedeutung von slack für Innovations- und Adaptionsfähigkeit hervorhebt (Lawson 2001).

halten, sein Risiko also zu begrenzen und andererseits eine bestimmungsgemäße Wahrnehmung von Eigentumsrechten zu gewährleisten. Die Frage „Should I stay or should I go?", die sich im Hochqualifiziertenbereich häufig stellt, taucht hier erneut auf (vgl. dazu Kap. 6 das Beispiel der Wissensarbeiter/innen). Sind Intrapreneure womöglich aufgrund ihrer Dispositionen eher Vertreter einer Exit-Kultur? Warum sollen sie sich auf die Unbill organisationaler Zwänge einlassen, wenn außerhalb der große Gewinn lockt? Denn zu diesen Zwängen sind auch organisationsspezifische Risiken wie strukturelle Schranken, geronnene Machtstrukturen oder Widerstand gegen Veränderungen zu zählen.

> „The risk-reward trade-off for internal entrepreneurs is long on risk and short on reward. Why should employees risk a bruising battle with the defenders of the status quo when the potential payoff is so meager?" (Hamel 1999: 77)

Abstrahiert man einmal von der Frage, welches Risiko Beschäftigte übernehmen wollen oder sich aufbürden lassen, wenn sie *nicht freiwillig* unternehmerisch tätig sind, und beschränkt sich auf die Überlegungen der Vertreter des Konzepts zum Verhältnis von Ertrag und Risiko, das ja – stärker als auf externen Märkten – deutlich von einem machtdurchzogenen innerbetrieblichen Verhandlungsprozess abhängt, so stößt man auf Konstrukte wie „intracapital" oder „intracapital banks" (Pinchot 2001), die ein funktionierendes Marktumfeld inszenieren und den Prozess des internen Unternehmertums begleiten sollen. Ihr Ziel ist die Verhinderung eines „Wohlfahrtsverlusts" der Gesamtorganisation durch ein opportunistisches Verhalten von Intrapreneuren, die beispielsweise betriebliche „öffentliche Güter" überstrapazieren oder innerbetriebliche „externe Effekte" produzieren. Das mögliche Projekt eines internen Unternehmers wird dann etwa durch eine intracapital-Bank bewertet. Pinchot (1988: 74) berichtet von einem Unternehmensbeispiel, in dem die Risikobereitschaft der Intrapreneure mit der Frage „Würden Sie für diese Idee eine zweite Hypothek aufnehmen?" abgefragt wurde. Die Ersetzung des „Leistungs- durch das Erfolgsprinzip", die Deutschmann (2001: 68) zu Recht als eine Programmatik des Arbeitskraftunternehmers identifiziert, schlägt ersichtlich bei der Intrapreneursrolle besonders stark durch. Pinchot zieht die Schlussfolgerung, dass der Intrapreneur 10% der Kosten des Projekts (bis zu 20% seines Lohns) einbringen könne, wobei im Erfolgsfall ein großer Anteil (90%)[10] der Beteiligung wiederum als Intrakapital ausgezahlt werden solle. Für Duncan stellt dies ein Anreizsystem dar, „that will allow creative people to receive the rewards from past and present innovations, motivating them to future creativity" (Duncan et al. 1988: 19).

Dieses Verfahren, das den einmal gestarteten Akkumulationsprozess in Gang halten soll, stellt natürlich ebenfalls eine Einschränkung der Entscheidungs-

10 Vgl. Pinchots Homepage http://www.intrapreneur.com/

rechte des Intrapreneurs dar. Auf ganz analoge Überlegungen hinsichtlich der Verteilung von Risiken und der Zurechenbarkeit von Leistung stößt man in der Literatur gelegentlich. Herbert Simon hat dieses Dilemma oft benannt:

> „Such reward systems are effective only to the extent that success can be attributed accurately to individual behaviours. If the indices used to measure outcomes are inappropriate either because they do not measure the right variables, or because they do not properly identify individual contributions, then reward systems can be grossly inefficient or even counterproductive.“ (1991: 35)

Selbst der bereits zitierte Schmalenbach (1948: 12) hält dazu fest, dass es spezifischer monetärer Anreize bedürfe, um den Effekt des anvisierten internen Unternehmertums zu erzielen: „Denn wo kein starkes Interesse ist, kann auch kein Lenkpreis Wirkung haben“. Er plädiert daher für kurzzyklische monatliche Abteilungsabrechnungen. Dennoch bleibe insbesondere für jene Akteure ein Restrisiko, die unternehmerisch ganze Abteilungen zu leiten hätten, da das erzielte Ergebnis nicht eindeutig einer einzelnen Leitungsperson zurechenbar sei. Sein Rat für diesen Fall ist, aus der Not eine Tugend zu machen:

> „Aber man soll in diesen Dingen nicht ängstlich sein. Man nehme an, dass der Abteilungserfolg tatsächlich nicht ausschließlich und sogar nicht einmal hauptsächlich ein Ausdruck der Tüchtigkeit des Werkdirektors sei. Die Folge ist dann, dass er ein von ihm nicht beeinflussbares Risiko zu tragen hat oder eine von ihm nicht beeinflussbare Chance genießen darf. Er wird dadurch noch eher zum Unternehmer, als er unter anderen Umständen sein würde. Mag er es werden. Umso mehr wird er darauf bedacht sein, den Risiken auszuweichen und die Chancen wahrzunehmen. Und umso weniger wird man ihm die Möglichkeit geben, sich auf die Ungunst der nicht beeinflussbaren Umstände herauszureden, wenn seine Abteilungsgewinne sich einmal in Abteilungsverluste verwandeln.“ (Schmalenbach 1948: 13)

Für den Betriebswirt Schmalenbach trennt sich an der Frage der Entlohnung auch die Spreu vom Weizen (erwähnt werden muss, dass er diese Art internen Unternehmertums primär für Führungskräfte verwirklichen wollte), daher plädiert er für eine starke Erfolgsorientierung der Entlohnung (Tantiemen), man könnte sagen, für ein weitreichendes Verschieben der Marktgrenzen in das Individuum:

> „Diese Dinge sind natürlich unwichtig, wenn die Tantiemen verhältnismäßig niedrig sind, aber sie bekommen Bedeutung, wenn sie hoch sind, insbesondere, wenn sie die festen Bezüge der Abteilungsleiter überschreiten. Bei pretialer Betriebslenkung, die darauf ausgeht, in den Abteilungsleitern den Unternehmersinn zu züchten, muss die Abteilungstantieme relativ hoch sein, etwa in der Art, dass das feste Gehalt dem Gehalt eines gewöhnlichen Angestellten entspricht und die Tantieme bei guter Konjunktur ein Vielfaches des Gehalts ausmacht. Eine derar-

> tige Regelung ist vorteilhaft schon deshalb, weil eine Beamtennatur sich damit nie befreunden kann. Ein richtiger Beamter will auch in schlechten Jahren von seinem Gehalt leben können und seine Ersparnisse nicht angreifen. Das ist ihm wichtiger als in guten Konjunkturen eine hohe Tantieme zu erhalten. Mit einer Regelung, wie sie oben erwähnt wurde, ist nur derjenige Angestellte einverstanden, in dem ein Stück Unternehmersinn steckt. Auf diese Weise wird schon bei der Anstellung von Abteilungsleitern eine nützliche Auswahl getroffen.“ (Schmalenbach 1948: 14)

Hier schimmert bereits eine Perspektive durch, die später in der Internal Markets- sowie in der Intrapreneur-Debatte geradezu konstitutiv wird: Die Angleichung von Einkommen wird als Problem identifiziert, der man geradezu programmatisch eine höhere Einkommensungleichheit entgegenstellt: „Do differences in income exist? Wage inequalities can motivate good performance and they urge poor workers to shape up.“ (Halal 1994a: 79)

Wie dieser Prozess der Verschiebung der Marktgrenzen in das Unternehmen und in die einzelnen Beschäftigten hinein konkret vonstatten geht und wie weitreichend er ist, hängt ceteris paribus von den erwähnten machtpolitischen Auseinandersetzungen ab. Im Fall eines untersuchten Motorenherstellers wehrt sich der Betriebsrat gegen diesen Prozess und besteht auf fixe Entgelte. Eine Interviewaussage des bereits zitierten Geschäftsführers eines ostdeutschen metallverarbeitenden Unternehmens spiegelt genau diesen Schwebezustand wider. Er bemängelt zunächst das fehlende „unternehmerische Denken“ der Belegschaft:

> „Viele kennen eigentlich nicht, wie draußen die Welt tickt, industriell. Und das ist so ein kleines Manko, denn die Leute sind so ein bisschen, ich will nicht sagen verwöhnt, aber es ist wie betreutes Wohnen.“

Im Folgenden schwenkt er auf das Thema einer stärker an Leistung orientierten Bezahlung zur Weckung des „Unternehmerdenkens“:

> „Alle haben ganz normal ihr Gehalt. Ich sag mal, der Gewinn, der hier gemacht wird, geht hier in ein dreizehntes versus vierzehntes Monatsgehalt ein, aber dafür haben wir kein Urlaubs- und kein Weihnachtsgeld. So, das unschöne aus meiner Sicht ist hier, dass das dreizehnte und vierzehnte nach dem Gießkannenprinzip läuft. Na gut, wenn ich es im Vergleich sehe zum Weihnachts- und Urlaubsgeld, dann habe ich dafür Verständnis, aber sie schaffen es damit nicht jemanden zu motivieren. Weil hier das dreizehnte seit sechs Jahren permanent, immer voll bezahlt. Eigentlich rechnet jeder damit und wenn Sie jetzt kommen und sagen, dass das eigentlich eine Motivationsvariante oder ein Werkzeug zur Motivation ist, dann muss ich Ihnen sagen: ‚Das ist es sicher nicht!‘ Mir wäre es viel lieber, wenn man es rausnehmen könnte und anders gestalten könnte. Von mir aus das dreizehnte komplett auszahlen, aber alles was da im vierzehnten zusammenkommt in einen Topf geben und das dann motivationstechnisch mit den Kosten-

> stellenleitern zu verteilen. Aber dann muss man wirklich sagen: ‚Der hat einen guten Job gemacht, also los!‘ Oder projektbezogen, wir machen jetzt unwahrscheinlich viele Projekte um jetzt zu sagen: ‚Okay, Sie sind jetzt verantwortlich, Sie ziehen das durch!‘ Das können auch nur ganz kleine Projekte sein, wenn es dann fertig ist und gut gelaufen ist, dann gibt es mal einen Hunderter. Das ist aber gerade im Entstehen.“

Ob dieser Vorgang tatsächlich im Entstehen ist oder gerade verhindert werden kann, sieht aus der Perspektive des Betriebsrats natürlich genau andersherum aus.

Letztlich spiegeln alle Erwägungen über angemessene Entlohnungsformen von Intrapreneuren nur die bereits dargestellten eher unsicheren Überlegungen zu deren Motivlagen wider. Schumpeters Ausspruch, der Unternehmer schaffe rastlos, weil er nicht anders könne und er lebe nicht dazu, um sich des Erworbenen genießend zu erfreuen, bietet daher eine Logik an, die sich im Kontext des marktförmigen Äquivalenztauschprinzips als sperrig unzeitgemäß erweist. Nach Carrier (1996: 12) streben Intrapreneure durchaus die klassischen materiellen Ziele an: Beförderung, Zugang zu Kapitalanteilen, Innovationsboni, „höheres Einkommen als anderswo“ oder eben die Möglichkeit steigenden Einkommens. Duncan (1988: 19) hingegen vermutet ganz in Schumpeterscher Manier, das sie Aufstieg nicht interessiere:

> „Intrapreneurs rarely have the interest or temperaments required for line and staff management positions. (...) Intrapreneurs need freedom to create, not more responsibility in managing old ideas.“

Und Shays (1984: 20) weist schließlich darauf hin, dass es auch unternehmensinterne Schranken für eine außergewöhnliche Entlohnung(sform) innerbetrieblicher Innovatoren gibt:

> „Most large companies don’t like to see innovators earn amounts substantially more than salaried managers, even if the innovators are directly responsible for substantial incremental revenues.“

Ein monetäres Anreizsystem, das sich auf externen Märkten eo ipso einstellt, muss innerorganisatorisch daher erst simuliert werden und stellt einen Spielball für mikropolitische Auseinandersetzungen dar, in denen sich die unterschiedlichen Machtpositionen spiegeln. Allerdings ist bislang kaum erkennbar, dass mit der Verschiebung von Marktgrenzen und damit von Risiken auch ein entsprechender Wandel bei der Prämiendistribution einhergeht. So selten sich bislang problematisches Managementhandeln in entsprechende Gehaltskürzungen umsetzt, so wenig haben sich bislang auf der anderen Seite ertragsabhängige Gratifikationen (jenseits von Aktienoptionsprogrammen) durchgesetzt (vgl. Priewe 2001: 119). Während Vorstände und Manager aufgrund ihrer Aktienoptionsplänen sogar bei einem deutlichen Wertverfall des Unternehmens einen windfall profit verbuchen können (siehe Kritik der Corporate Governance Kommission), müssen Intrapreneure aufgrund ihrer schwächeren und weniger abgesicherten Machtposition eher damit rechnen, für Verluste oder gescheiterte Projekte auch dann verantwortlich gemacht zu werden, wenn die Ursachen in unbeeinflussbarer und ungünstiger Marktentwicklung oder ähnlichem zu suchen sind.[11]

Diese machtbasierte Inszenierung eines unternehmensinternen Marktes ist es dann auch, die das Heikle am dritten „Gebot für Intrapreneure" ausmacht: „It's easier to ask for forgiveness than permission" (vgl. auch Pinchot 1988: 43). Es handelt sich um das Postulat, besser ohne großes Aufheben Innovationen einzuleiten und Eigeninitiative zu zeigen, statt auf hierarchische Anweisungen zu warten. Dies scheint eine sehr auf den Erfolgsfall abhebende Argumentation zu sein. Der Intrapreneur macht sich klar vom Wohlwollen seiner „Vorgesetzten" abhängig, wenn er allgemeinen Vorschlägen wie diesen folgt: „The corporation and the intrapreneur must look at the contract more as a moral than a legal commitment. Intrapreneuring is founded on confidence and trust" (Duncan et al. 1988: 20). Eher scheint es für den Intrapreneur schon aufgrund des Grundproblems der unklaren Erfolgschancen eines jeden Projekts internen Unternehmertums ratsam, sich frühzeitig für den Fall des Scheiterns innerhalb der Organisation abzusichern – am besten, indem er die Spielregeln des mikropolitischen Spiels mitbestimmt. Denn je präziser der Status von Unternehmern im Unternehmen definiert ist, umso weniger Ressourcen müssen sie auf die Schaffung von innerbetrieblicher Legitimität[12] verwenden. Die Legitimierung von besonderen Freiräumen durch das Management kann den Intrapreneur entlasten und ihn vor unerwarteten Managementreaktionen im Falle seines Scheiterns schützen, wie dies auch von der Literatur konzediert wird:

> „Top-Management with its pious pronouncements and protestations encouraging risk taking, even if it fails, sometimes has the unfortunate propensity of blackballing those who do try and do fail." (Prasad 1993: 38)

Kein Zweifel. Im Erfolgsfall seines Projektes oder im Fall großer „Nachfrage" nach Intrapreneuren verbessert sich die Machtstellung des Intrapreneurs entsprechend. Es liegt jedoch der begründete Verdacht nahe, dass im Falle der Verschlechterung der ökonomischen Rahmenbedingungen ein schneller Wandel eintritt (am Beispiel der Wissenarbeiter/innen vgl. Kap. 6).

---

11 Hier mag es Gegenbeispiele geben, insbesondere wenn aufgrund von besonderen Bedingungen andere Machtressourcen vorhanden sind. Die Spielregeln der Entlohnung sind aber auch hier nichts anderes als ein Ausdruck geronnener Machtauseinandersetzungen.

12 Legitimationsprobleme dieser Art treten nicht nur beim Intrapreneurship auf. Auch in anderen Unternehmensbereichen sind sie bekannt, beispielsweise im Verhältnis von Projekt- zur Linienarbeit.

Anders als der klassische Entrepreneur ist der Intrapreneur – hat er sich einmal in seinen „Marktbeziehungen“ festgelegt – in seinen Exit-Möglichkeiten deutlich beschränkt. Es gibt nur einen Nachfrager für sein Angebot, was ihn stark von dessen Wohlwollen abhängig macht:

> „The marketplace for ideas is a monopoly – there's only one buyer. There's only one place to pitch a new idea-up the chain of command – and all it takes is one *nyet* to kill that idea.“ (Hamel 1999: 77)

Dies stellt sich für Innovatoren auf externen Märkten anders dar: „The hope is that if one says no, another will say yes“ (ebd.: 77). Der Verzicht auf die formale Wahlfreiheit (als zentralem Bestandteil von Marktkonzepten) stellt daher vor allem für den Intrapreneur eine erhebliche Erhöhung seines Risikos dar: er ist auf Gedeih und Verderb an die Organisation gebunden. Befindet sich ein Intrapreneur mit seinem intellektuellen und finanziellen Engagement gar in einer Pfadabhängigkeit, so kann diese Abhängigkeit auch als Zwangsverhältnis gedeutet werden, dass gewiss *nicht* den Prämissen einer Freiheit versprechenden Marktidee gerecht wird, und nicht einmal die für eine einfache Marktbeziehung konstitutiven Vorbedingungen des Äquivalenztauschs erfüllt:

> „In a market relationship, transaction takes place between the two parties and is mediated by a price mechanism in which the existence of a competitive market reassures both parties that the terms of exchange are equitable.“ (Ouchi 1980: 130)

Intrapreneure zwischen Macht und Markt

Oben wurde dargelegt, dass es sich innerhalb von Unternehmen meist nur um scheinbare, inszenierte Märkte handelt. Erfahrungsgemäß lässt sich das gleiche auch für das Intrapreneurship behaupten. Ein Grund dafür ist in der Sorge des Managements oder der Eigentümer zu vermuten, die den neuen Akteur vollständig durch die üblichen Kontrollraster fallen sehen. Denn aus der Perspektive des Intrapreneurs werden diese beinahe zu Externen/Outsidern im Verhältnis zu deren Projekten. Die Kontrolle interner durch externe Akteure erweist sich aber auch in anderen Kontexten oftmals nur als Schimäre (vgl. die Überlegungen zur Kontrolle von Managern durch externe Akteure wie Fonds in Dörre/Brinkmann 2005). Die Konstruktion von Intrapreneur-Insidern folgt der gleichen, für die Kontrolleure schweißtreibenden Logik, denn „due to information asymmetries the intrapreneur knows typically more about the potential of the venture than the relevant resource allocators“ (Czernich 2003: 2). Es ist daher zu beobachten, dass sich hierarchische und marktförmige Kontrollmodi chronologisch oft nicht ablösen, sondern vielfach nebeneinander wirken. Dies macht aus Managementperspektive durchaus Sinn, da nur jene Machtressourcen, die sich aus hierarchischer Vermittlung speisen, weiterhin einen unvermittelten Zugriff auf die Beschäftigten gewährleisten und damit das mit der Verschiebung der Marktgrenzen aufscheinende „control dilemma“ (Tullius 2001) bearbeitbar machen.

Daher ist genau nachzuforschen, ob der behauptete Kontrollgewinn für die Beschäftigten[13] und die Abgabe von Macht durch das Management[14] in der Restrukturierung im Einzelfall tatsächlich auch empirisch auffindbar ist. Mit Blick auf die Grenzen der Verwirklichung neuer Teilhabeversprechen ist dies oben bereits bezweifelt worden. Ein Ansatzpunkt zur Erklärung liegt sicherlich in der vorgetragenen Modellvorstellung des „Marktes“. Das Verschwinden der klassischen Machtpyramide wird dabei zu sehr mit dem Verschwinden von Macht gleichgesetzt.

> „From this view, the organization is no longer a pyramid of power but a web of changing business relationships held together by clusters of internal enterprise – as in any market.“ (Halal 1996: 37)

Märkte repräsentieren aber wie dargelegt mehr als ein ahistorisches Medium zur Preisfindung und einen Ort des Warenaustauschs, sie sind vielmehr politisch geschaffen, kulturell eingebettet und institutionell abgesichert.

Möchte man daher Halals obigem Zitat entgegenhalten: „as in any market“ gibt es neben den „rationalen“ Tauschlogiken immer auch andere Vermachtungstendenzen – unter anderem die Macht des Managements oder der Eigentümer, den Markt und seine Spielregeln mit marktexternen Machtressourcen zu formen. Dazu gehört auch, dass parallel zur Inszenierung des internen Marktes eine Hierarchie weiter besteht. Eine Reihe der Vertreter der Intrapreneur-Konzeption abstrahiert folglich zu stark von den Eigeninteressen der beteiligten organisationalen Akteure. Nicht alle Manager/innen sind mit dem Rollenwechsel „from boss to mentor“ (Shays/de Chambeau 1984: 20) einverstanden, nicht alle denken tatsächlich an den für die Organisation besten Mix aus Kontrolle und Freiheit, den Halal (1999) anmahnt: „Wise executives will try varying degrees of control and freedom to find that mix that best suits their organizations“. Gegen die Mystifizierung der neuen Freiheiten ließe sich ein ironisches Zitat einwenden, das Ortmann (1988: 220) in einem anderen Zusammenhang mit Blick auf die Persistenz innerorganisatorischer Machtverhältnisse geprägt hat: „Andererseits fließt das Wasser eben doch bergab“.

Eine weitere Kritik sei an dieser Stelle eingeflochten: So wenig der Markt ein machtfreies Konstrukt darstellt, so wenig ist ebenfalls davon auszugehen, dass in einem internen Markt, in dem sich die Intrapreneure bewegen, die Entscheidungen ausschließlich anhand von Marktindikatoren getroffen werden. Interne Märkte beschreiben auch weiterhin nur einen Teil aller organisationalen

---

13 „This power shift comprises a peaceful revolution.“ (Halal 1998: 13)

14 „CEOs may give up much of their formal authority in a market system.“ (Halal 1996: 41)

Interaktionen und entgegen den Verlautbarungen stellen „rationale Marktkriterien“ oft nicht die zentralen Beweggründe für ökonomisches Handeln dar. Poppo (1995: 1847) referiert dazu ihre Ergebnisse: „Suppliers choose not to trade in the internal market to avoid contentious haggling over profits or unfair trades“. Ganz neu ist diese Erkenntnis nicht: Schon Eccles/White (1988) hatten darauf hingewiesen, dass es keinesfalls nur der Preis ist, der die Rationalität von Entscheidungen beeinflusst – selbst wenn Interaktionen über den Markt abgewickelt werden. Am Beispiel von Profit-Centern legten sie dar, dass man sich für teurere Anbieter entschied, um interne Transaktionen zu vermeiden. Dass die Selektionskriterien von Transaktionspartnern auch für Intrapreneure relevant werden können, wird im Folgenden dargelegt.

Konkurrenz oder Kooperation?

Auch klassisch hierarchisch aufgebaute Unternehmen waren natürlich zu keiner Zeit frei von innerorganisatorischen Konkurrenzbeziehungen. Allerdings stellten diese nicht das strukturierende Grundprinzip dar. Das ändert sich nun im Prozess der fortschreitenden Verschiebung der Marktgrenzen in die Organisation hinein. Anschaulich manifestieren sich dieser Übergang und die daraus resultierende Unsicherheit am Beispiel des Rollenvorbilds Intrapreneur. Einerseits legt das bereits angeführte Vertrauensargument nahe, dass bei betrieblichen Austauschbeziehungen auch marktförmiger Art ein hohes Vertrauensniveau bessere Voraussetzungen für Mehrperioden-Transaktionen mit sich bringt (Brinkmann/Meifert 2003). Auch Intrapreneure sind auf hochkooperative Formen betrieblichen Handelns angewiesen – sind sie es doch, die aufgrund ihrer Innovationsfähigkeit jene „neuen Kombinationen“ zwischen unterschiedlichen betrieblichen Einheiten erst herstellen müssen:

> „Intrapreneurs also use social capital to build support for their projects and gain legitimacy within the organization. This social capital is usually embedded in trust.“ (Zahra et al. 1999: 183)

Der Ruf nach dem „Teamworker“ (Reitz 1998) im Intrapreneur, der aufgrund seiner Innovationskraft die traditionellen innerbetrieblichen Grenzen überschreitet („Grenzüberschreitungen leicht gemacht“, vgl. Pinchot 1988: 276ff.), ist daher nachvollziehbar, er kontrastiert aber sehr deutlich mit der Programmatik des Unternehmertums nach Schumpeter:

> „Egoistisch gefärbt – auch in der Bedeutung von ‚gesteigertem Egoismus‘, Rücksichtslosigkeit – sind zwar seine Motive ganz besonders: Ist er doch ganz besonders traditions- und beziehungslos, der wahre Hebel der Durchbrechung aller Bindungen, und dem System der überindividuellen Werte (...) ganz besonders fremd.“ (Schumpeter 1997 [1911]: 134)

Diese „Fähigkeit zum Alleingehen“ (ebd., : 130) ist es, auf welche die Befürworter der internen Unternehmerschaft ebenfalls abheben. Sie betonen die spezifischen Grundhaltungen des „Einzelkämpfers“ (Pinchot), der in der Kooperationsbeziehung nicht gut aufgehoben zu sein scheint. Wie anders sollte man die jene Intrapreneurship-Gebote verstehen, die von Pinchot aufgestellt werden:

> „(2) Umgehe alle Anordnungen, die Deinen Traum stoppen können. (3) Mach alles, was zur Realisierung Deines Ziels erforderlich ist – unabhängig davon, wie Deine eigentliche Aufgabenbeschreibung aussieht. (6) Arbeite solange es geht im Untergrund – eine zu frühe Publizität könnte das Immunsystem des Unternehmens mobilisieren.“ (Pinchot 1988: 282f.)

Wer diesen Maximen getreu handelt, vermutet – wahrscheinlich nicht ganz zu Unrecht – an jeder Stelle Obstruktionen für die eigene Idee. Andererseits ist aber aus der Vertrauenstheorie bekannt, dass stark opportunismusverdächtig Handeln – und um nichts anderes handelt es sich im vorliegenden Fall – schnell zur Erosion von Vertrauens- und Kooperationsbeziehungen beiträgt.[15]

Letztlich stellt das angepriesene Arbeiten im „Untergrund“ eine spezifische Variante des Schutzes innerhalb labiler Transaktionsbeziehungen dar. Intrapreneurship treibt das bei Konkurrenzbeziehungen ohnehin existierende Problem einer möglichen Vernachlässigung der Kooperationsaspekte noch einen Schritt weiter, denn Unternehmer im Unternehmen produzieren jene angesprochenen dargelegten Informationsasymmetrien beinahe zwangsläufig, wenn ihnen eine hohe Verantwortung für die eingesetzten Ressourcen auferlegt wird. Schon aus der Prinzipal-Agent-Theorie ist bekannt, dass Informationsasymmetrien dazu führen können, dass die Marktteilnehmer ihren Nutzen bzw. Schaden falsch einschätzen oder im umgekehrten Fall derartige Ungleichgewichte zur Benachteiligung der Verhandlungspartner ausnutzen.

Mit Blick auf die Gefahr für das notwendige Vertrauen taucht also Akerlofs (1970) „lemons“-Problem auch hier in variierter Form wieder auf: Der Aufbau von transaktionskostenminimierendem Vertrauen ist in Konkurrenzstrukturen nicht unkompliziert. Mit den Kosten für Informationsbeschaffung, Kontrolle, signalling und screening erscheinen neue Posten, die mit North (1992) zweifeln lassen, ob auch hier eine favorisierte Marktlösung tatsächlich einen Effizienzgewinn darstellt und nicht womöglich die Transaktionskosten im Saldo erhöht.

Besonders brisant wird diese Konstellation, wenn man sich vergegenwärtigt, dass sich die Intrapreneure in spe mit der dargestellten Haltung das Schmieden von Koalitionen nahezu selbst verbauen müssen: In Richtung auf ein Ma-

15 Damit soll nicht behauptet werden, dass Vertrauen und Intrapreneurship sich grundsätzlich ausschließen, der Übergang von eigennützigem zu opportunistischem Verhalten stellt in dieser Frage den heiklen Punkt dar (Brinkmann 2001).

nagement, das aufgrund der Unsicherheit der Projekte und der schwachen Kontrollmöglichkeiten von Intrapreneurship womöglich skeptisch ist und gleichzeitig erfahren muss, dass die den Intrapreneuren zugebilligten Freiheiten gepaart mit deren Unwillen, sich als Angestellte unterzuordnen, seine eigene Machtposition gefährdet. Aus der empirischen Forschung kennt man genügend Fälle (zum Beispiel im Kontext der Einführung von lean production, vgl. Dörre 2002b), in denen ein argwöhnisches Management weit machtvollere Konstellationen scheitern ließ als das Projekt eines Intrapreneurs. Deren Widerstand gegen hierarchische Unterordnung war denn auch einer der ersten geäußerten Zweifel in der Debatte zum internen Unternehmertum:

> „This reaction to authority is the very style of entrepreneurship and makes this person a weak link in the chain of command in the corporate hierarchy of authority.“ (Ross 1987: 25)

Aber auch in Richtung ihrer beschäftigten Kolleg/inn/en machen sich Intrapreneure eher unbeliebt: sie durchbrechen als schöpferische Zerstörer den „Automatismus eines ausbalancierten Kreislaufs“ (Schumpeter 1997 [1911]: 112) und stellen (a) eine Bedrohung für positionale und funktionale „Erbhöfe“ dar, wenn sie beispielsweise selbst, wie in der Theorie gefordert, eigene Marktforschung betreiben, oder wenn sie (b) knappe Ressourcen in direkter Konkurrenz zu anderen Beschäftigten beanspruchen. So rät Pinchot auf seiner Homepage[16] dem Management, den Intrapreneuren zu vertrauen und ihnen alle Unterstützung materieller und personeller Art zu geben, nach der sie verlangen: „Since resources are not infinite, managers may have to take these things away from other people who are not intrapreneurs.“

Um ihrer Isolation oder gar einem Boykott durch andere Beschäftigte zu entgehen, dürften Intrapreneure in dieser Lage einen nicht geringen Teil ihrer Zeit und Ressourcen in komplizierte innerbetriebliche Austauschprozesse investieren (Prasad 1993), zumal mit einem wechselseitigen Aufschaukeln zu rechnen ist, denn je drastischer die Innovation ist, um so mehr mikropolitische Anstrengungen werden nötig sein, um innerbetrieblich Legitimation, Ressourcenfluss und Kooperation abzusichern.

Zweierlei Geschwindigkeiten: Intrapreneure im Shareholder-Value-Kapitalismus

Deutliche Dysfunktionalitäten des Konzepts internen Unternehmertums treten schließlich zu Tage, wenn man es vor dem Hintergrund der diskutierten Shareholder-Orientierung diskutiert.

---

16 http://www.intrapreneur.com/MainPages/History/InnovThruIntra.html (03.04.2006, 18.30)

Oben wurde dargelegt, dass ein Vorteil interner Märkte für das Management in der Vereinfachung der Kontrolle durch eine Outputorientierung gesehen wird, bei der den internen Einheiten möglichst klare Kostenkalküle unterlegt sind. Genau dieser Vorteil geht beim Intrapreneuring verloren, da hier der Output, also das Ergebnis des offenen Prozesses der schöpferischen Zerstörung notwendigerweise ungewiss ist – die fehlende Planbarkeit von Innovation ist ja zentraler Ausgangspunkt des Ansatzes. Und Investitionen von Intrapreneuren unterscheiden sich von „normalen“ Investitionsvorhaben eben darin, dass sie keine Verlängerung alter Wege darstellen (Czernich 2003).

Halals (1994a: 79) bereits angesprochener Hinweis („Are some units suffering losses? A market would let them fail because they do not produce value“.) ist also höchst voraussetzungsvoll und die Zweifel über die tatsächliche Möglichkeit, das „value adding“ eines Profit-Centers oder die Kosten von Dezentralisierung präzise zu bemessen, begleiten die Debatte von Anfang an (z.B. Eccles/White 1988). Aufgrund des ungewissen Beitrags zur Wertsteigerung des Unternehmens und seiner hohen Ambiguität (man denke nur an den vieldeutigen und unklaren Start eines solchen Projekts) scheint Intrapreneurship also durchaus ein Fremdkörper im Shareholder-Denken zu sein.

Anders herum betrachtet, stellt vor allem die Kurzfrist-Orientierung des Shareholder-Ansatzes einen grundlegenden Widerspruch zum Intrapreneurship dar, da es sich bei der Entwicklung eines neuen Produkts, einer neuen Technologie oder eines neuen Marktes stets um ein mittel- oder langfristiges Projekt handelt, dessen Investitionen sich in einem entsprechenden Zeitraum erst auszahlen können (sofern sie es überhaupt tun): In einigen Bereichen kann es mehrere Jahre dauern, bis eine Innovation im Produktlebenszyklus kostendeckend vermarktet werden kann.

Die Kurzfristorientierung dürfte nun bei risikobewussten Intrapreneuren zu anderen Ergebnissen führen als bei Angestellten/Arbeitern; sie sind aufgrund der persönlichen Verantwortung und/oder Beteiligung besonders anfällig für einen drohenden Ressourcenentzug, oder in der blumigen Sprache der Berater: „Nervöses Geld mach die Innovationen teuer und ineffizient. Es führt dazu, dass das Intraprise keine guten Leistungen hervorbringt und schließlich zum Scheitern verurteilt ist“ (Pinchot 1988: 270; vgl. auch Dörre 2002b: Teil 4: 2.2). Auch in einer damit verbundenen Perspektive stellen die Geschwindigkeit des Shareholder-Kapitalismus und die Abhängigkeit der Intrapreneure von externen Entscheidungen ein riskantes Umfeld für internes Unternehmertum dar: die hohe Frequenz von Stellenwechseln im Managementbereich. Der Verlust eines Befürworters kann für das Projekt schnell das Aus bedeuten, nachhaltiges Arbeiten ist damit in Frage gestellt. „Allzu oft verlässt ein Manager, der das Intrapreneuring fördert, die Intrapreneure schon, bevor die Arbeit Früchte trägt“, stellt Pinchot (1988: 272) fest. Seit der Veröffentlichung seines Buches dürfte sich diese

Facette des Problems deutlich verschärft haben – sein Plädoyer für „langfristiges Denken“ (ebd.) wirkt daher aus heutiger Sicht eher hilflos. Dazu kommt ein ungünstiger Zusammenhang: je größer Unternehmen und je stärker sie vom Kapitalmarkt abhängig sind, um so eher sind sie einer shareholder-Orientierung und den Imperativen der Finanzialisierung ausgesetzt, die für das Gesetz der Kurzfristigkeit stehen. Ausgerechnet jene Unternehmen also, die aufgrund ihrer bürokratischen Strukturelemente insbesondere auf die Belebung durch Intrapreneure setzen, bieten oftmals denkbar schlechte Voraussetzungen für deren Wirken.

C. Eine Gesellschaft aus Intrapreneuren?

Rekapituliert man nochmals die Entstehungsgeschichte des Ansatzes interner Märkte und Unternehmer, so fällt auf, dass ein zentraler Anschub aus einer Argumentationsfigur erwachsen ist, bei der ein gesellschaftlicher Vorgang (Perestroika) auf die Organisationsebene übertragen wurde:

> „Markets can be chaotic, but they are spreading around the globe because they excel over the other alternative – central planning – whether in communist governments or capitalist corporations. *In both nations and organizations, planned economies are too cumbersome to cope with a complex new era, while free enterprise – either internal or external – offers an economic philosophy able to produce adaptive change rapidly and efficiently.*“ (Halal 1996: 34, Herv.i.O.)

In umgekehrter Richtung entwickeln einige der Autoren auch eine gesellschaftliche „Utopie“ aus der Organisationsebene heraus. Dazu abschließend noch einmal ein Blick auf Halals und Pinchots Texte.

Nachdem das Markt-Argument zunächst eher in defensiver Manier gebraucht wurde, änderte sich dies zu Beginn der 1990er Jahre, denn „this is the philosophical foundation that gave birth to the United States and that has been bringing down dictatorship after dictatorship in recent years“ (Halal 1997: 18). Aus einer simplen Restrukturierungsidee, mit der ökonomische Einheiten auf mehr Innovation und Effizienz getrimmt werden sollen, erwächst im zeitlichen Verlauf ein gesellschaftliches Wunschbild. Voraussetzung dieser Rückübertragung ist zunächst eine Gleichsetzung von Gesellschaft und Organisation: „It is useful to compare organizational economies with national economies because the same principle applies“ (Halal 1994a: 78).

Auch bei Pinchot (1988: 365) avancieren die Intrapreneure von Trägern einer organisationalen Perestroika zu Hoffnungsträgern der Gesellschaft. Allerdings ist das Springen zwischen den Ebenen bei ihm erst schwach angedeutet:

> „Auf einer sehr viel kleineren Ebene werde die Unternehmen ebenfalls mit all diesen Fragen konfrontiert. Bisher waren sie so organisiert, dass sie sie mit der Struktur eines sozialistischen Staates lösen wollten. Das Unternehmen besitzt die Produktionsmittel und kümmert sich um seine Mitarbeiter.“

Dann folgt eine eher zaghafte Übertragung auf die Gesellschaft, an der sich gleichwohl eine generalisierende Grundkonzeption erkennen lässt:

> „Die Tätigkeit des Intrapreneurs ist nicht nur eine Methode, das Niveau der Innovation und Produktivität von Organisationen zu erhöhen, obgleich das natürlich auch der Fall ist. Wichtiger ist, dass es sich hierum eine Möglichkeit handelt, Großunternehmen so zu organisieren, dass der einzelne wieder voller Freude seinen Beitrag zum Leben der Gesellschaft leisten kann." (Ebd.).

Halal hat in seinen jüngeren Veröffentlichungen diese Grundidee weiterentwickelt: „While the ‚80s focused on the need to free economies from government control, now the crucial need is to redefine the role of business vis-à-vis society" (2002: 272). Heute bewirbt er das marktzentrierte, „Freiheit stiftende" und daher „democratic enterprise" mit seinen Intrapreneuren als Folie für die gesamte Gesellschaft:

> „If corporations further develop this quasi-democratic form of governance, business could be transformed into an institution designed to serve both capital and society." (Halal/Taylor 2002: 270)

Diese Aufwertung unternehmerischer Freiheit als gesellschaftliches Konstitutionsprinzip und seine Verwechslung mit Demokratie ist gewissermaßen ein direktes Resultat der Fehleinschätzung marktförmiger Assoziierung und einer fatalen Unterbewertung vieler nicht-marktförmiger Vergesellschaftungsfaktoren. Dieses Argument wird weiter unten nochmals aufgegriffen. An dieser Stelle sei nur darauf hingewiesen, dass für gesellschaftliche Zusammenhänge gewiss kaum förderlicher ist, was sich schon auf der Organisationsebene als dysfunktional erwiesen hat.

Vom fordistischen Normalarbeiter zum Intrapreneur?

Der Unternehmer im Unternehmen als Spezialfall organisationaler Marktgrenzenverschiebung stellt ein in Wissenschaft und Praxis populäres Konzept und Rollen(vor)bild dar. Im Kampf um die Hegemonie von Rollenangeboten treten die Vertreter/innen von Intrapreneurship mit weit reichenden Versprechungen an, entsprechend hoch sind die Erwartungen an die Steigerung von Effizienz, Senkung von Kosten und Verbesserung der Innovationsfähigkeit. Den betroffenen internen Unternehmern wird mehr Gerechtigkeit, eine weitreichendere Selbstverwirklichung, eine weitgehende Selbstbestimmung und organisationale Teilhabe in der „corporate community" des „democratic enterprise" (Halal 1996: Kap. 3) zugesichert.

Leitbilder sind symbolische Konstrukte, und insbesondere die Halbwertszeit von Management-Leitbildern hat sich in den letzten Jahren als nicht sehr hoch erwiesen (Deutschmann 1997: 57). Insofern könnte man auch beim Intrapreneur darauf warten, dass er wieder in der Versenkung verschwindet, zumal wenn man bedenkt, dass seine längerfristige Orientierung deutlich vom Kurzfristdenken des Shareholderansatzes abweicht. Was allerdings für eine vergleichsweise Stabilität spricht, ist seine passgenaue Einbettung in das Konzept der Verschiebung der Marktgrenzen in die Unternehmen. Sollte der Intrapreneur tatsächlich zu einem neuen Rollenvorbild marktzentrierter Unternehmen werden, dürfte das seine Persistenz deutlich verlängern. Dies würde allerdings auch eine gewisse Kompromissfähigkeit voraussetzen (man denke an die geschichtliche Entwicklung des fordistischen Normalarbeiters als früherem Rollenmodell), die am Ende einer langen Machtauseinandersetzung über die Spielregeln internen Unternehmertums stehen könnte.

Mit Blick auf die diskutierten internen Widersprüchlichkeiten und Inkompatibilitäten des Konzepts mit vorhandenen Institutionen scheint ein nachfordistischer Kompromiss mit dem Intrapreneur in dessen Zentrum aber eher unwahrscheinlich. Die Skepsis überwiegt, weil die Demokratie- und Freiheitsversprechen des Ansatzes mit den Fragen nach der Freiwilligkeit von Intrapreneurship und nach seiner betrieblichen Ausgestaltung, also der Verteilung von Anreizen und Risiken stehen und fallen, denn häufig wird mit den Marktgrenzen auch die Risikoverteilung verschoben. Während die Organisationsmitgliedschaft kumulationstheoretisch betrachtet vormals mit weitgehenden Rechten versehen war, reicht die Zone der Prekarität heute weit in die Organisation hinein. Wenn das Konzept daher lediglich der Verschiebung von Risiken und Ergebnisverantwortung auf die unfreiwillig involvierten Beschäftigten dient – und diese Gefahr ist evident – so dürfte ihm keine Zukunft beschieden sein – zumindest stellt sich die Frage nach der Hegemoniefähigkeit eines solchen Konzeptes dann neu.

Die Bezugnahme auf das Unternehmer-Modell bleibt bei Intrapreneur-Konzepten in der Regel widersprüchlich:

a) Oftmals handelt es sich weder um ein freiwilliges unternehmerisches Engagement (schon gar nicht zu den diktierten Bedingungen);
b) der hohen Risiko- und Verantwortungsübertragung (innerhalb der Organisation und auch sich selbst gegenüber), die gelegentlich an diejenige von Führungskräften heranreicht, entsprechen keineswegs die zur Verfügung gestellten Informationen, geschweige denn die eingeräumten Kompetenzen, Befugnisse und Ressourcen;
c) gleiches gilt aller bisherigen Erfahrung nach für die Frage der Entlohnung über Prämiensysteme.

An all diesen Fragen dürfte sich Konfliktpotential entzünden und widerständiges Akteurshandeln entfalten, denn denkt man das Intrapreneurkonzept zu Ende, offenbart sich ein verborgener, subversiver Charakter: seine konzeptionellen Vertreter im Management müssen es sich gefallen lassen, beim Wort genommen zu werden, sprich: Intrapreneuren die notwendige Gestaltungsfreiheit nicht nur verbal, sondern auch de facto zugestehen.[17]

Zu den Problemen des Ansatzes zählen die amorphe Rollendefinition des Hauptakteurs, die ihn mit inkompatiblen und geradezu unlösbaren Rollenanforderungen versieht; das schwierige Verhältnis von Kooperation und Konkurrenz, das das Leitbild – je nach Bedarf – zwischen Einzelkämpfer und Teamworker schwanken lässt und innerorganisatorisch heftige Friktionen nach sich ziehen dürfte. Treibt man diese Überlegung weiter, so mündet sie in die Schwierigkeit ein, ob und wie in einem aus Intrapreneuren bestehenden Sozialzusammenhang langfristig überhaupt Kohäsion und Commitment erzeugt werden kann, oder in anderen Worten: Welches Verhältnis von Inklusion und Exklusion soll angestrebt werden? Ist unter den Bedingungen permanenter Grenzverletzung innerorganisatorisch überhaupt Stabilität zu erlangen? Diese Probleme sind jedenfalls mit einer aufgesetzten Unternehmenskulturinitiative zur Kohäsionsstiftung nicht lösbar, da deren instrumenteller Charakter kaum übersehbar sein dürfte.

Insgesamt legt der Ansatz zudem ein selektives Marktverständnis an den Tag, das die Verstrickung des Intrapreneurs in die betriebliche Mikropolitik und die Relevanz von weiterexistierenden Interessengegensätzen unterbelichtet. Warum sollten Interessenkonflikte, die beispielsweise das Transformationsproblem von Arbeitsvermögen in Arbeitshandeln begründen, nach einer marktzentrierten Reorganisation der Unternehmenssteuerung nicht auf einer neuen Ebene neu entstehen?

---

17 Aus der mikropolitischen Perspektive von BetriebsrätInnen dürfte hier beispielsweise eine Sollbruchstelle des Konzepts liegen.

6. Wissensarbeit, Macht und Subjektivierung von Arbeit

Am Beispiel der Beschäftigtengruppe der „Wissensarbeiter/innen“ lassen sich sowohl die Thematik der Marktgrenzenverschiebung als auch die Entwicklung des Rollenmodells der Intrapreneure prägnant nachzeichnen. Die Debatte um den Aufstieg der „informational economy“ (Castells) und ihrer arbeits- und lebensweltlichen Implikationen erinnerte dabei in den letzten Jahren nicht selten an den Fieberkurvenverlauf der Technologiebörsen: Ihre extremen Ausschlägen verhinderten geradezu einen kritisch-distanzierten Blick auf das Verhältnis von Kontinuität und Wandel. Auch in den Wirtschafts- und Sozialwissenschaften sind die Fragen nach Ausmaß und Intensität dieses Prozesses nach wie vor umstritten und unbeantwortet. Bei der Mehrheit der an der Debatte beteiligten Autor/inn/en besteht zwar ein Konsens darüber, dass das Vordringen von „Wissensarbeit“ ein zentrales Merkmal einer aufziehenden Informationsökonomie ist. Unklar ist aber, ob es sich um einen evolutorischen Wandel der „old economy“, ihrer Institutionen und Arbeitsformen handelt, oder ob die informational economy eine parallelökonomische Entwicklung bzw. einen Bruch mit traditionellem Wirtschaften darstellt.

Vor allem aber: Wer sind auf Seiten der Beschäftigten die Träger/innen dieses Umschwungs? Ein Fingerzeig auf die Börsenentwicklung liegt deshalb noch aus einem anderen Grund nahe, verortete man doch insbesondere in den börsennotierten Unternehmen der Technologiebörse den Typus der neuen Beschäftigten. Genaugenommen gerieten aber schon längst vor dem Aufstieg der New Economy genau jene Beschäftigte stärker ins Blickfeld, die seit Beginn der 1990er Jahre verstärkt als „symbolic agents“, „knowledge workers“ (Reich 1992) oder eben Wissensarbeiter/innen fokussiert wurden.

Vor dem Hintergrund des bislang diskutierten analytischen Instrumentariums stellt dieses Kapitel die Frage, mit welchen Veränderungsprozessen diese Wissensarbeiter/innen in ihrem Arbeitsumfeld konfrontiert sind. Der Fokus der Betrachtungen liegt dabei auch hier auf den Konsequenzen eines Wandels der Kontrollformen, insbesondere einer zunehmenden Marktzentrierung von Organisationen, und damit auch auf der Machtstellung dieser Beschäftigtengruppe. Die These lautet, dass diese spezifische Verschiebung der Marktgrenzen in eine kalte Entmachtung der vormals machtvollen Wissensarbeiter/innen einmündet.

Wissen und Wissensarbeit

Sucht man nach den begriffsgeschichtlichen Ursprüngen des Diskurses über Wissen und Wissensarbeit, so stößt man unter anderem auf die Debatten über die Tertiarisierung der Arbeitswelt. Bell (1973) beispielsweise hat die Triebkräfte des Wandels zur „nachindustriellen Gesellschaft“ in der Ausweitung des Dienstleistungssektors als Folge technologischer Innovation verortet. Wie andere Autoren seiner Zeit hatte auch er durchaus Schwierigkeiten mit einer Quantifizierung und Qualifizierung dieses Wandels.

Vom sektoralen Wandel hat sich der Schwerpunkt des Diskurses in den letzten Jahren stärker zur Frage nach der Bedeutung von Wissen und Information verschoben. „Informationen“ gelten als archimedischer Punkt der „Informationsgesellschaft“ (Deutscher Bundestag 2002), die „Bildungsrevolution“ (Steinbicker 2001) als eine ihrer entscheidenden Triebkräfte. Realökonomisch lässt sich dieser Stellenwert an der Durchdringung aller Branchen mit der Basistechnologie der Informationswirtschaft ablesen: Der IT-Branche und anderen wissenszentrierten Branchen ist der Stellenwert als neue Leitsektoren zugewachsen. Daran hat sich auch seit der Krise der New Economy wenig geändert, denn die informationelle Entwicklungsweise erzielt einen Gutteil ihrer Produktivitätssprünge vor allem aus der Technologie der Wissensproduktion, der Informationsverarbeitung und der symbolischen Kommunikation.

Die Definition des Phänomens der Wissensarbeit hängt von der jeweiligen „Wissens“-Definition ab, dessen Wertschätzung in der aktuellen Literatur bis hin zum Stellenwert eines eigenständigen, vierten Produktionsfaktors geht.[1] Informationen stellen dabei lediglich einen Rohstoff dar, der erst in seiner Bindung an soziale Akteure zu Wissen, also zu einer Quelle ökonomischer Wertschöpfung wird (Willke 1998). Ohne den technologischen Beitrag gering zu schätzen, kann man festhalten, dass die Verarbeitung von Wissen nicht ohne „menschliche Hardware“ vonstatten gehen kann. Für die sozialwissenschaftlichen Verfechter der „Wissensgesellschaft“[2] geht Wissen deshalb über die technologische Einschränkung des Informationsbegriffs weit hinaus; es wird nicht nur als konstitutives Merkmal für die moderne Ökonomie und deren Produk-

1 So beispielsweise: „It is the power of education to command a surplus in excess of what it costs the educated“ (Hodges 2002: 372). Was sich hier offensichtlich an Marxens Kapitalbegriff als Wert heckenden Wert anlehnt (vgl. MEW 24: 82ff.) konstituiert in dieser Perspektive die politische Ökonomie des ausgehenden 20. Jahrhunderts, nämlich „the concept of expertise, whether in the name of ‚intelligence', ‚information', ‚knowledge', ‚education', ‚human capital', ‚intellectual capital', ‚brainpower', ‚management', ‚organization', or ‚professionalism'.“ (Hodges 2002: 375)

2 Zur Kritik der Gegenüberstellung von Industriegesellschaft und Wissensgesellschaft vgl. Hofmann (2001).

tionsprozesse und -beziehungen begriffen, sondern von vielen zum genuinen Organisationsprinzip moderner Gesellschaften erklärt (Stehr 2001).

Den Wissensarbeiter/inne/n als Träger/inne/n dieses Wandels wächst dabei die gesellschaftliche Funktion einer „Elite" (Reich) zu – zentral für die zukünftige Schaffung und Sicherung von Wohlstand und Erfolg einer Volkswirtschaft (aber auch einzelner Unternehmen): „The retention of knowledge workers becomes a critical issue for individuals and firms, if not the larger American society as well" (Lee/Maurer 1997: 271). Diese Rollenzuweisung erinnert entfernt an ähnliche Debatten in den 1960er Jahren (Schelsky, Marcuse, Mannheim, vgl. Stehr 1994); die *ökonomische* Leitbildfunktion der Wissensarbeiter/innen wurde jedoch nie so deutlich herausgestrichen wie in aktuellen Ausführungen. So knüpft beispielsweise Drucker (1999a: 56) an seine frühen Ausführungen zur innerorganisatorischen Verantwortungsdelegation (vgl. oben) an, dass

> „the key to maintaining leadership in the economy and the technology (...) is likely to be the social position of knowledge professionals and social acceptance of their values."

Es erscheint angemessen, die Wissensarbeiter/innen als „Gewinner" (Kraemer/Bittlingmayer 2001) dieses gesellschaftlichen Wandels, insbesondere der wissenszentrierten Umstrukturierung des Arbeitsmarktes (Dostal/Reinberg 1999) zu bezeichnen. Wo immer der makro- und mikroökonomische Übergang von einer „high volume"- zu einer „high value"-Produktion stattfand (Reich), war dieser mit einem Aufstieg der Wissensarbeiter/innen verbunden, der sich sowohl an den Arbeitsmarktdaten als auch an ihrer innerbetrieblichen Stellung ablesen ließ.

Aber wer verbirgt sich hinter der Kategorie „Wissensarbeiter/innen"? Eine strenge Unterscheidung nach spezifischen Branchen, Funktionen oder Positionen erscheint angesichts der Heterogenität dieser Gruppe und ihrer starken Binnensegmentierung kaum sinnvoll (am Fallbeispiel Silicon Valley vgl. dazu Lüthje 2001) – insbesondere wenn man die individuellen Distinktionsprozesse, also Formen der „self-segmentation" (Davenport et al. 2002) bedenkt. Mit den Schwierigkeiten einer präzisen Abgrenzung der Kategorie waren schon frühe Autoren wie Machlup oder Bell konfrontiert; in der Regel legten sie eine weite Definition zugrunde, die alle Berufe einschloss, die mit der Herstellung und Vermittlung von Wissen zu tun haben und die sowohl im Produktions- als auch im Dienstleistungssektor zu finden sind (zur Kritik diesbezüglicher definitorischer Unklarheiten vgl. Collins 1996). Die jeweils gewählte Definition bestimmt dabei auch das empirisch feststellbare Ausmaß dieser Beschäftigtengruppe. Stehr konstatiert in seinem synoptischen Überblick über verschiedene Untersuchungen einen wachsenden Beitrag der „Wissensindustrie" zum Bruttosozialprodukt (Stehr 1994: 383ff.). Bei Reich (1993) finden sich Schätzungen, dass in absehbarer Zeit 20%-40% der Arbeitskräfte der Gruppe der von ihm so bezeichneten „symbolic analysts“ zuzurechnen seien. Bosch (2000: 265) hat für Deutschland errechnet, dass beispielsweise erst ein Fünftel der Beschäftigten unter „posttayloristischen, semiautonomen Bedingungen“ arbeitet, zu dem auch die Wissensarbeiter/innen zu zählen wären. Zahlen der OECD (2001) für die USA besagen, dass es zwar einen Anstieg der „university-educated knowledge workers“ auf einen Anteil von 7,3% aller Arbeitskräfte gibt, dass dieser Anstieg aber seit den 1980er Jahren relativ schwach ausfällt.

Für Reich ist die Gruppe der Knowledge Workers grob mit „Problemlöser“ und „Informationsbroker“ umschrieben. Fragt man, in welchen Funktionen diese Beschäftigtengruppe tätig sind, dann zählen dazu Softwareentwickler ebenso wie Investmentbanker, Unternehmensberater, Architekten oder Filmschaffende und viele andere mehr (Reich 1993: 198). Mit Blick auf die inhaltliche Spezifizierung der Kategorie soll auch in diesem Kapitel eine pragmatisch weite Definition von Wissensarbeit zugrunde gelegt werden. Formale Selbstständigkeit oder eine Führungsposition stellen keine unabdingbaren Kennzeichen von Wissensarbeiter/inne/n dar, eher schon der hohe Bildungsabschluss (Hochschul- und Fachhochschulabschluss), der im Gros der Fälle als Eintrittskarte fungiert. Dabei sind es oftmals nicht nur die fachspezifischen Kenntnisse, die – im Studium vermittelt – nun im Beruf Anwendung finden, sondern auch die Fähigkeit, sich theoretisches und analytisches Wissen anzueignen und in wandelnden Kontexten zur Anwendung zu bringen. Im Untersuchungsfall einer deutschen Großbank fanden wir beispielsweise einen hohen Anteil von Sozial- und Geisteswissenschaftler/inne/n, die damit „fachfremd“ in projektförmiger Arbeitsorganisation mit der Identifizierung und Lösung (dem Brokering) von bankenbezogenen oder technikspezifischen Problemen beschäftigt sind.

Diese Fachfremdheit – aber keinesfalls ausschließlich sie – verweist demnach auf einen zentralen Anspruch an Wissensarbeiter/innen: die Aufforderung, der Zwang geradezu zum permanenten Lernen (Drucker 1999b). Wissen ähnelt darin der Ressource Vertrauen, beide lassen sich nicht nach dem in der ökonomischen Theorie oft unterlegten „scarce resource model“ erfassen. Im Gegenteil: Bei beiden herrscht das Gebot vor, sie nicht sparsam, sondern möglichst umfassend anzuwenden (Hirschman 1984). Wissen und Vertrauen sind Ressourcen, die erst durch ihren Gebrauch zu- und nicht abnehmen. Eine Basisqualifikation von Wissensarbeiter/inne/n besteht demzufolge darin, dass sie zu lernen gelernt haben:

> „Deshalb besteht die formale Erziehung eines angehenden Symbol-Analytikers vor allem aus der Verfeinerung von vier grundlegenden Fertigkeiten: Abstraktion, Systemdenken, Experimentieren und Zusammenarbeit.“ (Reich 1993: 256)

Im Wandel zur informational economy macht sich also ein deutlicher Unterschied zum Übergang der Agrar- in die Industriegesellschaft fest: Während der

Einsatz früherer Landarbeiter/innen in den fordistischen Fabriken zwar mit vielfältigen Repressions- und Zurichtungsmaßnahmen, nicht aber mit einer „Qualifikationsoffensive“ abgestützt wurde, sind es gerade jetzt diese Qualifikationen, die ein Spezifikum bei der Suche nach den Wissensarbeiter/inne/n darstellen.[3]

Wissensarbeit als Idealtypus subjektivierter Arbeit?

Die angesprochene Debatte über die „Subjektivierung von Arbeit“ thematisiert eine Tendenz des vermehrten Rückgriffs auf das Handlungsvermögen lebendiger Subjektivität, also jene an die Subjekte gebundene Kreativität und Innovativität. Diese Umorientierung stellt einen Bruch zu Objektivierungsprozessen der tayloristischen und bürokratischen Idealtypik dar, in denen gerade die Anstrengung zur möglichst weitgehenden Ausschaltung der Subjektivität vorherrschte, sprich: die Organisation der Arbeit war darauf ausgerichtet, eine Unabhängigkeit von den subjektiven Fähigkeiten zu gewährleisten. In Georg Lukács’ (1976 [1923]: 177) Entfremdungskritik liest sich das beispielsweise so:

> „Verfolgt man den Weg, den die Entwicklung des Arbeitsprozesses vom Handwerk über Kooperation, Manufaktur zur Maschinenindustrie zurücklegt, so zeigt sich dabei eine ständig zunehmende Rationalisierung, eine immer stärkere Ausschaltung der qualitativen, menschlich-individuellen Eigenschaften des Arbeiters. (...) Mit der modernen, ‚psychologischen’ Zerlegung des Arbeitsprozesses (Taylor-System) ragt diese rationelle Mechanisierung bis in die ‚Seele’ des Arbeiters hinein: selbst seine psychologischen Eigenschaften werden von seiner Gesamtpersönlichkeit abgetrennt, ihr gegenüber objektiviert, um in rationelle Spezialsysteme eingefügt und hier auf den kalkulatorischen Begriff gebracht werden zu können.“[4]

Diesen Objektivierungsprozessen folgt nun die Rückbesinnung auf jene „qualitativen, menschlich-individuellen Eigenschaften des Arbeiters“, das nachfordistische Produktionsmodell scheint in der Tendenz einen Wandel in der Bewertung von Subjektivität und Individualität mit sich zu bringen (Brinkmann 2002b). Wachsende Ansprüche an die Subjektivität von Beschäftigten wurden dabei zunächst in einzelnen Bereichen und Funktionen diagnostiziert – so beispielsweise

---

3 Damit soll nicht behauptet werden, dass Beschäftigte in tayloristischen Arbeitsverhältnissen sich trotz Standardisierung, Automatisierung und fortgeschrittener Arbeitsteilung nicht auch ein gewisses Maß an Wissen aneignen müssen (vgl. dazu Kusterer 1978).

4 Auch bei Gramsci findet sich eine ähnliche Kritik der Zurichtung der Beschäftigten im Ford-System; er brachte allerdings noch eine besondere Note mit seiner Überlegung ein, dass die damals neuen Formen der gleichförmigen, mechanischen Arbeitsweise eventuell nicht den „dressierten Gorilla“, sondern für das „Gehirn des Arbeiters“ einen „Zustand vollständiger Freiheit“ hervorbringen würden (Gramsci 1991ff.: 533).

bei den Systemregulierern (Schumann et al. 1990), den Projektarbeiter/inne/n (Strauss 1988; Heintel/Krainz 1992) oder eben den Wissensarbeiter/inne/n (Reich 1992) – sie scheinen sich mittlerweile aber zu verallgemeinern.

Eine Rücknahme der Zerlegung von Arbeitsprozessen, die Re-Integration von Planung, Ausführung und Kontrolle findet sich dabei naturgemäß in jenen Tätigkeitsfeldern besonders stark ausgeprägt, die von der Kreativität der Beschäftigten geradezu zehren: Wissensarbeit scheint kaum taylorisierbar und auch nur bedingt routinisierbar zu sein; sie lebt von der Überwindung atomisierten Denkens und Handelns, von assoziativen Sprüngen und den sie voraussetzenden Freiräumen. Dies bedeutet: die klassischen Angestellten zeichneten sich primär durch ihre *Stellung* innerhalb der Organisation aus, die Wissensarbeiter/innen dagegen stärker durch ihre *Tätigkeit*. Ihren diffusen Funktionszuschnitten entsprechen dabei typischerweise fließende Tätigkeitsgrenzen und unklare Dienstleistungsprofile (Berger/Offe 1984).

Tätigkeiten dieser Art setzen nicht nur eine spezifische Motivationsstruktur, sondern auch Kompetenzen besonderer Art voraus: Problemorientierung und Projektinteresse wird bei hochqualifizierten Wissensarbeiter/inne/n ebenso vorausgesetzt wie ein Höchstmaß an sozialer Kompetenz, Kommunikationsbereitschaft und -fähigkeit. Die Verknüpfung von Kreativität und Organisationstalent weckt die Erwartung, dass es ihnen gelingt, ein binnenhierarchisches „Silo"-Denken aufzubrechen – dies verdeutlicht, dass diese Beschäftigtengruppe geradezu prototypisch viele Anforderungen erfüllt, die auch an Intrapreneure gestellt werden. Die eigenverantwortliche Erfüllung dieser und anderer managementähnlicher Funktionen ist schlechterdings nur möglich, wenn ihnen dazu weitgehende Selbstständigkeit eingeräumt wird. Dieser Selbstständigkeit korrespondiert die Unterstellung – auch weiter Teile der Literatur (Drucker 1998; Markus et al. 2000) – von Freiwilligkeit in ihrem beruflichen Engagement.[5]

Es leuchtet ein, dass sich diese Prozesse des Wandels in den Prozessen und Strukturen von Organisationen niederschlagen müssen. Dabei ist es interessant, dass sich in der Literatur kaum systematische Ausarbeitungen über das Management und die Kontrolle von Wissensarbeit in knowledge-intensive companies (Alvesson 2000) finden. In Bezug auf die Organisation von Wissensarbeit halten beispielsweise Davenport et al. (2002: 25) fest:

> „Although companies have experimented with many different approaches in the past couple of decades, we found an astounding lack of knowledge about what actually improves performance."

Dieses Fehlen ist dabei keineswegs auf die wissenschaftliche Literatur beschränkt, die Frage nach sinnvollen Organisationsstrukturen für Wissensarbeit

---

5 Dies gilt natürlich insbesondere für die Freelancer. Zur Freiwilligkeit bei Selbständigen vgl. (Reindl 2000; Bögenhold 2000).

ist in der Managementliteratur ebenfalls unbeantwortet (May et al. 2002). Es ist zu vermuten, dass dies weniger in den ungezählten Spielarten von Wissensarbeit als vielmehr in ihren skizzierten allgemeinen Voraussetzungen begründet ist. Dies führt zu dem Paradox, dass selbst die einschlägigen Veröffentlichungen feststellen, dass die beste Struktur für Wissensarbeit eigentlich „keine Struktur" (Amar 2001) sei, denn nicht zuletzt die individualistische Ausrichtung der Wissensarbeiter/innen verbiete ein „uniform system for encouraging and rewarding creativity". Mehr noch: die Etablierung von derartigen „structured approaches" (Davenport et al. 1996) durch ein ambitioniertes Management laufe Gefahr, bei den Knowledge Workers Widerstand zu evozieren.

Wissensarbeiter/innen als machtvolle Beschäftigte

Der Hinweis auf Widerstandshaltungen von Beschäftigtengruppen muss ein machtbewusstes Management noch nicht beunruhigen. Erst wenn sich Obstruktionspotential mit Macht paart, wird es für die Position des Managements heikel – insbesondere dann, wenn diese Macht hierarchisch kaum einzuhegen ist. Foucault (1979) und Crozier (1964) haben in ihren Studien auf die Dispersion und Allgegenwärtigkeit von Macht aufmerksam gemacht – und mit Blick auf die Wissensarbeiter/innen ist es – wie oben festgestellt – weniger ihre hierarchische Position, die sie zu machtvollen innerbetrieblichen Akteuren gemacht hat. Sie beziehen – bzw. ohne der Argumentation zu weit vorgreifen zu wollen: bezogen – ihre machtvolle Position vielmehr aus der Beherrschung einer Reihe von „Ungewissheitszonen" (Crozier/Friedberg).

„The war for talent"

Beginnend und damit gleichsam als Grundvoraussetzung der Entfaltung innerorganisatorischer Macht ist ihre langjährige exponierte Arbeitsmarktlage zu nennen: die Ware Wissensarbeitskraft stellte ein knappes Gut dar, es herrschten „talent-constraints" vor, wie die McKinsey-Studie „War for Talent" von 1997 (in überarbeiteter Buchform: Michaels et al. 2001) plastisch vorführte. Bei Strafe ihres Untergangs mussten Unternehmen sich auf diesem Arbeitsmarkt ein möglichst großes Stück vom Kuchen der Wissensarbeit abschneiden. Der „Krieg" um die Wissensarbeiter/innen, die „key participants" des „information age" (Lee/Maurer 1997), trieb dabei ganz eigene Blüten im Bereich der Personalrekrutierung (Head-Hunter-Wesen), der Personalbindung (innerbetriebliche Arbeitsgestaltungs-, Anreiz- und Vergütungssysteme) und auch der gewährten Freiheitsspielräume. Gleichzeitig stiegen die Preise für Wissensarbeit zum Teil exorbitant, es entstand ein Anbietermarkt, die betriebliche Verhandlungsmacht der Informationsarbeiter/innen wuchs und auch das Lohn- und Gehaltsgefüge in vielen Unternehmen geriet aus den Fugen. Diese spezifische Konfiguration verdeutlichte im übrigen auch, welch weitgehende betriebliche Sozialleistungen bei entsprechend geringer Arbeitslosigkeit und der proportional wachsenden Wertschätzung der Ware Arbeitskraft finanzier- und realisierbar sein können.[6] Dazu trug die vergleichsweise hohe Abhängigkeit der Unternehmen von ihren Wissensarbeiter/inne/n bei, die in vielen Fällen zu einem regelrechten *lock-in* führte. Man denke dabei nur an die hohen Anbahnungskosten: der vage Funktionszuschnitt der symbolic agents führte letztlich auch dazu, dass die standardisierten Verfahren der Personalauswahl immer weiter in den Hintergrund treten mussten. Die Ent-Taylorisierung der Personalpolitik folgt dabei zwangsläufig der Ent-Taylorisierung der Unternehmen.

Aber nicht nur die direkte Nachfrage nach diesen Qualifikationen auf dem Arbeitsmarkt machte dabei die gute Marktposition der Wissensarbeiter/innen aus. Der hohe Grad ihrer Selbstständigkeit legte bei vielen Manager/inne/n die Befürchtung nahe, ihr Commitment der Organisation gegenüber könnte nur gering ausbildet sein. Man ging – oft nicht zu Unrecht – davon aus, dass für sie die Barrieren zur Gründung eines eigenen Unternehmens sehr niedrig seien. Insbesondere in den Hochzeiten der New Economy lag es daher für nicht wenige Beschäftigte dieses Segments nahe, der abhängigen Beschäftigung die einträglichere Selbstständigkeit des Freelancers vorzuziehen. Für den ursprünglichen Arbeitgeber bedeutete der Exit ein doppeltes Problem: einerseits lief er Gefahr, einen spezifisch eingearbeiteten und qualifizierten Beschäftigten zu verlieren. Andererseits wanderten mit diesem möglicherweise auch die Kenntnis brisanter Unternehmensinterna und schlimmstenfalls auch die Kunden ab, sofern deren Bindung weniger an das Unternehmen als vielmehr an die Person des dort vormals Arbeitenden ausgeprägt war. Ganz ähnliche Befürchtungen galten dem Phänomen der Abwerbung von Wissensarbeiter/inne/n durch ein Kundenunternehmen, mit dem diese ohnehin kooperierten. In beiden Fällen standen Manager/innen dem brain-drain nahezu machtlos gegenüber.

Hohe Portabilität...

Die Logik der Wirkungsmacht dieser Ressource besteht insbesondere in der Gebundenheit des Wissens an seine Träger/innen; bis zu einem gewissen Punkt schwächt sich damit die Abhängigkeit von fremden Produktionsmitteln ab: Wissensarbeiter/innen konnten sich eine Zeit lang nicht mehr „doppelt frei“ wähnen, oder wie es Boisot et al. pointiert, wenn auch etwas überzeichnet festhalten:

6 Im Umgang mit diesem knappen Gut finden sich deshalb auch erstaunliche Parallelen zum Volkseigenen Betrieb (VEB) in der DDR (vgl. Brinkmann 2002).

> „In an ironic twist to Marx's millennial prediction – competence carriers within the firm increasingly own the means of production (i.e. knowledge and knowledge-intensive companies-how)." (Boisot/Griffiths 1999: 674)

Auf diesen Zusammenhang haben nicht nur Manager/innen, sondern auch Analyst/inn/en seit Mitte der 90er Jahre immer öfter verwiesen, denn insbesondere bei Dienstleistungsunternehmen mit einem hohen Anteil an Symbolanalytikern besteht natürlich ein deutliches Risiko (für das Unternehmen und seine Anteilseigner), dass diese mitsamt ihren Produktionsmitteln das Unternehmen verlassen – mit drastischen Auswirkungen auf die Aussagekraft von Unternehmensbilanzen: Denn was geschieht mit der Bewertung der maßgeblichen Aktiva – eben der Wissensarbeiter/innen und ihres Wissens – im Falle beispielsweise eines angestrebten Kaufs von Aktien? Das Management, insbesondere das Personalmanagement stand deshalb vor der Herausforderung, die Bindung seiner hochqualifizierten Beschäftigten an das Unternehmen abzusichern:

> „Die Aufgabe des Managements ist es, die Vermögenswerte des Unternehmens mit Sorgfalt zu bewahren. Doch was bedeutet es, wenn das Wissen des individuellen Wissensarbeiters zum Vermögenswert wird und in einer immer größer werdenden Zahl von Fällen zu dem entscheidenden Vermögenswert einer Institution? Was hat das für Auswirkungen auf die Personalpolitik? Was ist notwendig, um die Wissensarbeiter mit der größten Produktivität für sich gewinnen zu können und diese dann in den eigenen Reihen behalten zu können?" (Drucker 1999c: 210)

Für Drucker liegt die Herausforderung darin, den Wissensarbeiter/inne/n in ihren Werthaltungen entgegenzukommen, „fellow executives" aus vormaligen „subordinates" und „partners" aus früheren „employees" zu machen, kurz: ihnen Anerkennung und *Macht* zuzugestehen. Hier keimt der Verdacht auf, dass es sich bei diesem Macht-Zugeständnis eher um die Absegnung einer vorhandenen Asymmetrie als um ein einsichtsvolles Entgegenkommen handelte. Unabhängig davon: die mögliche Portabilität ihrer „skills" umreißt diese von den Wissensarbeiter/inne/n beherrschte Ungewissheitszone. Prototypisch beschrieb sie der Economist (05.01.2001) auf dem Höhepunkt des New-Economy-Booms am Beispiel der *free* (sic!) *agents:*

> „They are independent. One of the most pervasive business trends of the past decade has been the rise of the ‚free agent', caused both by the breakdown of the social contract between companies and employees, and by the growing share in the workforce of knowledge workers with portable skills. Today's twentysomethings came of age as that social contract was dissolving. They have never expected loyalty from a company, nor have they expected to give it. They define themselves by their skills, not the firm they work for."

Je höher zudem der Spezialisierungsgrad – eine Form der asset specifity – ihrer Tätigkeit, um so geringer ist also die Substituierbarkeit dieser Beschäftigten (insbesondere bei skizzierter Arbeitsmarktlage) und damit das Drohpotential klassischer Sanktionsmechanismen (Kündigung etc.). Für das Management wissensintensiver Betriebe erwächst daraus das Kardinalproblem einer mangelhaften Übersicht und Entwicklungsperspektive des individuellen und organisationalen Wissens (Roos/van Krogh 1992) sowie das Damoklesschwert einer daraus entstehenden Unersetzbarkeit einzelner oder gar ganzer Gruppen von Informationsarbeiter/inne/n (Brown/Woodland 1999).

... und geringe Kontrollierbarkeit: Ein kurzer Exkurs zu Misstrauen, Müßiggang und Machtfragen

Aber nicht nur seine Portabilität, sondern auch die mangelnde Kontrollierbarkeit des Wissens musste einem machtbewussten, tayloristisch geschulten Management schlaflose Nächte bereiten. Schon immer fehlte für den Käufer von Arbeitskraft die garantierte Erfüllung seiner mit dem Kauf verbundenen Vorstellungen (Williamson 1985). Ein genauerer Blick auf das bereits angesprochene Problem der Transformation von Arbeitsvermögen in Arbeitshandeln, das sich bei den Wissensarbeiter/inne/n mit neuer Brisanz stellt, verdeutlicht dies. Schon bei Marx finden sich im Kapital (bei der Untersuchung des englischen Handwerks, MEW 23: 389) Hinweise auf diesen Zusammenhang:

> „Da das Handwerksgeschick die Grundlage der Manufaktur bleibt und der in ihr funktionierende Gesamtmechanismus kein von den Arbeitern selbst unabhängiges objektives Skelett besitzt, ringt das Kapital beständig mit der Insubordination der Arbeiter."

Die zeitgenössische Lösung bestand in einer Perfektionierung der persönlichen Kontrolle durch den Meister oder Vorgesetzten. Heute gilt Taylor vielen als der Urvater der misstrauensbasierten Unternehmensreorganisation. Im Allgemeinen werden seine Motive im Wunsch nach Vermeidung von organisationalen Ineffizienzen aller Art vermutet. Ein Subtext seiner „Grundsätze wissenschaftlicher Betriebsführung" lässt aber auch eine zumindest komplementäre Lesart zu. Taylor war nicht nur ein Tüftler und Bastler, sondern aller zur Schau gestellten Emphase zum Trotz auch ein offenkundiger Misanthrop. Sein Menschenbild, insbesondere seine Sicht der „sich-drückenden" Arbeiter seiner Zeit, scheint ihm ein ebenso wichtiger Antrieb gewesen zu sein. Das Problem der Leistungsbewertung bestand in Taylors Sicht im traditionellen Rückgriff auf kollektive, über die Arbeitsgruppe festgelegte Maßstäbe für die Handarbeit, denn auch im Umbruch zum Fabriksystem mit seinen Akkordsätzen behielt die Arbeitsgruppe zunächst ihre starke Stellung bei der Bewertung der Arbeitsleistung: daraus erwuchs nun ein „gesellschaftliches Grundübel" und ein betriebliches Kontrollproblem:

> „Tatsache ist, daß der Hauptgrund für den großen Prozentsatz Stellenloser in England darin zu suchen ist, daß die englischen Arbeiter mehr als in irgend einem anderen zivilisierten Lande vorsätzlich ihre Produktion niedrig halten, veranlaßt durch den Trugschluß, daß es gegen das Interesse eines jeden sei, sich nach Möglichkeit anzustrengen." (Ebd.: 153f.)

Taylors Empörung über diese Leistungsverweigerung durchzieht weite Teile seines Textes und gründet letztlich in der Vorstellung, dass sich Leistungsmotivation in Arbeit und Lebenswelt in krassem Missverhältnis zu einander befinden:

> „Wenn nun ein amerikanischer Arbeiter sein ‚Baseball' oder ein englischer Arbeiter ‚Cricket' spielt, so wird er alle seine Kräfte anspannen, um seiner Partei zum Siege zu verhelfen; er tut sein Allerbestes, so viele ‚Läufe' als möglich zu machen. Das Gefühl der Solidarität ist so stark entwickelt, daß einer, der nicht alles hergibt, was an Leistungsfähigkeit in ihm steckt, als ‚Kneifer' gebrandmarkt und mit allgemeiner Verachtung gestraft wird. Am nächsten Tage kehrt derselbe Arbeiter zu seiner Arbeit zurück. Statt nun auch hier alle Kräfte anzustrengen, um möglichst viel zu leisten, wird er in den meisten Fällen mit dem Vorsatz beginnen, so wenig zu tun, als er, ohne aufzufallen, tun kann – bei weitem weniger, als er ohne besondere Mühe imstande wäre – in vielen Fällen nicht mehr als 1/3 oder höchstens die Hälfte einer ehrlichen Tagesleistung. Wenn er aber tatsächlich sein Bestes tun wollte, um die größtmögliche Tagesleistung zu erreichen, so würde er von seinen Mitarbeitern noch schlimmer behandelt, als wenn er sich beim Baseball als Kneifer gezeigt hätte. Das stillschweigende oder offene Übereinkommen der Arbeiter, sich um die Arbeit zu drücken, d.h. absichtlich so langsam zu arbeiten, daß ja nicht eine wirklich ehrliche Tagesleistung zustande kommt (...), ist in industriellen Unternehmungen fast allgemein gang und gäbe." (Ebd.:11f.)

Strikter nachgefragt stellt sich heraus, dass es vor allem die Vermutung über eine Leistungsverweigerung der Arbeiter ist, die für ihn das eigentliche Problem darstellt: der Verlust der Kontrolle der Unternehmensführung über die Gewissheit tatsächlicher Leistungserbringung:

> „Der weitaus größere Teil von systematischer Drückebergerei geschieht jedoch mit dem festgefaßten Vorsatz, die Arbeitgeber in Unwissenheit darüber zu erhalten, wie schnell die Arbeit tatsächlich getan werden kann. So allgemein verbreitet ist gerade dieses ‚Sich-Drücken', daß sich kaum ein guter Arbeiter in einem größeren Unternehmen mit dem gewöhnlichen Lohnsystem finden läßt, der nicht einen beträchtlichen Teil seiner Zeit darauf verwendet, ausfindig zu machen, wie langsam er arbeiten kann, um trotzdem bei seinem Arbeitgeber den Eindruck zu erwecken, er arbeite in flottem Tempo." (Ebd.: 21)

Taylor erklärt sich diese Art des Müßiggangs allerdings nicht mit der konkret-historischen Ausformung der Arbeitsverhältnisse, sondern mit einer von ihm vermuteten anthropologischen Konstante, die er anhand einiger Beispiele „nachweist“. Ob bei dem zwölfjährigen Caddy oder einem „von Natur aus energischen Arbeiter“, der auf dem Weg von der Arbeit bis zu vier Meilen pro Stunde läuft und in der Fabrik selbst nur eine Meile pro Stunde: überall wittert der Autor Faulenzerei, Arbeitsscheu und eine Abwärtsspirale schlechter Leitbilder:

> „Dieses ‚Sich-Drücken-von-der-Arbeit‘ entspringt zwei Ursachen: Erstens dem angeborenen Instinkt und der Neigung der Menschen, nicht mehr zu arbeiten, als unumgänglich nötig ist; zweitens der durch den Einfluß und das Beispiel anderer und eigenes Nachdenken geschaffenen Auffassung von seiner Zweckmäßigkeit im eigenen Interesse; letzteres könnte man vielleicht das systematische ‚Sich-Drücken‘ nennen.“ (Ebd.: 18)

Da auch „tüchtige Meister“ und Vorgesetzte dieser Erscheinung nicht Herr werden können, empfiehlt er sein quasi-objektives Gebäude der wissenschaftlichen Betriebsführung, die kraft der Macht ihrer „Neutralität“ alle Politik, allen Streit aber auch die Faulheit aus dem Unternehmen verbannen würde. Mittels der Quantifizierung der zerlegten Arbeitsprozesse hofft er also gleichzeitig, die kontrollbasierte Macht zu gewinnen.

Insbesondere für das Management seiner Zeit besaß dieser Ansatz seine Attraktivität. Denn im aufscheinenden Managerkapitalismus basierte die Macht der eingesetzten Führungskräfte auf deren professioneller Kompetenz zur machtvollen, erfolgreichen Führung des Unternehmens (Chandler 1977); die pyramidale formale Machtstruktur stellt eine Entsprechung dieser Sicht dar, den Ausdruck eben für die Chance, innerhalb der Organisation „den eigenen Willen auch gegen Widerstreben durchzusetzen“. Da passt es natürlich nicht ins (Selbst-)Bild, wenn einem Caddies und verlangsamte Arbeiter auf der Nase herumtanzen.

Der Taylorismus verschob die Lösung dieses Problem also von einer personalen vor allem auf die technische Dimension der Betriebsführung und auf Fragen hierarchischer Kontrolle. Sobald der Beschäftigte sich aber von einer Residualkategorie zur umworbenen Mangelware wandelte, lief diese Strategie leer. Auch und gerade zum Selbstverständnis der kreativen, frei schwebenden Wissensarbeiter/innen passte diese Form der Kontrolle nicht und würde – so vermutete man lange Zeit – wohl auch nicht von ihnen akzeptiert (vgl. Seeber 2001).

Wissen ist in der Gebundenheit an seine Träger/innen ein komplexes Amalgam aus Erfahrungen, Gefühlen, sinnlichen Wahrnehmungen, Einfühlungsvermögen und messbarem Informationswissen. Vor einer Weile berichtete die ZEIT (4/2002) von einem hessischen Werkzeugbauunternehmen, das einen lang gedienten Mitarbeiter nicht in den Ruhestand entlassen wollte,

> „weil der ein geniales manuelles Schleifverfahren entwickelt hatte mit Resultaten, die eine Maschine mit vertretbarem Aufwand nicht hinbekam. Kein anderer Kollege machte das dem Alten nach. Und der konnte einfach nicht erklären, wie er das hinkriegte.“

Man kann sich vorstellen, dass die mangelnde Erklärbarkeit bei eher intellektuellen und damit nicht-sichtbaren Vorgängen für ein Unternehmen kaum weniger beunruhigend wirken musste. Bis vor kurzem sind auch die Versuche eher gescheitert, dieser Drohung mit technischen Mitteln Herr zu werden. Software wie Data-Mining-Systeme stellen zwar Ansatzpunkte dar, letztlich aber stehen sie vor der Hürde, dass sie beispielsweise der Herausforderung des Umschlag von Quantität in Qualität des Wissens kaum gewachsen sind, zumal sie – anders als die human hardware – in Ermangelung äquivalenter Algorithmen nicht über Fähigkeiten zur intelligenten Reduktion von Komplexität verfügen.

In der organisationalen Perspektive stellt das „Tacit Knowledge“ der Wissensarbeiter/innen eine wichtige Machtressource dar; tacitness wird von Reed/ DeFilippi (1990) dabei im Anschluss an M. Polanyi definiert als implizite und nicht-kodifizierbare Sammlung von Fähigkeiten, die aus praktischer Tätigkeit resultieren. Dieses Wissen gründet zwar in ihrer organisationalen Tätigkeit, ist aber eng an die Person gebunden:

> „Crucial to the value of tacitness, then, is the inability of even a skilled performer to codify the decision rules and protocols that underlie performance. Thus, tacitness generates ambiguity through the skilled operator's own level of unawareness of the actions that he or she undertakes. Consequently, the causal relationship between actions and results remains less than apparent or is not understandable to rivals'“ (Reed/DeFillippi 1990: 91)

– und, so kann man hinzufügen, stellt deshalb in machttheoretischer Fokussierung eine weitere kontrollierbare Ungewissheitszone dar. Mit Blick auf die Wissensarbeiter/innen ist hinzuzufügen, dass der machtspezifische Wert von tacitness dann am höchsten ausgeprägt ist, wenn sich seine Träger an der Spitze der Entwicklung oder im Feld hochspezifischer Anwendung befinden (von Hippel 1997 [reprint edition]). Manageriale Kontrollambitionen setzen stets ein Wissen voraus, was und wie man kontrollieren möchte (Townley 1993), die Macht der Wissensarbeiter/innen erwuchs aber gerade daraus, dass außer ihnen oftmals kaum jemand die zunehmend opaken Zusammenhänge der Organisation ihrer Arbeit durchschaute.

Vor dem Hintergrund der schwierigen Messbarkeit des Beitrags von „knowledge capital“ zur Wertschöpfung (Birkner 2000) und der skizzierten machtpolitischen Implikationen ist es kein Wunder, dass die Bewertung von Wissensarbeit für das Management vieler Unternehmen als zentrale Herausforderung begriffen wird (Amar 2001). Im Fall der untersuchten Großbank sah man den Schlüssel in der Einführung individueller Zielvereinbarungen der Beschäftigten mit ihren Vorgesetzten, die einer regelmäßigen Kontrolle unterzogen wurden. In den Gesprächen mit beiden Seiten wurde allerdings offenbar, dass keine der beteiligten Parteien ein solches Instrument den Tätigkeiten gegenüber für angemessen hielt.

„Was meine Mitarbeiter machen, ist schwer quantifizierbar und vorhersehbar“, oder: „Die Ziele in den Zielvereinbarungen sind wirr und unscharf“, hieß es.

Damit bestätigt sich letztlich nur eine alte Erkenntnis der Organisationssoziologie, dass Organisationen über Regelsysteme und hierarchische Programmabläufe um so weniger gesteuert werden können, je komplexer ihre internen Abläufe und je höher ihre Dynamik sich gestalten (Scott 1992). Zur Maximierung ihrer Kreativität und Produktivität muss das Management den Wissensarbeiter/inne/n eigentlich freie Hand bei der Gestaltung ihrer Arbeit, Arbeitsorganisation und -umgebung gewähren.

> „It demands that we impose the responsibility for their productivity on the individual knowledge workers themselves. Knowledge Workers have to manage themselves. They have to have autonomy.“ (Drucker 1999b: 84)

Und diese carte blanche in den Händen der Wissensarbeiter/innen stellt aus Managementsicht natürlich eine deutliche Einschränkung der eigenen Machtausübung dar.

Wissensarbeit als Konkurrenz zum Management

Das zahlenmäßige Anwachsen der Wissensarbeiter/innen stellt zudem andere eingespielte betriebliche Arbeitsteilungen in Frage. Die üblichen Zuständigkeiten für Planung und Ausführung etwa basierten nicht zuletzt auf spezifischen Kompetenzen unterschiedlicher Fraktionen, wobei das Monopol für betriebswirtschaftliche „Einsichten“ und daran anschließende Reorganisationskonzepte in der Regel beim Management gesehen wurde. Mit der Kompetenz der Wissensarbeiter/innen, die sich oft nicht nur auf ihre ureigenen Arbeitsbereiche, sondern auch auf betriebswirtschaftliche Zusammenhänge erstreckt, erwuchs dem Management nun auch in der eigenen Domäne eine ernstzunehmende Konkurrenz. Im betrieblichen Diskurs beispielsweise über Unternehmensreorganisation treten mit den hochqualifizierten Beschäftigten neue Stimmen auf die Bühne, die gegebenenfalls Paradoxien aufzeigen und fundierte Kritik äußern.

Das Management der untersuchten Großbank beabsichtigte etwa, einen zentralen Teil des bankeninternen IT-Bereichs zu verkaufen. Die klassische Beschäftigtenreaktion auf Outsoucingbestrebungen zeichnet sich dabei oft durch defensive Gegenstrategien zur Sicherung von Arbeitsplätzen oder Versicherungsansprüchen aus. In Interviewgesprächen machten die Wissensarbeiter/innen aber andere Rechnungen auf: sie wiesen auf das Problem der Verlagerung des „Gehirns“ der Bank hin, auf typische Gefahren bei einer Insolvenz des Vendors, auf mangelnde Kompatibilität der technischen Systeme, auf den Verlust der informellen Netzwerke, auf die ungeklärte Problematik von Kooperation und Konkurrenz zwischen den nebeneinander existierenden, nunmehr aber getrennten Bereichen und nicht zuletzt auf einen erwartbaren Motivationsabfall bei verschiedenen Beschäftigtengruppen. Letztlich stellten viele von ihnen den Sinn der Reorganisation in Frage – zuvörderst allerdings mit Argumenten, die dem Management auf Augenhöhe zu begegnen trachten, indem sie die Kostenfrage in den Vordergrund rücken. So war es auch die fehlende schlüssige Kostenaufstellung, die als Argument immer wieder aufschien. Eine typische Schlussfolgerung war: „Ich sehe kein Argument, das für Outsourcing spricht“, verbunden mit der Forderung: „Die sollten wieder mehr Verantwortung dahin delegieren, wo auch die Kompetenz ist“.

Letzten Endes haben die kompetent vorgetragenen Zweifel am Sinn der Reorganisationsmaßnahme in diesem Fall das Outsourcing nicht verhindern können. Insbesondere aber in Zeiten von Managementskandalen und wachsender Skepsis gegenüber Managemententscheidungen kann die Kritik von Wissensarbeiter/inne/n verantwortliche Führungskräfte in Erklärungsnot bringen. Konfrontiert mit diesbezüglichen Einwänden hat der betroffene Vorstand daraufhin in einer Belegschaftsversammlung erklärt:

> „Das hier ist keine demokratische Veranstaltung, hier entscheidet der Vorstand, was gemacht wird, und wem das nicht passt, der kann erhobenen Hauptes das Unternehmen verlassen.“

Festzuhalten bleibt: Wenn sich nun lebendige Subjektivität immer mehr von einem Stör- zu einem Verwertungsfaktor wandelt, so erweist sich der Rückgriff auf marktförmige Unternehmensorganisation offenkundig als naheliegend, weil sie die Verantwortungsbereiche von Beschäftigten tendenziell zu erweitern vorgibt und das Management von direkten Kontrollaufgaben befreit. Ob diese Marktgrenzenverschiebung nun für die betroffenen Beschäftigten mit einer Ermächtigung oder Entmachtung einhergeht, ist schon aufgrund der Widersprüchlichkeit dieses Wirkungsmechanismus pauschal nicht abschätzbar sondern hängt von der empirisch vorfindbaren Konstellation vor Ort ab. Für die Gruppierung der machtstarken High-Flyers dürfte dieser Vorgang allerdings oftmals eine Bedrohung darstellen.

Das Imperium schlägt zurück: die kalte Entmachtung der Wissensarbeiter/innen

Diese betriebliche (Macht-)Stellung – so wird im Folgenden argumentiert – wird den hochqualifizierten Beschäftigten heute streitig gemacht. Dabei sind es nicht nur betriebliche Veränderungsprozesse, die dies befördern: Auch der fortschreitende Prozess der wechselseitigen Durchdringung von ökonomischem und wissenschaftlichem System, des Konvergenzprozesses der „‚industrialization' of the academy and the ‚collegialization' of industrial research“ (Kleinman/Vallas 2001: 451) kann etwa in eine tendenzielle Entmachtung der traditionellen betrieblichen Wissensarbeiter/innen einmünden, indem er sie ihrer vormals exponierten Stellung beraubt.

Die Frage, die nachfolgend beantwortet werden soll, zielt daher nicht auf die bisher erarbeiteten Motive für die Verschiebung der Marktgrenzen in die Organisation. Es geht nicht um den bereits diskutierten Wandel der Corporate Governance zu Formen wertbasierter Unternehmenssteuerung oder die Suche nach Flexibilisierung von Abläufen. Vielmehr stellt sich vor dem skizzierten Szenario die Frage, ob die Kommodifizierungsstrategien auch als spezifische Machtinstrumente genutzt werden können.

Die Hypothese lautet daher in einem Satz: Ein Motiv des Managements für marktzentrierte Unternehmenssteuerung besteht im Versuch der innerbetrieblichen Machtrestauration, in diesem Fall in der kalten Entmachtung der Wissensarbeiter/innen.

Die Ausgangslage für das Management war dabei deutlich: einerseits sollten sie Wissensarbeiter/innen wie „Freiwillige" behandeln (Markus et al. 2000), also auf Strategien einer klassischen Top-Down-Kontrolle und Bevormundung verzichten, um ihre Entfaltung nicht zu gefährden oder ein Abwandern zu verhindern. Andererseits konnten sie sich mit dem daraus resultierenden laissez-faire nicht zufrieden geben, weil es keinen Spielraum für genuines machtvolles Managementhandeln bot. Das Dilemma bestand also darin, sowohl eine sichere Bindung der Wissensarbeiter/innen an das Unternehmen zu gewährleisten, als auch eine möglichst hohe Unabhängigkeit von ihnen.

Aus der Sicht von (amerikanischen) Managementberatern liest sich dabei die Geschichte von Arbeitsbeziehungen als Abfolge von Kriegen und Schlachten. Nur wenige Jahre nach der Veröffentlichung des „War for Talent"-Postulats hat sich der Kriegsschauplatz grundlegend verschoben: „Capital versus talent. The battle that's reshaping business" (2003) titelte die Harvard Business Review. Andere Autoren sahen bereits einen neuen „class struggle" zwischen Kapital und Wissensarbeit dräuen:

> „While business won a resounding victory over the trade unions in the previous century, it may not be as easy for shareholders to stop the knowledge worker-led revolution in business." (Ebenso: Hodges/Lustig 2002: 371ff.; Martin/Moldoveanu 2003: 36)

Wo hierarchische Kontrollmuster scheinbar versagen, liegt deshalb der Rückgriff beispielsweise auf monetäre Anreizstrategien, also Regulierungen über die Gehaltshöhe, nicht fern. Viele von ihnen liefen und laufen allerdings ins Leere. Denn jede Lösung, die zu steigenden Einkommen der „Talents" führt, bietet vor dem Hintergrund des bereits erreichten Niveaus nur einen geringen Grenznutzen. Gleiches gilt im übrigen für Gehaltskürzungen, wie Martin/Moldoveanu (2003: 39f.) exemplarisch darlegen:

> „Even über-capitalist Warren Buffett could not make much headway when he joined the battle against talent. In 1987, he invested $700 million in the investment bank and commodities trader Salomon and fumed as his return on investment dropped to 10% by 1990. It did not escape Buffett's attention that the company had increased its employee bonus pool by $120 million in 1990 while shareholder returns stagnated. When he became Salomon's chairman in 1991, Buffett slashed the bonus pool by $110 million and boosted returns to shareholders. That turned out to be a hollow victory. Soon afterward, those hotshot investment bankers left Salomon in droves, and, without them, the company's fortunes fell. Salomon merged with Smith Barney, was bought by Travelers, then was absorbed by Citigroup – and eventually disappeared when Citigroup did away with the use of the Salomon brand in April 2003."

Auch andere marktförmige Reorganisationsformen wurden für das Feld der Wissensarbeit lange Zeit eher als dysfunktional eingeschätzt. Dem Outsourcing beispielsweise von Wissensarbeit wurde eher ablehnend begegnet; eine US-amerikanische Studie zum Outsourcing von Wissensarbeitanteilen in der Automobilindustrie hat dazu eine Reihe von Argumenten gesammelt. Von betrieblicher Seite wurde unter anderem vorgebracht, dass die Kompetenz eingekaufter Wissensarbeit schlecht eingeschätzt werden kann, dass die Kommunikationsanforderungen drastisch steigen, dass die internen „learning opportunities" sinken, vor allem aber: „Trust is the core problem: An outsource isn't family and can't be expected to act with the same loyalty" (Dove 1999: 17).

Dennoch wird die Frage nach dem „Make or Buy?" nun auch im Segment der Wissensarbeit immer öfter mit „Buy!" beantwortet – offenbar auch deshalb, weil einer der effektivsten Wege zur Entmachtung von Organisationsmitgliedern die drastische Erhöhung ihrer Substituierbarkeit ist, indem man ihnen ihren privilegierten Zugang zur Kontrolle der Ungewissheitszonen entzieht.

Abstürzende Aktentaschen-Arbeitslose...

Voraussetzung für ein Funktionieren dieser Strategie ist eine veränderte Arbeitsmarktlage. Auch wenn die Rate der Arbeitslosigkeit von Akademikern noch deutlich geringer ist als jene von Erwerbspersonen mit mittlerem oder ohne Bildungsabschluss, ist doch insbesondere in Krisenzeiten auch in diesem Segment eine spürbare Zunahme festzustellen: „Wirtschaftsflaute und die Krise in der Informations- und Kommunikations-Branche machten sich auch am Arbeitsmarkt für besonders qualifizierte Fach- und Führungskräfte bemerkbar" (Institut der Deutschen Wirtschaft 2002: 4). Die ZEIT (49/2002) konstatierte nach dem Zusammenbruch der New Economy: „Lebenslinien stürzen ab wie Aktienkurse", und vor allem ältere Akademiker geraten immer stärker unter Druck:

> „Im Jahr 2001 waren in Deutschland 47 Prozent der Arbeitslosen mit einem Universitäts- oder Fachhochschuldiplom älter als 44 Jahre – 1992 waren es erst 25 Prozent.“ (Institut der Deutschen Wirtschaft 2002: 4)

Die Verunsicherung auf dem Arbeitsmarkt spiegelt sich natürlich auch in den Wunschvorstellungen der Wissensarbeiter/innen wider. Selten wurde der Präferenzwandel vom Streben nach ungebundener Selbstständigkeit hin zu einer abhängigen Beschäftigung so deutlich wie im Verlauf des Jahres 2000, als das Management-Magazin „Chief Executive“ noch in seiner Februar-Ausgabe einen „Intrapreneur Exodus“ aus den Unternehmen der Old in die New Economy befürchtete (Gottenberg/Stuart 2000) und wenige Monate später dieselben umworbenen hochqualifizierten Beschäftigten angesichts der herannahenden Rezession aus „Sehnsucht nach dem Festgehalt“ ein „Rückfahrticket lösten“ (Der Spiegel, 51/2000). Ihre Erfahrungen in der Krise haben viele Wissensarbeiter/innen unter www.netslaves.com dokumentiert: „Recession culture spoken here“.

Das Anwachsen der Reservearmee der „Aktentaschen-Arbeitslosen“ schafft nun die Voraussetzung auf für den Wandel der innerbetrieblichen Machtverhältnisse. Drucker (2000: 11) hatte die geringe Abhängigkeit der Wissensarbeiter/innen von ihren jeweiligen Beschäftigungsverhältnissen noch in einer Aufschwung-Perspektive beschrieben: „Unlike the blue-collar worker, knowledge workers do not need the job more than the job needs them. They can walk out and they do.“ Dieser (potentiellen) Abstimmung mit den Füßen korrespondierte damals die unterstellte mangelnde Loyalität. Das wachsende Marktangebot an Wissensarbeit und der Präferenzwandel der High-Flyers markieren nun die Wende. Heute müssen sich Beschäftigte in diesen Segmenten die Bedingungen ihrer Beschäftigung umso deutlicher diktieren lassen, je mehr sich der vormalige Anbieter- nun zu einem Nachfragermarkt wandelt. Sehr handfest, aber keineswegs ausschließlich ist dies am Arbeitsmarkt von Beschäftigten bei Banken und Unternehmensberatungen, aber auch von Zeitungen oder Werbeagenturen abzulesen: es werden nur noch selten entfristete Arbeitsverhältnisse angeboten, Zwangsurlaube oder -sabbaticals sind an der Tagesordnung. Die Furcht vor mangelnder Loyalität hat sich im Zuge der Transformation dieser Machtverhältnisse verkehrt. Lässt man das vergangene Jahrzehnt in dieser Hinsicht Revue passieren, so kann man deshalb von einem Wechselspiel der Indifferenz von Wissensarbeiter/inne/n und ihren Arbeitgebern sprechen.

Substituierbarkeit ...

Der gewandelte Arbeitsmarkt stellt die primäre unternehmensexterne Voraussetzung für die Verschiebung der Marktgrenzen in die Unternehmen dar, die eine Erhöhung der Ersetzbarkeit von Wissensarbeiter/inne/n nach sich zieht. Die Kommodifizierung der High-Flyers beschreibt nicht per se, sondern insbesondere vor dem Hintergrund des Überangebots eine Bedrohung für diese, verkörpert durch eine schleichende Flexibilisierung der Arbeitsverhältnisse und eine schrittweise Ersetzung unbefristeter durch befristete oder externe Beschäftigte. Das Phänomen der Substituierbarkeit lässt sich in diesem Segment besonders deutlich am Einsatz von externen Freelancern ablesen. Bei ihnen ist es durchaus nicht unüblich, dass Beschäftigte nunmehr als Selbstständige auf ihren früheren Arbeitsplätzen weiterarbeiten, nachdem die Marktgrenzen nach innen – zwischen sie und die Organisation – geschoben worden sind. Diese Ausdifferenzierung der Beschäftigungsformen ist nicht nur ein Thema für die von destabilisierten Beschäftigungsformen Betroffenen, sondern konfrontiert viele tariflich noch abgesicherte Beschäftigte direkt oder indirekt mit reduzierten Sicherheits- und Regulierungsstandards, die sie bei Selbstständigen, Werkvertragler/inne/n, Subunternehmer/inne/n am benachbarten Arbeitsplatz beobachten können. Implizit erhöhen sich damit auch für sie Standards und Flexibilisierungszwänge – ein Argument, das man auch aus der Prekarisierungsdebatte kennt (Brinkmann et al. 2006). Von Managementseite ist dies durchaus auch intendiert. Führungskräfte berichten, dass Freelancer gerne eingesetzt werden[7], weil sie „leichter freisetzbar" sind, aber auch aufgrund ihrer „überdurchschnittlichen Qualifikationen" und schließlich, weil sie den Druck für die Internen erhöhen:

> „Das funktioniert wie ein Sog: sie sind flexibler und arbeiten länger. Das sieht natürlich für die Internen komisch aus, wenn sie Feierabend machen wollen und die Externen weiterarbeiten."

Der selbstständige Freelancer stellt mit seiner Verinnerlichung unternehmerischer Aufgaben und Verantwortlichkeiten ähnlich wie der Intrapreneur ein *Rollenmodell* des Projektes einer subjektbezogenen Marktgrenzenverschiebung in Reinform dar. Von Befürwortern der Konzeption wird die Idee eines solchen Unternehmens bestehend aus Freelancern beispielsweise in Variation Adam Smith'scher Metaphorik mit einem Haufen von Ameisen verglichen,

> „jede einzelne mit dem Selbstbewußtsein eines Unternehmers, also völliger Freiheit, doch zugleich gelenkt von einer unsichtbaren Hand, die ihre Marionetten spielerisch zu einem größeren Ganzen zusammenzufügen versteht." (Siemons 1997: 67)

Wenn in aktuellen Krisenzeiten dennoch diese „Modellbeschäftigten" als erste „freigesetzt" werden, so ist dies vor allem eine Frage des fehlenden Kündigungsschutzes (also einer marktregulierenden Instanz[8]) sowie der geringeren

---

7 Weitere Argumente für den Einsatz von Externen liegen in der Logik wertbasierter Unternehmenssteuerung begründet, da sie den Ersatz fixer durch variable Kosten darstellen, der wiederum von Seiten der Analysten wertgeschätzt wird.

8 In der Literatur ist die Gefahr, dass sich die Interessenvertretungen vornehmlich auf die Vertretung der Internen beschränken könnten (z.B. „ständisches Denken", Azzellini 2002), bereits thematisiert worden.

Transaktionskosten im Falle einer Entlassung/Wiedereinstellung.[9] Spätestens mit diesen Entlassungen wird sowohl für interne als auch für externe Beschäftigte (für die einen symbolisch, für die anderen real) deutlich, dass sich aufgrund der Substituierbarkeit die durch eine privilegierte Kontrolle von Ungewissheitszonen abgesicherten Machtstellung zugunsten des Managements verschoben hat.

Indem es die Marktgrenzen auf diese Weise in die Organisationen schiebt, setzt das Management eine Entmachtung der Wissensarbeiter/innen auf kaltem Wege durch und erspart sich damit den kostspieligen „War for Talent".[10] Bislang sind diese Macht-Krise und ihre Implikationen auf viele, insbesondere durch den Kündigungsschutz abgesicherte Wissensarbeiter/innen noch nicht durchgeschlagen. Man kann deshalb ein „Jammern auf hohem Niveau" konstatieren, wenn die schlechte Arbeitsmarktlage von entfristet Beschäftigten daran festgemacht wird, dass „ich nun schon seit einem Jahr nicht mehr von einem Head-Hunter angerufen worden bin". Dennoch bleibt festzuhalten, das die Marktgrenzenverschiebung quasi-kolonialistisch in immer weitere Segmente vormals regulierter Räume hineinreicht – mit entsprechenden Auswirkungen auf die Arbeitsbelastungen („Arbeiten ohne Ende", vgl. Pickshaus et al. 2001), die Arbeitszufriedenheit oder das Privatleben. Nicht wenige Knowledge Workers schildern daher diese In- und Extensivierung von Arbeit mit Sorge hinsichtlich ihrer Einsatzfähigkeit mit wachsendem Alter. Die Freisetzung aus bürokratischen Zwängen, wie sie für einen Teil der Informationsarbeiter mehr und mehr an der Tagesordnung ist, bedeutet keineswegs eine automatische Steigerung der Arbeitsqualität, denn Erwerbsarbeit unter den Bedingungen marktzentrierter Kontrolle geht bei Hochqualifizierten bereits in Phasen sehr hoher Leistungsfähigkeit vielfach mit Belastungen wie Leistungsverdichtung, Entspannungsunfähigkeit, Burn-Out-Syndromen aber auch Arbeitssucht einher (Kadritzke 2000; Peter 2002).

... und quantifizierende Verpreislichung

Wenn der amorphe Funktionszuschnitt und die unklaren Arbeitsfelder oben als Machtressource der Wissensarbeiter/innen gedeutet wurden, ist verständlich, dass sich aus der Sicht des Managements auch diesbezüglich die Frage nach

9 Die Verfahren werden mehr und mehr sophisticated (man denke an Assessment Center etc.). Dies insbesondere, weil es sich bei der Personalrekrutierung um ein Ein-Periodenspiel handelt, in dem beispielsweise die Ressource Vertrauen nur eine untergeordnete Rolle spielen kann. Darauf gibt es unterschiedliche Reaktionsmechanismen: Probezeit, Befristung von Arbeitsverträgen, Werkverträge, die allesamt darauf abzielen, das Einstellungsrisiko für das Unternehmen bzw. für die Personalabteilung, das mit der Informationsasymmetrie verbunden ist, zu minimieren bzw. zu externalisieren.

10 Pfeffer (1998) hat den Teufelskreis dieses Krieges schon früh kritisch beleuchtet.

einer möglichen Kontrolle oder Erhöhung der Substituierbarkeit stellt. Die außerbetrieblichen Voraussetzungen liegen im veränderten Arbeitsmarkt, die innerbetrieblichen sind in der Herstellung einer Vergleichbarkeit der Tätigkeiten zu sehen, letzten Endes im Marktpreis, der unzweideutigsten Reduktion von Komplexität. Gerade diese Reduktion scheint aber die Quadratur des Kreises, nämlich die Quantifizierung des Nicht-Quantifizierbaren vorauszusetzen.

Der Economist (08.09.2008, S. 32ff.) titelte vor einiger Zeit „Managing by the numbers" und beschrieb den neuesten Versuch von IBM, seine Wissensarbeiter/innen (in diesem Fall: über 50.000 „tech consultants") quantifizierend einer technischen Einsatzplanung zu unterwerfen, um damit auf den Umbruch von einem produzierenden zu einem Service-Unternehmen zu reagieren: „The idea is to pile up inventories of all of their skills and then to calculate, mathematically, how best to deploy them." Hinter dem Prozess der Abbildung von Arbeitskraft als Konvolut von Zahlen („turning IBM's workers into numbers") steht also die Neu- besser: Wiedererfindung von technischer Kontrolle mit dem Ziel „to automate much of what we now call management". Die Argumentation der betrieblichen Protagonisten dieser Strategie ist geradezu prototypisch. Der geäußerten Furcht vor dem gläsernen Beschäftigten begegnen sie mit dem Versprechen, eine höhere Passgenauigkeit des Einsatzes der Arbeitskraft erhöhe auch deren Zufriedenheit. Der Economist resümiert nicht ohne Anerkennung:

> „The idea is to build richly textured models that behave in their symbolic realm just like their flesh-and-blood counterparts. Then planners can manipulate them, looking for the most efficient combinations."

Die Analogie zum Taylor-System wird vollends deutlich, wenn man den Blick auf die gesamte Wertschöpfungskette der Wissensarbeit richtet und sie in Fordscher Manier wieder neu zusammensetzt:

> „(...) the efforts under way at places like IBM will not only break down each worker into sets of skills and knowledge. The same systems will also divide their days and weeks into small periods of time-hours, half-hours, eventually even minutes. At the same time, the jobs that have to be done, whether it's building a software program or designing an airliner, are also broken down into tiny steps."

Und selbst die Frage der Ankopplung dieses Systems an die Logik interner Märkte wird gleich mit geliefert. Die entwickelten Tools sorgen nicht nur für die Produktivitätssteigerung der Beschäftigten, sondern gleich im Anschluss daran

> „market will reward them. (...) Why not use them to map up our careers – and negotiate for better pay? (...) All sorts of workers will be able to calculate their own worth with more precision."

Am Beispiel von Zielvereinbarungen halten auch weniger komplexe Quantifizierungslogiken gekoppelt mit Leistungslohnbestandteilen, die sich früher vor allem auf die außertariflichen Angestellten beschränkten, heute in den tariflichen Bereich Einzug. Marktgrenzenverschiebungen dieser Art stellen den Versuch dar, messbare Leistung in vergleichbare Preise zu gießen und damit die Frage nach dem Make or Buy neu auf die Tagesordnung zu stellen. Quantifizierungen wie Zielvereinbarungen entfalten deshalb ambivalente Wirkungen, weil sie für die einen erstmals Sicherheiten und Anreiz bieten, die eigene Arbeitsleistung schriftlich zu fixieren. Für andere, wie weite Teile der Wissensarbeiter/innen wiederum scheint dieser Modus zu unterkomplex, um die eigenen Tätigkeiten „in vier Kennziffern“ (so ein befragter Programmierer) zu erfassen. Neben der Kritik einer Inkompatibilität dieser Methode befürchten sie natürlich auch die Entwertung ihrer Tätigkeit. Für sie trifft in der Tendenz zu, was Adorno in den *Minima Moralia* festhielt:

> „Die Quantifizierung der Arbeitsprozesse setzt tendenziell den Unterschied zwischen dem vom Generaldirektor und dem vom Mann in der Gasolinstation zu Besorgenden herab.“ (1991 [1951]: 167)

Als machttheoretische Faustformel dürfte sich festhalten lassen, dass diejenigen einer Quantifizierung von Tätigkeiten eher kritisch gegenüberstehen dürften, die durch den damit verbundenen Differenzierungsschub den Verlust der „Machtressource Entdifferenzierung“ befürchten. Umgekehrt kann durch die mit Marktgrenzenverschiebungen verbundene Versachlichung die Abhängigkeit der Parteien von personenbezogenen Bindungen schwinden (z.B. Weber 1972: 383; von Hayek 1976) wie im Falle einer Bank-Sachbearbeiterin, die sich nach einer Einführung von Zielvereinbarungen ihre Arbeitsinhalte erstmals konkret notiert. Für sie stellte sich dadurch eine neue Berechenbarkeit durch die fixierten Absprachen mit dem Vorgesetzten ein. Die Installierung einer Quantifizierungslogik im Gefolge der Marktgrenzenverschiebung bedeutete hier auch die Erhöhung von Verpflichtetheit und befreite eine machtschwache Akteurin vom Problem des „Mangels an Definitivem“, wie Simmel (1991 [1900]: 675) in der „Philosophie des Geldes“ notierte. Genau diesen Mangel an Definitivem, dieses Übermaß an Ungewissem trachtet aber auch das Management den machtstarken Wissensarbeiter/inne/n gegenüber zu beseitigen.[11]

11 Konzepte marktzentrierter Unternehmenssteuerung verkaufen sich in dieser Versachlichungslogik wiederkehrend als „Ent-Feudalisierung“ der Management-Arbeitnehmer-Beziehungen (z.B. Reiss 2000) und preisen die Befreiung der Beschäftigten an.

Marktsteuerung der Wissensarbeit: von der Macht begründenden Ungewissheit zur Ungewissheit der Machtbegründung?

Gerade bei einer Inszenierung „interner Märkte“ bleibt das Management die Spielleitung, die die Regeln in letzter Instanz festsetzt und gerade durch das Komponieren und Austarieren von unterschiedlichen Steuerungs- und Kontrollelementen eine neue Machtbalance kreieren kann. Das bedeutet, dass der Raum der Wissensarbeit zwar immer öfter von (inszenierter) Marktmacht strukturiert ist. Da diese weitgehend anonym erscheint, wirkt dieser Raum auf den ersten Blick als Freiraum. Gleichzeitig bleiben aber viele hierarchische Machtstrukturen erhalten – nicht nur als begrenzender Rahmen, sondern eben auch als strukturierende Spielregeln. Als eine Gruppe von Wissensarbeitern der untersuchten Großbank weitergehende Spielräume für eigenes Markthandeln forderte, wurde sie von Managementseite mit einer hierarchischen Zurechtweisung abgespeist. Je virtuoser ein Management die Komposition von Macht und Hierarchie bewerkstelligt, umso schwieriger wird es für Wissensarbeiter/innen, sich innerhalb dieses Machtraumes die angestrebten Freiräume zu sichern. Bislang geht man zu Recht im Anschluss an Crozier/Friedberg (1994 [1979]) davon aus, dass die Kontrolle von Ungewissheitszonen eine Machtressource darstellt; dieses Argument lässt sich vor dem Hintergrund der skizzierten „kalten Entmachtung“ noch eine Schleife weiterdenken: es ist die Ungewissheit über die Machtressource selbst – das Pendeln nämlich zwischen hierarchischer, technischer und unsichtbarer Marktmacht – welches zum Empowerment des Managements erheblich beiträgt. Zur machtbegründenden Ungewissheit gesellt sich damit die Ungewissheit über die Machtbegründung.

In der Tendenz greift heute eine wachsende Zahl von Managern auf eine Mischung von hierarchischen, technischen und marktförmigen Kontrollformen zurück, um ihre Zugriffsmöglichkeiten und Steuerungsfähigkeiten in diesen Bereichen zurückzugewinnen und die betrieblichen Machtverhältnisse wieder zu ihren Gunsten zu verschieben.

Zu beobachten ist demnach, dass sich unterschiedliche Kontrollmodi chronologisch oftmals nicht ablösen, sondern vielfach nebeneinander wirken (zur Kontrolle und Koordination über Kultur vgl. Kap. 8). Dies macht aus Managementperspektive durchaus Sinn, da beispielsweise jene Machtressourcen, die sich aus hierarchischer Vermittlung speisen, weiterhin einen unvermittelten Zugriff auf die Beschäftigten gewährleisten und damit ein mit der Verschiebung der Marktgrenzen aufscheinendes „control dilemma“ (Tullius 2001) bearbeitbar machen. Der Umgang mit verschiedenen Steuerungs- und Kontrollformen durch das Management der bereits angeführten untersuchten Großbank kann geradezu als pragmatisch beschrieben werden. Der zuständige Vorstand wechselte nach

Abb. 8: Wandel der Kontrollmodi

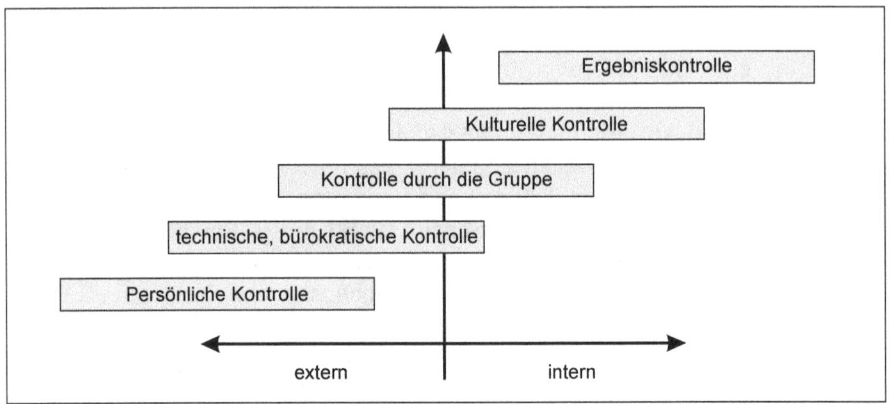

Aussagen der interviewten Beschäftigten innerhalb seiner Ansprache auf einer Betriebsversammlung mehrfach die Schwerpunktsetzung.

- Projekte sollten sich „selber optimieren und den Wettbewerb untereinander suchen“ (interner Wettbewerb)
- Es sollte „auch in Zukunft etwas Besonderes sein, bei der X-Bank zu arbeiten“ (kulturelle Anrufung)
- „Nur wenn jeder anfängt, unternehmerisch zu denken, können wir die neuen Herausforderungen bewältigen“ (Ansprache als Intrapreneure)
- Bereits oben angeführt: „Das hier ist keine demokratische Veranstaltung, hier entscheidet der Vorstand, was gemacht wird, und wem das nicht passt, der kann erhobenen Hauptes das Unternehmen verlassen.“ (Rückgriff auf hierarchische Steuerung)
- „Falls wir uns im Wettbewerb nicht behaupten können, bleibt uns nur der Verkauf der Abteilung.“ (Drohung mit dem Outsourcing; vollstreckte Marktgrenzenverschiebung)

Von Betriebsräten gibt es im übrigen in der Folge vermehrt Hinweise auf die problematischen Auswirkungen dieser vielfachen komplementären und gleichzeitig konkurrierenden Kontrollmodi auf Beschäftigtengruppen.

Einige Fragen bleiben im Anschluss an die Diskussion der kalten Entmachtung der Wissensarbeiter/innen im Zuge von Marktgrenzenverschiebungen und neuen Formen technischer Kontrolle noch offen. Forschungsbedarf besteht beispielsweise hinsichtlich der Frage, ob dieser Partikularisierungsprozess die ohnehin bei den Hochqualifizierten vorhandenen Tendenzen zum Individualismus noch verstärkt und damit kollektiven Strategien zur Rückverschiebung von Marktgrenzen entgegensteht. Dies würde die traditionelle Partizipationsvariante dieser Klientel fortschreiben, die primär auf dem Modus individueller Aushandlungen (Dörre 2001d: 388f.) basiert.

Diskussionswürdig wäre aber auch jene Implikation im Bild der Marktgrenzenverschiebung, dass der Markt als Koordinations- und Kontrollinstrument in der Regel nicht ausschließlich sondern im Spiel mit anderen Mechanismen wirkt. Die selektive Implantation von Marktmechanismen kann etwa dann eine Kumulierung von Risiken für die Wissensarbeiter/innen bedeuten, wenn sie die Nachteile der Gleichzeitigkeit von hierarchischer, technischer und marktförmiger Vergesellschaftung auszuhalten haben.

Zwei Gedanken sollen aber nachfolgend ausführlicher diskutiert werden, die beide um die Grenzen von Grenzverschiebungen zirkulieren.

(a) Wenn insbesondere normativ aufgeladene Subjektivierungskonzeptionen damit argumentieren, dass der aktuelle Wandel der Arbeit in vielfältiger Weise „die Persönlichkeit der Arbeitenden in die Welt der Arbeit" zurücktrage (Simon 2000: 6), dann scheint dies mit bestimmten, sehr früh schon von Baethge (1991) beschriebenen Ansprüchen „normativer Subjektivierung" zu konvergieren. Im Kontext marktzentrierter Unternehmenssteuerung ist aber zu fragen, ob nicht eigentlich auch das Gegenteil stattfindet, nämlich dass die Beschäftigten nur noch auf ihr Rollensegment als Markteilnehmer/innen reduziert werden. Marx notiert in den „Grundrissen" (1974: 204), dass Arbeit im Kontext des kapitalistischen Verwertungszusammenhangs ihre „besondre Bestimmtheit", „allen Kunstcharakter" der handwerksmäßigen Arbeit verliert und (für das Kapital) nur noch als Gebrauchswert produzierende von Interesse ist. Das marktzentrierte Unternehmen (in Reinform) geht hier auch hinsichtlich seiner Wissensarbeiter/innen noch einen Schritt weiter: Es ist auch an der Arbeit an sich kaum interessiert, sondern primär an ihrem Produkt, oder noch präziser: bei gegebener Qualität am Produktpreis. Alles was jenseits des Produkts oder der Dienstleistung liegt und was eventuell Projektionsfläche normativer Subjektivierung ist, wird vom Unternehmen in dieser Logik externalisiert. Die Verschiebung der Marktgrenzen in die Organisation hinein kann insofern auch als eine spezifische Reaktion des Unternehmens auf den Vorgang der normativen Subjektivierung gedeutet werden. Sie verlagert die Verantwortlichkeit auf die Akteure zurück: für das Produkt ohnehin, aber auch für das individuelle Wohlbefinden an der Arbeit. Geht man aber davon aus, dass insbesondere bei den Hochqualifizierten Berufsrolle und Tätigkeit weiterhin eine gewisse Relevanz für die persönliche Identitätskonstruktion haben (Alvesson 2000), so ist ungeklärt, welche Auswirkungen das gleichlaufende Interesse und Desinteresse des Unternehmens an ihren subjektiven Fähigkeiten zeitigen wird: der Widerspruch liegt also in der gleichzeitigen zumindest verbalen Wertschätzung dieser Kreativitätspotentiale und der Reduktion der Beschäftigten auf ihren Produktpreis. Auch in der Literatur (präzise bei:

Holtgrewe 2000) ist diese Paradoxie des parallelen Zugriffs auf die und der Beschränkung der Subjektivität hingewiesen worden. Je stärker die Marktgrenzenverschiebung vollzogen wird, umso mehr gerät auch die „identifikatorische Integration" der Beschäftigte in ihre Unternehmen in Gefahr; Bergers bekannte Frage „Warum arbeiten die Arbeiter?" (Berger 1995) kann deshalb erweitert werden: „Warum arbeiten die Wissensarbeiter/innen, wenn sie entmachtet und auf einen Produktpreis reduziert werden?"

Blickt man nun auf die Reaktionsweisen von Wissensarbeiter/inne/n auf diese Veränderungen (wie im Fall der untersuchten Großbank), so fällt ins Auge, dass Skepsis und Kritik vorherrschen, der man aber kaum mit kollektiven Gegenstrategien entgegenwirkt. Die innerorganisatorische top-down-Diskursivierung des Marktes findet ihr Pendant in Ironisierungen, oft auch in fatalistischen Einschätzungen. In der Organisationssoziologie gibt es seit langem Überlegungen, dass die Art der „Linkages" (Dubin 1974) zwischen der Organisation und ihren Mitgliedern Hinweise darauf gibt, warum bestimmte Personalpolitiken nicht die beabsichtigten Effekte zeitigen. Wenn auf Seiten der Wissensarbeiter/innen aufgrund der beschriebenen Paradoxien tatsächlich instrumentelle Haltungen vorherrschen werden, dann ist dies deshalb auch ein Effekt gescheiterter Anrufungen durch das Management. Kunda (1993: insb. Kap. 4) hat beispielsweise in seinen ethnographischen Studien amerikanischer High-Tech-Unternehmen dargelegt, dass die „Presidential Rituals" wie das „Talking Ideology" auf Seiten der Wissensarbeiter/innen nicht selten ironisch repliziert wird. Vielfach wird diese Rhetorik als Inszenierung entlarvt, über die eine höhere Identifikation und Loyalität der Beschäftigten dem Unternehmen gegenüber geschaffen werden soll.

(b) Die bounded rationality der Marktgrenzenverschiebungen lässt sich auch an ökonomischen Paradoxien ablesen. So besteht zwar weitgehende Einigkeit darüber, dass die Bewertbarkeit der Produktivität von Wissensarbeiter/inne/n in erster Linie eine qualitative Frage darstellt, die reduzierte Komplexität einer Marktzentrierung aber suggeriert stattdessen mit quasi-tayloristischem Gestus ihre Quantifizierbarkeit.

Unbeantwortet ist zudem die Frage der Vereinbarkeit von Shareholder Value-Ansätzen und den Formen, in denen sich Wissensarbeit entfaltet (Drucker 1999b). Hier entzündet sich die Kritik an der mangelnden Nachhaltigkeit; in der Frage etwa der insbesondere für Wissensarbeiter/innen notwendigen Weiterbildung untergräbt die kostenorientierte Kurzfristorientierung ihre eigenen langfristigen Potentiale (vgl. Bechtle/Sauer 2002: 59f.). Die Bildungsrevolution wird zwar als Agens der Informationsgesellschaft betrachtet, die Verwirklichung des lebenslangen Lernens geht aber oft zu Lasten der Beschäftigten (Baukrowitz/Boes 2002).

Dieses Kapitel thematisierte die mit der Marktgrenzenverschiebung einhergehende kalte Entmachtung der Wissensarbeiter/innen, die einer innerbetrieblichen Machtrestauration zugunsten des Managements gleichkommt. Zur Optimierung der Arbeitsbedingungen für betriebliche Wissensarbeit ist sie eher dysfunktional, denn der Markt fungiert hier nicht als ein „sozioökonomischer Supraleiter"; im Gegenteil: er produziert eigene „Leitungsverluste" und stellt deshalb für hochqualifizierte Wissensarbeiter/innen offenbar keinen optimalen Modus der Koordination von Arbeit und der Verbesserung der Arbeitsmotivation dar.

7. Betrieblicher Arbeits- und Gesundheitsschutz im Marktkapitalismus

„Kidneys for sale“ – die Gesundheit als Ware und Währung?

Im Februar 2007 wurde in das Parlament des Bundesstaats South Carolina ein Gesetzesentwurf eingebracht, der hitzige Debatten in den US-amerikanischen Medien provozierte. Die South Carolina General Assembly möge beschließen, formulierte der Entwurf lakonisch, dass ein Gefängnisinsasse, der

> „voluntarily donates bone marrow or blood-forming cells during his period of incarceration is entitled to receive a deduction from the term of his sentence of up to sixty days.“

Organspende gegen Straferlass lautete also das Angebot.

Drei Diskussionslinien schienen in der Folge dazu auf: Geradezu aufreizend pragmatisch diskutierten die einen, ob die Lösung des Problems der überfüllten Gefängnisse des Bundesstaats das Risiko von „drug saturated organs“ aufwiege oder eben nicht, wie dies ein befragter Chirurg zum Ausdruck brachte: „I do not think that I would want a loved one to receive a ‚prison kidney‘.“ (abc-news, 09.03.2007)

Die anderen beiden Positionen standen sich weltanschaulich nahezu konfrontativ gegenüber: Die Mehrheit der Beiträge plädierte unter Berufung auf moralische Grundsätze, die US-Verfassung und/oder die WHO-Grundsätze[1] für ein generelles Verbot des Handels mit Organen.[2]

Eine erstaunlich große Minderheit plädierte hingegen für eine Freigabe des Handels mit Organen. Geradezu prototypisch argumentierte eine Gazette des Nachbarstaates (Daily Tar Heel, 18.04.2007) unter dem Titel „Kidneys for sale“, dass der Tauschhandel „Organ gegen Reduzierung der Freiheitsstrafe“ einer Bezahlung gleich komme („which essentially amounts to the inmates being paid“). Dies sei – so die Schlussfolgerung – ein probates Mittel, um aus dem ohnehin existierenden Schwarzmarkt um Organe einen legalen Markt zu machen: „The increased supply will drive down the black market price, creating less incentive to sell organs illegally.“ Der Text schließt: „The majority of the world tends to agree that market mechanisms work pretty well. Let's let them work.“

Diese Position ist in zweierlei Hinsicht aufschlussreich: Zum einen findet sich eine annähernd bruchlose Übertragung der puristischen Marktlogik auch auf

---

1 WHA44/1991/REC/1, Annex 6

2 In Deutschland untersagt der §17 des „Gesetzes über die Spende, Entnahme und Übertragung von Organen“ den Handel mit Organen.

die „Gesundheitsfrage“. Ein marktzentriertes Gesundheitswesen scheint demzufolge das zentrale moralische Problem primär darin zu sehen, dass einem solventen Kunden seine/ihre ökonomische Wahlfreiheit vorenthalten wird. Zum anderen konzediert diese Position deutlich, dass – entgegen allen Lippenbekenntnissen – längst ein informeller Handel mit Organen, letztlich also mit der Gesundheit, existiert.

Gesundheit im Betrieb – ein Problem von Angebot und Nachfrage?

Dieser Handel mit der Gesundheit ist nicht auf den vieldiskutierten Gegenstand der Transplantationsmedizin beschränkt.[3] Er findet sich vielmehr – so die erste These dieses Kapitels – seit langem auch im betrieblichen Arbeits- und Gesundheitsschutz (AGS), einem Thema, das zwar in essentieller Weise die Erwerbsarbeit berührt, in der Regel aber medial unterbelichtet bleibt.

Dabei ist der Sachverhalt keineswegs neu: Im „Kapital“ entwickelt Marx bei der Klärung des „Kaufs und Verkaufs der Arbeitskraft“ die Vorstellung, dass die Produktion der Arbeitskraft in der Reproduktion des Individuums besteht, die sich letztlich – stark vereinfacht – in eine „Summe von Lebensmitteln“, die zu ihrer Erhaltung notwendig ist, auflöst (MEW 23: 185). Durch die Arbeit, also die Betätigung der Arbeitskraft,

> „wird aber ein bestimmtes Quantum von menschlichem Muskel, Nerv, Hirn usw. verausgabt, das wieder ersetzt werden muß. (...) Wenn der Eigentümer der Arbeitskraft heute gearbeitet hat, muß er denselben Prozeß morgen unter denselben Bedingungen von Kraft und Gesundheit wiederholen können. Die Summe der Lebensmittel muß also hinreichen, das arbeitende Individuum als arbeitendes Individuum in seinem normalen Lebenszustand zu erhalten.“ (Ebd.)

Hinter diesem Konzept der notwendigen äußeren Lebensumstände zur Reproduktion der Ware Arbeitskraft steht die Idee des nachhaltigen Umgangs mit ihr, letztlich demnach der Versuch, ihre Marktgängigkeit, also ihren Gebrauchswert für den Käufer und damit auch den Nutzen für den Verkäufer zu erhalten. Der Schutz der Gesundheit am Arbeitsplatz lenkt den Blick von der Reproduktion auf ihren Erhalt. Die Frage einer nachhaltigen Gesundheitsentwicklung stellt sich hier nicht minder, denn es droht stetig der Verlust dieser Gesundheit, sei es abrupt durch einen Arbeitsunfall oder auch schleichend, „scheibchenweise“ durch Verschleiß – in beiden Fällen geht der Verlust über die altersbedingte „Abnutzung“ hinaus.

---

3 Zu den Perspektiven der Economic Sociology auf das Thema vgl. Healy (2006).

Die vor-fordistischen lohnabhängig Beschäftigten bei Marx mussten ohne sozialstaatliche Absicherung und weitgehend in eigener Verantwortung ihren Gesundheitshaushalt regeln – oft gar in Abwärtskonkurrenz mit anderen. Für sie stellte die Gesundheit in der Regel auch einen Baustein der Ware Arbeitskraft dar, der ihren Marktwert beeinflusste und den sie im gegebenen Fall als unentgeltliche Zugabe gewährten. Marxens Analyse der puren und oft ungebremsten Verwertung der Ware Arbeitskraft als einem normalen Produktionsfaktor unter anderen liest sich heute wie ein geradezu unwirkliches und überzeichnendes Dokument. Seine Absicht ist es aber an dieser Stelle vor allem, eine schrankenlose Kommodifizierungslogik zu Ende zu denken, und weniger, eine empirisch abgesicherte Feststellung zu treffen.[4]

> „Aber in seinem maßlos blinden Trieb, seinem Werwolfs-Heißhunger nach Mehrarbeit, überrennt das Kapital nicht nur die moralischen, sondern auch die rein physischen Maximalschranken des Arbeitstags. Es usurpiert die Zeit für Wachstum, Entwicklung und gesunde Erhaltung des Körpers. Es raubt die Zeit, erheischt zum Verzehr von freier Luft und Sonnenlicht. Es knickert ab an der Mahlzeit und einverleibt sie womöglich dem Produktionsprozeß selbst, so daß dem Arbeiter als bloßem Produktionsmittel Speisen zugesetzt werden wie dem Dampfkessel Kohle und der Maschinerie Talg oder Öl. Den gesunden Schlaf zur Sammlung, Erneurung und Erfrischung der Lebenskraft reduziert es auf so viel Stunden Erstarrung, als die Wiederbelebung eines absolut erschöpften Organismus unentbehrlich macht." (MEW Bd. 23: 280)

Dem Kapital wird zwar eine Rücksichtslosigkeit gegen die „Gesundheit und Lebensdauer des Arbeiters" attestiert, die jedoch einer strukturellen Kraft geschuldet sei, da sie sich eben für alle Beteiligten als äußeres „Zwangsgesetz" geltend macht (ebd. 286). Im simplen Vollzug kapitalistischer Verwertungslogik spielt die Gesundheit insbesondere austauschbarer Arbeitskräfte bzw. deren nachhaltiger Schutz demzufolge keine herausragende Rolle. Und tatsächlich finden sich Versatzstücke dieser Logik im Arbeitsleben bis heute wieder.

Dass sich indes der Arbeitsalltag mittlerweile vielfach von der Marxschen Beschreibung empirisch unterscheidet, hat zahlreiche ökonomische und politische Ursachen. Schon die sinkende Substituierbarkeit der Arbeitskräfte im Zuge ihrer Höherqualifizierung und Spezialisierung (z.B. als Wissensarbeiter/innen, vgl. oben) führte beispielsweise dazu, dass Unternehmen die Gesundheitsfrage nicht außer acht lassen konnten. Zudem ist das Recht auf Gesundheit und ihre Erhaltung heute wahrscheinlich das am wenigsten umstrittene soziale Recht (Farmer 2003). Dies ist auch Ausdruck einer über Jahrhunderte gewachsenen Widerstandsbewegung gegen die Verallgemeinerung simpler Verwertungslogik.

---

4 Dies soll keineswegs ausschließen, dass es auch Annäherungen an solche Arbeitsverhältnisse historisch gab und bis heute gibt.

Auch hier findet der beschriebene Kampf um die Verschiebung der Marktgrenzen als politische und mikropolitische (betrieblich) Auseinandersetzung statt.

Marx beschreibt den Moment des Umschlagens so:

> „Nachdem das Kapital Jahrhunderte gebraucht hat, um den Arbeitstag bis zu seinen normalen Maximalgrenzen und dann über diese hinaus, bis zu den Grenzen des natürlichen Tags von 12 Stunden zu verlängern, erfolgte nun, seit der Geburt der großen Industrie im letzten Drittel des 18. Jahrhunderts, eine lawinenartig gewaltsame und maßlose Überstürzung. Jede Schranke von Sitte und Natur, Alter und Geschlecht, Tag und Nacht, wurde zertrümmert. Selbst die Begriffe von Tag und Nacht, bäuerlich einfach in den alten Statuten, verschwammen so sehr, daß ein englischer Richter noch 1860 wahrhaft talmudistischen Scharfsinn aufbieten mußte, um ‚urteilskräftig' zu erklären, was Tag und Nacht sei. Das Kapital feierte seine Orgien. Sobald die vom Produktionslärm übertölpelte Arbeiterklasse wieder einigermaßen zur Besinnung kam, begann ihr Widerstand, zunächst im Geburtsland der großen Industrie, in England." (MEW Bd. 23: 294)

Schon am Beispiel des Kampfes um den Normalarbeitstag wird deutlich, dass den konkurrenzinduzierten Zwangsgesetzen über politische Auseinandersetzungen die Spitzen genommen werden konnten. Der Widerstand gegen die Kommodifizierung der Arbeitskraft schloss damit immer auch in seinem Sog oder gar als treibendes Moment eine Tendenz zur Beschränkung der Warenförmigkeit von Gesundheit mit ein. Oder in einer industriesoziologischen Terminologie: Im Schatten des Kampfes um die Transformation von Arbeitskraft in konkrete Arbeit fand stets auch eine Auseinandersetzung um den Grad der Vernutzung von Gesundheit statt. Bei der Erläuterung der „Produktion des absoluten Mehrwerts" lässt Marx daher im Kapital einen fiktiven Arbeiter sprechen, der diesen Gedanken zu Ende denkt:

> „Abgesehn von dem natürlichen Verschleiß durch Alter usw., muß ich fähig sein, morgen mit demselben Normalzustand von Kraft, Gesundheit und Frische zu arbeiten, wie heute. Du predigst mir beständig das Evangelium der ‚Sparsamkeit' und ‚Enthaltung'. Nun gut! Ich will wie ein vernünftiger, sparsamer Wirt mein einziges Vermögen, die Arbeitskraft, haushalten und mich jeder tollen Verschwendung derselben enthalten. Ich will täglich nur soviel von ihr flüssig machen, in Bewegung, in Arbeit umsetzen, als sich mit ihrer Normaldauer und gesunden Entwicklung verträgt." (Ebd.: 248)

Die eigensinnige Auflehnung gegen die pure Verwertungslogik lässt sich historisch durchgehend nachzeichnen und beschränkt sich keineswegs auf die individuelle Ebene; nicht zuletzt diesen Widerstandshandlungen in unterschiedlichen Facetten waren die Reformen der 80er Jahre des 19. Jahrhunderts geschuldet. Die Kaiserliche Botschaft von 1881 gab das Ziel aus, die „Heilung der sozialen Schäden nicht ausschließlich im Wege der Repression sozialdemokratischer

Ausschreitungen", sondern ebenso der „positiven Förderung des Wohles der Arbeiter" zu suchen. Die Einführung der Krankenversicherung (1883), der Unfallversicherung (1884) und der Rentenversicherung (1889, ursprünglich Invaliditäts- und Altersversicherung) stellte daher einen Bruch mit einer schieren Kommodifizierungslogik der Ware Arbeitskraft dar. Gleichzeitig wurde der betriebliche Arbeits- und Gesundheitsschutz (AGS) immer stärker aufgewertet und sicherte eine deutlich humanere Gestaltung der Arbeitsbedingungen.

Wie oben dargelegt kann man die Nachkriegsgeschichte des „Goldenen Zeitalters" des Fordismus (Lipietz; Hobsbawm 1995: 356ff.) bis in die 1980er Jahre als stetigen Trend zur Absicherung der Arbeitskraft gegen die Risiken des Marktes betrachten – allerdings wurde dessen Logik nicht gänzlich ausgehebelt, und der betriebliche Handel mit der Gesundheit erfuhr einen Formwandel, statt ganz zu verschwinden oder einem nachhaltigen Wirtschaften zu weichen.

So hatte der Fordismus als Formation sowohl für die Arbeitskraft als auch für deren Gesundheit zwiespältige Implikationen. Es war stets impliziter Teil des fordistischen Versprechens, dass entfremdende und dequalifizierende Arbeitsbedingungen von Seiten der Beschäftigten akzeptiert, dafür aber auch materiell besser vergütet wurden. Auf der Schattenseite dieser Abmachung eröffneten gerade der betriebliche Fortschritt beim AGS und die gesellschaftliche, materielle Absicherung einer teilweisen oder kompletten Berufsunfähigkeit Beschäftigten und Arbeitgebern neue Verhandlungsspielräume bei der „Gestaltung" der Vernutzung von Gesundheit.

Ausdifferenzierte gesetzliche Vorgaben des AGS bedürfen eines Kontrollsystems. In vielen Betrieben findet zwar eine formale Ausdifferenzierung (Einrichtung einer Zuständigkeit), nicht aber eine tatsächliche Professionalisierung und Spezialisierung im Sicherheitswesen statt, so dass eine interne Kontrolle und Beratung oft nicht zureichend entwickelt ist. Gleichzeitig stoßen externe Kontrollorgane (Gewerbeaufsichtsamt, tlw. Berufsgenossenschaften) nicht selten auf Ablehnung durch betriebliche Koalitionen von Beschäftigten und Geschäftsführungen, die – aus unterschiedlichen Motiven gespeist – problematische Arbeitsbedingungen nicht benennen oder tatsächliche Unfälle herunterspielen. Auf Beschäftigtenseite sind oftmals lieb gewonnene Routinen die Ursache für einen nur mangelhaft praktizierten AGS: Arbeitsschutz kann technisch aufwändig und umständlich erscheinen. Nicht selten ist es auch die Furcht davor, beim Management unangenehm mit Forderungen nach Gesundheitsschutz aufzufallen. Schließlich üben auch tradierte Rollenbilder einen nicht zu unterschätzenden Einfluss aus: ein Insistieren auf Gesundheitsschutz passt dann nicht zum (meist) männlichen Omnipotenzpostulat. So ist es nicht verwunderlich, dass Betriebsräte berichten, dass die betriebliche Mobilisierung im Gesundheitsschutz traditionell ein schwieriges Unterfangen darstellt. Auf Seiten der Vorgesetzten können es ebenso Unkenntnis oder routinisiertes Handeln sein, die einem verbesserten AGS entgegenstehen. Erfahrungsgemäß ist es jedoch betriebswirtschaftliches Kalkül, also Kostendenken, das vielfach ein Hindernis darstellt, denn Gesundheitsschutz stellt eine Investition dar, deren Ertrag sich nur schwer quantifizieren lässt (Becker et al. 2008).

Neoinstitutionalistisch gesprochen: die institutionellen gesetzlichen Vorgaben finden eine betriebliche Übersetzung, die nicht ihrer ursprünglichen Intention entspricht: Das innerbetriebliche Kartell des Schweigens errichtet stattdessen oft Fassaden, hinter denen sich problematische Zustände verbergen. Zu einer solchen Gesamtkonfiguration gehört beispielsweise im untersuchten Werk eines Automobilproduzenten eine mannsgroße Tafel im Einfahrtbereich, die die Zahl der seit dem letzten schweren Arbeitsunfall vergangenen Tage anzeigt (zum Zeitpunkt der Verschriftlichung dieses Textes ca. 1.800 Tage). Auf diese Zahl in einem Interviewgespräch angesprochen lächelten die Betriebsräte und gaben zur Auskunft an, dass

> „Arbeitsunfälle wegdefiniert werden. Die Verunfallten werden dann einfach als Heimarbeiter geführt oder müssen trotz allem zur Arbeit kommen. Damit sind wir im konzerninternen Benchmarking die besten und gefährden auch nicht die bestehende Höhe unsere Beiträge zur Unfallversicherung.“[5] Teil dieser Inszenierung für das Benchmarking ist auf der anderen Seite auch, dass ‚Beinaheunfälle' dagegen passieren müssen. Die Logik ist, dass wir damit tatsächliche Unfälle angeblich vermeiden. Da heißt es dann auch mal: ‚Lass Dir einen Beinahe-Unfall einfallen'.“

Die Differenz zwischen kostenträchtigen Vorgaben und Kosten sparender Wirklichkeit stellt in dieser Logik zumindest einen fiktiven finanziellen Betrag dar, der in den gesundheitsbezogenen Handel des fordistischen Arrangements einfließen und beiden Seiten materiell entgegen kommen konnte und nicht selten noch kann. Insofern stellt dieser Tauschhandel lediglich eine Modifizierung der Warenförmigkeit dar – wenn auch auf deutlich verbessertem AGS-Niveau. Den scheibchenweisen Verlust der Gesundheit der Arbeitskräfte verhindert diese stille Übereinkunft indes nicht. Aus diesem Grund hatte der fordistische Handel mit der Gesundheit in der Regel neben der kurzfristigen auch eine langfristige Auszahlungszusage: die ausreichende Absicherung einer akuten Berufsunfähigkeit oder schleichenden Erwerbsminderung über eine externe Lösung (entsprechende Versicherungsleistung, Frühverrentung etc.) bzw. über eine interne Lösung wie den Einsatz der erschöpften Arbeitskräfte auf „Schon- oder leistungs-

---

5 Die Höhe des Unternehmensbeitrags zur Unfallversicherung richtet sich im Bereich der gewerblichen Unfallversicherung nach der Arbeitsentgeltsumme sowie nach der Gefahrklasse, zu der das Unternehmen veranlagt wurde. Das Verschweigen der Beinahe-Unfälle und das Kaschieren von eigentlich meldepflichtigen Unfällen findet darin eine seiner Begründungen.

geminderten Arbeitsplätzen“ (wie jenen bereits angesprochenen Pförtnern o.ä.) im Unternehmen.

Marktgrenzenverschiebungen, Gesundheit und Widerstand

Wie vieles andere (Hirsch/Roth 1986; Boyer/Saillard 2002) geriet auch dieser ausbalancierte betriebliche Handel mit der Gesundheit im Gefolge der Krise des Fordismus ins Wanken. Es findet seither – so die zweite These dieses Kapitels – von Seiten der Unternehmen eine schleichende Verabschiedung vom tradierten fordistischen Deal um den AGS statt. Was in Ansätzen schon in den frühen konzeptionellen Schriften von Hayeks (1976 [1944]) und Friedmans (1962) zu finden war, fand daher vielfältig Eingang in allgemeines Denken: die (Selbst-) Inszenierung der Marktzentrierung als quasi-natürlicher „Prozess der Gesundung“ – eine Naturalisierung, die insbesondere für die davon ebenfalls betroffene Frage des AGS paradox anmutet.

Der oben vorgestellte heuristische Ansatz der „Verschiebung von Marktgrenzen“ versucht sich dieser Entpolitisierung des Marktes als sozialer Koordinationsform zu entziehen. Stattdessen werden die betroffenen Akteure und ihre Strategien in den Fokus gerückt, die auch in Bezug auf den AGS den Wandel des Verhältnisses von marktförmig zu nicht-marktförmig organisierten Einheiten forcieren.

Tab. 4: Ebenen der Marktgrenzenverschiebung, modifiziert mit Blick auf die Gesundheit[a]

Ebene	Politikfeld	Gegenstände (Beispiele)
Global	WHO, UNO	Grundrechtecharta: Gesundheit als soziales Grundrecht
Europa	EU-Politik	EU-Richtlinien zum Arbeitsschutz
Nationalstaat	Arbeitsmarkt-, Sozialpolitik	Sozialversicherungen, AGS-Richtlinien
Organisation	betriebliche Mikropolitik	Kostensparen, Externalisierung der Gesundheitsrisiken
Individuum	Subjektpolitik	Unternehmer oder Manager der eigenen Gesundheit

a – Die grau unterlegten Felder werden im Folgenden genauer beleuchtet.

Mit Blick auf den AGS bedeutet die Tendenz der Rekommodifizierung, dass das skizzierte alte fordistische Versprechen sukzessive von Seiten der Unternehmen für eine Neuverhandlung aufgekündigt wird. Dies geschieht vielfach implizit, immer öfter auch auf der expliziten Ebene, etwa wenn der DIHK-Präsident fordert, die ersten zwei Urlaubstage künftig unbezahlt zu lassen, was er als „Förderung der Eigenverantwortung“ bezeichnet (tagesschau.de: 27.08.2005). Betrieblich lässt sich dieser Wandel auch an der Weigerung vieler Unternehmen ablesen, für „verschlissene", nicht mehr „olympiareife" Arbeitskräfte entsprechende Arbeitsplätze vorzuhalten. Mit dem allmählichen Wegfall auch der von der fordistischen Logik inspirierten Frühverrentungsmöglichkeiten bleibt oftmals nur noch eine Lösung auf dem Rücken der Beschäftigten:

Der Betriebsrat eines international tätigen Konzerns zu einer solchen Variante:

> „Deshalb gibt's dann eher Aufhebungsverträge mit den Beschäftigten. Aber mittlerweile wird dann eine Stelle in Osteuropa angeboten, wenn man vor Ort nicht mehr eingesetzt werden kann. Wer das ablehnt, kriegt weniger Entschädigung. Viele haben völlig verinnerlicht, dass die Firma sie nicht braucht. Sie akzeptieren das dann und sagen: ‚Wenn die Firma mich nicht mehr braucht, dann wird das stimmen.'"

In dieser Position der Schwäche bringen nicht wenige Beschäftigte wieder verstärkt ihre Gesundheit in den Tauschhandel ein. Dies trifft insbesondere auf den Angestelltenbereich zu, in dem – so berichten die zuständigen Sicherheitsfachkräfte und Betriebsräte – die Tendenz zum „Arbeiten ohne Ende", also zur passiven Erduldung der Verschiebung der Marktgrenzen (z.B. in Form von ergebnisverantwortlicher Projektarbeit), also eine Unterordnung unter die programmatische Kommodifizierungstendenz an der Tages- bzw. Nachtordnung ist:

> „Unsere Angestellten haben es nicht verstanden, dass sie auch in einem Ausbeutungsverhältnis arbeiten und dass nur ihre Arbeitskraft zählt. Wenn die kaputt ist, bist Du nichts mehr wert. Die sagen stattdessen: ‚Die Firma kann mir nichts Böses wollen'. Viele unserer Entwickler gehen abends zur Stechuhr, stechen sich aus und gehen dann wieder an ihren Arbeitsplatz, um weiter zu arbeiten." (Eine Sicherheitsfachkraft)

Die protestantische Ethik, die ja eigentlich Hinweise auf die Handlungsmotive des kapitalistischen *Unternehmers* gibt (die Logik in Webers Worten: „mehr als der Gesundheit nötigen Schlaf – sechs bis höchstens acht Stunden – ist sittlich absolut verwerflich") – kehrt hier bei den *Angestellten* als „Manager ihrer Gesundheit" wieder. Der oben zitierte fiktive Dialog des Marxschen Arbeiters mit „seinem" Kapitalisten hat sich in diesem Beispiel bereits in einen fiktiven Monolog dieser Angestellten mit sich selbst verwandelt, in dem Jekyll und Hyde um Form und Ausmaß der Selbstbewirtschaftung ringen. Es nimmt nicht wunder, dass die Sicherheitsfachkräfte bei diesen – ihrer fordistischen Sicherheiten beraubten – Beschäftigten oft auf Granit beißen:

> „Die verweigern jede Hilfe, sie sind für die Gesundheitsexperten im Betrieb nicht erreichbar, stattdessen hören wir Aussagen wie: ‚Du schmeißt mir Steine in den Weg. Du willst nicht, dass ich beruflich weiter komme.' Da ist auch die Versagensangst: ‚Die Firma braucht mich nicht mehr'." (Sicherheitsfachkraft)

Trotz vielfältiger psychischer Belastungssymptome versuchen viele dieser Betroffenen die hohen und widersprüchlichen Rollenanforderungen zu erfüllen und errichten oft eine Fassade um sich herum. Wenn die Marktgrenzen bereits so weit in die Individuen verschoben sind, ringen Leistungsanforderungen (bei Angestellten oft auch Elitenbewusstsein) einerseits und Burnoutsymptome andererseits oft direkt miteinander:

Noch einmal die bereits zitierte Sicherheitsfachkraft:

> „Unsere Sozialberatung berichtet mir immer davon, dass die Burnoutfälle drastisch ansteigen. Sie kommt mit ihrer Arbeit nicht mehr hinterher. Offen jammert niemand, aber die Beschäftigten leiden. Trotzdem bitten sie darum, dass die Sozialberatung nicht auf dem Firmengelände stattfinden soll, weil sie sich trotz allem fit zeigen wollen und niemand sehen soll, dass sie Hilfe brauchen."

Das Auseinanderdriften der Entwicklung der Arbeitsunfähigkeitstage insgesamt und der psychisch bedingten Ausfalltage findet eine ihrer Begründungen in diesem Phänomen.

Dies verdeutlicht: Bei vielen Betroffenen gehören marktapologetische Anrufungen tatsächlich bereits zu den geläufigen Normalitätskonstruktionen, das heißt: Die betriebliche und gesellschaftliche Signifikationspolitik zur Vorbereitung der Marktgrenzenverschiebung war erfolgreich, ihre Theoreme verbreiten

Abb. 9: Entwicklung der Arbeitsunfähigkeitstage insgesamt (AUT) und der psychisch bedingten Ausfalltage (AUTP) in Deutschland seit den 1990er Jahren (Indexdarstellung)

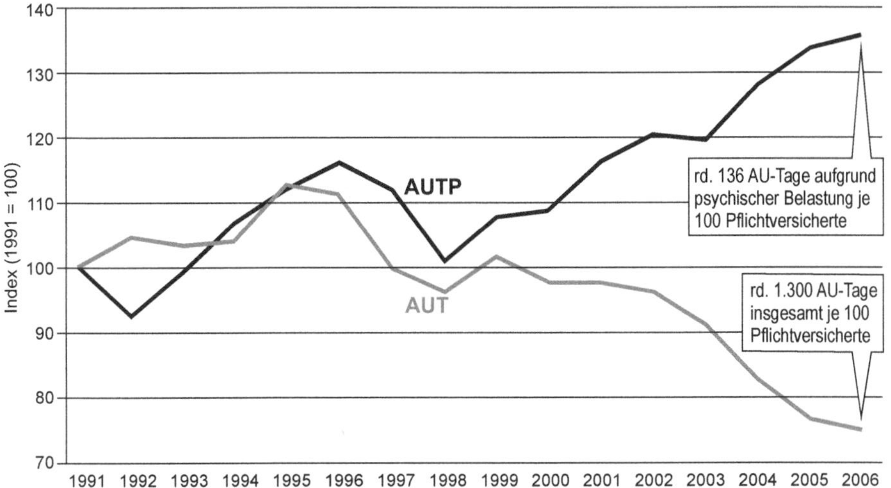

Quelle: BMAS: Statistisches Taschenbuch 2008, BKK-Gesundheitsreport 2007, eigene Berechnungen

und ziehen vielfältige Implikationen nach sich, die auch gesundheitsrelevant sind. Viele der bereits aufgezählten Grenzverschiebungsstrategien koppeln die Beschäftigten enger an den Markt, überantworten ihnen mehr Risiken und legen Interpretationen nahe, dass die Bewirtschaftung der eigenen Gesundheit wieder stärker auf die Arbeitskraft rückverlagert werden soll. Allerdings – und dies wird im Folgenden dargelegt – gibt es sowohl auf der betrieblichen als auch auf der überbetrieblichen Ebene keine bruchlose Durchsetzung einer Marktzentrierung. Die dritte und letzte These dieses Kapitels lautet daher: Trotz und gerade auch wegen der schleichenden Aufkündigung des fordistischen Handels mit der Gesundheit durch die Unternehmen finden sich vielgestaltige widerständige Haltungen und Praxen gegen die avisierte Marktgrenzenverschiebung. Zunächst allerdings eine kurze Darstellung einiger Prozesse von angestrebten gesundheitsspezifischen Marktgrenzenverschiebungen auf den unterschiedlichen Ebenen von Gesellschaft und Betrieb.

„Entbürokratisierung" als Marktgrenzenverschiebung

Die gesellschaftlichen Rahmenbedingungen eines betrieblichen AGS sind Ausdruck der oben thematisierten politischen Kräfteverhältnisse, stellen ihre geronnene Form dar und haben für die mikropolitischen Auseinandersetzungen auf der Unternehmensebene einen starken, oft Stil prägenden Einfluss, da sie die betrieblichen Parteien mit Argumenten und mit Machtressourcen (beispielsweise mit der Ermöglichung oder dem Entzug eines Rückgriffs auf juristische Machtmittel im Falle von Gesetzesänderungen) versorgen.

Betrachtet man die Entwicklung der Neu- und Reformulierungen von Richtlinien, Verordnungen und Gesetzen in den letzten zwei Jahrzehnten, so lässt sich ein deutlicher Wandel ihrer Zielbestimmungen und Funktionslogiken erkennen. Die Bildschirmrichtlinie von 1990 stellte noch einen geradezu klassisch-fordistischen Versuch dar, einen bislang unregulierten Bereich einzuhegen und gleichzeitig intern mit ausdifferenzierten und ausformulierten Schutzbestimmungen zu strukturieren. In den folgenden Jahren hält allerdings die Idee einer Deregulierung des Gesundheitsbereichs Einzug, die in der Neufassung des Arbeitsschutzgesetzes umgesetzt wurde und schließlich 2004 in der neuen Arbeitsstättenverordnung kulminierte. Der Orientierungswechsel lässt sich an ihrem Beispiel nachdrücklich verdeutlichen.

Konzept des auf der Grundlage der EU-Richtlinie novellierten deutschen Arbeitsschutzrechts ist ein flexibilisierter und zunehmend eigenverantwortlich zu gestaltender betrieblicher AGS. An die Stelle klar geregelter Abläufe und konkreter Vorgaben für die Betriebe tritt immer mehr die Anforderung, sich um die Gestaltung seiner Arbeitsbedingungen selbsttätig zu kümmern (Hien 2003; Hien 2004; Pickshaus/Urban 2004).

Damit wird die Geschäftsleitung zwar nicht aus ihrer Verantwortung entlassen, konstitutiv für den Ansatz ist jedoch, dass die Form, in der dies zu geschehen hat, im Gesetz offen gelassen wird.[6] Die konkrete Ausgestaltung des betrieblichen Arbeits- und Gesundheitsschutzes wird stattdessen zunehmend auf die Aushandlungsebene der betrieblichen Parteien verlagert. Die Ablösung der traditionellen, technisch orientierten Arbeitssicherheitspraxis durch eine dem Anspruch nach menschengerechte Arbeitsgestaltung hat auch zwiespältige Implikationen: Einerseits ist der Anspruch des Arbeitsschutzgesetzes eine systematische Beteiligung und Aufwertung der Beschäftigten mit dem Ziel, sie zu Experten ihrer eigenen Gesundheit zu machen. Damit werden sie vom Objekt- in einen Subjektstatus[7] erhoben, der sie mit Rechten und Pflichten ausstattet. Den Beschäftigten öffnet das Gesetz zumindest potentiell neue Beteiligungswege und -felder. Das Gesetz schließt ferner nunmehr Wege zur Bearbeitung der psychosozialen Dimensionen von Arbeit (z.B. Mobbing, Zeitstress etc.) ein, bei deren Erschließung sich die Beschäftigten potentiell einbringen können.

Andererseits droht gleichzeitig der Abbau rechtlich verbindlicher Regelungen im Arbeits- und Gesundheitsschutz unter den Bedingungen einer an der Ökonomie der kurzen Fristen ausgerichteten Geschäftsstrategie nun zu einem „gesundheitspolitischen Rollback“ in den Betrieben zu führen (Pickshaus/Urban 2004: 222).

Schleichende Erosion des Arbeitsschutzes

Nicht das Arbeitsschutzgesetz an sich, sondern die Veränderungen seiner institutionellen Rahmenbedingungen führen im Hinblick auf den faktisch praktizierten AGS zu einer Entwicklung, die zunehmend von Marktprinzipien bestimmt wird. In dem vom ehemaligen Bundeswirtschafts- und Arbeitsminister Clement entwickelten „Masterplan zur Entbürokratisierung“ wurden die von den Arbeitgebern immer wieder öffentlich artikulierten Forderungen den Arbeitsschutz zu „deregulieren“ und zu „verschlanken“[8], weitgehend aufgegriffen (Bayrische

6 Der Arbeitgeber ist gesetzlich nach §5 des Arbeitsschutzgesetzes (ArbSchG) verpflichtet, eine Gefährdungsbeurteilung durchzuführen. Diese schreibt vor, jeden Arbeitsplatz systematisch hinsichtlich seiner Gefährdungen zu beurteilen sowie entsprechende Maßnahmen zu deren Minimierung abzuleiten und zu bewerten.

7 Das novellierte Arbeitsschutz-Gesetz wird deshalb auch als widersprüchlich interpretiert, da es Aspekte der Entmachtung mit Tendenzen des „Empowerments“ kombiniert.

8 Dabei ist der Vorwurf der „Überregulierung“ (BDA 2007) des deutschen Arbeits- und Gesundheitsschutzes sachlich und arbeitsschutzpolitisch nicht haltbar: Staatliche Rechts-

Staatskanzlei 2003; Angermeier 2005). Die Vorschläge zur Umsetzung dieses Ziels beschränken sich indes nicht auf den Rückzug der staatlichen Arbeitsschutzaufsicht. Die Vorstellungen reichen von einer einfachen Reduzierung der Anzahl der Berufsgenossenschaften bis hin zu deren Privatisierung, also einer Verschiebung der Marktgrenzen in das Feld der Beratung und Aufsicht über die gesetzlichen Arbeitssicherheits- und Gesundheitsschutzvorgaben. Diese Forderungen gewinnen an Brisanz, wenn man sich vergegenwärtigt, dass parallel dazu vom BDA appelliert wird, das duale Arbeitsschutzsystem aus Gewerbeaufsicht und Berufsgenossenschaften aufzugeben und die „Beratung und Überwachung der Betriebe einheitlich in die Hände der Berufsgenossenschaften zu legen“, um die „zwangsläufigen Reibungsverluste und Doppelbelastungen für die Betriebe (zu) beseitigen“ (Gunkel 2005). Tatsächlich hat sich die Zahl der gewerblichen Berufsgenossenschaften in Deutschland zwischen 1995 und 2005 von 35 auf 25, die der landwirtschaftlichen von 20 auf neun reduziert (Angermeier 2005), weitere Konzentrationsprozesse sind bereits geplant. Eine Privatisierung des Berufsgenossenschaftswesens würde dann potentiell jener Verschiebungsstrategie der Unternehmen selber folgen, von ihnen (mit-)produzierte Risiken und Kosten anderen Systemen und/oder Akteuren aufzubürden.

Einen weitergehenden Schritt zur Einschränkung des staatlichen Arbeitsschutzes stellt dessen Kommunalisierung dar: In einzelnen Bundesländern fielen Gewerbeaufsichtsämter den Kostensenkungsmaßnahmen bereits so weit zum Opfer, dass sie sich von ihrer originären Funktion einer systematischen Überwachung weitgehend verabschiedet haben. Eine aktuelle länderübergreifende Evaluationsstudie der EU bewertet die Arbeit der Aufsichtsbehörden daher so:

> „Wie schon erwähnt, können die Aufsichtsbeamten weitgehend nach eigenem Ermessen entscheiden, ob sie ihre formellen Vollzugsbefugnisse ausüben oder nicht. Es liegt nichts Außergewöhnliches darin, dass das deutsche System Ermessen gestattet. Die Außergewöhnlichkeit liegt jedoch in der anscheinenden Abwesenheit von Beurteilungsgrößen oder anderen Richtlinien, unter deren Voraussetzung dieses Ermessen ausgeübt wird, und dass aus diesem Grunde das Sanktionsniveau in der Praxis sehr gering ist. (...) In Anbetracht der Unausgewogenheit zwischen den reaktiven und pro-aktiven Komponenten der Arbeitsprogramme der Aufsichtsbeamten und dem Ermessensausmaß bezüglich der Aufzeichnungs-/Berichterstattungsfragen, sind wir der Meinung, dass ungenügend Beweise dafür bestehen, ob die Gesetzgebung auf wirksame Weise durchgeführt wurde oder nicht.“ (SLIC 2006: 37)[9]

---

vorschriften und technische Regeln entsprechen der europäischen Rechtssetzung, die nationale Gesetzgebung bleibt an einigen Punkten sogar hinter den Mindestvorgaben der EU zurück (Hien 2004).

9 Aus einer vom BMWA auf Bundesebene zusammengestellten Statistik für die Dreijahresperiode 2000–2002 geht hervor, dass bei 800.000 Beschwerden über Unfallverhütung

Es gibt demnach Anzeichen dafür, dass der staatliche Ordnungsrahmen zum AGS nicht mehr regelmäßig wirksam durchgesetzt werden kann. Ein Vertreter der Berufsgenossenschaften veranschaulicht das Problem der Durchsetzung von Standards ohne Regulierungsgrundlage wie folgt:

> „Man muss sich dann immer irgendwelche Brücken oder irgendwelche Hilfskonstruktionen bauen, um den Sachverhalt letztendlich begründen zu können. Beispiel: Es wird ein Mangel im Betrieb festgestellt, den ich dem Unternehmer rüberbringe. Nun kann der sagen, ‚Ja ich mache das, beseitige diesen Mangel und dann ist das erledigt.' Oder der sagt, ‚Ich mache es nicht, denn wo steht geschrieben, dass ich das verändern muss?'. Und das ist genau der Punkt, wo man dann ins Schleudern kommt als Berufsgenossenschaft, weil es eben die konkrete Vorschrift, die es früher mal gab, nicht mehr gibt. Wo man gesagt hat, nach Paragraph X, Vorschrift Y steht geschrieben, das muss so und so sein. Und da gab es keine Diskussion. (...) Aber ich muss mich daran nicht halten, weil eine Regel eine Kann-Bestimmung ist. Eine Vorschrift war ein Gesetz, ein Muss. Jetzt sagt der Unternehmer: ‚Ja, muss ich denn das?' Da muss ich ihm sagen: ‚Sie müssen nicht, sie können aber, es wäre schön, wenn Sie würden.' Dann sagt der: ‚Aber ich will nicht.'" (Gesundheitsexperte Berufsgenossenschaft)

In einem Zustand weitgehend fehlender konkreter Normensetzung und -durchsetzung sind Unternehmer und Geschäftsleitungen in der Regel in einer machtvolleren Position. Die Tendenz daher, von öffentlicher Seite die Kontrolle der bleibenden Normen an die Betriebe zu delegieren, vormalige „Kontrolle von außen" durch „innerbetriebliche Prävention" zu ersetzen, findet ihren Endpunkt oftmals erst bei den einzelnen Beschäftigten, die – unter dem Zwang zur Selbstvermarktung stehend – sich auf kein verbindliches Regelwerk mehr stützen können. Dabei wird jener Strategie Vorschub geleistet, die eine Verschiebung von Marktgrenzen von der Gesellschafts-, über die Organisations- bis zur Subjektebene forciert, es entsteht ein Marktdruck, der bis zu den Beschäftigten durchgereicht wird. Für die Härtefälle ist die Gesundheit der Beschäftigten nach dem derzeitigen System versichert, diese Fälle verdeutlichen auch, dass insbesondere in KMU die Risikoverlagerung in rechtliche Grauzonen führt, wie dies ein Geschäftsführer auf die Nachfrage nach den Veränderungen durch die gesetzlichen Deregulierungen verdeutlicht:

> „Ja gut, sie sind aber aus der Pflicht nicht raus. Der Unternehmer ist ja trotzdem in der Pflicht, wenn was passiert. Und dann wird nachgewiesen, dass es in der Firma nicht geregelt war. Und wenn es nicht geregelt worden ist, dann gilt die alte Standardvariante. Das bedeutet: Für die großen Unternehmen ist es einfacher,

---

und Gesundheitsschutz am Arbeitsplatz es nur in der Hälfte der Fälle auch zu Inspektionen kommt, von Inspektoren ausgestellte Sanktionsbescheide folgten nur in circa 16.000 Fällen.

dass man Varianten anpasst, weil da auch ganze Abteilungen für zuständig sind. Aber solange ich die Standards habe, dann ist es für die kleineren doch günstiger, weil wir nicht alles hier verhandeln können."

Die Versicherungsabsicherung für den Arbeitsunfall stellt allerdings keinen Schutz vor dem sukzessiven Verlust durch die Vernutzung der Gesundheit dar. Der Rückzug des Staates aus seiner Ordnungsfunktion hat demnach neben seiner Signalwirkung[10] auch eine Reihe anderer kontraproduktiver Effekte. Eine weitergehende Deregulierung im Bereich des AGS unter der ausgegebenen Maxime einer „Anpassung" der gesetzlichen Vorschriften und Regelungen für den Schutz von Erwerbspersonen droht zu einer faktischen Anomie hinsichtlich des praktizierten AGS zu führen.

Niveausenkende Novellierungswelle

Höhepunkt der Marktgrenzenverschiebung bildet die als Musterbeispiel für einen erfolgreichen Bürokratieabbau geltende neue Arbeitsstättenverordnung aus dem Jahr 2004.[11] Sie ersetzt ein über Jahrzehnte gewachsenes und auf arbeits- und medizinwissenschaftlichen Erfahrungen gründendes detailliertes Regelwerk mit expliziten Mindestanforderungen und folgt damit dem proklamierten Motto „weniger Paragraphen, mehr Sicherheit".[12] Dabei „schaffen flexible Vorschriften Spielraum für – an die jeweilige Unternehmenssituation angepasste – Arbeitsschutzmaßnahmen." (BMWi – Clement 2003). So gibt es beispielsweise für Arbeitsräume nicht mehr eine vorgegebene Mindestgröße von $8m^2$, sondern es wird in der neuen ArbStättV stattdessen nur noch von einer „ausreichenden Grundfläche" gesprochen, für die der Arbeitgeber zu sorgen hat. Was dieser für ausreichend hält, obliegt jedoch dessen subjektiver Einschätzung (Faber 2005), ähnliches gilt für die Raumhöhe und viele andere Fragen. Sicherheitsfachkräfte äußern sich entsprechend kritisch (vgl. oben):

„Die Idee der betrieblichen Verhandlungsspielräume bei der Deregulierung der Verordnungen funktioniert überhaupt nicht. Das ist unsere Erfahrung. Die Arbeitgeber wollen im AGS Kosten sparen. Früher konnte man sich auf die konkreten

---

10 Faktisch wird dem Unternehmen vermittelt, dass Arbeitsschutzgesichtpunkte nur noch eine marginale Bedeutung haben (dazu auch: Hien 2004).

11 Das Arbeitsstättenrecht bildet eine der Hauptpfeiler des betrieblichen Arbeitsschutzrechts. Die Regelungsgrundlagen betreffen die Mehrzahl der Beschäftigten, dazu gehören Aspekte wie Raumabmessungen, Beleuchtung, Raumtemperaturen, Fluchtwege, Notausgänge sowie Anforderungen an Sozial-, Sanitär und Sanitätsraum (Faber 2005).

12 Schon bei der Präsentation des Vorhabens nannte sie der Bundesarbeitsminister einen Modellfall für anstehende Deregulierung (vgl. Gute Arbeit 2003).

> Werte im Gesetz berufen, da gab es keinen Verhandlungsspielraum. Heutzutage steht da ‚angemessen' im Gesetz." (Sicherheitsfachkraft)

Verhandelt wurde auch das Leistungsrecht der gesetzlichen Unfallversicherung, bei dem unter dem Siegel einer „Entschlackung" und „Erhöhung der Pass- und Zielgenauigkeit" deutliche Leistungseinschränkungen diskutiert werden. Folgt man dem ersten Referentenentwurf würde beispielsweise in den Fällen schwerer Lärmschädigung und bestimmter Krebserkrankungen – die immerhin über 10% aller anerkannten Berufskrankheiten ausmachen, statt 4.000 zukünftig nur noch 600 Euro jährlich gezahlt werden. Für einen Großteil der Versicherungsfälle, die sich im eher nicht eklatanten Bereich einordnen (also bei weniger als 20% Minderung der Erwerbsfähigkeit), bedeutete dies eine deutliche Absenkung der Leistung. Zudem sinkt dadurch als strukturlogische Folge auch der Anreiz zur Prävention, weil diese möglicherweise teurer ist als eine potentielle Kompensation von arbeitsbedingten Gesundheitsschäden.

Eine Privatisierung der gesetzlichen Unfallversicherung als haftungsablösende Unfallversicherung analog zur Kfz-Haftpflichtversicherung, wie die von der Bayrischen Staatsregierung einberufene „Henzler-Kommission" fordert (Bayrische Staatskanzlei 2003), stellte die radikalste Form der marktgrenzenverschiebenden Risikoverlagerung auf die Beschäftigten dar. Ein privates Versicherungsunternehmen wäre kaum in der Lage, die gesamte Leistungsbreite der Prävention, Rehabilitation und Kompensation von Arbeitsunfällen und Berufskrankheiten zu erbringen (Angermeier 2005: 525). Folgt man dieser Logik, bestünde außerdem die Gefahr einer weiteren Verlagerung der Kosten auf die Beschäftigten. Schließlich spricht auch aus betriebwirtschaftlicher Sicht einiges gegen die Aufgabe der kollektiven Haftungsablösung: Eine Einzelhaftpflicht der Unternehmen – wie in angelsächsischen Ländern – birgt für die Unternehmen das Risiko, mit enormen Schadensersatzklagen konfrontiert zu werden.

Der folgenreichste Vorschlag der Bund-Länder-Kommission zu den geplanten Veränderungen des erwähnten Leistungsrechts zielte darauf, Wegeunfälle, d.h. Unfälle auf dem Weg von und zu der Arbeit aus der Versicherung zu nehmen. Auf der Unternehmerliste zur Novellierung genoss die Forderung danach höchste Priorität, weil Wegeunfälle

> „im Gegensatz zu Dienstwegeunfällen, Arbeitsunfällen und Berufskrankheiten – ein allgemeines Lebensrisiko dar (-stellen) und (...) daher aus dem Leistungskatalog der Unfallversicherung ausgegliedert und insbesondere über die Krankenversicherung abgesichert werden (müssten). Die dadurch bewirkte Kostenübertragung entspricht einer sachgerechten Finanzierung und führt zu einer Senkung der gesetzlichen Personalzusatzkosten." (BDA 2006: 4; vgl. ebenso: BDA 2007

Die Position fand Einzug in den frühen Referentenentwurf und ist ein Ausdruck dafür, dass den materiellen Verschiebungen der Marktgrenzen in der Regel diskursive Auseinandersetzungen vorangehen, deren Ziel darin besteht, (erwerbs-) arbeitsbedingte Risiken zu allgemeinen Lebensrisiken umzudefinieren. Was sich gesellschaftlich wie ein Verschiebebahnhof von der Unfall- zur Krankenversicherung ausnimmt, hat den betriebswirtschaftlichen Hintergrund, dass diese paritätisch, jene hingegen von den Arbeitgebern alleine finanziert wird. Wenn man dazu in Rechnung stellt, dass Wegeunfälle ungefähr ein Fünftel der Leistungsausgaben der Unfallversicherung betragen, wird hier von Arbeitgeberseite ein hohes Einsparpotential vermutet.

Anhand dieses Beispiels lässt sich jedoch auch zeigen, dass sich Grenzverschiebungen dieser Art keineswegs zwangsläufig und bruchlos durchsetzen. Es demonstriert vielmehr, dass politische Widerstandsstrategien handlungsmächtiger Akteure eine Rückverschiebung von Marktgrenzen bewirken oder Verschiebungsprozesse grundsätzlich verhindern können. Am Beispiel des gewerkschaftlichen Gegendrucks lässt sich dies aufzeigen. Gemeinsam mit Expert/inn/en der Berufsgenossenschaften und des Deutschen Verkehrssicherheitsrates wurden von der IG Metall Informationskampagnen aufgelegt, die in betriebliche und überbetriebliche Mobilisierungskampagnen einmündeten. In ihnen wurde das „Risiko Arbeitsweg“ ausgeleuchtet und die diskursive Gegenposition zum oben angeführten Argument stark gemacht. Die Verschiebung der Marktgrenzen lässt sich hier exakt beobachten als wechselseitiger Versuch, die Grenzen der Definition zu verschieben: Sind Wegeunfälle ein allgemeines Lebensrisiko oder Bestandteil des Handels mit der Ware Arbeitskraft?

Die gewerkschaftlichen Argumente (Zitate nach IGM 2006) setzten sich in diesem Diskurs letztlich durch. Zentraler Ansatz war die Betonung der strukturellen Nachteile der Ware Arbeitskraft,

- die oft keine Wahl hat, Wege zur Arbeit zu verhindern („Seit Hartz IV sind 150 Minuten Hin- und Rückweg zumutbar“),
- die mit verlängerten Arbeitstagen und Ermüdungserscheinungen (insbesondere bei Schichtarbeit) umgehen muss,
- die aufgrund von erhöhtem Arbeitsstress unter Nervosität und Unkonzentriertheit leidet.

Diese Argumente – so berichten Gewerkschafter und auch Betriebsräte – seien in den betrieblichen Debatten diskutiert worden und dies hätte seinen Niederschlag in Resolutionen und Unterschriftensammlungen gefunden.

Letztlich war es auch dieser öffentliche Druck als Ausdruck einer strategischen Signifikationspolitik, der zu einer Änderung des Referentenentwurfs in diesem Punkt führte. Wegeunfälle verbleiben damit auch zukünftig im Leistungspaket der gesetzlichen Unfallversicherung.

Betrieblicher Widerstand gegen die Marktgrenzenverschiebung

Einerseits ist es auf der betrieblichen Ebene schwierig, sich von einem hegemonieträchtigen gesellschaftlichen Ansatz wie der Marktzentrierung abzugrenzen. Andererseits – und dies wird oft unterschätzt – ist der betriebliche Mikrokosmos keine simple Widerspiegelung gesellschaftlicher Vorgaben, sondern er besitzt seine eigene Machtkonstellation und mikropolitische Handlungslogik. So tritt nicht selten dort eigensinnige Praxis in Erscheinung, wo sachzwanglogische Ein- und Unterordnung erwartet wird. Oft speist sich diese aus den Erfahrungen der Widersprüchlichkeit oder Unzumutbarkeit von Kommodifizierungsprozessen, deren Träger/innen als eigensinnige Akteure in den Prozess der (Rück-) Verschiebung von Marktgrenzen eingreifen.

Bei dem Versuch einer präzisen Benennung dieser Praxis ist man mit einer terminologischen Schwierigkeit konfrontiert, da nicht jede Form des Eigensinns bereits als *Widerstand* bezeichnet werden kann (vgl. dazu unten, Kap. 9).

Die widerständigen, widerstrebenden oder eigensinnigen Reaktionsweisen auf betriebliche Prozesse der Marktgrenzenverschiebung lassen sich sinnvoll danach unterscheiden, ob sich die Akteure eher an (a) der tradierten Referenzfolie fordistischer Regulierungen oder (b) einer Aneignung von Gestaltungsspielräumen neuer marktkapitalistischer Handlungsmöglichkeiten orientieren. Beide Strategien können erfolgreich sein, es macht daher keinen Sinn, sie theoretisch oder praktisch gegen einander auszuspielen. Im Gegenteil: nicht selten scheint es gerade die intelligente Mixtur aus beidem zu sein, die eine hohe Effizienz verspricht.

(a) Der Blick zurück nach vorn: Fordistische Regulierung als Referenz

Dieses Muster empirisch auffindbarer Widerstandspraxen kennzeichnet eine Orientierung an einer auf verbindliche Normen setzenden, regulierten Rahmensetzung für den betrieblichen AGS. Die heutige Entwicklung des gesetzlichen Arbeitsschutzes wird von den Akteuren als völlig unzureichend bewertet. Im Vergleich zu den gesetzlichen Regulierungen des AGS vor 1996 wird die heutige Praxis als defizitär beschrieben. Der Leiter des Arbeitsschutzausschusses eines Betriebsrats bringt dies wie folgt auf den Punkt:

> „Früher hatte man etwas, an dass man sich halten konnte. Ich habe heute keine richtigen Grenzwerte mehr, eine Gefährdung schreibe ich erst auf, wenn eine Gefährdung eingetreten ist, alles Larifari. Ich fand das alte Modell besser."

Eine mögliche Praxisvariante schildert ein Betriebsratsvorsitzender:

> „Die neue Arbeitsstättenverordnung enthält ja keine ausdifferenzierten Regelungen mehr, nur noch Kann-Bestimmungen, aber ich habe noch die alte Verordnung mit den klaren Normen im Schrank stehen, dann nehmen wir halt diese alte."

Zentrale Logik dieser Perspektive ist die Annahme, unter den gegebenen Bedingungen sei AGS am besten über einen gelegentlich geradezu paternalistisch anmutenden Schild an Vorschriften und deren Kontrolle zu verwirklichen:

> „Meine Vorstellung von einer Sicherheitsfachkraft ist die, dass ich jeden Tag meine Runde mache, permanent auf die Kollegen zugehe ‚Du trägst keinen Helm, du bläst aus, du machst das'. (...) Ich bin eben der Nöhler."

(Leiter des Arbeitsschutzausschusses des Betriebsrats). Diese Sicht misstraut den Freiheitsversprechen der Marktbefürworter und konfrontiert diese mit der Machtschwäche und dem Selbstökonomisierungsdruck der betroffenen Akteure. Mit Blick auf die Angestellten in seinem Unternehmen hält ein anderer Sicherheitsbeauftragter fest:

> „Die muss man bevormunden! Es gibt Eigensadismus, die Angestellten stechen ab und arbeiten weiter. Wir haben schon in einigen Bereichen den Werkschutz reinschicken müssen, weil wir sagen, als Geschäftsführung hat man auch eine Aufsichtspflicht."

Auch der Versuch von Betriebsräten, die bereits angesprochene ausufernde „Vertrauensarbeitszeit" wieder durch alte Stechuhr-Regelungen zu ersetzen, wird damit verständlich. Dieser Ansatz institutioneller Akteure setzt zwar auf Aufklärung, bedient sich im Zweifelsfall aber auch des Zwangs, wenn diese nicht wirkt – wenn also beispielsweise Beschäftigte den betrieblichen Handel mit der Gesundheit zu intensiv betreiben. Der Leiter des Arbeitsschutzausschusses des Betriebsrats beschreibt eine typische Konstellation:

> „So haben sich Kollegen geweigert, ergonomische Verbesserungen durch eine technische Anlage zu akzeptieren, weil dies gleichzeitig ihre Erschwerniszulage verringert hätte. Man muss sich das einmal vorstellen: Die Leute hätten nicht mehr über Kopf, sondern in gerader Körperhaltung arbeiten müssen, plus Automatisierung statt Muskelkraft. Mit anderen Worten: Für ein paar Cent mehr hätten sie lieber ihre Gesundheit riskiert. Das habe ich nicht mitgemacht und die technische Neuerung durchgesetzt. Wir haben ja auch eine Verantwortung."

Die Beantwortung zweier Fragen aus einer Beschäftigtenbefragung (Vollerhebung, n = 650) bei einer ostdeutschen Niederlassung eines Automobilproduzenten lassen sich zur Erläuterung dieser Ambivalenz exemplarisch heranführen (ähnliche Ergebnisse finden sich immer wieder in Befragungen im Rahmen von AGS-Projekten): Neun von zehn Beschäftigte lehnen die Frage, ob sich Beschäftigte Gesundheitsgefährdungen gefallen lassen müssen, ab (8% votierten für „eher nein", 82% für „nein"). Die Frage allerdings, ob Beschäftigte auf Erschwerniszulagen verzichten können, wenn sich der Gesundheitsschutz verbessert, verneinte eine fast ebenso deutliche Mehrheit.

Auch klassische Fälle der Rückverschiebung von Marktgrenzen lassen sich ausmachen, so beispielsweise, wenn Betriebsräte Insourcing-Prozesse durchsetzen, die darauf zielen, angelagerte Bereiche wieder (oder weiterhin) mit organisationsinternen Beschäftigten zu besetzen. Ein Betriebsratsvorsitzender scherzt dazu: „Neben unserer Hauptpforte wollen wir am liebsten demnächst auch Nord-, Süd- und Westpforten eröffnen, weil wir die Schonarbeitsplätze brauchen". Ein anderer Betriebsratsvorsitzender erläutert seine Rückverschiebungsstrategie am Beispiel der betrieblichen Leiharbeiter, einer Form der marktförmigen Flexibilisierung betrieblicher Arbeitskraft – also der Verschiebung der Grenzen des Arbeitsmarktes in den Betrieb hinein. Leiharbeitskräfte sind im Gros der Fälle mit besonders problematischen Bedingungen im betrieblichen AGS konfrontiert (vgl. dazu die Ergebnisse des Forschungsprojektes www.grazil.net), unter anderem deshalb, weil sie eine sehr marktschwache Position haben und äußerst schlecht in AGS-Fragen geschult und betreut werden:

> „Wir setzen hier in regelmäßigen Abständen durch, dass die Leiharbeiter in feste Anstellungsverhältnisse übernommen werden. Das ist unsere Vorbedingung, damit wir weiteren Überstunden zustimmen."

Der Interessenvertreter greift in dieser mikropolitischen Auseinandersetzung mit gesetzlich verbrieften Rechten machtvoll in die (Rück-)Verschiebung der Marktgrenzen ein.

In ähnlicher Weise werden auch gesellschaftliche Vorgaben im betrieblichen Diskurs angegangen. Die Verlängerung der Lebensarbeitszeit wird von den betrieblichen Gesundheitsexperten mit Kopfschütteln quittiert:

> „Ich bin der Auffassung, dass unsere Kollegen das Rentenalter dann nicht mehr erreichen, wenn die das mit der Rente ab 67 ernst meinen. Dann müssen wir hier Holzsärge aufs Lager legen. Ich weiß nicht, wie man so lange hier arbeiten soll."

Marktgrenzenverschiebungen dieser Art erfüllen in geradezu bedrohlicher Weise die Analyse, die Marx bereits im Kontext des Kampfes um den Normalarbeitstag aufgestellt hat: „Die kapitalistische Produktion (...) verlängert die Produktionszeit des Arbeiters während eines gegebenen Termins durch Verkürzung seiner Lebenszeit" (MEW 23: 282). Um ihren Widerstand zu dokumentieren, haben die Beschäftigten dieses Unternehmens eine Großdemonstration unter dem Motto „Bis 67 muss das sein? – Von der Arbeit in den Sarg hinein!" veranstaltet.

(b) Surfen auf den Wogen des Marktkapitalismus?

Kein auf Hegemonie abzielendes Ansinnen kann sich durchsetzen, wenn es nicht auch für die von seiner Logik betroffenen Akteure ein entgegenkommendes Angebot macht. Selbst mit der Apologetik des Marktes ist daher auch ein Versprechen verbunden: Das Versprechen von Freiheit, das mit mehr Selbstbestimmung und dem Abbau bürokratischer Hemmnisse lockt. An dieses Versprechen knüpfen einige betriebliche Akteure an. Im empirischen Material lassen sich dementsprechend Ansätze einer eigensinnigen und selbstbewussten Aneignung der Logiken marktförmiger Vergesellschaftung auffinden. Ihr subversives Potential wird dabei oft erst auf den zweiten Blick sichtbar.

Das Beispiel einer von der Notwendigkeit eines nachhaltigen AGS überzeugten Sicherheitsfachkraft gibt davon Ausdruck: In einer Unternehmensreorganisation wurden alle Unternehmensbereiche bis hin zur Abteilung für AGS selbst (!) mit einer eigenen Budgetverantwortung versehen – mit geradezu paradoxen Konsequenzen:

> „Unser Gehalt besteht aus den drei Bausteinen: individuelles Grundgehalt, Erfolgsbeteiligung des Bereichs und Erfolgsbeteiligung der Firma. Wenn ich nun als Sicherheitsfachkraft in einer Abteilung bemängele, dass eine Maschine zur Absicherung umgebaut werden muss, dann stellt dies Kosten für die Abteilung dar, die direkt auf die Gehaltshöhe der Beschäftigten und auf meine Gehaltshöhe durchschlagen. Wenn ich also als Sicherheitsbeauftragter in Erfüllung meiner Aufgaben Kosten für den AGS verursache, sinkt automatisch in der Folge mein Gehalt. Und ebenso das Gehalt der Beschäftigten dort, die natürlich kein Interesse mehr haben, kostenträchtige Sicherheitsgefährdungen zu melden. Es passiert oft, dass ich eine Investition anmahne und mir die Kollegen in der Abteilung sagen, ich solle ruhig sein und mich woanders nach Problemen umsehen."

Abgesehen davon, dass sich an diesem Beispiel der Wandel vom fordistischen materiellen Positivsummenspiel zum Negativpoker für die Beschäftigten im Marktkapitalismus verdeutlicht, macht diese Logik klar, dass selbst die für die Sicherheitsberatung im Unternehmen Verantwortlichen mit Negativ-Incentives zum Stillhalten angeregt werden. Warnungen, dass eine innerbetriebliche Umstellung der Leistungsbewertung anhand von Outputkriterien zu Dysfunktionalitäten führen kann, gibt es zuhauf, so beispielsweise von Herbert Simon, der warnt: „Salesman may misrepresent the product, workman may ignore safety rules, managers may buck difficulties to other departments" (Simon 1991: 33).

Um sich dennoch gegen diese mächtigen Koalitionäre des Sachzwangs und der kurzfristigen Performance-Logik durchzusetzen, holte sich die Sicherheitsfachkraft externe Experten zur Stärkung der eigenen Position bei den Sicherheitsinspektionen dazu. Das Schmieden dieser Koalitionen zur Anreicherung der Machtressourcen im mikropolitischen Spiel ist an sich keine Neuigkeit – es war auch im Fordismus an der Tagesordnung. Der Wandel zur Subversion wird erst an der Auswahl der Experten deutlich. Als es beispielsweise um die notwendige Erneuerung der Sprinkleranlage ging, holte die Fachkraft den Sachverständigen der zuständigen privatwirtschaftlichen Brandschutzversicherung dazu, der von seinen eigenen Marktzwängen getrieben sich auf die konfligierenden Interessen besann und einer vom Management verlangten Investitionsverschiebung nebst Kosten- und Risikoverlagerung nicht zustimmte. Im Ergebnis wurden die Brandschutzanlagen erneuert und die Kosten dafür weder der Abteilung noch der Sicherheitsfachkraft („Das hätte mich 2.000 Euro im Monat gekostet“) in Rechnung gestellt. Sein Resumée: „Wenn ich als Sicherheitsfachkraft wirklich etwas bewegen will, brauche ich andere, um Druck aufbauen zu können.“

Das Spiel mit der Logik des Marktkapitalismus stellt durchaus eine zweischneidige Strategie dar. Strittig kann sein, ob die Akteure des AGS sich auf das Motto „Gesundheit als Wettbewerbsfaktor“ einlassen sollten, um ein skeptisches Management von einem Projekt zur Verbesserung des betrieblichen AGS zu überzeugen. „Wenn du als Betriebrat im AGS etwas erreichen willst, muss es sich für die Geschäftsleitung irgendwie rechnen“, erläutert ein gewerkschaftlicher Gesundheitsexperte. Aber selbst wenn es um die Verbesserung des Gesundheitsschutzes geht, so impliziert diese Strategie auch, dass man diesen dem letztendlichen Ziel einer Kostensenkung und Profitmaximierung unterordnet. Das Argument, dass sich Gesundheitsschutz langfristig auch betriebswirtschaftlich rechnet (weniger Ausfalltage, Erhöhung der Motivation), steht damit auf tönernen Füßen, weil es die Zustimmung des Managements nicht zu einer selbstverständlichen Pflicht sondern zu einer fallweisen Freiwilligkeit umdefiniert, die stets unter dem Damoklesschwert einer Rücknahme des gewährten Niveaus steht, falls die Kostensituation es erfordert. Dennoch bleibt hier festzuhalten: Ein solcher Ansatz kann situativ eine zumindest kurzfritigen Erfolg versprechende Strategie zur Verbesserung des AGS sein.

Neben vielen problematischen Implikationen bieten die gesetzlichen Neuerungen für die Beschäftigten erstmals systematisch die Möglichkeit, sich am Prozess der Gefährdungsbeurteilungen aktiv zu beteiligen. Zieht man zudem die Novellierungen des BetrVerfG von 2001 in Betracht, die Beschäftigten erstmals eine Form der Mitbestimmung am Arbeitsplatz (als „sachkundige Beschäftigte“, vgl. unten, Kap. 9), so lässt sich tatsächlich aus der Verabschiedung klassischer bürokratischer Top-Down-Verfahren ein Freiheitszugewinn ableiten, Deregulierung sich mithin tatsächlich als „Empowerment“ lesen. Dieses Herangehen ist allerdings voraussetzungsvoll, gründet es doch auf dem Schutz und der Absicherung einer machtstarken Interessenvertretung und auf einer für die Belange des AGS sensibilisierten Belegschaft. Eine Sicherheitsfachkraft erläutert ihre Strategie:

> „Ich versuche, die Vertrauensleute der IG Metall zu sensibilisieren und gemeinsam mit denen zusammen zu arbeiten. Die sind seither auch fast alle Sicherheitsbeauftragte und werden von mir regelmäßig geschult. Das ist auch die einzige Chance, mit diesen 40 Sicherheitsbeauftragten der IG Metall etwas zu erreichen. (...) Auf diese Weise können wir auch die Führungskräfte unter Druck setzen, et-

> was zu tun. Die wissen dann wenigstens, dass sie jemanden in der Abteilung haben, der sich um die Sicherheit kümmert. Die Sicherheitsbeauftragten sind auf diese Weise in vielen Bereichen tätig, die ich nie zu sehen kriege, z.B. auf Baustellen und bei Montagearbeiten."

Das deutliche Augenmerk dieser „posthierarchischen" und kleinschrittigen Einmischung liegt auf der Aufklärung und einer darauf aufbauenden Selbstbestimmung der Beschäftigten, denn wie der Betriebsrat eines anderen Unternehmens feststellt:

> „Natürlich sind die Kollegen Experten für ihre Gesundheit und ihrer Arbeitsplätze, aber sie verfügen damit nicht automatisch über Beteiligungskompetenz. Man muss Beteiligungskompetenz schaffen."

Was für die Beschäftigten auf der einen, gilt auch für die institutionell Verantwortlichen auf der anderen Seite: Der Aufbau wirksamen Gegendrucks ist nicht nur von der betrieblichen Machtkonstellation, sondern in gleichem Maße von der Verfügbarkeit relevanten Hintergrundwissens zum AGS abhängig. Widerstand ohne ein hinreichendes Professionalisierungsniveau läuft hier leer, oder wie es eine Sicherheitsfachkraft in Worte fasst:

> „Je besser ein Betriebsrat informiert wird und je stärker er sich engagiert, umso schwieriger ist es für das Management, diese Veränderungen und schleichenden Tricksereien durchzusetzen."

Von einem offensiven Umgang mit der Logik der Marktgrenzenverschiebung kann allerdings erst dann gesprochen werden, wenn sich die Akteure in expansiver Manier Gestaltungsspielräume sichern, auf die sie bislang keinen Zugriff hatten. Die Verlagerung von Risiken, Verantwortung aber auch gewissen Entscheidungskompetenzen im Zuge der Verschiebung auf die Beschäftigten und ihre Vertretungen bedarf in jedem Fall deren Kooperation. Darin liegt offenbar eine Chance, wenn sich betriebliche Koalitionen aus Gesundheitsexperten, Betriebsräten und Belegschaft mit der Forderung nach systematischen und über Betriebsvereinbarungen abgesicherten Gefährdungsbeurteilungen durchsetzen und diese auch in weitgehender Regie durchführen können. Nachhaltiger AGS kann sich kaum auf das Bekämpfen einzelner Symptome beschränken, sondern betrifft auch Bereiche wie die Arbeitsorganisation oder die Frage von Investitionslenkung, bei denen kein verbrieftes Mitbestimmungsrecht existiert. Auch die gesetzliche Forderung (Arbeitschutzgesetz § 5, Abs. 3) nach einer Gefährdungsbeurteilung für psychische Belastungen verweist auf die Beurteilung von Gefährdungen, die aus der „Gestaltung von Arbeits- und Fertigungsverfahren, Arbeitsabläufen und Arbeitszeit und deren Zusammenwirken" sowie aus der „unzureichenden Qualifikation und Unterweisung des Beschäftigten" resultieren können. Hier eröffnet sich im gegebenen Fall ein betriebliches Regulierungsvakuum, das von den beauftragten Akteuren gefüllt werden kann. AGS wird damit zu einem Türöffner für weitere Felder, oder in den Worten eines Betriebsratsvorsitzenden: „Für mich ist das Thema Gefährdungsbeurteilung eigentlich nur der Anfang, damit können wir auch in anderen Feldern was bewegen."

8. „Unternehmenskultur“ als Kitt der marktzentrierten Organisation?

Seit einigen Jahren wird die wirtschaftswissenschaftlichen Theorielandschaft durch immer kurzzyklischere vermeintlich neue Management-Moden geprägt: *lean management, total quality management, human resource management, employee involvement, customer relationship management* etc. Während sich deren Halbwertzeit im Allgemeinen deutlich zu verringern scheint, trifft dies auf den Diskurs über die „Unternehmenskultur“ nur bedingt zu.

Dieses Kapitel zeichnet daher zunächst den Kontext und die Determinanten des Aufstiegs dieses Konzeptes seit den frühen 1980er Jahren nach, führt dann einige empirische Belege für die These seines zeitweiligen Niedergangs auf und entwickelt dann einige Argumentationslinien für die „zweite Chance des Konzepts Unternehmenskultur“ im Zuge marktzentrierter Unternehmenssteuerung.

Der erste Aufstieg der Unternehmenskultur: eine Idee im Kontext

Mode, Materialität und Macht

Die Wirtschaftswissenschaften – und hier insbesondere die Betriebswirtschaftslehre – halten sich zugute, dass ihre wissenschaftliche Produktion in der Regel eng an die ökonomische Praxis rückgekoppelt ist. Aus diesem Grunde partizipieren nicht nur außergewöhnlich viele Akteure/Akteurinnen mit durchaus unterschiedlichen, wenn nicht sogar widersprüchlichen Interessen und Funktionen (Berater/innen, Wirtschafts- und Sozialwissenschaftler/innen, Manager/innen, Gewerkschafter/innen, vgl. Ebers 1988) an den aktuellen Diskursen; auch die relevante Literatur lässt sich oftmals nicht einem spezifischen Literaturtypus zuordnen, da sie zu einem nicht geringen Teil in einen Graubereich von normativer Beratungsliteratur, empirischen Studien und Theorieproduktion fällt.

Es stellt sich die Frage, warum die angesprochenen Managementmoden trotz ihrer geringen Halbwertzeit eine so erstaunlich große diskursive Dominanz und – so scheint es zumindest – auch Praxisrelevanz entfalten können. Oder um mit der Verwunderung eines betroffenen Unternehmensberaters (Baille 1995: 47) zu fragen, der feststellt, dass diese Konzepte „were being preached with a gospel-like fervency“: „Why were we following them, and still are to some extent?“

Kieser (1996: 27) macht den „enormen Wettbewerbsdruck“ heutiger Führungskräfte als eine zentrale Begründung dafür aus, dass diese „im rationalen Denken geschulten Manager“ den teilweise mythisch anmutenden Versprechungen immer neuer Moden Glauben schenken. Gleichzeitig rufen die jeweiligen Moden im geschichtlichen Verlauf wiederum spezifische Probleme hervor, auf die dann mit neuen Konzepten reagiert werden muss. Das Unternehmenskulturkonzept macht da keine Ausnahme und ist in diesem Sinne auch keine völlige theoriegeschichtliche Novität.

Deutschmann (1989: Teil 2) rückt diesen Wechsel der Managementmoden von einem organisationstheoretischen Blickwinkel aus in eine historische Perspektive. Er deutet das Wechselspiel von Produktionswissen, Kontrolle und Ideologie in Unternehmen als eine Spirale, bei der das Wissen im zeitlichen Verlauf nicht allein zu seinem Ausgangspunkt zurückkehrt, sondern bei der die gesammelten Erfahrungen stets in einer höheren Stufe aufgehoben sind. Mit Blick auf Organisationskulturansätze verweist er dazu beispielsweise auf den Vorläufer „Human-Relations-Bewegung“ in der Zwischenkriegsperiode oder auch die Hinwendung zum Phänomen des Betriebsklimas in den 1960er Jahren (z.B. Friedeburg 1963).

Türk vermutet dagegen, dass es bei den Vertreter/inne/n der Unternehmenskulturansätze eine bewusste Tendenz gibt, an weit zurückliegende Debatten *nicht* anzuknüpfen, „weil das dem modernistischen Image des Themas schaden könnte“ (1989: III.4). Er verweist beispielsweise auf Arnolds frühe Studie „The Folklore of Capitalism“ (1943 [1937]), die bereits viele der zentralen Topoi der späteren Unternehmenskulturforschung zum aufgreift, von dieser aber kaum rezipiert wird (für weitere Beispiele vgl. Ebers 1988). Für beide Positionen finden sich Belege: im Unterschied zur wissenschaftlichen agiert die Beratungsliteratur zur Unternehmenskultur eher geschichtsvergessen – zumindest was die eigene Verortung innerhalb der Geschichte des Diskurses angeht.

Blickt man auf die Entwicklung der Organisationstheorie, so kann man mit Scott (1992) drei elementare konkurrierende Paradigmen identifizieren. Während frühe Vorstellungen die Organisationen in einer mechanistischen Weise als „rational systems“, also als zielgerichtete, formalisierte soziale Strukturen definierten, eröffneten die Deutungen von Organisationen als „natural systems“ oder als „open systems“ spezifische Horizonte, die auch für eine spätere Entwicklung von Unternehmenskulturansätzen bedeutend waren. Insbesondere die natural-system-Perspektive, zu der auch jene Human-Relations-Schule gezählt werden kann, mit ihrer Erweiterung des Blicks auf die „informale Organisation“ trug dazu bei.

Diese Entwicklung wird auch in der Metaphorik sichtbar, derer sich das Fach bedient, um seinen Gegenstand zu umreißen und auszudifferenzieren. Morgan hat dies in seinem Standardwerk „Images of Organization“ (1986) aufgezeigt. Blickt man auf den geschichtlichen Prozess der Entwicklung der Metaphorik, so ist auffällig, dass sich in den frühen Jahren der Organisationstheorie ein starker Rückgriff auf Bilder aus der „physical world“ (Morgan 1980) findet:

Die Vorstellung von Organisationen als „Maschinen" betonte die Rationalität ihres (oftmals bürokratisch-hierarchischen) Aufbaus und die präzise Verortung jedes Beschäftigten innerhalb des gegebenen Rahmens – nicht unähnlich dem Zahnrädchen in einem Uhrwerk. Die „Organisation als Organismus" betonte dagegen den Überlebenskampf des Gebildes innerhalb einer dynamischen Umwelt. Später findet man auch Rückgriffe auf soziale Metaphoriken, so die „Organisation als Theater" im Anschluss an Goffman (1983 [1959]) oder als „politische Arena" (Crozier 1964). Unternehmenskultur repräsentiert in dieser Reihung lediglich eine weitere Vorstellung von „Organisation" – mit allen Stärken und Schwächen, die einer metaphorischen Sichtweise notwendig inhärent sind.

Mit der „Entdeckung" der sozialen Seite von Organisationen gerieten auch in der Praxis zentrale Unternehmensbereiche in Bewegung. Die Personalpolitik erkannte, dass Beschäftigte nicht nur einen Kostenfaktor, sondern auch eine Ressource des Unternehmens darstellen. Ansätze eines Human Resource Managements (Beer et al. 1985; Kochan/Barocci 1985; Storey 1992; Legge 1995; Weitbrecht/Mehrwald 1998) zielten im Anschluss an die Vorarbeiten von Drucker darauf ab, diese Ressource nutzbar zu machen. Im Zuge der Entdeckung der Spezifika der japanischen Produktionsweise (Ouchi 1981) lenkte sich der Blick der Zunft auf das Lean Management (Womack et al. 1992) und die damit verbundene Reorganisation der Hierarchie und Veränderung der Arbeitsorganisation, die sich vielleicht am deutlichsten in der Einführung von Gruppenarbeit festmachen lässt, sich aber keineswegs darin erschöpfte.

Diese Konzepte stellten auch Antwortversuche auf spezifische Herausforderungen der entwickelten kapitalistischen Formationen dar und waren insoweit mehr als nur Moden, die einander abwechselten und aufeinander bezogen. Was bedeutet dies mit Blick auf das Unternehmenskulturkonzept?

Dazu ist zunächst auf die materielle Seite der Entwicklungslogik kapitalistischen Wirtschaftens zu verweisen. Die schon von Marx im „Kapital" (MEW 23: Kap. 23) beschriebene Tendenz zur Zentralisation des Kapitals, also zur „Konzentration bereits gebildeter Kapitale, Aufhebung ihrer individuellen Selbständigkeit" entwickelte sich in den letzten Jahrzehnten zu einer wahren Welle von Mergers & Acquisitions. Praktiker/innen wie Theoretiker/innen konfrontierte sie zwangsläufig mit der heiklen Frage nach der Vereinbarkeit unterschiedlicher organisationaler „Kulturen" und nach dem Management von Akkulturation oder dem Umgang mit Friktionen, „Kultur-Schocks" oder „cultural clashes" (Veiga et al. 2000; Stahl/Mendenhall 2005; Lewis 2006).

Zudem wurde mit der angesprochenen Krise des Fordismus deutlich, dass die Perfektionierung des Wirtschaftens in seiner Logik an absolute Grenzen stieß (vgl. oben, Kap. 2): Zurückgehende Produktivitätszugewinne einer Wirtschaftsweise, die Effizienzsteigerungen insbesondere über technologische Verbesserungen anstrebte, aber auch die steigende organische Zusammensetzung des Kapitals verhagelten die Bilanzen der Unternehmen. Auf der Suche nach Produktivitätsreserven stieß das Management auf das brach liegende Produzent/inn/enwissen, jenes „Gold in den Köpfen der Belegschaft".

Gleichzeitig wurde die Gestalt von Produkten und Investitionsgütern immer ausdifferenzierter, was einen Ausdruck der erweiterten produktionstechnischen Möglichkeiten, aber auch eine Antwort auf steigende Ansprüche der Konsument/inn/en darstellte. In jedem Fall erforderten sinkende Losgrößen ebenso wie die Suche nach der Nutzbarmachung des Produzent/inn/enwissens geradezu zwangsläufig ein revidiertes Verständnis vom lohnabhängig Beschäftigten. Diese Revision stellte gleichsam einen qualitativen Bruch dar: Plötzlich stellten Beschäftigte bis hin zum shop floor einen umworben Produktionsfaktor dar, dessen Qualifikation man fördern und dessen Einbindung man gewährleisten musste – nicht zuletzt über die Initiierung von Unternehmenskulturkonzepten.

Es nimmt nicht wunder, dass dieser Bruch auch Auswirkungen auf die betrieblichen Machtverhältnisse zeitigte. Wenn Beschäftigte sowohl in der Eigenals auch in der Fremdwahrnehmung durch das Management von austauschbaren Appendices des Produktionsprozesses zu dessen Produktivitätsmotoren avancieren, verbessert sich nicht nur ihre Machtposition, sondern oftmals auch ihre Ansprüche an Teilhabe und Mitgestaltung. Schon die Labour Process Debate der 1970er Jahre hatte im Endeffekt verdeutlicht, dass betriebliche Herrschaft nicht ohne Commitment der abhängig Beschäftigten funktioniert, und dieses wiederum auf deren partieller Einbindung basiert.

Und ein weiterer Aspekt der Machtfrage ist evident: innerorganisatorisch ist es in der Regel das Top-Management, das eine strategische Neuorientierung beispielsweise in Richtung von Unternehmenskulturansätzen ausruft und damit unter mikropolitischen Gesichtspunkten auch seine Machtposition gegenüber dem Mittelmanagement stärken kann (Kieser 1996). Für eine begrenzte Zeitspanne fand sich in den 1980er Jahren eine Interessenkonvergenz von Top-Management einerseits und Beschäftigten und deren Vertretungen andererseits. Beide Fraktionen konnten sich für eine Einführung von „Unternehmenskulturstrategien" aussprechen, weil sie sich davon auch eine Verbesserung ihrer Machtpositionen erhofften. Allerdings wird ebenso deutlich, dass sie jeweils unterschiedliche Perspektiven und Motive damit verbanden und dass damit bereits Sollbruchstellen für diesen temporären Pakt vorgezeichnet waren.

Der durchschlagende Erfolg der Literatur zu Unternehmenskultur, der sich schon an der Zahl der Titel und der Höhe ihrer Auflagen bemessen lässt (Brinkmann 2002c), wäre kaum verständlich ohne das Wissen um diesen Kontext der ökonomischen Krisen der 1970er Jahre oder der US-amerikanischen Furcht vor dem wirtschaftlichen Aufstieg Japans. Dieser begegnen insbesondere die klassischen amerikanischen Texte der Debatte mit einem optimistischen, geradezu begeisterten Tonfall von den Stärken bestimmter Unternehmen in den USA. Als entscheidend für die spezifische Rezeption der Kultur-Kategorie in der Managementliteratur aber auch in der wissenschaftlichen Organisationsforschung ist demnach der jeweilige sozio-ökonomische und diskursive Kontext zu sehen.

Auch in der Bundesrepublik der frühen 1980er Jahre gab es eine Debatte über Rezession und Produktivitätskrisen des eigenen Produktionsmodells vor dem Hintergrund des japanischen Aufstiegs. Allerdings fand sie vor der Folie der Besonderheiten des „Deutschen Modells" und der spezifischen jüngeren Geschichte statt. So wurden beispielsweise seit Ende der 1960er Jahre aus der außerparlamentarischen Bewegung und ihren Ausläufern (wie der Lehrlingsbewegung) ebenso wie aus den Gewerkschaften Demokratiebestrebungen in die Unternehmen getragen. Auf der legislativen Ebene mündeten diese unter anderem in die Reform der gesetzlichen Mitbestimmung von 1976, betrieblich gab es die gewerkschaftlich und politisch unterstützten Versuche der „Humanisierung des Arbeitslebens", die nicht nur Veränderungen der Arbeitsorganisation, sondern auch eine Einlösung höherer Teilhabeforderungen zum Ziel hatten. Im Zuge der Orientierung auf die „Unternehmenskultur" fand sich in „reformorientierten, betriebswirtschaftlichen Managementlehren" (vgl. für Beispiele: Kadritzke 1997: 9) deshalb schon bald auch eine Verbindung mit einem Anspruch auf Partizipation und Emanzipation. Außerdem ist zu bedenken, dass nicht nur jene Ansätze als konzeptionelle Vorbilder für Unternehmenskulturkonzepte gelten können, die sich explizit am japanischen Modell abarbeiten. Krell (1994: Kap. 3–5) hat darauf verwiesen, dass sich auch deutsche Vorgängerkonzepte einer bewussten betrieblichen Vergemeinschaftung finden: von den Werksgemeinschaften der 1920er Jahre, über die NS-Betriebsgemeinschaften zu sozialpartnerschaftlichen betrieblichen Gemeinschaften nach 1945.

Der erste Aufstieg der Konzepts Unternehmenskultur ist also nicht nur als Konjunktur einer spezifischen Managementmode zu verstehen. Vielmehr konvergieren in ihm drei unterschiedliche Entwicklungslinien: neben den „Modefragen" auch der mikropolitische Aspekt innerbetrieblicher Machtverteilung sowie die Suche nach Lösungen für die materialen Probleme des fordistischen Entwicklungspfades.

Wohlgemerkt: Diese Entwicklungen stellen dabei lediglich den Hintergrund des Aufstiegs des Unternehmenskulturkonzepts dar. Es ist keineswegs so, dass sie von den Protagonisten stets sämtlich mitreflektiert wurden.

„The way we do things around here" oder: Was ist Unternehmenskultur?

„Culture may be an idea whose time has come; but what exactly does a ‚cultural perspective' on organizations mean?" Diese von Smircich (1983: 339) aufgeworfene Frage lässt sich unterschiedlich auffächern: Zunächst kann man die Frage nach dem kategorialen Verhältnis von Kultur und Organisation stellen: Smircich selbst führt fünf verschiedene Themenbereiche an – darunter „corporate culture“, aber auch „cross-cultural management“ oder „organizational symbolism“ (zur Abgrenzung des Unternehmenskultur- von verwandten Konzepten vgl. Jacobsen 1996: 1.4). In einem zweiten Schritt stellt sich die Schwierigkeit, wie man *corporate culture*, also Unternehmens- oder Organisationskultur, als Konzept selbst rekonstruiert.

Die frühen Autoren des Unternehmenskultur-Diskurses wie Deal/Kennedy (1982) oder die McKinsey-Berater Peters/Waterman (1982) verwendeten wenig Energie auf ihre begriffsgeschichtliche Verortung innerhalb eines „kultur“-wissenschaftlichen Diskurses. Erstere beispielsweise leiteten ihr Standardwerk mit einer kurzen Kultur-Definition aus *Webster's New Collegiate Dictionary* ein, um sich dann auf die „more informal“ Kultur-Definitionen wie die eines früheren McKinsey-Managers zu beziehen: „The way we do things around here“ (Deal/ Kennedy 1982: 4). In dieser pragmatischen Definition deutet sich ein zentrales und durchgehendes Kennzeichen typischer Managementliteratur zur Unternehmenskultur an: Strukturzusammenhänge und Prozesse werden personifizierend dargestellt; dieses Mittel bietet dem avisierten Management-Publikum alle Möglichkeiten, unternehmerisches Reorganisationshandeln an machtvoll handelnden Einzelpersonen verdichtet zu rezipieren. Stets wird suggeriert: Unternehmenskultur ist machbar (Schreyögg 1991; Bate 1997; Collins 1998).

Bei Deal/Kennedy findet sich auch der erste Versuch, die Kultur-Kategorie in diesem Zusammenhang systematisch auszudifferenzieren. Die fünf von ihnen angeführten Elemente von Unternehmenskulturen waren *business environment, values, heroes, rites and rituals* sowie das *cultural network*; teilweise spielen sie auch in gegenwärtigen Analysen noch eine wichtige Rolle (vgl. unten); auch bei Peters/Waterman war es schon der *esprit de corps*, also jene *shared values*, denen die Autoren eine zentrale Bedeutung im Konzept der Unternehmenskultur zumaßen. Allerdings blieben diese Elemente zunächst noch vergleichsweise vage. Und auch bis heute lässt sich als weiteres Merkmal festhalten, dass in der populären Management- und Beratungsliteratur zur Unternehmenskultur sowohl die konstatierten Problemlagen in Organisationen als auch die propagierten Leitbilder und Lösungswege sehr unkonkret bleiben. Die greifbare inhaltliche Ausfüllung, also das „putting cultures into practice“ (Deal/Kennedy) bleibt der Politik des Managements vor Ort bzw. der von ihr beauftragten Unternehmensberatung überlassen.

Kieser (1996) beschreibt diese Mehrdeutigkeit der Konzepte nicht nur als Merkmal der Konvolute zu Unternehmenskultur, sondern der normativ ausgerichteten Managementliteratur insgesamt. Mit dem Problem der Definition von „Kultur“ im Übrigen stehen die Akteure der Unternehmenskultur-Diskurse keineswegs allein da. Generell ist auf das Problem der Sozialwissenschaften, sich auf einen konsistenten und theoretisch begründeten Begriff von Kultur zu verständigen, vielfach hingewiesen worden (vgl. beispielsweise Luhmann 1999: Kap. 2). Statt dessen herrscht eine Vielfalt der Definitionen des Kulturbegriffs vor (Billington et al. 1991: Kap. 1), die Eagleton am Beispiel der Texte von Raymond Williams verdeutlicht, der Kultur abwechselnd definierte als

> „Maßstab der Vollkommenheit, eine Geisteshaltung, die Künste, eine ganze Lebensweise, ein System des Bezeichnens, eine Gefühlsstruktur, die wechselseitige Beziehung von Elementen einer Lebensweise, und überhaupt alles von der ökonomischen Produktion über die Familie bis zu politischen Institutionen." (Eagleton 2001: 53)

Für die Unternehmenskulturdebatte lässt sich festhalten, dass es vergleichsweise wenig systematische Versuche gibt, den Kultur-Begriff wissenschaftstheoretisch herzuleiten. Prabitz (1996: 130f.) hat herausgearbeitet, dass es eine starke Orientierung an kulturanthropologischen Ansätze gibt, hier nicht selten verkürzt auf bestimmte, oftmals amerikanische Autoren (Geertz, Kroeber) und Konzepte vor allem aus den 1950er Jahren. Auch einige deutschsprachigen Beiträge nehmen in zentraler Weise Bezug auf diese kulturanthropologische Linie (Heinen 1987: Beitrag B; Neuberger/Kompa 1987: Kap. 2).

Zum begriffsgeschichtlichen Entstehungskontext sind zwei weitere Entwicklungen zu rechnen, die sich mit dem Schlagwort *cultural turn* sowie dem Aufstieg der *cultural studies* verbinden. Von den Protagonist/inn/en des Diskurses selbst werden in der Regel zwei Grundverständnisse von Unternehmenskultur unterschieden (z.B. Allaire/Firsirotu 1984; Rowlinson/Procter 1999: 370): „Kultur als Variable" oder „Kultur als Basis-Metapher" (*root metaphor*). Kultur im ersteren Verständnis findet sich vor allem in rationalistischen und funktionalistischen Ansätzen (z.B. Schein 1997), die danach fragen, welche Funktion Kultur innerhalb eines Unternehmens/einer Organisation erfüllt; Kultur ist hier ein Bestandteil eines soziokulturellen Systems. Das Konzept der Basis-Metapher, das sich insbesondere in symbolistischen Ansätzen findet, fokussiert dagegen die fundamentale Frage, was die Bedeutung der Organisation für ihre Mitglieder ist. Die Kultur-Kategorie rückt in diesen Konzepten tatsächlich in den Mittelpunkt der Analyse, d.h. das Unternehmen/die Organisation hat nicht nur, sondern es ist Kultur (dazu auch: Neuberger/Kompa 1987). Versteht man den *cultural turn* als Hinwendung der Sozialwissenschaften zu einer Vorstellung der sozialen Welt (und damit auch der Unternehmen) als „Produkt kollektiver Sinnsysteme" (Reckwitz/Sievert 1999), die eine symbolische Organisation der „Wirklichkeit" produzieren, und erklärt man in diesem Zuge den Kulturbegriff zur zentralen Erklärungsvariable, dann trifft dies im Kontext der Unternehmenskultur für die *root metaphor*-Vertreter/innen am ehesten zu.

Die Verbreitung des Kulturbegriffs in den Sozialwissenschaften ist zudem untrennbar mit dem Aufstieg der *cultural studies* verbunden. Der Kulturbegriff erfuhr hier seit Ende der 1950er Jahre durch Williams, Hoggart und später auch Hall eine signifikante Transformation (vgl. die frühe Spurensuche von Shuttleworth 1971; Green 1975; Johnson 1983). Kultur wurde in dieser Tradition nicht länger mit der elitären Hochkultur einer bildungsbürgerlichen Prägung gleichgesetzt, sondern als heterogenes Phänomen, als Vielzahl bestehender Kommunikationsformen und Lebensweisen interpretiert. Diese Perspektiverweiterung auf populäre und Massenkultur eröffnete auch einer Kulturdefinition Raum, die einerseits auf die Demokratisierung ihrer Zentralkategorie abzielt (Hörning/Winter 1999; Lutter/Reisenleitner 1999) und sie andererseits auch für die Beraterdiskurse attraktiv machte.

Die Abkehr vom Kultur-Elitarismus stellt als Veralltäglichung geradezu eine Säkularisierung dieser ehedem hoch aufgeladenen Kategorie dar. Eagleton (2001) spricht deshalb nicht ohne Grund von einem „Übergang von KULTUR zu Kultur", der auch eine Politisierung des Populären implizierte. Auch wenn es nur wenige explizite systematische Bezugnahmen der Wirtschaftswissenschaften und Beratungsszene auf diese Tradition gibt, so dürfte doch der Siegeszug der *cultural studies* und ihres Kulturverständnisses insbesondere in den angelsächsischen Ländern auch die Durchsetzung eines Begriffs von Unternehmens-"Kultur" befördert haben.

Wie definieren die Wirtschaftswissenschaften nun Unternehmenskultur? Blickt man in die Literatur, finden sich Dutzende von konkurrierenden Definitionen. An diesem Zustand hat sich seit den frühen 1980er Jahren wenig geändert, auch wenn es bereits damals vielversprechende Ansätze zur Systematisierung des Verhältnisses von Organisation/Unternehmen und Kultur bei Smircich (1983) oder Allaire/Firsirotu (1984) oder zur Integration unterschiedlicher Konzepte gab (Sackmann 1983; Sackmann 1991).

Je nach theoretischer Schwerpunktsetzung finden sich unterschiedliche Perspektiven (vgl. Alvesson/Berg 1992: Kap. 6):

- funktionalistische (Unternehmenskultur als System von tieferen Basisannahmen),
- kognitivistische (System von Kognitionen),
- symbolistische (Symbolsystem),
- konstruktivistische („shared meanings")
- ideologietheoretische/-kritische (Unternehmensideologie) oder auch
- psychodynamische Perspektiven.

Neuberger/Kompa (1987: 18) sprechen von der „gewohnten Unübersichtlichkeit" und führen zahlreiche Beispiele für Begriffsbestimmungen an, denen man einige aktuelle Varianten hinzufügen kann.

So definiert beispielsweise Schein Unternehmenskultur (1995: 25):

> „Ein Muster gemeinsamer Grundprämissen, das die Gruppe bei der Bewältigung ihrer Probleme externer Anpassung und interner Integration erlernt hat, das sich bewährt hat und somit als bindend gilt; und das daher an neue Mitglieder als rational und emotional korrekter Ansatz für den Umgang mit diesen Problemen weitergegeben wird."

Hofstedes (1997: 180) Kurzdefinition zielt primär auf den Aspekt der Abgrenzung spezifischer organisationaler Kulturen voneinander: Unternehmenskultur ist in dieser Perspektive das „collective programming of the mind which distinguishes the members of one organization from another".

Dagegen heben Trompenaars/Hampden-Turner (1997: 7) in ihrer Definitionsvariante auf den explizite Ausdruck von Haltungen ab: „The way in which attitudes are expressed within a specific organization is described as a corporate or organizational culture".

Cartwright/Cooper (1996: 61) schließlich halten ihre Definition bewusst allgemein: „Organizational culture is the way in which things get done within an organization".

Weiter oben wurde darauf verwiesen, dass sich die einzelnen Ansätze normativer Unternehmenskulturliteratur durch *interne* Mehrdeutigkeiten wie die Verknüpfungen vager Problemschilderungen und Lösungswege auszeichnen. Es lässt sich nun festhalten, dass auch *zwischen* den einzelnen Anätzen vielfältige Unterschiede existieren, die eine Vergleichbarkeit stark verkomplizieren.

Prabitz (1996: Kap. 6.3) hat die unterschiedlichen Sichtweisen in drei „grand narratives" der Unternehmenskulturdebatte gebündelt. Dabei handelt es sich um

- „Japan, oder Kontrolle durch Sozialisation". Dahinter steht die Debatte über die hohe Anpassungsfähigkeit japanischer Beschäftigter in den clan-ähnlich strukturierten Unternehmensgebilden, die vor allem auf deren sozialisatorisch-kulturelle Vorprägung zurückgeführt wird.
- „Das Geheimnis des weichen Managements". Die Kritik mechanistischer Organisationsvorstellungen und rationalistischer Managementkonstruktionen münden in eine Vorstellung von symbolischem, „weichem" Management, einer „Führung über Motivation" ein.
- „Die Riten und Rituale in Unternehmungen". Diese Idee setzt dem Konzept des funktionierenden computerähnlich steuerbaren Beschäftigten die Einsicht entgegen, dass es sich bei ihm/ihr um Individuen handelt, deren Tun stark von sozialen Inszenierungen bestimmt ist, die über Riten und Rituale vermittelt werden. Die Rolle der Führungskraft besteht darin, dieses „Symbolic Management" auf der Unternehmens-Bühne in Szene zu setzen.

Gemeinsam ist sowohl empirisch-analytischen wie normativen Ansätzen die – gelegentlich nur implizite – Vorstellung, dass ein Verständnis und eine Veränderung organisationaler Abläufe und Strukturen ein Wissen um die soziale Konstruktion der Wirklichkeit, jene informale Organisation voraussetzt. Von Beginn an zielten sie demnach auch auf eine grundlegende Kritik des alten Forschungsprogramms, das die symbolische Ebene vernachlässigt hatte (Ebers 1985: Teil I).

Natürlich sind auch die Unternehmenskulturansätze keine fixen theoretischen Gebäude, sondern reagieren im zeitlichen Verlauf auf interne Inkonsistenzen oder praktische Umsetzbarkeitsprobleme. Sehr bald entfernte man sich in der theoretischen Konzipierung beispielsweise von der Vorstellung einer vorherrschenden einheitlichen organisationalen Kultur, richtete den Blick damit auch auf das Zusammenspiel unterschiedlicher Subkulturen und heterogener betrieblicher Koordinationslogiken (Berthoin Antal et al. 1993) – eine Modifikation des Diskurses, die zentral zu seinem zweiten späteren Aufstieg beitragen sollte.

Viele normative Konzepte der Unternehmenskultur zielten als Managementtechnik auf eine kulturelle Inpflichtnahme zur Schaffung einer *corporate identity* ab. Wie bei allen Homogenisierungsstrategien stellte sich die Frage, welche (organisationalen) Sub-Gruppen und -Kulturen da über den Kamm der Vereinheitlichung geschoren werden sollten. Drastisch hatten schon die frühen Diskursbeiträge eine „starke“ und ungebrochene Unternehmenskultur postuliert (z.B. Deal/Kennedy 1982: Kap. 1). Peters/Waterman (1982: 77) formulierten:

> „The excellent companies are marked by very strong cultures, so strong that you either buy into their norms or get out. There is no halfway house for most people in the excellent companies.“

Krell (1996) hat diese Strategien pointiert als potentiell rassistisch und sexistisch gekennzeichnet (vgl. auch Gherardi 1995; Carl/Krehnke 1997); einige Vertreter des Ansatzes haben auf diese Problematik mit dem Versuch einer Ausdifferenzierung als *managing diversity* reagiert (vgl. dazu auch: Loden/Rosener 1991; so der Titel eines Standardwerks von Gardenswartz/Rowe: 1998; Wächter/Führing 2004; Ogbonna/Harris 2006; Zanoni/Janssens 2007), die eine größere Toleranz betrieblichen Subkulturen gegenüber einfordert und diese sogar als produktivitätsfördernd interpretiert – ein Gedanke, der weiter unten wieder aufgegriffen wird.

Wendet man den Blick auf sozialwissenschaftliche empirische Untersuchungen zur Unternehmenskultur, so findet sich auch in ihren Diskursen jene Unterscheidung von „harten“ und „weichen“ Verfahren, die aus der empirischen Sozialforschung hinlänglich bekannt ist. „Weiche“, also qualitative Verfahren, basieren zumeist auf Einzelfallstudien mit langen Tiefen- oder Expert/inn/eninterviews, während die „harten“, quantitativen Verfahren mit großen Samples arbeiten. Erstere haben mit den Problemen der Reliabilität und Verallgemeinerungsfähigkeit ihrer Daten zu kämpfen, letztere sind zur ersten Exploration eines Forschungsgegenstandes oftmals nur eingeschränkt geeignet.

Anspruchsvolle Studien, die beide Ansätze miteinander kombinieren, sind dagegen rar gesät. Hofstede (1997: Kap. 8) hat eine solche Untersuchung durchgeführt, die zudem international vergleichend angelegt ist und mit der Analyse von einzelnen Unternehmenseinheiten („units") der Überlegung Tribut zollte, dass sich deutliche Differenzen zwischen organisationalen Subkulturen festmachen lassen, welche sich beispielsweise auf hierarchische oder funktionale Unterschiede zurückführen lassen. Um „the whole (the *Gestalt*) of the unit's culture" der untersuchten organisationalen Einheiten zu eruieren, wurden die Organisationsangehörigen (Manager/innen und Beschäftigte) nach organisationalen Symbolen, „Helden" („heros"), Ritualen und Werten befragt. Als zentrales Ergebnis dieser Befragung hielt die Forschergruppe fest, dass sich Unternehmenskultur in sechs Dimensionen unterteilen lässt:

- Process oriented vs. results oriented;
- Employee oriented vs. job oriented;
- Parochial vs. professional;
- Open system vs. closed system;
- Loose control vs. tight control;
- Normative vs. pragmatic.

Bemerkenswert ist in diesem Zusammenhang, dass Hofstede sich explizit dagegen wendet, von vorneherein „gute" oder „schlechte" Pole einer Dimension zu identifizieren – diese Bewertungen sieht er vielmehr als eine Frage der Ausrichtung der jeweiligen Managementpolitiken. Er vermeidet auf diese Weise eine vorschnelle Vermischung von empirischer Analyse und normativer Präskription, wie sie einem Gutteil der Beratungsliteratur zur Unternehmenskultur innewohnt. Bei dieser sind empirische Verweise – sofern überhaupt vorhanden – oftmals nur Ornament, beschränken sich auf Einzelfallstudien oder dienen als willkürliche Zitate oder Statistiken der Untermauerung spezifischer Normen (vgl. unten).

Unternehmenskultur im Diskurs: der Debattenverlauf bis zum zwischenzeitigen Niedergang

Im Zuge der Entwicklung organisationstheoretischer Vorstellungen des Unternehmens als Sozialzusammenhang und weiterer „weicher" Faktoren, verbreitete sich ab Ende der 1960er Jahre in den sozialwissenschaftlichen Debatten auch die zunächst noch sehr diffuse Vorstellung von einer kulturellen Dimension von Organisation im Sinne jener „shared mental software" (Hofstede) der Organisationsmitglieder. Die Kategorie der Unternehmenskultur oder *corporate culture* betritt die Diskursbühne ab Anfang der 1980er Jahre, wahrscheinlich mit einer Titelgeschichte der Zeitschrift „Business Week" (10/80) – und nimmt ihren Weg in die Wissenschaft spätestens mit dem Erscheinen der angesprochenen Monographie von Deal und Kennedy (1982), die die Bezeichnung im Titel trägt, und der im gleichen Jahr erschienenen und bis heute in unzähligen Auflagen und Sprachen verbreiteten Schrift von Peters/Waterman: „In search of excellence" (1982). Die deutsche Betriebswirtschaftslehre beschränkt sich in den ersten Jahren vor allem auf eine deskriptive Übernahme der enthusiastischen amerikanischen *corporate culture*-Debatte, bevor sie ab Mitte der 1980er Jahre eigene kritische Herangehensweisen formulierte (für eine Übersicht dazu vgl. Schmidt 1995: 2.2).

Um einen Überblick über die quantitative Entwicklung des Diskurses zu gewinnen, wurde in den internationalen Datenbanken ABI und Sociological Abstracts sowie in den deutschen Datenbanken WISO II und WISO III eine Fundstellenauszählung durchgeführt. Suchkriterium war stets die Kategorie „organizational culture"/"corporate culture"/"Unternehmenskultur" (für Details des Vorgehens vgl. Brinkmann 2002c). Ergebnis war, dass der Diskurs spätestens ab Mitte der 1980er Jahre einen rasanten Aufstieg verzeichnete, in den 1990er Jahren wieder deutlich abebbte und erst in den letzten Jahren wieder moderat zunimmt.

Aspekte des Niedergangs

Einer der profiliertesten Forscher zur Unternehmenskultur hielt 1997 fest, dass auch dieses Konzept möglicherweise eine Modeerscheinung bleiben dürfte: „Fads pass, and this one, too, may be out of fashion one day, but not without having left its trace" (Hofstede 1997: 179). Diese Aussage wurde bereits jenseits des Höhepunkts des *corporate culture-craze* getroffen. Es stellt sich deshalb die Frage, vor welchem Hintergrund dieser Niedergang stattfindet.

a) Unternehmenskultur zwischen Normativität und Empirie

Mit dem Aufkommen des Diskurses zur Unternehmenskultur verbanden sich eine Reihe von Hoffnungen auf neue theoretische Perspektiven. Namhafte Organisationstheoretiker/innen hatten beispielsweise seit längerem eine verstärkte *historische* Betrachtung ihres Forschungsgegenstandes eingefordert (z.B. Kieser 1994), und eine zeitlang ging man davon aus, dass Unternehmenskulturstudien genau diesen Aspekt in die Disziplin einbringen würden. Diese Hoffnung wurde allerdings kaum erfüllt, wie Rowlinson/Procter (1999) feststellen.

Ein zentrales Problem vieler Veröffentlichungen zur Unternehmenskultur ist aber ihr ungeklärtes Verhältnis von Normativität und Empirie. Tiebler/Prätorius (1993: Teil 2) verweisen in ihrem Überblick zur Unternehmenskulturforschung auf die „intuitiven Ansätze" und „vagen Gestaltungsvorschläge" der Literatur, die „einen starken Überhang auf Seiten der praxisorientierten Literatur" zeige.

Immer wieder findet sich eine fehlende Trennschärfe von normativen einerseits und empirisch-verhaltenswissenschaftlichen Herangehensweisen andererseits, es mangelt an methodischen Reflexionen und nicht selten bereits an präzisen Frage- und Problemstellungen (Osterloh 1988).

In einer Studie zur „Unternehmenskultur in jungen Unternehmen der Multimedia-Branche" (Bertelsmann Stiftung 2000) beispielsweise hatten die Autoren 250 Unternehmen angeschrieben und von ca. 10% eine Antwort erhalten. In der Auswertung der Ergebnisse liest man:

> „Das Phänomen Unternehmenskultur ist für die deutliche Mehrheit junger Multimedia-Unternehmen kein Modethema. 75% sehen in diesem Bereich Handlungsbedarf, und 54% bemühen sich bereits um eine bewusste Gestaltung ihrer Kultur, da sie als wichtiger Wettbewerbsfaktor angesehen wird. In der Tat lässt sich eine Beziehung zwischen Unternehmenskultur und Unternehmenserfolg ausmachen: Sämtliche Unternehmen, die sich der Gruppe der aktiven ‚Kulturgestalter' zuordnen, schätzen ihren Erfolg besser als den branchenüblichen Erfolg ein. Damit zeigt sich, dass Unternehmenskultur einerseits vom Management als Gestaltungsaufgabe wahrgenommen wird und dass andererseits jene Unternehmen, die dieser Aufgabe nachkommen, auch tendenziell erfolgreicher sind."

Der problematische Umgang mit empirischen Daten lässt sich hier exemplarisch aufzeigen: Auf der Basis eines vergleichsweise geringen und womöglich mit einem Bias behafteten Rücklaufs von 10%, also 25 Unternehmen, werden sehr weitreichende verallgemeinernde Schlussfolgerungen zum Zusammenhang von Unternehmenskultur (eine präzise Definition dieser Kategorie fehlt) und Unternehmensperformanz gezogen. Ferner scheint man sich bei der Einschätzung einer so komplexen Konstruktion wie des „Unternehmenserfolgs" nicht auf unabhängig erhobene Variablen, sondern auf die Eigenwahrnehmung der Unternehmen im Vergleich zur Gesamtbranche zu verlassen. Zahlreiche Fragen bleiben somit offen: Inwieweit repräsentieren die Untersuchungsbetriebe die Grundgesamtheit? Haben möglicherweise nur jene Unternehmen geantwortet, die „Unternehmenskultur" zum Programm erhoben haben, wie sieht die Binnendifferenzierung und damit der Vergleichbarkeit der jeweiligen Unternehmenskulturkonzepte aus? Gab es möglicherweise vor allem Antworten von jenen Betrieben, die eine Öffentlichkeitsabteilung haben, welche Befragungen dieser Art professionell beantwortet? Dies würde darauf hinweisen, das vor allem große Unternehmen den Rücklauf ausmachen, was wiederum Rückschlüsse auf ihre gefestigte Marktposition und den daran anknüpfenden Unternehmenserfolg zuließe. In diesem Fall hätten wir es bei der behaupteten ceteris paribus-Beziehung zwischen Unternehmenskultur und Unternehmenserfolg möglicherweise mit einer Scheinkorrelation zu tun. Außerdem: Gesetzt den Fall, eine unabhängige Untersuchung des Unternehmenserfolgs ergäbe, dass ein Teil der 90% Nicht-Beantworter eine bessere Performanz zeitigt: Was bedeutet dies für das Konzept Unternehmenskultur?

Auch Kieser (1996: FN 15) führt einige Beispiele aus der Beratungsliteratur an, bei denen empirisch abgesicherte Studien in unzulässiger Weise verkürzt oder generalisiert wiedergegeben werden, so dass gar der Eindruck einer Manipulation der Daten entsteht. All dies führte dazu, dass viele empirisch ausgerichtete Sozialwissenschaftler/innen von der Begrifflichkeit bewusst immer weniger Gebrauch machten, obwohl sie den eigenen Forschungsansätzen, beispielsweise der Untersuchung einer „Betrieblichen Sozialordnung“ (Kotthoff 1994), potentiell nahestanden.

b) Die Binnenperspektive von Organisationen: Zweifel und Enttäuschungen

Auch in der Unternehmenskulturforschung hat sich die Perspektive verbreitet, dass die jeweilige hierarchische Position der Beschäftigten einen durchaus signifikanten Einfluss auf deren Haltung zur „Unternehmenskultur“ hat (Ogbonna/Harris 1998). Deshalb soll im Folgenden zunächst ein Blick auf die lohnabhängig Beschäftigten, dann auf das Management und deren veränderte Haltung zum Unternehmenskulturkomplex geworfen werden.

Unternehmenskultur wird zur UNTERNEHMENSKULTUR: die Beschäftigtenperspektive

Wenn Peters/Waterman oder andere Autoren auf die Stärke einer homogenen Unternehmenskultur verweisen, so stellt sich auch hier zwangsläufig die Frage nach dem Vorteil auch für die davon betroffenen Beschäftigten. Diese erleben Kulturkonzepte viel stärker als Einbahnstraße und ihre proklamierte Einbindung *in* eher als Anbindung *an* ein Unternehmen, derer sie sich trotz aller behaupteten *corporate identity* in kapitalistischen Wirtschaftsbetrieben kaum sicher sein können.

Der Gebrauch der Kultur-Kategorie birgt Eagleton (2001: 96) zufolge im Kapitalismus stets „die Gefahr, die Aufmerksamkeit auf die groteske Kluft zwischen ihrer geistigen Rhetorik und der unschönen Prosa des kapitalistischen Alltags zu lenken“. Was Eagleton auf den Kapitalismus als Gesamtsystem bezieht, lässt sich auch auf das Phänomen einer Unternehmenskultur anwenden, die mit idealistischen Schönwetter-Konzepten auf der betrieblichen Ebene hantiert.

Insbesondere in Krisenzeiten kann der instrumentelle Charakter der Unternehmenskultur deutlich hervortreten; auch die in der Bertelsmann-Studie angesprochene New Economy (Multimedia-Branche) offenbarte in der Krise in den Jahren nach 2000, wie sie sich ihrer zelebrierten kulturellen Andersheit zum Trotz auf keineswegs neue Krisenbewältigungsstrategien besinnen musste: So verschwanden erst die Symbole eines „lockeren“, kulturell-egalitären Anspruchs wie Tischtennisplatten und Kicker-Automaten, später auch mehr und mehr die lohnabhängig Beschäftigten selbst aus den neu errichteten Großraumbüros. Beim Sinken des Gefährtes stellte sich heraus, dass man zwar gemeinsam in einem Boot vor dem Wind gesegelt war, dass aber im Notfall keineswegs für alle Beteiligten Rettungsboote vorhanden waren.

Insbesondere wenn Unternehmenskulturkonzepte zur Krisenbewältigung und Entlassung genutzt werden sollen, wird deren potentiell instrumenteller Charakter deutlich. Solche „Downsizing-Prozesse“ beschreiben De Vries/Balazs (1996). In den zusammenfassenden Bemerkungen zu ihrem Aufsatz „The human side of downsizing“ halten sie fest:

> „Individual reaction patterns to downsizing operations are explored in the victims, the survivors (those staying with a company after layoffs) and the ‚executioners' (those responsible for the implementation of downsizing) involved in the process. (...) It is suggested that management should abandon the word ‚downsizing' altogether and replace it with the term ‚corporate transformation' – the process of continuously aligning the organization with its environment and the shaping of an organizational culture in which the enduring encouragement of new challenges stands central.“

Sehr deutlich wird hier der angestrebte Etikettenschwindel. Den „executioners“ wird empfohlen, im Falle von Schließungs- und Entlassungsvorgängen den an sich schon euphemistischen Terminus „downsizing“ mit „Unternehmenstransformation“ zu ersetzen, der eine „Unternehmensanpassung“ an ihre Umgebung und die Formierung einer Unternehmenskultur impliziere, in der die andauernde Ermutigung zu neuen Herausforderungen einen zentralen Stellenwert besitzen solle. Zu glauben, die *victims* und *survivors* durchschauten diese Instrumentalisierung nicht, dürfte allerdings ein Trugschluss sein. Mit der Verbreitung solcher Strategien dürften Unternehmenskulturkonzepte an sich eine deutliche Desavouierung bei den Belegschaften erfahren.

Beim angeführten Beitrag handelt es sich auch keineswegs um einen Ausnahmefall:

> „Nie zuvor hat der unternehmerische Diskurs so oft von Vertrauen, Zusammenarbeit, Verlässlichkeit von Unternehmenskultur gesprochen wie in einer Zeit, in der das kurzfristige Einvernehmen einer jeden Arbeitskraft durch die Austilgung aller Sicherheiten erreicht wird“,

hält Bourdieu (1998: 113) fest. Eine ursprünglich angestrebte Stärkung von Loyalität, Commitment und Vertrauen der Beschäftigten wird damit eher untergraben (Sennett 2000; Meifert 2003), oder wie Wächter formuliert:

> „Wie kann ein Unternehmen von seinen Arbeitnehmern Initiative und eigenmotiviertes Handeln erwarten, wenn nicht als Gegenleistung bindende Versprechen, etwa bezüglich Beschäftigungssicherheit, abgegeben werden?“ (Wächter 1998)

Es nimmt deshalb nicht wunder, wenn Belegschaften „Unternehmenskultur“ und andere „weiche“ Managementkonzepte aufgrund der gesammelten Erfahrungen nicht selten als „Rationalisierungstrick“ (Dörre/Neubert), als „management by ideology“ (Cummings) interpretieren, das auf unkritische Affirmation abzielt. Zwar bedeutete die Führung kapitalistischer Unternehmungen immer schon ein Gutteil ideologischer Praxis. Das Neuartige der Unternehmenskulturkonzepte sieht Morgan (1986: 138) aber in „the not-so-subtle way in which ideological manipulation and control is being advocated as an essential managerial strategy“.

Wenn vermerkt wird, dass viele Unternehmenskulturkonzepte statt auf Information und Partizipation eher auf Affirmation setzen, deutet sich damit bereits eine weitere Problemlage an. Oben war dargelegt worden, dass der Einzug der Kultur in die Sozialwissenschaften eine Säkularisierung von KULTUR zur Voraussetzung hatte, die zumindest in Teilen der Wirtschaftswissenschaften sowie bei Beschäftigten und Gewerkschaften auch mit der Hoffnung auf eine Demokratisierung und Humanisierung der Arbeitswelt verbunden war. Je deutlicher nun der instrumentelle Charakter dieser Konzepte in den Vordergrund tritt, umso offensichtlicher wird, dass es sich bei ihrer anti-elitaristischen Stoßrichtung oftmals eher um eine Pose als um eine ernst gemeinte Partizipationsofferte handelt. Aus der Perspektive des *shop-floors* mutiert Kultur als „Unternehmenskultur“ wieder zu einer elitären Top-Down-Strategie, denn es geht darum „how founders as leaders create and develop culture“ (Schein 1997: Kap. 4).

KULTUR hatte einen elitären Anspruch, als *corporate culture* erfährt sie auf diese Weise tendenziell eine Refeudalisierung und verkommt oftmals wieder zur elitären Veranstaltung eines Managements, das darauf bedacht ist, den „Herr-im-Hause“-Standpunkt nicht zu gefährden. Beschäftigte erleben diese Widersprüchlichkeit ihrer behaupteten, aber nur halbherzig praktizierten Einbeziehung als schleichende Entpolitisierung. Dies bedeutet für sie letztlich: Unternehmenskultur wird zur UNTERNEHMENSKULTUR.

All dies deutet darauf hin, dass die traditionellen betrieblichen Herrschaftsverhältnisse von Unternehmenskulturkonzepten natürlich nicht grundlegend berührt werden. Um Kultur in der Perspektive der Beschäftigten zu einem verlässlichen Element der betrieblichen Sozialordnung werden zu lassen, bedürfte es deshalb einer Verstetigung im Sinne einer Institutionalisierung der Instrumente, ohne dass diese zwangsläufig in eine Bürokratisierung einmünden müsste. Das Deutsche Modell der Industriellen Beziehungen bietet dazu mit seinen zahlreichen Informations- und Mitbestimmungsmöglichkeiten eine Reihe von betrieblichen Ansatzpunkten. Dies haben auch viele Unternehmen der *new economy* erkannt, in denen sich nach anfänglicher Ablehnung in Krisenzeiten Betriebsräte zur Verteidigung von Beschäftigteninteressen gebildet haben.

Die Veralltäglichung des Kulturkonzeptes als Unternehmenskultur stellt sich in der Perspektive der lohnabhängig Beschäftigten demnach zweischneidig dar: einerseits bietet sie zwar die Chance zur Demokratisierung, andererseits aber oftmals die Gefahr der Instrumentalisierung.

Die Perspektive des Managements: Macher und Machtverfall

Auch der Blick auf das Management offenbarte nach anfänglicher Euphorie eine wachsende Skepsis diesen Konzepten gegenüber. Unternehmenskultur sei machbar, so lautet die Botschaft, die damit auch offensiv eine „Macher-Ideologie" und die damit verbundenen Ansprüche befördert (zur Kritik der „Machbarkeit" von Unternehmenskultur vgl. Krell 1995). Das Konzept Unternehmenskultur war – wie angedeutet – unter anderem aus einer Oppositionshaltung, dem *hard-headed rationality*-Management und seinen Allmachtsphantasien gegenüber entstanden. Aber auch das symbolische Management, das „Führen durch Motivation", setzt den zuständigen Machertyp voraus, der alsbald an die Grenzen auch dieses weichen Managements stößt.

Trifft nun ein oftmals noch tayloristisch sozialisiertes Management auf Implementierungsschwierigkeiten, so besteht die Gefahr einer frühzeitigen Desillusionierung der Akteure, die feststellen müssen, dass sich Kultur schwerlich taylorisieren lässt. Als typische Problemfelder ergeben sich kulturelle Divergenzen innerhalb des Unternehmens, das Management von Subkulturen, der hohe Einfluss externer, unkontrollierbarer Faktoren auf das Unternehmen, Beschäftigtenfluktuation, aber auch der Verlust von Glaubwürdigkeit in Krisenzeiten. Der klassische Lösungsweg für diese Problemlagen wäre seine Einbettung in einen Funktionszusammenhang, sprich der Aufbau einer „Kultur-Bürokratie", die aber wie angedeutet dem Phänomen kaum angemessen ist.

Zudem sieht sich das Management auch mit seinem potentiellen Machtverfall konfrontiert. Es bilden sich in der Regel effektive (Sub-)Kulturen des Widerstands, die nicht durch die Vertreter/innen einer affirmativen Kultur kontrolliert werden können, da die Übernahme einer Kultur – soll sie tatsächlich verinnerlicht und nicht nur aufgesetzt werden – einen gewissen Spielraum der Freiwilligkeit voraussetzt. Dieser aber lässt Unsicherheitszonen entstehen, die vom Management nicht mehr durchgreifend kontrolliert werden können. Von Kultur zu reden impliziert deshalb auch immer eine Offenheit für die Nichtplanbarkeit organisationaler Prozesse, bedeutet die Akzeptanz von Subkulturen und des Kulturschaffens *bottom-up*. Und genau diese Akzeptanz scheint zu schwinden.

Die skizzierte temporäre Übereinkunft von Top-Management und Beschäftigten(-Vertretungen) zur Betonung weicher, partizipativer Verfahren wie dem Konzept Unternehmenskultur muss deshalb oft dann zerbrechen, wenn das Top-Management den Beschäftigten gegenüber diesen Macht- und Kontrollverlust konstatieren muss. Historisch war es deshalb geradezu erwartbar, dass spätestens zu diesem Zeitpunkt wiederum Konzepte einer Re-Taylorisierung (Springer

1999) oder eben jene diskutierten Ansätze der outputorientierten Marktzentrierung aufs Tapet gebracht wurden, wie dies seit Ende der 90er Jahre geschah. Denn die mit einer erweiterten Partizipationsmöglichkeit gewonnenen Dispositionsspielräume wurden von Beschäftigten natürlich auch für eigene Interessen genutzt. Aus Arbeitgeber- bzw. Management-Perspektive musste demnach die betriebliche Dispositionsmacht immer stärker gefährdet erscheinen.

Von den „shared values" zum „shareholder value": industriepolitischer und ideologischer Backlash

Oben war dargelegt worden, dass die betriebliche Einführung von Unternehmenskulturkonzepten auch eine Stärkung der Machtposition des Top-Managements aufgrund seiner strategischen Vorreiterschaft nach sich zog. Indes entwickelte sich nach einiger Zeit abermals dieser Druck auf das Management und ein neuerlicher Modenwechsel zur Wiederherstellung der Machtdistanz zum Mittel-Management stand an.

Der Wechsel der Moden trifft auch irgendwann das Konzept Unternehmenskultur; der „industriepolitische Pendelschlag" (Dörre 2001b) zurück setzt einen ideologischen backlash hinsichtlich der „weichen Faktoren" gleichsam voraus. Dazu zählen neben der angesprochenen Re-Taylorisierung auch die zunehmende Marktzentrierung organisationaler Beziehungen, Kurzfristigkeit im Denken und nicht zuletzt die Vernachlässigung positiver und negativer externer Effekte, zu denen auch solche zählen, die innerhalb eines Unternehmenskulturkonzepts Relevanz entfalten (wie die Weiterbildung).

In einem herrschaftlich stark vorstrukturierten Raum wie einem kapitalistischen Unternehmen existiert immer schon eine Schieflage hinsichtlich der Frage nach dem Ausgang des Kampfes um das herrschende Bewusstsein als kultureller Hegemonie; aber die Freiräume für oppositionelle Subkulturen reduzierten sich deutlich mit dem Aufkommen und der Verallgemeinerung des Shareholder-Value-Denkens und dessen Geringschätzung des Humankapitals im Vergleich zum Aktienwert des Unternehmens.

Wenn Unternehmenskulturkonzepte oben als Form eines „weichen" Managements gekennzeichnet worden waren, so wird diese Bezeichnung insbesondere im Kontrast zum „harten" Shareholder-Value-Konzept deutlich. Mit dessen Verbreitung (Dörre 1997; Windolf 2001) drohte nun auch der Stern der „Unternehmenskultur" zu verglühen: ein primär am aktuellen messbaren Unternehmenswert und seiner kurzfristigen Steigerung orientiertes Management orientierte sich oftmals weg von langfristigen und kaum quantifizierbaren Strategien. Der Geschäftsführer eines Maschinenbauunternehmens kennzeichnete den Übergang so: „Nachdem klar war, dass wir hier knallhart auf die Wertsteigerung umorientieren, war von Unternehmenskultur ein paar Jahre lang nichts mehr zu hören". Kultur musste sich nun wie jeder andere Produktionsfaktor kurzfristig „rechnen". Und genau darin besteht das Problem, auch wenn es immer wieder Beiträge gibt, die auf Kostenvorteile durch die Praktizierung von Unternehmenskulturkonzepten verweisen: „Unawareness of culture can cost you" (Bliss 1999). Lässt man einer bottom up-Kultur zu freie Hand, so erhöht man zwar möglicherweise langfristig das Commitment der Belegschaft, kurzfristig aber auch die Transaktionkosten und die Kontrollproblematik, was dann oft ein „Ende der Unternehmenskultur" (Staute) als normatives Konzept einläutet.

Die Entfesselung der Marktkräfte *zwischen*, vor allem aber die Verschiebung der Marktgrenzen *in* die Unternehmen führt zu einer „Destruktion der internen betrieblichen Sozialintegration", das Unternehmen wird „zu einem Inselmeer partikularer Subkulturen", wie Kotthoffs Studien belegen (1997: 182f.). Gerade diese Ausbreitung von Partikularismus und Indifferenz bei den Beschäftigtengruppen schien aber die Zukunft von Unternehmenskulturansätzen zunächst in Frage zu stellen. Oft mutierte der Begriff „Unternehmenskultur" zu einer defensiven Floskel oder zu einer reinen Formalkategorie (selbst die *shareholder-value*-Orientierung ist in dieser Logik eine spezifische Unternehmenskultur) ohne spezifische inhaltliche Aufladung. Darauf verweist auch seine steigende Verbreitung in der Tagespresse: während in den wissenschaftlichen Abhandlungen seit Mitte der 90er Jahre der beschriebene Rückgang zu beobachten ist, findet sich in der Tagespresse eine stetige Zunahme: so beispielsweise in der FAZ mit 25 Fundstellen in 1994 auf 96 Fundstellen (2000) und 127 Fundstellen in 2008.

Abb. 10: Fundstellen „Unternehmenskultur" in der FAZ seit 1993

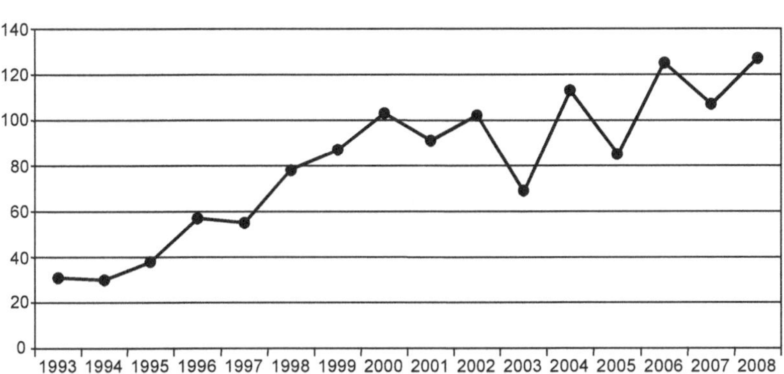

Marktförmige Desintegration – kulturelle Reintegration? Oder Unternehmenskultur als Kitt der atomisierten Exit-Organisation

Die Verschiebung der Marktgrenzen in die Organisation befördert wie dargestellt verschiedene desintegrative und zentrifugale Kräfte. Was aber unterscheidet dann ein Unternehmen als fluides Gebilde autonomer Einheiten dann noch von einem „normalen" Marktplatz? Die Frage nach Markt oder Organisation wird wie dargelegt seit Coase oft so beantwortet, dass die zur Erstellung von Gütern notwendigen Transaktionen in einem Unternehmen und nicht auf dem Markt stattfinden, wenn die Summe der Produktions- und Transaktionskosten im Unternehmen geringer als auf dem Markt ist. Firmeninterne Märkte stellen im strengen Sinne daher einen logischen Bruch in dieser herrschenden Unternehmenstheorie dar, denn man kann mit Ellig (2001: 230) folgende Überlegung anstellen:

> „If administrative direction minimizes transaction costs, there seems little justification for wholesale replication of market institutions inside the boundaries of the firm. On the other hand, if introduction of prizes can improve upon administrative resource allocation, then downsizing seems more appropriate than internal markets."

Diese Entweder-Oder-Logik erfährt bei den Protagonisten des Konzepts marktzentrierter Organisationen (oder auch von Intrapreneurship) eine Verschiebung zur Sowohl-Als-Auch-Maxime, da sie weder auf die Vorteile des Marktes noch der Organisationsform Unternehmen verzichten möchten. Auf die oben angesprochene zentrale Frage nach „Make or buy?" antworten sie daher mit dem Motto, „Make and buy!"

Was bedeutet dies für das Phänomen organisationaler Desintegration? Die Loslösung von der Verpflichtung auf das Unternehmensziel vollzieht sich oft in zwei typischen Abstufungen: Zunächst findet die Bildung marktförmiger Entitäten wie etwa Centerstrukturen statt, die zwar noch auf ein vorgegebene Richtung eingeschworen sind, aber schon legitimerweise einer eigenen Sinnhaftigkeit in ihrem Streben nach einer guten Performance folgen (müssen). Mit dem Intrapreneurship geht man wie dargelegt dann einen Schritt weiter: Dessen explizites Programm ist es geradezu, im Rahmen betrieblicher schöpferischer Zerstörung, tradierte Prozesse und Produkte hinter sich zu lassen und eigene Ziele zu verfolgen.

In der Regel werden zwei lösungsorientierte Argumentationslinien stark gemacht: Zunächst der klassische Glaube an die unsichtbare Hand des Marktes, zuweilen modernisiert als Anleihe bei der Chaos-Theorie: „To use a phrase from chaos theory, the central advantage of an internal market system is that it ‚creates spontaneous order out of chaos'" (Halal 1996: 49). Dagegen ließe sich einwenden, dass es sich bei der gestifteten weniger um eine Unternehmensordnung sondern eher um ein Marktgleichgewicht handelt. Der Ansatz zur Stiftung innerorganisatorischer Kohäsion wird daher verstärkt an anderer Stelle erwartet: Große Erwartungen richten sich an ein wieder stärker offensiv vorgetragenes, verbindendes und verbindliches gemeinsames Normenkorsett innerhalb eines Unternehmens: die Unternehmenskultur. Auf der Diskursebene überschneiden sich mit der Debatte über Unternehmenskulturen und Marktzentrierung von Organisationen zwei der populärsten Managementdiskurse. Beide Initiativen stellen in der Regel als modische Managementtools Top-down-Versuche zur Steuerung der Binnenkoordination dar. Unternehmenskultur als Exit-Barriere und zur Stiftung von Kohäsion in einer infolge von Marktzentrierung ansonsten auseinander driftenden Organisation: das scheint in wachsendem Maße als zentrale Botschaft von betrieblichen Kulturinitiativen vorherrschend zu sein. Es ist daher nicht überraschend, dass Unternehmenskultur/Loyalität/normative Integration als Antworten auf nachfolgende Fragen angeführt werden:

- „Is a collection of entities that charge each other prices for most products and services still a firm?" (Ellig 2001: 227)
- „If an organization is no longer a fixed, centrally controlled structure but a fluid tangle of autonomous units going their own way, what distinguishes it from the outside marketplace? What gives it an identity that makes it more than the sum of its parts? In short, what are executives really managing?" (Halal 1994a: 77)

Welches Verhältnis von betrieblicher Inklusion und Exklusion wird also angestrebt? Ist unter den Bedingungen permanenter Grenzverletzung durch Marktgrenzenverschiebungen innerorganisatorisch überhaupt Stabilität zu erlangen? Das Problem einer „moralischen Integration in der Firmengemeinschaft" (Berger 1999) besteht aber nicht erst seit der Forcierung der Marktzentrierung. Schon zuvor schürten viele Reorganisationsmaßnahmen aufgrund der mit ihnen verbundenen Unsicherheiten desintegrative Kräfte. Neu ist an der Reorganisation als Marktgrenzenverschiebung, dass sie das Prinzip der Zerlegung in vielerlei Hinsicht geradezu zu einem konstitutiven Element macht.

Eine gewisse Naivität der Lösungsanstrengungen für das Problem der zentrifugalen Kräfte drückt sich implizit in der gewählten inhaltsarmen Metaphorik aus. Das Problem der Verbindung innerbetrieblicher Markteinheiten wird nur einer scheinbaren Lösung zugeführt, wenn davon gesprochen wird, dass beispielsweise Intrapreneure Knoten in einem „central nervous system" darstellen sollen, welches als Ganzes das „corporate brain" darstelle (Halal 1999) Oder:

> „(...) the units of an internal market feel their way along like the cells of a superorganism possessing a life of its own, producing a constant stream of adaptive change." (Halal 1996: 49)

Der Rückgriff auf die Körpermetaphorik dieser Art hat eine lange Tradition in den Organisationswissenschaften (Morgan 2000); ein nahe liegender Grund für diese Wahl dürfte unter anderem darin zu suchen sein, dass der Körper per se eine Vorstellung von natürlicher Einheit transportiert, die man auch gerne dem Unternehmen unterlegen möchte.

Die Sorge um den Zusammenhalt der Organisation schwang zwar von Beginn an in der Debatte um die marktzentrierte Organisation mit (Fisher 1984; Morris et al. 1993) – dies gilt insbesondere für all die zahlreichen Organisationen, die sich parallel zur Marktzentrierung auch eine strenge Orientierung an den Eigentümerinteressen auf die Fahnen geschrieben haben. Deal/Kennedy, Pioniere des Unternehmenskulturdiskurses, blicken 17 Jahre nach dem Erscheinen ihres Corporate Cultures-Buchs dementsprechend konsterniert auch auf den Shareholder-Hype:

> „The gods (surely) must be crazy. (...) Company loyalty as it used to be is a thing of the past. Employees have been forced to learn that their first loyalty must be to themselves." (1999: 61f.)

Von einigen Vertretern der Ansätze von Wertsteigerung und Marktzentrierung wird der Anspruch nach einer dienlichen Unternehmenskultur in wachsendem Maße vorgetragen (z.B. Prasad 1993; Malone 2004). Zwar gab es (und gibt es bis heute, z.B. Leavitt 2005) Autoren, die die Bedeutung einer starken Unternehmenskultur auch für bürokratische Organisationen hervorheben, einen deutlichen Aufschwung erfährt diese Thematik aber vor allem im Zuge der Marktgrenzenverschiebung – dies trifft insbesondere dann zu, wenn man auch die Zukäufe von Unternehmen darunter fasst: Commitment und Loyalty sind natürlich im Falle von (zumal grenzüberschreitenden) Mergers keine präexistenten Gegebenheiten – im Gegenteil: hier geht nicht ohne Grund immer wieder die Rede vom bereits angesprochenen „Cultural Clash" (Søderberg/Vaara 2003; Stahl/Mendenhall 2005) bis hin zum „battle for cultural survival" (Deal/Kennedy 1999: 129).

Je deutlicher wurde, dass marktförmiges und unternehmerisches Handeln auch innerhalb des Unternehmens nicht zuletzt im Durchbrechen tradierter Normen besteht, und je stärker damit betont wurde, dass die damit verbundene propagierte Freiheit gerade darin besteht, dass man sie aus den klassischen Bindungen an das Unternehmen herauslöst, um so lauter wurde der Ruf nach einer normativen Rückbindung als zentripetaler Kraft. In Halals Formulierung:

> „Social norms support the enterprising infrastructure. (...) an internal market must be augmented by an entrepreneurial culture that stresses individual initiative, change, and mutual support." (Halal 1994a: 76)

Von bürokratischen Blockierungen emanzipiert soll der frisch gebackene unternehmensinterne Markteilnehmer damit in neue kontrollierbare Fesseln gelegt werden. Dem desintegrativen Unternehmenskonzept vom Binnenmarkt wird zu diesem Zweck ein integrierendes Vergemeinschaftungskonzept eines „Culture Club" (Ellig 2001: 235) zur Seite gestellt, das einem kostentreibenden Opportunismus Einhalt gebieten soll:

> „As a set of constraints both internal and external to agents, corporate culture reduces static transactions costs by reducing opportunism. Opportunities for opportunism may arise but agents refrain from taking advantage of them because engaging in opportunistic behavior imposes psychic disutility, is punished by social sanction or is perceived to be inconsistent with their long-term best interests. (...) Corporate culture reduces these (dynamic transaction) costs by giving people in the same organization a similar set of mental models and visions."

Damit erinnern die Protagonisten der Marktgrenzenverschiebung etwa an Goethes Zauberlehrling. Wie dort der Besen, so sind hier die Intrapreneure plötzlich nicht mehr zu kontrollieren. Und statt des „Herrn und Meisters" setzt man zur Zügelung dieser plötzlichen Eigendynamik hier auf die integrationsstiftende Kraft eines gemeinsamen normativen Hintergrunds: „Prepare the organization by shaping a culture that fosters enterprise" (Halal 1994a: 81). Eine solche Betrachtung von Unternehmenskultur als restringierendem kulturellem Rahmen stellt in dieser Theorietradition ein wichtiges Unterscheidungsmerkmal von internen zu externen Märkten dar. Allerdings – und spätestens an diesem Punkt setzt die Kritik an – müssen diese Vergemeinschaftungsideologien geradezu von traditionellen und neu geschaffenen Interessengegensätzen abstrahieren. Die wichtigste Aufgabe des Managements soll daher in der Schaffung einer „corporate community" zur Begrenzung der problematischen Effekte des Marktes bestehen. Zum einen erstaunt, wie unterkomplex marktinduzierte Problemlagen (etwa das Verhältnis von Eigennutzstreben und „Gemein"-Nutz) innerhalb dieses konstruierten Rahmens modelliert werden. Zum anderen strebt dieses Unternehmenskulturkonzept damit wiederum einen Pfad an, der schon weiter oben als funktionalistische Sackgasse beschrieben wurde.

Loyalty-Organisation oder: Das Unternehmen als Culture Club?

So wie viele Managementratgeber die mögliche An- und Einpassung von Belegschaften über Kultur (Normen, Werte, Haltungen) und deren Artefakte bzw. Werkzeuge und Stellschrauben (von Leitbildfibeln bis hin zur Architektur) propagierten, spiegelte auch ein Teil der sozialwissenschaftlichen Theoriebildung ganz analog die Produktion der „engineered selves", „designer selves" und „enterprise selves" (vgl. Fleming/Spicer 2003: 158).

Bei Hirschman noch fungiert Loyalität weniger im Sinne einer allgemeinen „moralisch-kulturellen Re-Integration" (Courpasson/Dany 2003) sondern als ganz konkrete Barriere von Exit-Strategien. Loyalität gewährleistet die Bindung von Mitgliedern an ihre Organisation trotz Unzufriedenheit oder wahrgenommener Zentrifugalkräfte; wichtig ist dabei, dass Loyalität nicht die Ursachen der Unzufriedenheit behebt, sondern eher auf einer kosmetischen oder Zeit puffernden Ebene wirkt, das heißt, sie funktioniert wie ein Kitt, der zumindest temporär ein Auseinanderbröseln der Organisation bzw. ein abruptes Überhandnehmen von Exit-Verhalten verhindert. Loyalty ist für Hirschman jene Kategorie, die die gleichzeitige Existenz von Exit und Voice erklären hilft (Hirschman 1970: chapt. 7). Insbesondere mit Blick auf die Vergemeinschaftungsanstrengungen und -anrufungen ist es daher sinnvoll, loyalitätsfundierte Koordination als eigenständige Variable zu diskutieren. Hirschman interpretiert Loyalität, also die selbst- oder fremdproduzierte „Treue" eines Mitglieds an seine Organisation als Erklärung dafür, dass die von Loyalität „Betroffenen" bei Unzufriedenheit statt sofort die Exit-Variante zu wählen, sich zunächst auf die Widerspruchsmöglichkeit besinnen. Tatsächlich findet sich diese Logik heute bei Teilen des Managements im Versuch, markt- und machtstarke Beschäftigte, also potentielle Exit-Wähler wie z.B. Wissensarbeiter/innen, über unternehmenskulturelle Anrufungen an die Unternehmen zu binden (vgl. oben Kap. 6). Das Misslingen vieler dieser Versuche dokumentiert bereits die dargelegten begrenzten Möglichkeiten einer instrumentellen kulturellen Vergemeinschaftung: viele der Wissensarbeiter/innen votierten zu Zeiten von eigener Marktstärke (z.B. während des new economy-Booms) nicht selten für die Exit-Variante, während sie sich in Zeiten wachsender Arbeitslosigkeit auch ohne kulturelle Anrufungen für einen Verbleib im Unternehmen aussprachen.

Als Unternehmenskultur erfährt Loyalität heute in „exitfreien" Kontexten also einen Funktionswandel: sie ist weniger als noch bei Hirschman beschrieben eine Exit-Barriere, die den Unternehmen gegenüber unzufriedenen Mitgliedern oder Kunden die Möglichkeit zur Lösung der konstatierten Probleme bietet, ohne direkt der Abwanderung ausgeliefert zu sein. Stattdessen stellt sie den Versuch des Managements dar, ein Gegengewicht zu den zentrifugalen Kräften der Marktzentrierung zu schaffen. Versteht man Loyalität also in dieser Form eher als Managementtechnologie, so rückt man sie auch in eine neue Zeitdimension. Bei Hirschman ist sie ein kurzfristiger Zeitpuffer, im marktzentrierten Unternehmen soll sie langfristig als Klammer wirken, die auf die Schaffung einer normativen Bindung der Beschäftigten an das Unternehmen abzielt. Wechselt man die Perspektive, so erkennt man, dass dies vor allem wiederum für jene Beschäftigte gelten könnte, die für sich überhaupt in der Exit-Strategie eine Handlungsoption erkennen. Für viele andere ist der Arbeitsmarkt weniger dynamisch: die eingeschränkte Mobilität aufgrund familiärer oder sonstiger sozialer Bindungen ist da nur das wichtigste unter zahlreichen Argumenten, die alle als soziale Exit-Barrieren wirken.

Tendenziell unterschätzt wird von den konzeptionellen Vordenkern zudem ein weiterer, geradezu paradoxer Zusammenhang: in den von Marktzentrierung und Shareholder-Orientierung betroffenen Unternehmen verlieren Beschäftigte eine Form von Bindung an das Produkt, die Kolleg/inn/en und den betrieblichen Sozialzusammenhang (vorausgesetzt, dass diese vorher vorhanden war). Deal/ Kennedy (1999: 62) vermuten daher, dass diese „workers will rush home to family, friends, communities and activities outside of work where their individual search for meaning will continue unabated". Dem Unternehmen geht damit eine Form von wertvollem Commitment verloren, das über viele Jahre wenig gekostet, aber viel eingebracht hat. Vielfach ist die paradoxe Reaktion darauf die gleichzeitige Installierung eines Subjektivierungs-Regimes zur Abschöpfung dieses weichen, verloren gegangenen Produktionsfaktors (also die Mobilisierung lebensweltlicher Ressourcen) und zum gleichen Zweck: die Forcierung von Unternehmenskulturinitiativen. Die durch die Exit-Orientierung gefährdeten Loyalitätsressourcen sollen demnach über forcierte Exit- und gleichzeitige Loyalitäts-Kampagnen höchst widersprüchlich neu generiert werden.

Aus einer Managementperspektive ergeben sich damit mindestens vier Funktionen, die dem „Projekt Unternehmenskultur" zugeschrieben werden und die auch in vielen KMU in der Weise diskutiert werden:

1) Integrationsstiftung durch Unternehmenskultur: Sie wird als notwendig diskutiert aufgrund der schwindenden Bindung durch eine „Familienlogik", sowie aufgrund der Ersetzung von Kooperation durch Konkurrenz im Zuge der Verschiebung der Marktgrenzen in die Unternehmen.
2) Pufferfunktion durch Unternehmenskultur: Kulturelle Anrufungen stellen mit ihren Teilhabeangeboten ein konkurrierendes Beteiligungsmuster dar, das in Krisen oder bei Friktionen einerseits die Effekte der Exit-Orientierung abpuffert, andererseits durchgreifendes Voice verhindern oder zumindest kanalisieren kann.

Konzeptionelle Vorstellungen existieren in der Beratungsliteratur auch hinsichtlich der nachfolgenden Funktionen:

3) Unternehmenskultur als Modernisierungsschub: Ziel ist die Modernisierung der Sozialbeziehungen über kulturelle Ansprachen der Beschäftigten als „moderne Arbeitnehmer" und „Arbeitsbürger".
4) Unternehmenskultur zur Effizienzsteigerung: Mobilisierung verdeckter Produktivitätsreserven über die kulturelle Ansprache der Beschäftigten und Beschäftigtengruppen in ihrer Diversität, d.h. über die Betonung von Unterschieden.

Insbesondere der vierte Punkt erscheint dabei erklärungsbedürftig. Auf der Ebene der Theorieentwicklung zur Unternehmenskultur lassen sich im Zeitverlauf seit den 1980er Jahren zwei parallele Vorgänge beobachten: von Beginn an findet sich eine Betonung der Bedeutung einer starken, geradezu monolithischen Unternehmenskultur als integrations- und effizienzstiftender Kraft (vgl. oben). Schon bei Peters/Waterman (1982: 75) zeichnen sich die „exzellenten Unternehmen" wie oben dargelegt durch diese Eigenschaft aus:

> „Without exception, the dominance and coherence of culture proved to be an essential quality of the excellent companies. Moreover, the stronger the culture and the more it was directed toward the marketplace, the less need was there for policy manuals, organization charts, or detailed procedures and rules." (Ähnlich Deal/Kennedy 1982: Kap. 1)

Eine starke Unternehmenskultur – ist daraus zu schließen – reduziert die betriebliche Komplexität, senkt die Transaktionskosten und schwört wie oben dargelegt als Managementtechnik über eine kulturelle Homogenisierung auf ein gemeinsames Ziel ein.

Gleichzeitig geht an den Vertretern des Konzepts natürlich auch die Veränderung der betrieblichen und kulturellen Grundlagen nicht vorüber. Die Pluralisierung von Lebenslagen und Prozesse der Individualisierung schlagen sich in subjektiven Anforderungen an die Erwerbsarbeit nieder (Baethge 1991). Die Subsumtion unter eine starke Unternehmenskultur war möglicherweise schon zu Zeiten des „fordistischen Normalarbeiters" ein Trugbild. Vor dem Hintergrund gewandelter Ansprüche an Erwerbsarbeit erscheint dieses Postulat aber vergleichsweise unzeitgemäß, zumal sich neben diesen außerbetrieblich induzierten eben auch jene skizzierten unternehmensinternen Prozesse finden, die sowohl konzeptionell als auch materiell desintegrative Wirkungen auf die Unternehmenskultur entfalten. Als „Diversity Management" hat ein Zweig der Forschung und Beratung darauf reagiert (Scheele 2008). Je stärker allerdings die kulturelle Anrufung die wachsende Diversität der Beschäftigten nachvollzieht, um so geringer dürfte der Kohäsion stiftende Effekt ausfallen, mit anderen Worten: Es wird deutlich, dass unterschiedliche Funktionen von Unternehmenskulturansätzen schwer auflösbare Paradoxien zeitigen können. Der Widerspruch zeigt sich beispielsweise in KMU, in denen gleichzeitig Interessenhomogenität und Aktivitätendiversität postuliert werden. Vor dem Wandgemälde einer starken Zusammenhalt-Ideologie entfaltet eine solche Kultur dann ihre Wirkung womöglich weniger als Exit- sondern als Voice-Barriere, indem sie in Form der Familienmetaphorik alle auch divergierenden Interessen unter eine Logik subsumiert, die eine Subpolitik beispielsweise in Form bereichsspezifischer Marktaktivitäten gerade unterbindet.

Ähnliches gilt für die Ansprache von Beschäftigten als „Arbeitsbürger", wie sie im dritten Punkt thematisiert wurde. Potentiell kollidieren auch hier Modernisierungstendenzen wie Ausdifferenzierung, Pluralisierung, Autonomiestreben und vor allem Teilhabeansprüche einerseits mit familienzentrierten Loyalitätsforderungen in KMU andererseits. Nicht wenige Beschäftigte thematisieren es mittlerweile als ein „Unbehagen an der Kultur“, wenn sie über kolonisierende Untertöne in der Unternehmensphilosophie zur Ein- oder Unterordnung aufgerufen werden. In einem wirtschaftswissenschaftlichen Lehrbuch liest sich dieser kritisierte Anspruch so:

> „Die Unternehmensphilosophie stellt das oberste Wertsystem der Unternehmung, die für alle Mitglieder gültige weltanschauliche Grundordnung dar und umfasst die drei Komponenten Menschenbild, Gesellschaftsbild (Bezug des Unternehmens zur Gesellschaft und Politik) und Betriebsleitbild (Bezug des Unternehmens zum Wettbewerb und den anderen Wirtschaftsobjekten).“ (Mentzel 2003: 50)

Wie verhalten sich nun Unternehmenskulturinitiativen zu institutionalisierten einerseits und informellen Formen der Beschäftigtenteilhabe andererseits? Die Schnittstellen zwischen der Loyalty- und Voice-Koordinationsvariante sind vielfältig, nicht selten verdecken formale Ähnlichkeiten aber qualitative Brüche. Teilhabeangebote in unterschiedlichsten Varianten sind mittlerweile Bestandteil vieler normativer Unternehmenskulturansätze. In der klassischen Literatur finden sich zahllose, auch systematisch eingebundene Hinweise, Partizipation und „Involvement“ der Beschäftigten zu befördern:

> „The leader must recognize that, in the end, cognitive redefinition must occur inside the heads of many members of the organization, and that will happen only if they are actively involved in the process. (...) Learning and change cannot be imposed on people. Their involvement and participation is needed in diagnosing what is going on, in figuring out what to do, and in actually bringing about learning and change.“ (Schein 2004: 417f.)

Diese Angebote beziehen sich aber primär und nahezu ausnahmslos auf das Wohlergehen des Unternehmens und nehmen damit – darauf weist Demirovic (2006: 73) treffend hin – außer einem „betriebsegoistischen“ keinen weitergehenden Kontext in den Blick. Sie sind zudem sehr selten institutionell abgesichert, oftmals eher freiwillig und unverbindlich, selektiv und situativ. Fleming/ Sewell (2002: 866) konnten nachweisen, dass davon enttäuschte Beschäftigte auf zweierlei Art mit „Unter-“ und als „Überidentifikation“ darauf reagieren: einerseits flüchten sie sich in Ironie oder Zynismus und vollziehen die Partizipationsaufforderungen nur formell oder gar nicht, andererseits übererfüllen sie die Postulate, indem sie beispielsweise so viele (sinnvolle) Eingaben in Verbesserungsprozessen machen, dass diese nicht mehr bearbeitet werden können. Dieser Themenkomplex ist in diesem Zusammenhang deshalb besonders interessant, weil er eine der Überschneidungen zwischen Loyalty- und Voice-Varianten der Handlungskoordination darstellt. Teilhabeofferten dieser Art spielten sowohl im

Kontext der Lean-Production-Bewegung, des Human-Resource-Managements als auch der Ansätze zur „Humanisierung des Arbeitslebens“ eine gewichtige Rolle – wenn auch im letzten historischen Fall noch nicht eingebettet in Unternehmenskulturinitiativen. Ihr früheres Scheitern (gemessen an den geweckten Erwartungen) kann für skeptische Beschäftigte auch heute noch einen wichtigen Erfahrungshintergrund für neue Partizipationsangebote darstellen.

Ohnedies kann eine Überidentifikation, die sich durch penibel-strikte „Arbeit nach Vorschrift“ Ausdruck verleihen kann, ebenfalls schon eine Kritik darstellen: Fleming/Spicer (2003: 172) haben dargelegt, dass dies geradezu eine Art innerer Kündigung bedeuten kann, oder in der hier diskutierten Terminologie: Die zur Schau gestellte Bindung (Loyalität) steht dann auf den tönernen Füßen einer verdeckten inneren Verabschiedung (Exit) vom Unternehmen.

Unbehagen wird in Beschäftigteninterviews oftmals dann geäußert, wenn es um die Einschätzung von Interessenlagen im Unternehmen geht. Hier besteht oft ein feines Sensorium für Kulturinitiativen des Managements, die (als unterschiedlich wahrgenommene) Interessen zu kaschieren versuchen. Noch einmal die Sicht des oben zitierten Lehrbuchs:

> „Eine fest verankerte Unternehmenskultur kann echte Stärke nach innen und außen signalisieren. Wenn ein starkes Wir-Gefühl im Untenehmen existiert, gibt es weniger Konfliktpotenzial.“ (Mentzel 2003: 54)

Diese Perspektive überschätzt die Möglichkeiten, real existierende und erfahrene Interessengegensätze kulturell zu übertünchen, und sie unterschätzt gleichzeitig die Wahrnehmungsfähigkeit der Beschäftigten:

> „A good deal of critical research has identified how culture building and similar technologies are simply systems of management control that aim intentionally to ‚colonize' the identities of workers so that they become more the kind of person the company would like them to be – more productive and less recalcitrant.“ (Fleming/Spicer 2003: 158; vgl. Lang et al. 2005b: 224ff.)

Dies betrifft insbesondere jene Beschäftigten, deren Interessen von Prozessen der Marktgrenzenverschiebung berührt werden, die sich damit deutlich erfahrbar an der Schnittstelle der Loyalty- und der Exit-Logik befinden. In dem Film „The Temp“ drückt eine von Faye Dunaway gespielte Zeitarbeiterin dies so aus:

> „Don't be fooled by company daycare centers and their yoga breaks. People still stomp on your toes and stab you in the back just like they did in the eighties: now they just smile when they do it“.

Beispiele dieser Art finden sich auch in der Empirie zuhauf (Brinkmann et al. 2009). Die hierin zum Ausdruck kommende Skepsis bricht sich ebenso bei „Kulturinitiativen für gute Laune“ zur Steigerung der Arbeitsproduktivität Bahn. Nicht selten münden auch sie in Zynismus der betroffenen Beschäftigten ein

(Fleming 2005), so dass gerade jene Strategien, die auf Loyalitätserhöhung abzielen, dieses Ziel nicht nur verfehlen, sondern geradezu gegenteilige Effekte hervorrufen (Naus et al. 2007).

Vor dem Hintergrund kaschierter Interessenkonflikte bedarf nun die bereits angesprochene Krise der Familienanrufung insbesondere in KMU einer weiteren Spezifizierung. Denn die Familienmetaphorik entfaltet vor allem deshalb ihre Kraft, weil sie „invokes pre-industrial romantic images of kinship bonding and shared struggles against adversity" (Casey 1999: 162). Vormoderne Koordinationslogiken können sich aber als „kulturelle Praxen" in modernen Organisationen zu Disziplinierungsinstrumenten transformieren. Das klassische Problem der Familienanrufung in kapitalistischen Unternehmen bestand schon immer (und vermehrt im Zeitalter der Corporate Governance einer Marktzentrierung und Wertsteigerung) im Widerspruch des Fürsorgeversprechens auf der einen und der Exekution der Kapitallogik z.B. über Personalabbau auf der anderen Seite:

> „The concept of family is collective. It encourages loyalty from the employee and protection by and from the employer. The push towards ridding the organization of low performers and downsizing in general are antithetical to the idea of family. Families turning out or leaving behind children are illustrations of the most extreme negative circumstances in literature and history." (Brotheridge/Lee 2006: 158)

Marktzentrierte Unternehmen und vor allem KMU schaffen Widersprüche auf eine zusätzliche Art, indem sie sich zugleich auf interne (Familie) und externe Logiken (Kunde) berufen: Der Neopaternalismus (Böhm/Lücking 2006) setzt in seiner Spezifik damit noch auf den klassischen Widerspruch zwischen Autorität und Fürsorge auf. Eruptiv brechen sich diese Widersprüche beispielsweise dann Bahn, wenn sich ein generationaler Übergang von (technikorientierten und familienzentrierten) „Gründer-"Vätern zu betriebswirtschaftlich und juristisch geschulten Kindern vollzieht, der nicht selten einen Übergang der Koordinationslogiken von Loyalty zu Exit nach sich zieht. Auffällig ist dabei, dass für beide Generationen der Verweis auf die Familienmetaphorik oft ein Versuch zur Verhinderung von gewerkschaftlicher Organisierung (Boje 2000) oder allgemeiner von Voice ist. Hier wird mit Blick auf die situative Belebung der Familienmetaphorik deutlich, was schon weiter oben in Bezug auf den selektiven Rückgriff der konzeptionellen „Marktvertreter" auf bürokratische Macht dargelegt wurde: Oft rekurrieren diese ganz pragmatisch auf andere Machtressourcen oder Koordinationslogiken und/oder kombinieren diese neu, auch wenn sich möglicherweise eigene Rhetorik und vorgeschriebene Praxis widersprechen: Quod licet Iovi, non licet bovi.

Wer sich mit normativen Unternehmenskulturkonzepten und deren betrieblichen Artefakten (Leitbildern etc.) beschäftigt, ist gelegentlich erstaunt, dass diese nicht nur widersprüchliche, sondern vor allem sehr deutlich simplifizierte Handlungsanleitungen darstellen, mit denen versucht wird, hochkomplexe Sozialstrukturen und -beziehungen auf einfache Nenner zu bringen. Deren Anzahl darf zudem nicht hoch sein („10 Gebote“) und ihre Aussagekraft schwankt je nach Bedarf zwischen Konkretion und Abstraktion, zumal sie immer nur zeitspezifische Ausschnitte in einem höchst dynamischen Umfeld darstellen. Dieser Tatbestand diskursiver Offenheit stellt nicht nur eine Machtressource für das Management dar sondern verkörpert auch ein subversives Element, die Chance nämlich zur Aneignung von Ideen durch eine Belegschaft – jenseits der bereits angesprochenen Ironisierung.

Am Beispiel des Thüringer Fahrradherstellers Bike Systems (135 Beschäftigte in Nordhausen) wird dies offenbar. In einem Interview zum Zeitpunkt der Schließungsandrohung gab die Betriebsratsvorsitzende auf die Frage, wie es dazu kommt, dass sich die Nordhäuser Belegschaft mit einer Betriebsbesetzung zur Wehr setzt, zu Protokoll:

> „Die Beschäftigten hier sind wie eine Familie. Der Zusammenhalt war immer schon gut, und als wir bei Einstellung der Produktion ein kleines Fest gefeiert haben, sind wir so richtig zusammengewachsen. Allen hier ist klar: Wir sitzen im selben Boot und haben nichts zu verlieren. Die Chancen, irgendwo anders noch einen Job zu finden, sind hier in der Gegend sehr gering. Außerdem haben wir jahrelang Opfer gebracht, um den Betrieb und die Arbeitsplätze zu sichern. Sie haben uns das Weihnachts- und Urlaubsgeld gestrichen, Personal abgebaut und durch billige Leiharbeiter ersetzt und die Löhne um fünf Prozent gekürzt. Irgendwann reicht es. Die Großen sind ja immer abgesichert, aber die Kleinen nicht.“ (jw, 19.07.2007, Seite 3)

Deutlich wird, dass sich der Vorgang der (instrumentellen) Identitätsstiftung von Seiten aller Betroffenen zu keinem Zeitpunkt als abgeschlossen darstellt. Auch eine simple Einteilung in „Aktive“ und „Passive“ scheint daher nicht sinnvoll. Betriebliche Kulturinitiativen dieser Art sind alles andere als perfekt kontrollierbar, im Gegenteil: Sie entfalten ein Eigenleben und einen Eigensinn, der viele Ideologeme von allen betroffenen Parteien nutzbar macht. Das gilt nicht nur für die „Familien“-Idee in KMU (Gabriel 1999), sondern natürlich auch für die angesprochenen Teilhabeangebote in Unternehmenskulturinitiativen. Schon bei Hirschman hemmt Loyalität nicht nur die Neigung zu Exit sondern aktiviert auch Voice. Die empirische Erfahrung zeigt, dass Unternehmenskulturinitiativen selbst eingefahrenen Stellvertreterroutinen neues Leben einhauchen können, wenn beispielsweise passive Betriebsräte in KMU von den Beschäftigten zu neuem, partizipationsoffenen Handeln geradezu gezwungen werden, nachdem diese von managementinduzierten Kulturinitiativen zuvor selbst aktiviert worden waren.

9. Voice-Organisation, oder: Wie verwirklicht sich das „elementare Bedürfnis nach demokratischer Beteiligung“?

Lässt man sich auf die Corporate Governance-Logik von Marktzentrierung und Wertsteigerung ein, gerät auch fast zwangsläufig die institutionelle Mitbestimmung im Unternehmen unter Legitimitätsdruck. Die Orientierung am Shareholder Value führt auch nach Meinung von Schumann (1998) zu einer tendenziellen Rücknahme innovativer Formen der Arbeitsorganisation. Zwar gibt es für solch einen Kausalzusammenhang zumeist nur indirekte empirische Hinweise, aber die Orientierung an kurzfristig realisierbaren, möglichst hohen Gewinnen (jener „short-terminism“) legt in der Tat die Rücknahme von Organisations- und Managementkonzepten nahe, die allenfalls langfristig Kosten senkende und Produktivität steigernde Effekte zeitigen können. Wie oben dargelegt finden sich im Gefolge dieser Entwicklung auch betriebswirtschaftliche Studien (vgl. exemplarisch Schmid/Seger 1998), die die Auswirkungen der Arbeitnehmermitbestimmung für den Shareholder Value zu quantifizieren versuchen. Bei dieser Rechnung wird von einer engen Kopplung der „residualen Einkommensansprüche mit den residualen Entscheidungsrechten“ ausgegangen. Der Verlust an Entscheidungsrechten auf Seiten des Aktionärs durch die Besetzung des Aufsichtsrates auch mit Beschäftigtenvertretern führe dazu, dass dieses Prinzip durchbrochen werde. Die paritätische Mitbestimmung habe folglich eine Produktivität mindernde Wirkung, die Schmid/Seger (468) auf 21 bis 24 Prozent beziffern.

Man könnte den Autoren nun Fragen und Argumente auf unterschiedlichen Ebenen entgegenhalten, von denen hier nur drei in abnehmender Grundsätzlichkeit angedeutet werden sollen:

1. Was wird insinuiert, wenn man feststellt, dass partizipatorische demokratische Verfahren anscheinend teurer als zentralisierte demokratieferne Verfahren sind? Welche Schlussfolgerungen sind daraus zu ziehen?
2. Welcher Wirkungshorizont wird von den Autoren berücksichtigt? Demokratische Verfahren können sich gerade durch langfristig und nachhaltig sinnvolle Entscheidungen auszeichnen.
3. Wie lassen sich die Beiträge der Mitbestimmung gerade zur Frage der Wertsteigerung von Unternehmen bemessen? Die Integration der Gesamtunternehmung durch Teilhabe und die freiwillige Teilnahme der Beschäftigten an Produktivitätssteigerungen spart beispielshalber auch Kosten.

Wendet man noch einmal den Blick auf die aktuellen organisationalen Umbruchprozesse, so ist in der skizzierten Perspektive, die sich an Hirschmans Schema orientiert, zu fragen: Gibt es auch Tendenzen, die insbesondere die demokratische Teilhabe befördern? Was wären zeitgemäße Modifikationen von Beschäftigtenteilhabe?

Hirschmans Hauptaugenmerk richtet sich auf die Beziehung von Kunden zur Unternehmung, er wendet es aber auch dem Verhältnis von Mitgliedern zu ihrer Organisation zu. Voice stellt diesem Verständnis nach das Prinzip von Teilhabe über intraorganisationale Willensäußerung dar – konzipiert als Reaktionsmöglichkeit unzufriedener Akteure. Allerdings schließt dieses Recht zur Artikulation nicht per se eine konfliktorische Durchsetzung eigener Interessen ein. Wie schon in den vorhergehenden Kapiteln zu Exit und Loyalty soll daher auch hier das Hirschmansche Kategorienschema deshalb nur als heuristisches Muster herangezogen werden, denn unter Voice verstand Hirschman gleichzeitig qualitativ mehr (z.B. direkte Formen demokratischer Einmischung und Teilhabe – er arbeitet in seiner Schrift mit vielen US-amerikanischen Beispielen) und weniger (z.B. kein institutionell abgesichertes Voice) als die im folgenden als Voice-Variante thematisierte betriebliche Mitbestimmung. In diesem Zusammenhang ist auch der Wandel des Verhältnisses von direkter und institutioneller betrieblicher Teilhabe interessant, denn es findet zur Zeit vielerorts in Betrieben unterschiedlicher Größenklassen aber auch in anderen Organisationen und Verbänden eine Neujustierung des Verhältnisses von repräsentativen und direkten Verfahren der Teilhabe statt (Brinkmann et al. 2008). Praktische und Forschungserfahrungen mit dem Deutschen Modell der Mitbestimmung zeigen seit langem, dass – wenn es als Stellvertreterpolitik geronnen ist – institutionalisiertes Voice nicht nur Erfolge zeitigen, sondern auf der anderen Seite auch direkte Teilhabe verkümmern lassen kann. Auf der anderen Seite laufen direkte Partizipationsofferten im Kontext beispielsweise von Lean Production-Initiativen nicht selten Gefahr, der institutionalisierten Mitbestimmung das Wasser abzugraben (Dörre 2002b). Ein Teil der Skepsis der professionellen Mitbestimmungsakteure gegenüber direkter Teilhabe von Beschäftigten lässt sich aus diesem Konkurrenzverhältnis heraus erklären, ein anderer Teil daraus, dass Unternehmenskulturansätze mit Teilhabeofferten nicht selten unter dem Siegel auf Vergemeinschaftung zielender Interaktionsvorgaben ein antagonistisches Interessenhandeln, das auch zum Geschäft von Betriebsräten gehören kann, unmöglich machen sollen. Eine solche Skepsis oder gar ‚hostile indifference' (Ramsay 1991: 18) von Interessenvertretungen und Gewerkschaften können daher ernsthafte Blockaden für eine Ausweitung von Voice sein.

Das Problem der „Exit-Spirale"

Allerdings: Die wichtigste Einschränkung für konfliktvermittelte und gleichzeitig verständigungsorientierte Mitbestimmungsprozesse in KMU stellt nicht der Grad ihrer Institutionalisierung, sondern die Machtasymmetrie zwischen Kapital und Arbeit dar (Matthies 1999), die letztlich auf dem Rechtsinstitut des Privateigentums (an Produktionsmitteln) und den damit verbundenen Property Rights beruht. Es wäre allerdings ein Kurzschluss, aus dem Vorherrschen dieses Instituts oder betriebsverfassungsrechtlicher Regelungen der Mitbestimmung auf eine gegebene Praxis zu schließen: Ausmaß und Topoi von Voice als betriebliche Machtauseinandersetzungen sind selbst Gegenstände politischer Prozesse und nicht aus Strukturlogiken deduzierbar. Mit anderen Worten: Die betriebliche Mikropolitik ist relativ autonom, auch wenn sie von Interessengegensätzen und -konvergenzen strukturell überdeterminiert ist und sie sich daher in einem abgegrenzten Handlungskorridor abspielt (Ortmann 1995).

Die Bereitschaft zu widersprechen – also mikropolitisch bewusst Voice zu wählen – hängt nun Hirschman zufolge von zwei Faktoren ab: „(1) the extent to which (...) members are willing to trade off the *certainty of exit* against the uncertainties of an improvement" (Hirschman 1970: 77). Dazu ist anzumerken, dass der Charme einer certainty of exit nur insofern zutrifft, als man Exit als freiwillige Handlungsvariante definiert. Strukturelle Zwänge können diese Freiwilligkeit drastisch einschränken: Natürlich steht es jedem Beschäftigten frei, bei Unzufriedenheit seinen Job zu kündigen, die Wahrscheinlichkeit dieser Handlungsvariante wird aber durch eine ungünstige Arbeitsmarktlage stark restringiert. Denn je geringer die Exit-Sicherheit eingeschätzt wird, um so stärker muss der unzufriedene Akteur an anderer Stelle Sicherheiten akkumulieren – und sei es eben durch das Ertragen unzureichender Arbeitsbedingungen zum Erhalt der Sicherheit des Arbeitsplatzes, die man nicht durch die Unsicherheiten eines Voice-Verhaltens gefährden möchte (Gossett/Kilker 2006). Beispiele dafür lassen sich zuhauf aufzeigen, nicht zuletzt im Arbeits- und Gesundheitsschutz (vgl. Kap. 7). Stellt man eine solche schwierige Arbeitsmarktlage in Rechnung, so sind die Machtverhältnisse insbesondere in vielen KMU eher dadurch gekennzeichnet, dass hier Unsicherheiten (Arbeitslosigkeit) gegen Unsicherheiten (Gegendruck bei Widerspruch) abgewogen werden. An diesem Punkt stellt sich nun die Frage, welche konzeptionellen Konsequenzen sich durch die Beschränkung der Exit-Option ergeben.

Hirschman plädiert in seinen Ausführungen mehrfach für einen Mittelweg zwischen *inert-* und *alert*-Strategien (Trägheit versus Mobilisierung), der am effizientesten sei. So führt er etwa mit Blick auf das Prinzip „Demokratie" aus:

> „As in the case of exit a mixture of alert and inert citizens, or even an alternation of involvemement and withdrawal, may actually serve democracy better than either total, permanent activism or total apathy. (...) On the one hand, the citizen must express his point of view so that the political elites know and can be responsive to what he wants, but on the other, these elites must be allowed to make decisions. The citizen must thus be in turn influential and deferential.“ (Hirschman 1970: 32)

Entmachtete und Sicherheit optimierende Beschäftigte werden in der Regel zur inert-Variante tendieren, was die betrieblichen Mangement-Eliten eines Gutteils genau jener rückmeldenden Informationen beraubt, derer sie bedürfen. Statt jedoch die Bedingungen für Voice zu verbessern, suchen diese, wie wir aus eigener empirischer Praxis wissen, vielfach ihr Heil in einer Optimierung der Marktsteuerung gepaart nicht selten mit einer parallelen Verschärfung hierarchischer Kontrolle. Auf die problematischen Folgen der Exit-Orientierung (Verunsicherung, Entmachtung) reagiert das Management auch in vielen KMU also mit einer weiteren Verschiebung der Marktgrenzen in die Organisation und sorgt gleich für jene entsprechende diskursive Begleitmusik, in der marktförmige und demokratische Teilhabe gleichgesetzt werden. Diese spiralförmige Verschärfung wird naturgemäß auch von den Beschäftigten wahrgenommen.

Der zweite Faktor für oder gegen ihre Wahl von Voice ist Hirschman (1970: 77) zufolge „(2) the estimate (...) members have of their ability to influence the organization“. Zu bezweifeln ist, ob eine optimierte Exit-Organisation für die Mehrheit der Beschäftigten tatsächlich den fruchtbaren Kontext darstellt, der sie animiert, sich für einen übergeordneten Unternehmenserfolg einzusetzen. Für einige hoch qualifizierte und risikogewohnte Akteure mag dies zutreffen. Viele andere versuchen aber eher verlorene Sicherheiten zurück zu gewinnen,

- entweder indem sie individuell ihre (Arbeits-)Marktchancen verbessern, um auch für sich selbst Exit als Handlungsvariante neu zu erschließen – dies senkt aber tendenziell die Bindung an die Organisation;
- oder indem sie über kollektives Handeln die Marktgrenzen zurückzuverschieben versuchen, um sich neuen Spielraum für Voice zu erarbeiten; solche Prozesse der konfliktorischen Dekommodifizierung können natürlich aus Organisationsperspektive kostenträchtig sein;
- oder indem sie in zynischer oder nachlässiger Weise (Naus et al. 2007) eher passiv – und damit auch nicht im Sinne der Absichten des Managements – reagieren.

Folglich unterminiert die beschriebene Exit-Spirale in der Tendenz die Voraussetzung für Voice.

Zum Verhältnis von Mitbestimmung und Voice

Eine unzulässige Verkürzung wäre es ohnehin, Hirschmans Voice-Konzeption zur Verwirklichung von „Teilhabe bei Unzufriedenheit“ mit einer auf „proaktive“ Gestaltung abzielenden Mitbestimmung oder gar der weitergehenden Idee von Wirtschaftsdemokratie an sich gleichzusetzen. Diese ist so alt wie die Konstituierung der lohnabhängig Beschäftigten als „neue Klasse“ im Übergang vom 18. zum 19. Jahrhundert, sie erfuhr aber nach dem Zweiten Weltkrieg in Westdeutschland vor dem Hintergrund der Erfahrungen mit dem Faschismus eine deutliche Aufwertung. Institutionelle Grundlegungen und gleichzeitig deutliche Beschränkungen erfuhr sie zunächst mit dem Montanmitbestimmungs- und dem Betriebsverfassungsgesetz (1950/51 und 1952). Vor dem Hintergrund der zeitgenössischen Debatte interpretierten viele gewerkschaftliche Akteure damals das BetrVG als defizient und hinter ihren Wunschvorstellungen deutlich zurückbleibend, weil es zwar institutionelle Absicherung von Teilhabe gewährleistete, diese aber gleichzeitig stark eingrenzte. Zudem wurden die Interventionsmöglichkeiten externer Akteure (wie Gewerkschaften) stark eingeschränkt, und direkte Formen der Beschäftigtenpartizipation – eine „Mitbestimmung am Arbeitsplatz“ – fanden kaum Berücksichtigung. Teilhabe beschränkte sich weitgehend auf repräsentative Modi. Anders als die angesprochenen Unternehmenskulturansätze, deren Ursprung unter anderem in dem Versuch liegt, über normative Integration – also die Konstruktion von Loyalty – die Produktivität und Profitabilität des Unternehmens zu steigern, ist die Forderung nach Mitbestimmung daher historisch nicht als „Perfomance“-Verbesserung verstanden worden. Diese divergierenden Ursprünge sollte man im Auge behalten, wenn man Analogien zwischen Voice und Loyalty identifiziert. So verweisen Kouzmin/Andrews (1999: 406) zwar treffend darauf, dass – im Unterschied zur Exit-Variante – beide Ansätze „reject the assumption of methodological and competitive individualism and set the context for collective action“. Die rein formale Ähnlichkeit dieser Logiken verschleiert aber die unterschiedlichen ursprünglichen Zwecke ihrer Existenz. Am klarsten lässt sich dies an den angesprochenen Beschäftigtengruppen ablesen. Während die Mitbestimmung dem Sinn demokratischer Teilhabe folgend (bis auf die leitenden Angestellten) alle Beschäftigten abdeckt, sind es in Unternehmenskulturinitiativen oftmals nur bestimmte Gruppen innerhalb des Unternehmens, die einbezogen werden. Insbesondere die schwächsten Beschäftigtengruppen sind darunter am seltensten vertreten.[1]

---

1 Aufgrund eigener empirischer Erfahrungen lässt sich vielmehr sagen, dass die betrieblichen Unternehmenskulturkonzepte nicht selten als „Spielwiese“ für Management- und Angestelltenfraktionen installiert werden, die damit eigene projektförmige Verwirklichungsräume erhalten sollen (vgl. Benthin 2008).

In der Konsequenz bedeutet dies, dass im Übergang von Loyalty zu Voice nicht von einer gegebenen funktionalen Äquivalenz der Koordinationslogiken ausgegangen werden darf: Unternehmenskultur kann keine Teilhabe ersetzen. Die kulturelle Koordinationslogik strebt normativ nach „harmonischer“ Übereinstimmung oder Einordnung, während die Voice-Variante ein Konflikt oftmals konstitutiv eingeschrieben ist. Idealtypisch bedeutet das: Im Ergebnis produziert die kulturelle Ansprache *Konsense* (sofern diese nicht bereits vorausgesetzt sind) und die auf verbriefte Teilhabe gründende Machtauseinandersetzung *Kompromisse*.

Das Postulat einer demokratischen wirtschaftlichen Mitbestimmung wird ursprünglich aus unterschiedlichen Grundgedanken hergeleitet (z.B. Bontrup/ Müller 2006: Teil 5):

- einer arbeitswerttheoretischen, die feststellt, dass nur Arbeit Neu- bzw. Mehrwert schafft und ihr daraus auch ein entsprechender Einfluss auf die ökonomischen Entscheidungen erwachsen müsse;
- Argumentationen, die feststellen, dass Unternehmen keine Privatangelegenheiten sind, sondern die gesellschaftlich stattfindende Produktion einer ebensolche Kontrolle bedürfe;
- und schließlich dem Argument, das darauf verweist, dass Unternehmen erst mit Beschäftigten selbst zu funktionsfähigen Gebilden werden.

Definiert man Teilhabe in einem weiten Sinne und integriert auch Ansätze „unterhalb“ repräsentativer Mitbestimmung, so lässt sich mit Fricke (2008: 383) zudem ein geradezu fundamentaler Wunsch der Beschäftigten nach Voice konstatieren:

> „Es zeigt sich nämlich, dass die Arbeitenden fähig sind, gegen die Zwänge marktgesteuerter Organisation Wege zur Durchsetzung ihrer Interessen und zur Gestaltung ihrer Arbeitsbedingungen zu finden. Das liegt (...) an dem unzerstörbaren innovativen Potential der Arbeitenden und an ihrem elementaren Bedürfnis (nicht nur Interesse!) an demokratischer Beteiligung.“

Kotthoff hat in seinen klassischen Betriebsratsstudien (Kotthoff 1981; Kotthoff 1994) die große Variabilität und Bandbreite der Partizipationsformen in Betrieben nachgewiesen. Von daher verbieten sich ohnehin zu starke Generalisierungen. Zudem ist bekannt: Je kleiner das Unternehmen umso geringer ist in der Regel die Dichte an institutionalisierter Mitbestimmung. In vielen KMU gibt es keine Betriebsräte oder es liegen deutlich unterentwickelte Mitbestimmungsformen vor – eine Beteiligung der Gewerkschaften findet selten statt, ein Zustand, der in der Industrielle-Beziehungsforschung als ‚Managing without Unions‘ (Colling 2003) beschrieben wird. Institutionalisiertes Voice hat hier empirisch gesehen eine geringere Bedeutung, daher könnte – darauf weisen zumindest eigene empirische Erfahrungen hin – dem Faktor Loyalty in KMU die Rolle zuwachsen, Teilhabeprozesse überhaupt in Gang zu bringen und damit auch das angesprochene elementare Bedürfnis als legitim zu konnotieren. Schon bei Hirschman geht die Aufforderung an das Management, auf die Reaktionen der Organisationsmitglieder oder Kunden einzugehen. Vorausgesetzt ist dabei stets die kontextbezogene Legitimität von deren „Wortmeldungen“ (im Falle von Kunden beispielsweise ein tatsächlicher Qualitätsverlust bei Produkten). Nicht jedes Kundenpostulat ist diesem Verständnis nach legitim; der archimedische Punkt für Fragen nach der Legitimität liegt sowohl innerhalb der Sozialbeziehung Mitglied/Kunde-Organisation, als auch außerhalb, z.B. in gesellschaftlichen Diskursen oder im Marktvergleich. Daher ist auch die gesellschaftliche Legitimität der Forderung nach demokratischer Teilhabe kein ehernes Gesetz sondern unterliegt als diskursives Konstrukt gesellschaftlichen Konjunkturen: man denke an die Demokratiepostulate in der Nachkriegszeit oder auch an den Wandel des Demokratieverständnisses im Zuge der breiten sozialen Bewegungen in den vergangenen Jahrzehnten (Demirovic 2007).

Für die Legitimität von innerbetrieblichem Voice gilt, dass dessen Reichweite sowohl von Machtauseinandersetzungen in den betrieblichen Sozialbeziehungen als auch von rechtlichen Vorgaben, die ihrerseits eng and die vorliegenden gesellschaftlichen Kräfteverhältnisse und Diskurse gekoppelt sind, abhängt. Die empirischen Erfahrungen deuten darauf hin, dass viele Beschäftigte tatsächlich nachhaltige Partizipationswünsche entfalten, wenn sie als Mitgestalter bei einzelnen Projekten in Unternehmenskulturinitiativen angesprochen werden: als Türöffner zu dieser Haltungsänderung lassen sich vier Aspekte identifizieren:

1. die Projekte wurden als gemeinsame Projekte von Management und Betriebsrat geplant und durchgeführt – ein Engagement galt daher nicht als Sicherheitsrisiko;
2. die Projekte wurden innerbetrieblich vorgestellt, diskutiert und gewürdigt – einschließlich der Bedeutung der Beschäftigtenteilhabe. Mit dieser Transparenz wurde der Aspekt der Legitimität von Partizipationshandeln auf die Agenda gehoben;
3. projektförmige Organisationsformen führten zu neuen Formen kollektiven Handelns und durchbrachen damit die Logik eines vorherrschenden Einzelkämpfertums oder resignativer Vereinzelung;
4. die partizipativ durchgeführten Projekte brachten zählbare Vorteile für die beteiligten Beschäftigten ein.

Den letzten Punkt sollte man eigentlich für selbstverständlich halten, man trifft jedoch in Unternehmen nicht selten auf Führungskräfte, die „ein Sich-Beteiligen unserer Mitarbeiter für eine Selbstverständlichkeit halten, die mit dem normalen Arbeitsvertrag abgegolten ist – eigene Anreize oder Belohnungen sind daher nicht nötig“ (Eigentümer eines KMU) und daher im Gegenzug auf Teilhabeprojekte eher verzichten als dieses Prinzip zu durchbrechen. Man braucht weder ausgreifende demokratietheoretische noch auf Marktzentrierung rekurrierende Überlegungen anzustellen, um zu verdeutlichen, dass diese Sicht auch aus einer Managementsicht heraus verkürzt ist. Dies macht schon eine simple spieltheoretische Erklärung klar:

> „Exercise of the exit option is assumed to be costly, in that the joint payoff to members and their leadership is greater when exit is avoided. Thus, there is a surplus to be divided between the organization's leadership and its members. The incentive for members to develop their voice, which I interpret primarily as organizing to bargain with the leadership, is to gain a share of this surplus.“ (Gehlbach 2006: 397)

Dennoch wird Voice-Verhalten vom Management häufig bekämpft. Insbesondere in KMU mit ihren spezifischen eigentümer- und gründerfixierten Unternehmenskulturen trifft man nicht selten auf harte weltanschaulich begründete Ablehnungen von Beschäftigtenteilhabe, die selbst dann durchgehalten wird, wenn Partizipation offensichtlich eine Performance-Verbesserung verspräche. Diese enge Auslegung der Property Rights ist ein Hemmschuh, der oftmals nur durch einen Wechsel im Management oder den Einbezug externer Berater überwunden wird. Der Wandel der Unternehmenskultur, also auch der „Kultur der Teilhabe“ ist demzufolge häufig an den Austausch einzelner Akteure gebunden.

Auf der Beschäftigtenseite stellt die erfolgreiche Konstituierung als legitimer, gegebenenfalls auch als kollektiver Voice-Akteur im übrigen eine zentrale Voraussetzung dafür dar, dass jenes oben angesprochene „Unbehagen an der Kultur“ oft überhaupt erst offen im Unternehmen angesprochen werden kann. Insofern tragen Unternehmenskulturinitiativen von Beginn an den Keim einer Kritik an ihrem Wesen in sich.

Dies ist aber bei weitem nicht die einzige Paradoxie im Verhältnis von Loyalty und Voice in der hier diskutierten Ausprägung. Bei Hirschman ist Loyalty (als kulturell eingebettetes Commitment) eine gewachsene, freiwillige Grundhaltung von Organisationsmitgliedern oder Kunden. Management-Initiativen, die auf eine Fundierung oder Verbesserung der Unternehmenskultur zielen, haftet jedoch oft eine ähnlich widersprüchliche Grundidee an wie auch Initiativen zur Verbesserung des betrieblichen Vertrauensniveaus (Meifert 2003): Sie zielen mit instrumentellen Mitteln auf eine nur freiwillig generierbare Qualität ab. Genauso wenig wie Vertrauen lassen sich aber Commitment und Loyalität erzwingen; das hat nicht selten einfache Gründe: wo keine gute Arbeit vorherrscht, findet sich auch keine fruchtbare Grundlage für gute Kultur – somit laufen auch hier Kulturinitiativen ins Leere. Nicht selten tritt dann geradezu das Gegenteil des Beabsichtigten ein. Wenn weiter oben referiert wurde: „Loyalty holds exit at bay and activates voice“, lässt sich für solch eine beschriebene Konstellation behaupten, dass ein eingefordertes Commitment die erwünschte Voice-Orientierung unter Umständen geradewegs verkümmern lässt. Andererseits ist auch die institutionalisierte Mitbestimmung auf eine funktionsfähige integrierte Betriebseinheit angewiesen:

> „Die Mitbestimmung des Betriebsrats ist so eng an den Betrieb als eine ‚moralische Gemeinschaft' gebunden, dass jede Form der Auflösung des Betriebs als sozialer Einheit sie im Kern treffen würde.“ (Kotthoff 1994: 338)

Diese beiden Perspektiven markieren daher den schmalen Grat zwischen einem eingeforderten und einem gewachsenen Commitment.

In Exit-Unternehmen gerät die klassische Mitbestimmung gleich in mehrfacher Hinsicht unter Druck, nicht zuletzt weil die Exit-Orientierung eher kurzfristig, die Voice-Orientierung dagegen langfristig ausgerichtet ist. Viele Prozesse der Marktgrenzenverschiebung entziehen den Betriebsräten die üblichen Ansatzpunkte für ihre mikropolitischen Aktivitäten, die sich per Gesetz auf einen genau umrissenen Gegenstandsbereich (spezifische Handlungsfelder innerhalb des Unternehmens-„Korpus'“; die lohnabhängig beschäftigten Mitglieder) beschränken. „Grenzaktivitäten“ des Managements im Zuge von Marktgrenzenverschiebungen führen aber zu erhöhter Dynamik und Fluktuation, die den Betriebsrat oftmals in eine Defensivposition bringen, wie man dies bei Themen wie Leiharbeit, Ausgründungen etc. beobachten kann. Neue Formen dieser Grenzverschiebungen treffen dabei auf tradierte rechtliche Rahmenbedingungen, die von den Voice-Akteuren als inkompatibel zu ihren eigenen tradierten Ansätzen empfunden werden: Dies beginnt bei einfachen Zuständigkeitsfragen z.B. beim Einsatz von Leiharbeitnehmern und endet bei eher subkutanen Prozessen wie zunehmenden betrieblichen Prekarisierungstendenzen.

Eine Besonderheit des Problems, das Voice als demokratische Teilhabe mit marktförmiger Koordination hat, dürfte schließlich darin bestehen, dass sich jene über Macht verwirklicht und diese gerade den Machtaspekt negiert bzw. Macht mit dem Äquivalententausch maskiert. Hinter der Inszenierung des Marktes in Exit-Organisationen kann sich daher durchaus auch eine Inszenierung von Inkompatibilität zur demokratischen Teilhabe verbergen, die suggeriert, dass es keine Möglichkeit gibt, den „quasi-natürlichen“, marktförmigen Entwicklungsprozess aufzuhalten. Je weiter die Marktgrenzen in vormals bürokratische Organisationssphären hinein geschoben werden, umso geringer dürfte tatsächlich die Chance sein, eine *klassische* Macht-Gegenmacht-Interaktion durchzusetzen.

Analoge Inkompatibilitätsprobleme stecken auch in der Beziehung von Mitbestimmung und unternehmenskultureller Vergemeinschaftung. In beiden Fällen marktzentrierter oder unternehmenskultureller Koordination besteht die Herausforderung für Mitbestimmungsakteure zunächst darin, die verborgenen Logiken der Macht zu identifizieren und sich damit erst satisfaktionsfähig zu machen. Mit Blick auf den innerorganisatorischen Markt heißt dies beispielsweise, jene Machtmechanismen zu fokussieren, die es managerialen Akteuren erst ermöglichen, über die Verschiebung von Marktgrenzen einen Wechsel der Koordinationsform herbeizuführen. Gleiches gilt für das Phänomen vermachteter Märkte, das sich selten auf den ersten Blick erschließt. Hinsichtlich unternehmenskultureller Vergemeinschaftungsstrategien bedeutet die Suche nach den verborgenen Logiken der Macht möglicherweise die Identifizierung paternalistischer Zumutungen oder Drohungen sowie das Aufzeigen .jener ungesicherten Freiräume, die stets wieder entzogen werden können.

Inkompatibilitäten dieser Art kann man auch als Sollbruchstellen zwischen den Koordinationslogiken Exit, Voice und Loyalty interpretieren. Im Vorgang des „Sich-anschlussfähig-Machens“ steckt aber nicht nur eine Übersetzungsherausforderung für die konkurrierende Koordinationslogik, sondern stets auch die Frage nach der Ausdeutung der eigenen Rolle von Mitbestimmung. Das bedeutet, dass der Kompatibilitätskompromiss – so er denn gefunden wird – auch auf Kosten der Reichweite oder Tiefe demokratischer Teilhabe gehen kann, wenn beispielsweise ein Betriebsrat die unternehmenskulturellen Vergemeinschaftungsanrufungen und den eigenen Beitrag dazu höher wertet als seine verbrieften Teilhaberechte, die ihn möglicherweise in eine Konfrontationsstellung bringen könnten; ähnliches gilt im Fall der Mitbestimmung/Marktzentrierung beispielsweise für Argumentationen, die vor allem den Kostenvorteil von Mitbestimmung in den Vordergrund stellen.

Der neue Geist des Kapitalismus und die Beteiligungsfrage

An der Überlegung der Anschlussfähigkeit stellt sich auch die Frage nach dem diskursiven Ort der institutionalisierten Mitbestimmung heute. Dazu ein Blick auf Boltanski/Chiapellos Auseinandersetzung mit dem „Neuen Geist des Kapitalismus“ (Boltanski/Chiapello 2003: nachfolgend abgekürzt: B/C), in der sie unter anderem nach den Gründen für die häufige Sprachlosigkeit zwischen unterschiedlichen Gruppierungen forschten, die sich in ihrer jeweiligen Kapitalismuskritik zumindest vage einig zu sein scheinen. Die Autor/inn/en haben dieses Phänomen begrifflich gefasst, indem sie diese Kritik nach verschiedenen Varianten unterscheiden. Gemeinsam ist danach allen Kritikformen, dass sie sich aus spezifischen „Quellen der Empörung“ speisen, die sich sowohl auf Form und Inhalt kapitalistischer Vergesellschaftung beziehen und in einem weiteren Schritt politisch und theoretisch konzipiert werden. So rankt sich die „Künstlerkritik“, auf die sich insbesondere der antiautoritäre Teil der 68er gründete, vor allem um die Säulen der „Unterdrückung“ und der „fehlenden Authentizität“.

Sie arbeitet sich am Leitbild des Bourgeois' ab, dessen Maxime der Kapitalakkumulation ihn zu „detaillierter Planung, rationaler Organisation von Raum und Zeit und einem nahezu zwanghaften Produktionsstreben um der Produktion willen" nötigt (B/C: 80f.).

Auf der anderen Seite wurzelt die „Sozialkritik" der Arbeiterbewegung in sozialistischen und christlichen Traditionen, deren Empörung aus den „egoistischen Partikularinteressen in der bürgerlichen Gesellschaft" und „der Verarmung der unteren Klassen in einer Gesellschaft mit ungeheuren Reichtümern" resultiert (B/C: 82).

Diese Kritikvarianten sind nicht per se kompatibel – im Gegenteil: ihre Reibungspunkte sind vielfältig und führen oft zu wechselseitiger Sprachlosigkeit. Boltanski/Chiapello führen beispielsweise die Entrüstung der Sozialkritik über die „moralische Gleichgültigkeit", den „Individualismus, ja Egoismus" der Künstlerkritik an, während diese zugleich von der Orientierung der Sozialkritik an bürgerlichen Formen der Lebensabsicherung und der (wenn auch ursprünglich mit kritischem Impuls versehenen) Übernahme bürokratisch geplanter Organisationsformen abgestoßen wird.

Auf die Unternehmensorganisation übertragen bedeutet dieser Gedanke, dass sich Kritik dort „in erster Linie in Gestalt einer Forderung nach Sicherheitsgarantien im Feld der Sozialkritik und auf dem Gebiet der Künstlerkritik in Form von Autonomieforderungen" (B/C: 218) äußert. Und schließlich angewandt auf die Fragen von Beschäftigtenteilhabe lassen sich die zwei Logiken grobschnittig den Ausprägungen der institutionalisierten Mitbestimmung einerseits und der eher situativen, direkten Partizipation andererseits zuordnen.

Von einer neuen Managementfraktion seit den 1980er Jahren im Zuge von Lean Production- und Human Resource-Initiativen in die Unternehmen eingeführt, bedient letztere Variante auch den Wunsch vieler Beschäftigtengruppen nach projektförmiger, unverbindlicher Teilhabe in betrieblichen und arbeitsplatzbezogenen Belangen – nicht selten kritisch beäugt von den Vertretern der gesetzlichen Mitbestimmung, die ihre in stabiler Beharrlichkeit erkämpften Erfolge gefährdet oder ihre gesicherten betrieblichen Machtpositionen herausgefordert sehen. So mangelt es auch nicht an gegenseitiger Schelte: „nicht mehr zeitgemäße Stellvertreterpolitik" – so die Kritik von der einen Seite an die Adresse der Betriebsräte/Betriebsrätinnen, „Blindheit für den vermachteten Raum Betrieb" schallt es zurück.

Dabei muss dies nicht so sein, wie ein Blick in die Geschichte lehrt. Auch Boltanski und Chiapello deuten an, dass die verschiedenen „Empörungsthematiken" durchaus gemeinsam auftreten können. Die Grundüberlegung ist daher im Folgenden, dass neue Formen „hybrider Beteiligung" (Brinkmann/Speidel 2006) ein Scharnier zwischen institutioneller Mitbestimmung und direkter Partizipation darstellen können.

Die Mitbestimmung als Ausformung des Prinzips der Sozialkritik zielt thematisch auf die soziale Absicherung von biografischen und marktbedingten Risiken und damit auf den „Aufbau stabiler Abhängigkeiten zwischen verschiedenen Lebensabschnitten" und die „Kontinuität der Lebensverhältnisse des Mitarbeiters" (B/C: 218). Inhaltlich betrifft dies etwa Fragen des Entgelts, der Arbeitszeit oder auch des Gesundheitsschutzes, formal gründet sie sich auf demokratische Wahlen und das Repräsentationsprinzip. Dagegen setzt die Künstlerkritik auf die Karte der Freisetzung des menschlichen Potentials an „Autonomie, Selbstorganisation und Kreativität" (B/C: 84). Beabsichtigt ist, die Beschäftigten zur „Leitung ihrer eigenen Angelegenheiten" zu animieren – der Ruf „nach Eigenverantwortlichkeit und Selbstverwaltung" oder eben nach direkter Mitbestimmung am Arbeitsplatz liegt da nahe und wendet sich damit gegen jede Form von

> „Paternalismus, Autoritarismus, aufgezwungenen Arbeitszeiten, vorgegebenen Arbeitsbereichen, der tayloristischen Trennung zwischen Konzeption und Ausführung und ganz allgemein (...) der Arbeitsteilung." (B/C: 217)

Die Herausforderung einer Verbindung von Künstler- und Sozialkritik im Feld der betrieblichen Mitbestimmung besteht demnach darin, diese Autonomieforderungen mit den etablierten Verfahren in der betrieblichen Macht- und Herrschaftsordnung sinnvoll zu vermitteln, sprich: abgesicherte Freiräume der direkten Teilhabe zu eröffnen, die nicht gleichzeitig gesicherte Standards gefährden.

Aber nicht nur auf der Ebene der Individuen sondern auch der Betriebe lässt sich ein Prozess der Ausdifferenzierung konstatieren. Einen zentralen Bestandteil dieses Wandels stellt die wachsende Kluft zwischen der hohen Varianz betrieblicher Phänomene (z.B. dem Anstieg prekärer, nicht-standardisierter Arbeitsverhältnisse) und dem fixierten gesetzlichen Rahmen der Mitbestimmung dar. Dies wurde (und wird teilweise noch heute) von vielen Betriebsräten bedauert. Ziel der Reform des Betriebsverfassungsgesetzes von 2001 war es daher unter anderem, dieser Mitbestimmungskluft im marktzentrierten Unternehmen Herr zu werden; tatsächlich stellen einige der Aspekte der Novelle einen Versuch dar, mit einer Erhöhung der Komplexität der Instrumentarien auf die erhöhte innere (Heterogenisierung) und äußere (Unternehmensumwelt) Komplexität zu reagieren und wieder eine verbesserte Passgenauigkeit herzustellen. Dem sollten unter anderem die Paragrafen § 28 (a) und § 80 Absatz 2 Satz 3 dienen, die es dem Betriebsrat erlauben, mit einer neuen Art des Beteiligungsverfahrens über niedrigschwellige Ansätze Arbeitsgruppen oder einzelne sachkundige Beschäftigte bei der Erfüllung seiner Aufgaben in betrieblichen Projekten zu beteiligen. Dieses Verfahren kann daher als „hybrid" bezeichnet werden, weil es Elemente aus Mitbestimmung und Partizipation miteinander verbindet und damit das System der Betriebsverfassung transformiert, ohne gleichzeitig an seinen Grundfesten zu rütteln. Diese hybride Beteiligung wird im Folgenden als eine zeitgemäße Voice-Reaktionsvariante auf den dargestellten Unternehmenswandel diskutiert.

Partizipation und Mitbestimmung

Die deutsche Betriebsverfassung ist durch ein Übergewicht von repräsentativen gegenüber direkten Teilhabeformen gekennzeichnet. Die schwache rechtliche Normierung des Verhältnisses von institutionalisierter Mitbestimmung zur direkten Beschäftigtenpartizipation führte in den letzten Jahrzehnten zu wiederkehrenden Debatten, die allerdings unter unterschiedlichen Vorzeichen geführt wurden. Die Frage der „Mitbestimmung am Arbeitsplatz" etwa flammte mehrfach auf; auch wenn ihre Ausweitung zu den wiederkehrenden Forderungen der Gewerkschaften gehörte, war sie doch zu keinem Zeitpunkt bei ihnen unumstritten. Die zwiespältige Haltung führte oft zu langen Debatten, hinter denen vor allem die Angst vor einer Unterspülung der gefestigten Interessenvertretungsstrukturen stand:

> „Die Gewerkschaften befürchteten in neuen und zusätzlichen Institutionen auf der betrieblichen Ebene, und zwar neben Betriebsräten und Vertrauensleuten, eine Aufsplitterung der Interessenvertretung, eine Aushöhlung der Betriebsverfassung, eine Schwächung der Tarifpolitik und damit insgesamt eine Gefahr für die gewerkschaftliche Solidarität." (Leminsky 1985: 153)

Ähnliches gilt für die Debatten zur Humanisierung der Arbeit in den 1970/80er Jahren. Rezipiert man diese Literatur aus heutiger Sicht, so ist erstaunlich, wie tief die Partizipationsproblematik schon damals durchleuchtet wurde, wenn beispielsweise die Kompetenzvoraussetzungen für eine Beteiligung der Belegschaft an betrieblichen Meinungsbildungs- und Entscheidungsprozessen seziert (Fricke 1975) oder die unterschiedlichen Reaktionsweisen der Beschäftigten auf Partizipationsofferten analysiert wurden – so beispielsweise die passiven oder resignativen Varianten bei Betroffenen, deren Teilhabe zuvor nie eingefordert worden war (Fricke et al. 1981).

Gemeinsam war diesen Ansätzen der „Humanisierung des Arbeitslebens", dass sie soziale Innovation unter der Voraussetzung von Beschäftigtenbeteiligung thematisierten und damit die Demokratiefrage mit der Frage nach produktiver und „guter Arbeit" verbanden.

Aus der Verankerung der Gewerkschaften im Rheinischen Kapitalismus erwuchs ihre starke Stellung in diesen Debatten. Oftmals ging der Aufschlag von ihnen aus, ihre Integration stellte sicher, dass Teilhabe nicht nur unter Rationalisierungs-, sondern auch unter Demokratisierungsgesichtspunkten diskutiert wurde. Dieses spezifische Vorzeichen der Partizipationspostulate „von unten" wechselte dann im Kontext der Offensive neuer Managementkonzepte in den 1980er und 1990er Jahren.

Insbesondere in Varianten der Lean Production und im Human Resource Management (HRM) ab Mitte der 1980er Jahre tauchten vermehrt Partizipationsofferten „von oben“ auf. Die vielen unterschiedlichen HRM-Varianten sehen fast durchweg auf der konzeptionellen Ebene die Einführung partizipativer Komponenten vor (Marchington 1995: 280) – mit allerdings keineswegs abgesicherter Implementation.

Mehr noch als im HRM, in dem nach amerikanischem Vorbild die face-to-face-Aushandlung zwischen Beschäftigtem (oft: Angestelltem) und direktem Vorgesetztem im Vordergrund steht, liegt beim Lean Management die Betonung auf einer aktiven Rationalisierungsbeteiligung der Beschäftigten im Kontext der Neuordnung der Arbeitsorganisation. Prototypisch ist hier die Einführung von Qualitätszirkeln oder von Gruppenarbeit, in denen den Gruppen und ihren Sprechern Beteiligungsrechte bis hin zu Fällen weitgehender Selbstorganisation ihrer Arbeitsprozesse zugestanden wurden. Diese Politik einer vom Management an die Beschäftigten übertragenen direkten Partizipation zielte auf die Mobilisierung ihrer Produktionsintelligenz im Sinne betrieblicher Reorganisation. Nicht wenige Gewerkschafter/innen und Betriebsräte/Betriebsrätinnen wurden von ihr überrascht, da sie einerseits von ihnen vorgetragene Postulate nach mehr Teilhaberechten zwar formal erfüllte, andererseits mit diesen Zugeständnissen nicht sehr weitgehend, dafür aber selektiv war und nicht selten Konkurrenzen zu etablierten Betriebsratsrechten oder zu neuen Managementangeboten einer „delegativen Partizipation“ (Greifenstein et al.) schuf.

Vielerorts gerieten die gewählten Belegschaftsvertretungen in eine strategische Defensive, denn Beteiligung war in diesem Diskurs, wie Dörre (2002b: 17f.) festhält,

> „zu einem Schlüsselbegriff des zeitgenössischen Managementwissens (geworden). Partizipation an zuvor von der Hierarchie monopolisierten Entscheidungsprozessen galt nun als Königsweg, um Arbeiter und Angestellte für anspruchsvollere Tätigkeiten zu motivieren.“

Ein neues Management nahm auf diese Weise ganz im Sinne der bei Boltanski/ Chiapello dargelegten Logik populäre Versatzstücke einer anerkannten Forderung nach mehr Teilhabe auf und integrierte sie in ein Konzept einer immer stärker marktgetriebenen Unternehmensreorganisation nicht zuletzt zum Zwecke der Verantwortungsverlagerung nach unten, aber auch aus der Erkenntnis heraus, dass die traditionellen Formen der Kontrolle abhängiger Arbeit an Grenzen stießen. Vor dem Hintergrund, dass sie in der Regel von den Firmenleitungen ausgingen, hat Schmierl (2001: 440) die individuellen Partizipationsformen als eine

Form der Abkehr vom traditionellen System der industriellen Beziehungen gedeutet.

Die Verkehrung der mit den neuen Partizipationsangeboten verbundenen Motive und Ziele macht dabei den angesprochenen Vorzeichenwechsel deutlich, ihre formalen Ähnlichkeiten zu den Ansätzen fünfzehn Jahre vorher irritierten die Betroffenen ebenso wie viele Vertreter/innen der Zunft. Die Einschätzungen variierten entsprechend von skeptischen (Mahnkopf 1989) bis hin zu optimistischen Positionen, die den Bedeutungszuwachs lebendiger Arbeit betonten (Helfert 1992). In dem Maße, wie diese Partizipationsangebote insbesondere durch Angestellte unterstützt wurden, wuchs oft die ambivalente Haltung der Gewerkschaften diesen Offerten gegenüber.

Die Skepsis hatte aber auch andere Ursachen, denn die erweiterte delegierte Partizipation gründete nicht auf einer institutionellen Absicherung, sondern auf dem Wohlwollen eines geneigten Managements. Es fanden sich im Zuge der Lean Production-Welle kaum Beispiele für eine Modifizierung des betrieblichen Regulationsmodus zum nachhaltigen Schutz gewährter Partizipationsofferten oder zur präzisen Ausdifferenzierung des Verhältnisses zur gewählten Vertretung. Im Gegenteil: die gewährte Teilhabe wurde in vielen Fällen aus Kosten-, Effizienz- oder Gründen der Machtrestauration wieder entzogen (Springer 1999). Dörres (2002b: 410f.) Resümee lautet daher:

> „Nüchtern muss man registrieren, dass (...) die ‚lose Koppelung' von Beteiligung und Mitbestimmung für die Betriebsräte auf einen Verlust von Regelungskompetenz hinauslaufen kann. Das ließe sich kompensieren, wenn auch die neuen Formen delegierter Partizipation, die informell gewährte Beteiligung von Betriebsräten an Reorganisations-, Investitions-, Produkt- und Standortentscheidungen, rechtsverbindlich abgesichert und damit verallgemeinert würden."

Die Novellierung des BetrVG von 2001

Die Novellierung des BetrVG im Jahr 2001 erfolgte daher vor dem Hintergrund des weit(er)hin unklaren Verhältnisses von direkter Partizipation und den Institutionen der Mitbestimmung einerseits sowie andererseits der Angebote „gemanagter Partizipation" (Greifenstein et al. 1993) in den 1990er Jahren, die Betriebsräte und Gewerkschaften nicht selten in eine Partizipations-Defensive gebracht hatten. Parallel dazu geriet mit dem Flächentarifvertrag schleichend eine der zentralen Institutionen im System der Industriellen Beziehungen unter Druck und verlor immer mehr seine Funktion als ultimative Absicherung und Fluchtpunkt auch für die betrieblichen Parteien. Vor diesem Hintergrund brachte die rotgrüne Bundesregierung eine Reform der Betriebsverfassung mit dem Ziel auf den Weg, „die betriebliche Mitbestimmung im Interesse der Beteiligung und Motivation der Arbeitnehmer (zu) stärken", wozu sie vor allem eine „Modernisierung der Arbeitsbedingungen des Betriebsrats (anstrebte, UB), insbesondere durch moderne Techniken, und Delegation von Beteiligungsrechten durch den Betriebsrat an Arbeitsgruppen“ sowie durch die „stärkere Einbeziehung des Einzelnen in die Arbeit des Betriebsrats“ (Deutscher Bundestag 2001b: 1ff.).

Für die SPD brachte der MdB Brandner unter anderem vor:

> „Die Mitarbeiter brauchen auch Rechte, auf die sie sich gegebenenfalls berufen können. Menschen, die engagiert mitarbeiten, müssen auch an den Entscheidungen beteiligt werden.“ (Deutscher Bundestag 2001c: 17396)

Die Abgeordnete der Grünen Dückert (Deutscher Bundestag 2001c: 17399) ergänzte:

> „Uns geht es bei der Mitbestimmung natürlich darum, die Arbeitnehmerinnen und Arbeitnehmer durch eine Konstruktion der kollektiven Vertretung zu stärken. Uns geht es aber auch darum, die individuellen Rechte von Arbeitnehmerinnen und Arbeitnehmern zu stärken. Auch dies ist ein Prinzip der Demokratie. Uns geht es ebenso darum, die Rechte von Gruppen und nicht nur die Rechte von Institutionen zu stärken. Deswegen sind in diesem Gesetz Elemente zur Stärkung von Individualrechten vertreten, zum Beispiel dadurch, (...) dass wir erstmals in einem Mitbestimmungsgesetz die Möglichkeit der Delegation von Mitbestimmungsrechten von den Betriebsräten an Arbeitsgruppen, an Gruppen, die im Team arbeiten, verankert haben.“

In die Novelle ging daher unter anderem nachfolgende Ergänzung ein:

> „Soweit es zur ordnungsgemäßen Erfüllung der Aufgaben des Betriebsrats erforderlich ist, hat der Arbeitgeber ihm sachkundige Arbeitnehmer als Auskunftspersonen zur Verfügung zu stellen; er hat hierbei die Vorschläge des Betriebsrats zu berücksichtigen, soweit betriebliche Notwendigkeiten nicht entgegenstehen.“ (§ 80 Abs. 2 Satz 3, BetrVG)

Dieser eingefügte § 80 Abs. 2 Satz 3 erlaubt dem Betriebsrat demnach, „sachkundige Arbeitnehmer“ als Auskunftspersonen zur Erfüllung seiner Aufgaben anzufordern. Damit ist ein rechtsförmiger Anspruch formuliert – die „Erforderlichkeit“ festzustellen liegt im Ermessenspielraum des Betriebsrats, der in der Regel auch die sachkundigen Arbeitnehmer auswählt (Becker et al. 2002). Eine Ablehnung einer benannten Auskunftsperson durch den Arbeitgeber kann nur unter sehr engen Voraussetzungen geschehen (z.B. aufgrund wichtiger Terminaufträge etc.). Die Grundidee der Gesetzesnovelle war: Bevor der Betriebsrat auf externe Sachverständige – mit zum Teil hohen Kosten – zurückgreift, sollte der „interne“ Sachverstand genutzt werden. Damit wurde die allgemeine Unterrichtungspflicht des Arbeitgebers (§ 80 Abs. 2 Satz 1) bzw. der Informationsanspruch des Betriebsrates ausgeweitet.

Durch die Rechtsprechung des Bundesarbeitsgerichtes (BAG) 1987 und 1992 wurde bereits früher ein Anspruch formuliert, das Wissen betrieblicher Fachkräfte zur Erfüllung von Betriebsratsaufgaben nutzen zu können – seit 2001 besteht nun eine reguläre gesetzliche Grundlage dafür. Die Initiative und das Entscheidungsrecht über Umfang und Einsatz der ausgewählten sachkundigen Auskunftspersonen liegen beim Betriebsrat.

§ 28a regelt, dass Betriebsräte betriebsverfassungsrechtliche Aufgaben an Arbeitsgruppen übertragen können. Damit folgt er einer ähnlichen Grundidee der Nutzung interner Wissensressourcen wie das Sachkundigen-Instrument. Diese Gruppen können jedoch mehr leisten, als nur die unmittelbare Betriebsratsarbeit in einem konkret definierten Projekt zu unterstützen. Mit Delegationsrechten ausgestattete Arbeitsgruppen können beispielsweise Gruppenvereinbarungen (ähnlich Betriebsvereinbarungen) abschließen. Im Gegensatz zu sachkundigen Auskunftspersonen, die dem Benachteiligungs- und Kündigungsschutz unterliegen, ist die rechtliche Absicherung der einberufenen Arbeitsgruppen über § 28a jedoch nicht eindeutig geregelt (Busch 2003; Hromadka/Maschmann 2007). Das heißt, es müsste für ein vergleichbares Schutzniveau, wie es in § 80 Abs. 2 Satz 3 verankert ist, mit dem Arbeitgeber vorher entsprechende (Betriebs-)Vereinbarungen geben.

Die abgesicherten Freiräume durch die beiden Beteiligungsinstrumente erweisen sich damit bereits auf der Regelungsebene als unterschiedlich weitreichend, umfassend und so auch als unterschiedlich praktisch nutzbar. Von Gewerkschaftsseite werden die Nachteile dieses Regelungsdefizits bei § 28a vor allem in der Drucksituation gesehen, der die Arbeitsgruppen ausgesetzt sein können:

> „Dadurch kann sich der Arbeitgeber eben im Sinne einer Spaltung der Interessenvertretung solche Arbeitsgruppen zusammensuchen und damit setzt er einzelne Arbeitnehmer unter Druck, um vielleicht Ergebnisse zu erreichen, die ihm genehm sind und die er über den Betriebsrat nicht erreichen würde.“ (Einschätzung eines Gewerkschaftsfunktionärs der IG Metall)

Im Folgenden liegt zunächst der Fokus vor allem auf dem Instrument der „Sachkundigen Beschäftigten“.

Zwar ändert sich durch diese Novellierung nicht die „strukturelle Paternalität der Betriebsverfassung“ wie der Sachverständige Blanke (Deutscher Bundestag 2001a: 61) zu Recht betonte. Auf eine unmittelbare (Selbst-)Interessenvertretung wird weitgehend verzichtet, der Einschub stellt aber einen Versuch dar, die institutionalisierte Mitbestimmung und (projektförmige) Partizipation miteinander zu kombinieren. Erst damit entsteht diese hybride, „zwitterhafte“ Konstruktion, die wie ein Scharnier die zwei formal bislang oft unverbundenen Welten systematisch zusammenfügt: Indem er das Initiativrecht beim Betriebsrat belässt, hält der eingefügte Satz zwar an der Logik der einheitlichen Interessenrepräsentation fest, eröffnet aber gleichzeitig ein weites Feld für projektförmige Partizipationsmodelle, die sich inhaltlich wiederum auf die Erfüllung von Betriebsratsaufgaben beziehen.

Der hybride Charakter dieser Beteiligungsform antwortet auf das Problem einer bislang fehlenden tragfähigen institutionellen Grundlage von Partizipation sowie auf Neuanforderungen durch individuelle, ausdifferenzierte Einstellungsmuster von Beschäftigten. Gleichzeitig eröffnet diese Mischform den Betriebsräten einen Korridor, die dargestellte strategische Defensive in der Partizipationsfrage zu überwinden.

Vergegenwärtigt man sich die potentielle Tragweite des novellierten § 80 Abs. 2 Satz 3, BetrVG, so erstaunt es, dass der Paragraph in den öffentlichen Anhörungen im Gesetzgebungsverfahren eine vergleichsweise nachgeordnete Rolle spielte (anders als beispielsweise die Absenkung des Schwellenwerts für Freistellungen oder die Wahlverfahren). Neben den angesprochenen gab es lediglich einige kursorische Bezugnahmen von der CDU (Berichterstatter Weiß), in der die eher zu geringe Ausweitung von direkten Partizipationsmöglichkeiten bemängelt wurde, sowie von der Gewerkschaft ver.di (Sachv. Sommer), die die fehlende Legitimation durch Wahlen ins Spiel brachte und darum forderte, der Betriebsrat müsse „zum Schluss die Möglichkeit haben, dieses (das Verfahren, UB) wieder an sich zu ziehen".

Hybride Beteiligung in der Praxis

Die geringe Beachtung während des Gesetzgebungsverfahrens schrieb sich auch in den nachfolgenden drei Jahren fort. Bis dahin gibt es kaum Erfahrung mit dem Ansatz in der betrieblichen Praxis. Um die Potentiale der Neuregelungen ausleuchten zu können, initiierte der IG Metall-Vorstand (Abteilung Betriebspolitik) im Jahr 2004 das Projekt „Beteiligung organisieren mit dem neuen BetrVG". Ziel war es, in sechs Betrieben nachzuzeichnen, wie die aktive Nutzung des neuen Paragrafen die Betriebsratsarbeit stärken und auf ein breiteres Fundament stellen kann.

In den Beispielbetrieben aus dem Organisationsbereich der IG Metall wurden Themen behandelt, deren Dringlichkeit von Seiten der jeweiligen Interessenvertretung als besonders hoch eingestuft wurde. Die Einbindung „sachkundiger Arbeitnehmer" als betriebliche Auskunftspersonen in die jeweiligen Projekte war nach Einschätzung der betroffenen Betriebsräte eine notwendige Voraussetzung, denn in keinem der Fälle verfügte der Betriebsrat über ausreichend personelle und fachliche Ressourcen, um die Projekte in alleiniger Regie durchzuführen.

Die Bandbreite der unterschiedlichen Projekte umfasste

- die Umsetzung des in der Metall- und Elektroindustrie abgeschlossenen Entgeltrahmentarifvertrags (ERA),
- die Vorbereitung einer Betriebsvereinbarung zum Prämienlohn,
- die Überprüfung der Entlohnungsgrundlage,
- die Vorbereitung einer Betriebsvereinbarung zur Gestaltung der betrieblichen Arbeitszeit,
- die Vorbereitung einer Betriebsvereinbarung zum Qualifizierungsbedarf sowie
- die Erstellung von Gefährdungsbeurteilungen.

Die Beschäftigtenzahl der sechs Pilotunternehmen reicht von 180 Beschäftigten im kleinsten bis 15.000 Beschäftigten im größten Unternehmen mit entsprechend unterschiedlichen institutionellen und personellen Voraussetzungen betrieblicher Interessenvertretungsgremien.

Die qualitative Evaluation der betrieblichen Projekte (vgl. Brinkmann/Speidel 2006) zeigte, dass beteiligungsorientierte Interessenvertretungsarbeit nach § 80 Abs. 2 Satz 3 grundsätzlich effiziente Ansatzpunkte zur Stärkung gewerkschaftlicher Betriebspolitik eröffnet, in ihrer Durchführung jedoch voraussetzungsvoll ist. Zu nennen ist vor allem der hohe zeitliche Anfangsaufwand für alle beteiligten Akteure – insbesondere für den Betriebsrat. Auf mittlere Sicht – so deutet sich durchweg an – können Betriebsratsgremien bei wachsender Aufgabenlast aber mit einer Arbeitsentlastung rechnen.

Zu Beginn des betrieblichen Projekts steht dessen Konzeption durch das Betriebsratsgremium, die Auswahl und Schulung kooperierender, auskunftsfähiger Beschäftigter, die zielgerichtete Verarbeitung der im Projektverlauf gewonnen Informationen/Daten sowie die Vermittlung zwischen den beteiligten Akteuren. Die zeitnahe Umsetzung und Beendigung der Beteiligungsprojekte wurde durch die Überlastung vieler Betriebsräte deutlich erschwert. Hier schlägt der „hohe betriebliche Problemdruck“ (Bispinck 2005) zu Buche.

Diese Belastung führte dazu, dass innerhalb der einjährigen Evaluationsphase lediglich eines der sechs Projekte abgeschlossen werden konnte. Ein weiteres Projekt wurde wenige Wochen nach der Begleitphase durch eine entsprechende Betriebsvereinbarung zum Abschluss gebracht. Vier der sechs Projekte waren nach einem Jahr noch nicht abgeschlossen, zwei Projekte wurden niemals beendet – dies hing allerdings mit betrieblichen Gegebenheiten vor Ort zusammen (Eigentümerwechsel, Konkurs). Mit Blick auf die mögliche Entlastung des Betriebsrats sind beteiligungsorientierte Projekte auf der Grundlage des novellierten Betriebsverfassungsgesetzes im gegenwärtigen Stadium vor allem als „Zukunftsinvestition“ zu interpretieren.

In all denjenigen Unternehmen, in denen Beschäftigtenpartizipation bislang gar nicht, sporadisch oder nur in ihrer managementdominierten Form praktiziert wurde, reichte die gute Absicht des Betriebsrats nicht aus, traditionelles Stellvertreterhandeln zu überwinden und Beteiligungsprozesse zu starten.

Das zeitnahe Erreichen sichtbarer Ergebnisse ist das beste Argument für Beschäftigtenpartizipation, dafür haben sich zwei Voraussetzungen als unabdingbar erwiesen:

- zum einen die Fähigkeit des Betriebsrats, ein kompaktes, übersichtliches und im Rahmen von Beschäftigtenpartizipation durchführbares Thema zu definieren.
- zum anderen den partizipatorischen Ansatz in aller Konsequenz über die gesamte Projektdauer durchzuhalten.

Im Falle positiv verlaufender Beteiligungsprojekte profitiert der „investierende" Betriebsrat von einer erhöhten Partizipationsbereitschaft und -kompetenz seitens der Beschäftigten, die die Interessenvertretungsarbeit verbessern und den Betriebsrat perspektivisch entlasten.

Die Einbindung der Beschäftigten

Die Einbindung der Sachkundigen in Beteiligungsprojekte hatte in allen sechs Unternehmen „Positivsummenspiele" (der Geschäftsführer eines beteiligten Unternehmens) zur Folge, von denen nicht nur Beschäftigte und Interessenvertretung, sondern in der Regel auch die Unternehmen profitierten. Ihre stärkere Einbindung in Betriebsratsbelange versetzte die Beschäftigten in die Lage, Aspekte mitzugestalten, die sie unmittelbar betreffen (z.B. gerechte Eingruppierung, Prämienlohn, Arbeitszeit). Interessenvertretungsarbeit verlor für die Beschäftigten auf diese Weise ihren formellen, mitunter abgehobenen Charakter. In dem weiter unten ausführlicher beschriebenen Fallbeispiel berichtet der zuständige Betriebsrat von der durchweg positiven Reaktion der Beschäftigten auf das Partizipationsangebot und ihrer hohen Bereitschaft, sich als betriebliche Experten einzubringen: „Endlich fragt ihr uns!" – so die knappe Erwiderung der auf stärkere Anerkennung und Berücksichtigung ihrer Kompetenzen und Sichtweisen bedachten Beschäftigen in diesem Fall. Für den Betriebsrat bringt diese Beteiligungsorientierung eine offenkundige Verbesserung: Mit Hilfe zeitweise freigestellter Beschäftigter kann er systematischer als zuvor auf deren Sachverstand zurückgreifen und so noch besser fundierte Projektarbeit leisten. Der in der Vergangenheit auch schon praktizierte Rückgriff des Betriebsrats auf die Expertise der Beschäftigten kann nunmehr mit rechtlicher Absicherung formalisiert werden. Dies stellt auch eine Perspektive für Großbetriebe dar, in denen früher informell auf Vertrauensleute oder andere Beschäftigte für Kooperationsarbeiten mit dem Betriebsrat zurückgegriffen werden konnte, in denen dies aber aufgrund eines strikten Zeitregimes so nicht mehr möglich ist.

Aus Sicht des Managements liegt der Vorzug der intensiveren Einbindung sachkundiger Arbeitnehmer in dem best-case-Szenario optimierter Arbeitsprozesse und motivierter Belegschaften, die an der Verbesserung ihrer Arbeitsbedingungen aktiv mitwirken.

Die intensivere, weil formell abgesicherte Einbindung der Beschäftigten als „Berater/innen“ des Betriebsrats, so ein weiteres Ergebnis aus den Pilotprojekten, setzt ein modifiziertes Partizipationsverständnis der gewählten Interessenvertretung voraus. Betriebsräte müssen bereit sein, Abstand von ihrer Rolle als rein repräsentative Mitbestimmungsakteure zu nehmen. Um Beschäftigte bzw. gewerkschaftliche Vertrauensleute nachhaltig in Entscheidungsprozesse einzubinden und Beteiligungsimpulse „von unten“ zu stimulieren, muss offenbar die vorherrschende Kultur der repräsentativen um Elemente einer Kultur direkter Teilhabe erweitert werden. Im Interesse einer besseren Zusammenarbeit mit Beschäftigten müssen Betriebsräte Macht abgeben können. Ihre qua Delegation erworbenen Beteiligungs- und Mitbestimmungsrechte können die Betriebsräte an die Beschäftigten teilweise „zurück delegieren“.

Verbesserung der Legitimationsbasis der Betriebsratsarbeit

Dieser Prozess der Delegation von Beteiligungsmöglichkeiten setzt ein Umdenken der Betriebsräte voraus, eine bloße Inszenierung des Aufbrechens von Stellvertreterprinzipien – in dem Punkt waren sich alle Beteiligten in den Betrieben einig – wäre von vornherein zum Scheitern verurteilt. Im besten Fall konnte im Austausch für Beteiligungsübertragung auch mit einer Stärkung der Legitimationsbasis der Betriebsratsinstitution gerechnet werden – so zumindest die ersten Erfahrungen in den Betrieben, denn immerhin benennt ein Viertel aller Betriebsräte einen mangelnden Rückhalt des Betriebsrats unter den Beschäftigten als Problem (Schäfer 2005: 296). In jenen Fällen, in denen die Arbeitsteilung zwischen Betriebsräten und Beschäftigten erfolgreich verläuft, profitiert der Betriebsrat nicht nur von der Arbeitsentlastung, sondern wird über einen zusätzlichen Akzeptanzzugewinn in der Belegschaft insgesamt durchsetzungsfähiger.

In der neu entstehenden Öffentlichkeit können die Beschäftigten mit den Worten des Betriebsrats des kleinsten der beteiligten Unternehmen nun unmittelbarer erleben, „für was der Betriebsrat da ist, welche Arbeit er leistet“. Ein anderer Betriebsrat berichtet, dass ihm der novellierte § 80 Abs. 2 Satz 3 die Gelegenheit bietet, die „Bande zu den Beschäftigten enger zu fassen“ und diesen gegenüber „eine gewisse Kompetenz darzustellen“. „Der Zusammenhalt zwischen Mannschaft und Betriebsrat kann durch solche Beteiligungsformen nur besser werden“, so der Leiter des Vertrauenskörpers und gleichzeitig stellvertretende Betriebsratsvorsitzende des größten der sechs Pilotunternehmen. Die partizipatorische Aufwärtsspirale, die durch Beteiligungsprojekte ausgelöst wird, liegt auf der Hand: Durch die erfolgreiche Einbindung sachkundiger Arbeitnehmer in seine Arbeit gewinnt der Betriebsrat an Gestaltungskompetenz und somit an Durchsetzungsmacht gegenüber dem Arbeitgeber, was unter den Beschäftigten wiederum die Bereitschaft zu weiteren Beteiligungsprojekten erhöht.

Ob die Profilierung des Betriebsrats und dessen erhöhte Akzeptanz in der Belegschaft unmittelbare organisationspolitische Effekte im Sinne neu gewonnener Mitglieder gezeitigt haben, lässt sich so nicht feststellen. Einiges spricht dafür, dass Beteiligungsprojekte im Rahmen des § 80 Abs. 2 Satz 3 das Potenzial besitzen, die vielfach diskutierte (Re-)Aktivierung der Vertrauensleutestrukturen mit Leben zu füllen. In fünf der sechs begleiteten Unternehmen kamen die sachkundigen Arbeitnehmer mehrheitlich aus dem Vertrauenskörper. In dem Unternehmen ohne Vertrauenskörper handelte es sich immerhin um Gewerkschaftsmitglieder. Vier Motivbündel der Betriebsräte können bei der Auswahl der „Sachkundigen" unterschieden werden: die Initiierung neuer Formen der Zusammenarbeit mit den Vertrauensleuten, die Verbesserung eines ursprünglich schlechten Verhältnisses zwischen Betriebsrat und Vertrauensleuten, der erstmalige Aufbau eines Vertrauenskörpers sowie das Vordringen in Bereiche ohne nennenswerten gewerkschaftlichen Organisationsgrad.

Der § 80 Abs. 2 Satz 3 (BetrVerfG) als rechtlich-institutionelle Absicherung

Die Projektzusammenarbeit zwischen Betriebsrat und Beschäftigten wurde nur in einem der sechs Fälle (siehe nächster Abschnitt) durch einen formellen Antrag seitens des Betriebsrats auf Freistellung sachkundiger Arbeitnehmer beim Arbeitgeber begründet. Alle Projekte wurden zwar ausdrücklich unter Verweis auf das neue Instrument des § 80 Abs. 2 Satz 3, die überwiegende Mehrheit jedoch ohne dessen formelle Anwendung unternommen. Dies ist auf unterschiedliche Gründe zurückzuführen: In zwei Fällen konnte sich der Betriebsrat auf die Kooperationsbereitschaft des Arbeitgebers verlassen, weil dieser selber von der Dringlichkeit der Projekte überzeugt war; in zwei weiteren Fällen zog es der Betriebsrat vor, die Freistellung auf informellem Wege zu erreichen, um dadurch ein ohnehin konfrontatives Verhältnis zwischen den Betriebsparteien nicht weiter anzuheizen. Der höchst unterschiedliche Umgang mit dem § 80 Abs. 2 Satz 3 verdeutlicht, dass einheitlich geltende rechtlich-institutionelle Voraussetzungen keine uniformen betrieblichen Umsetzungen nach sich ziehen. Das folgende Beispiel legt die Vermutung nahe, dass letztendlich das Engagement und die Kreativität der betrieblichen Akteure, also die jeweilige soziale Praxis, darüber entscheidet, ob und vor allem wie das neue Beteiligungsinstrument Wirkung entfaltet.

Hybride Beteiligung im Beispiel: VEM-Sachsenwerk

Konzeption und Durchführung des Beteiligungsprojekts „Erarbeitung einer Betriebsvereinbarung zur Gestaltung der betrieblichen Arbeitszeit" in der VEM-Sachsenwerk GmbH in Dresden mit 450 Beschäftigten gelten bislang als idealtypische Anwendung des § 80 Abs. 2 Satz 3 (vgl. Becker/Thomas 2005; Gramm 2005). Der Betriebsrat verfolgte und erreichte in diesem Fall zweierlei: die grundlegende Überarbeitung einer veralteten Arbeitszeitregelung und – übergeordnet – die Wiederannäherung zwischen Belegschaft und Betriebsrat.

Für ein geschlossenes, beteiligungsorientiertes Vorgehen der Beschäftigten waren die Ausgangsbedingungen im VEM-Sachsenwerk denkbar schlecht. Nach dem Austritt des Werkes aus dem Arbeitgeberverband im Jahr 2000 spaltete sich die Belegschaft in eine kleine kämpferische und eine größere Fraktion, die das Vorgehen der Geschäftsleitung hinnahm. Ein von der Leitung des Vertrauenskörpers organisierter Warnstreik brach zusammen, nachdem die Geschäftsleitung mit Betriebsstilllegung gedroht hatte. In der Folge traten zahlreiche Beschäftigte aus der IG Metall aus; die Christliche Gewerkschaft Metall (CGM) erlangte bei den Betriebsratswahlen 2002 drei von elf Betriebsratssitzen.

Der Betriebsrat reagierte auf die verhärteten Fronten und tiefe Verunsicherung in der Belegschaft nun mit einer offensiven Strategie der Öffentlichkeitsarbeit und des persönlichen „Mitarbeitergesprächs". In seinem Bemühen, verloren gegangenes Vertrauen wieder zu gewinnen, beschloss man, die Belegschaft in die Neugestaltung der Arbeitszeit unmittelbar einzubinden. Unter Rückgriff auf den § 80 Abs. 2 Satz 3 sollte – so die Zielsetzung – eine umfassende Betriebsvereinbarung über die betriebliche Gestaltung der Arbeitszeit erreicht werden sowie die Einbindung „sachkundiger Arbeitnehmer" in den Vertrauenskörper und die generelle Stärkung der IG Metall im Sachsenwerk.

Kennzeichnend für das effektive Vorgehen des Betriebsrats des VEM-Sachsenwerks ist dessen von Anfang an hochgradig durchorganisierte und kompromisslos umgesetzte Konzeption des Beteiligungsprojektes. Der Betriebsrat reichte einen formellen Antrag auf Freistellung sachkundiger Arbeitnehmer beim Arbeitgeber ein und setzte auf diesem Weg die projektbezogene Freistellung von insgesamt 14 Auskunftspersonen durch, darunter zehn Vertrauensleute und vier „Neue". Diese wurden im Rahmen eines Workshops für ihre Aufgabe als Bindeglied zwischen Betriebsrat und Beschäftigten extra geschult. Die Beschäftigten bekamen indessen die Gelegenheit, mittels Fragebogen (vom Betriebsrat in Zusammenarbeit mit den *Sachkundigen Beschäftigten* entworfen) ihre Wünsche bezüglich einer verbesserten Arbeitszeitorganisation zu kommunizieren. Die Auswertung der Erhebung, an der die Auskunftspersonen beteiligt waren, wurde zeitnah öffentlich gemacht, um so den Beschäftigten einerseits sichtbare Ergebnisse, andererseits die Relevanz ihrer Kooperation vor Augen zu führen. Auf der

Grundlage der Fragebogenergebnisse erarbeitete der Betriebsrat einen Entwurf für eine Betriebsvereinbarung zur Neuregelung der Arbeitszeit, der in Abstimmung mit den Auskunftspersonen auf einzelnen Abteilungsversammlungen mit den Beschäftigten diskutiert wurde. Im Anschluss daran kam es zu ersten Verhandlungen mit der Geschäftsführung. Nach zwei betriebsratsinternen Beratungen über die Verhandlungsergebnisse und zwei Betriebsversammlungen, auf denen die Belegschaft unterrichtet wurde, kam es zur Unterzeichnung der entsprechenden Betriebsvereinbarung.

Aus Sicht der Projektinitiatoren haben die Beschäftigten geradezu darauf gewartet, stärker in konzeptionelle Prozesse eingebunden zu werden. Nachhaltige Beteiligungsprojekte sollten demnach über den engen Kreis der Auskunftspersonen mit möglichst vielen Beschäftigten durchgeführt werden.

> „Dafür muss der Betriebsrat generell bereit sein, seine Arbeitseinstellung und -praxis zu ändern: Statt eine Interessenvertretung für sollte er stärker eine Interessenvertretung mit den Beschäftigten umsetzen." (BRV Sachsenwerk)

Im Lichte der Erfahrungen des Sachsenwerks bedeutet die vermeintliche Abgabe von Machtbefugnissen und Kompetenzen an die Belegschaft für den Betriebsrat in Wirklichkeit Zuwachs an Akzeptanz, Kompetenz und Gestaltungskraft. Der Vertrauenskörper konnte durch das Beteiligungsprojekt stabilisiert, ausgetretene IG-Metall-Mitglieder wieder gewonnen werden.

Verbreitung hybrider Beteiligungsformen

Mit Hilfe der WSI-Betriebsrätebefragung 2007 sollen im weiteren Verlauf für die Frage der tatsächlichen Verbreitung der hybriden Beteiligung empirische Belege vorgestellt, aber auch Grenzen sichtbar gemacht werden. Interessenvertretungsseitig initiierte Beteiligungsformen zeichnen sich dadurch aus, dass sich Beschäftigte sowohl in die Ausgestaltung (gemäß der Künstlerkritik) als auch in die von Sozialkritik inspirierten Inhalte von Betriebspolitik einbringen und dabei im Betriebsrat einen Katalysator ihres Teilhabeinteresses haben. Damit verringert sich die Gefahr einer Instrumentalisierung durch das Management. Aus Betriebsratsperspektive kann dieser Ansatz wie dargelegt eine strategische Stärkung von Durchsetzungsmacht bringen. In jedem Fall stellt der Betriebsrat die zentrale Schaltstelle für die betriebliche Implementierung dieser Instrumente dar: Er kann sie verhindern oder sich zunutze machen. Daher ist es sinnvoll, mit der Erhebung bei diesem Klientel anzusetzen. In die WSI-Betriebsrätebefragung 2007 wurden daher erstmals Fragen zu hybriden Beteiligungsformen aufgenommen. Dadurch gelingt es, einen repräsentativen Überblick über den Verbreitungsgrad und zumindest in groben Zügen auch über die Anwendungspraxis der sachkundigen Beschäftigten und der Arbeitsgruppen seit Aufnahme in das Betriebsverfassungsgesetz zu geben.

Die Rolle sachkundiger Beschäftigter und von Arbeitsgruppen in der Betriebsratsarbeit

Laut WSI-Betriebsrätebefragung sind 61% der befragten Betriebsräte mit beiden Vorschriften nicht vertraut, rund ein Drittel der Befragten (28% bzw. 35%) gaben an, den jeweiligen Gesetzesteil zu kennen. Von diesen „Kennern" nutzen wiederum 63% das Instrument der sachkundigen Arbeitnehmer (§ 80 Abs. 2 Satz 3) bzw. 39% die Arbeitsgruppen (§ 28a) zur Unterstützung der Betriebsratsarbeit. Auf die Gesamtstichprobe bezogen, sind es 18% bzw. 14% der Unternehmen mit Betriebsräten ab 20 Beschäftigten, die die neuen Beteiligungsmöglichkeiten des 2001 novellierten BetrVG kennen und bereits mindestens einmal in der praktischen Arbeit darauf zurückgegriffen haben.

Man kann daher zunächst konstatieren, dass Kenntnis und bewusster Einsatz der neu geschaffenen Beteiligungsinstrumente nach mehrjähriger Geltungsdauer vergleichweise hoch ausgeprägt sind. Dabei gibt es eine bessere Kenntnis der Möglichkeit, Arbeitsgruppen zu bilden, bei deutlich geringerer Neigung diese Option auch zu nutzen. Dagegen scheint den Betriebsräten die Möglichkeit, Beschäftigte als Sachkundige heranzuziehen, weniger bekannt zu sein, obwohl die Nutzung im Verhältnis dazu deutlich häufiger erfolgt.

Man kann solche Präferenzen sowohl als Indiz praktischer Handhabbarkeit dieser Instrumente lesen, als auch eine damit verknüpfte Strategie von Betriebsräten im Umgang mit der Übertragung von Entscheidungsbefugnis auf andere Beschäftigte. Gegen Arbeitsgruppen dieser Art sprechen abstimmungsintensive Vorgehensweisen und Sorgen, um den Verlust von Entscheidungsspielräumen von Betriebsräten. Für das Setzen auf sachkundige Arbeitnehmer können weniger reibungsintensive Kommunikationswege zwischen Einzelnen und die Obhut über den gesamten Entscheidungsvorgang und Projektverlauf in Anschlag gebracht werden – man bleibt „Herr des Verfahrens" (Brinkmann et al. 2008: 133 – hier finden sich dieses und weitere Merkmale hybrider Beteiligung im Verhältnis zu Macht und Handlungsspielraum des Betriebsrates).

Hinsichtlich der Unterscheidungsmerkmale Ost-/West- und Branchenzugehörigkeit gibt es verhältnismäßig geringe Abweichungen bei Kenntnis und Nutzung der beiden Beteiligungsformen, hinsichtlich der Unternehmensgröße können dagegen beträchtliche Differenzen ausgemacht werden: Bei Betriebsräten, die weniger als 200 Beschäftigte vertreten, sind beide Vorschriften mehrheitlich nicht bekannt. In Unternehmen mit 20 bis 49 Beschäftigten – fast 60% des Betriebsbestandes in Deutschland – kennen zwei Drittel (65,7%) weder die eine noch die andere Beteiligungsform nach BetrVG. Dagegen steigen mit der Betriebsgröße sowohl Kenntnis als auch Nutzung signifikant.

Betriebsräte aus Unternehmen, die sich überwiegend kleineren oder mittleren Gewerkschaften wie TRANSNET, GEW und IG BCE zuordnen lassen, bekunden überdurchschnittlich häufig ihre Kenntnis der neuen gesetzlichen Regelungen zu den Beteiligungsformen. Dahinter stecken in der Regel intensive Schulungen der entsprechenden Organisationen für ihre Mitglieder. Betriebsräte aus Unternehmen mit höherem Organisationsgrad weisen ebenfalls auf bessere Kenntnis und Nutzung der beiden Vorschriften hin. Der gewerkschaftliche Hintergrund ist für die Verbreitung dieser neuen Beteiligungsformen also nicht zu vernachlässigen.

Bemerkenswert ist die inhaltliche Ausgestaltung der beiden Beteiligungsformen. Sachkundige Beschäftigte werden in erster Linie herangezogen, wenn es um Projekte im Arbeits- und Gesundheitsschutz geht (61% der Befragten, die § 80 Abs. 2 Satz 3 sowohl kennen als auch nutzen) sowie um die Gestaltung der Arbeitszeit (56%) und Arbeitsorganisation (52%). Im Falle der Arbeitsgruppen nach § 28a handelt es sich um die gleichen Themen, wenn auch in der Priorität leicht verschoben. Auffällig ist, dass eine Vielzahl von Themen und Themenkombinationen mit Hilfe sachkundiger Arbeitnehmer und Arbeitsgruppen bearbeitet wurden, diese Beteiligungsformen offenkundig also nicht nur im begrenzten Maße betriebspolitische Gestaltungsmöglichkeiten im Betrieb bietet.

Nimmt man das Thema Arbeits- und Gesundheitsschutz und die damit verbundene „leidvolle, als beklagenswert empfundene Erfahrung“ (Boltanski/Chiapello 2003: 79f.), die das „Schwungrad der Kritik“ (ebd.) in Gang setzt, so erweisen sich die hybriden Beteiligungsformen als Verarbeitung, die die Empörung über „individuelle(s) Leid in allgemeinwohlorientierte Begrifflichkeiten“ (ebd.) konstruktiv wendet. „Sich zu Wort melden“ (ebd.) und eine „argumentative Rhetorik“ (ebd.) zu entwickeln, setzt den Erwerb von Beteiligungskompetenz voraus.

Formalisierung von Beteiligung durch das novellierte BetrVG?

Die Entscheidung für die Stärke des Formalisierungsgrades in einem Beteiligungsprojekt wird von verschiedenen Faktoren beeinflusst, z.B. von der politischen Kultur der Austauschbeziehungen zwischen Management und Betriebsrat (konflikt- versus konsensorientiert – vgl. Bosch et al. 1999), von bereits vorhandenen Erfahrungen mit Beschäftigtenteilhabe und durch den Aufbau von Beteiligungskompetenz, aber auch vom Rollenverständnis der Betriebsräte. In einem Maschinenbauunternehmen, in dem das Beteiligungsinstrument nach § 80 Abs. 2 Satz 3 bereits erfolgreich und mit Betriebsvereinbarung vor zwei Jahren angewandt wurde, wird das Zusammenspiel von informeller und formalisierter Beteiligung durch den Betriebsratsvorsitzenden wie folgt bewertet:

> „Wenn es keine Widerstände dagegen gibt, dass ich Kollegen für meine Arbeit heranziehe, brauche ich auch keine Betriebsvereinbarung. Im Moment haben wir ja freie Handhabe, da bringt eine Betriebsvereinbarung gar nichts. Im Gegenteil das schränkt uns am Ende nur mehr ein. Das heisst nicht, dass wir nicht eines Tages doch eine Betriebsvereinbarung dazu abschließen müssen. Aber jetzt gilt die Devise: Alles, was nicht verboten ist, ist erlaubt."

Mit der neuen Gesetzgebung erhalten Betriebsräte Rechtssicherheit für eine Praxis, die vorher bereits durchaus zur Anwendung kam. Interessenvertreter haben immer – mal stärker, mal weniger intensiv – den Kontakt zu Beschäftigten gesucht, die durch ihr spezifisches Wissen, als Experten ihrer Angelegenheiten, für die Betriebsratsarbeit entscheidende Hinweise geben konnten. Es stellt sich jedoch die Frage, ob diese Absicherung in der Weise zu einer Formalisierung der Beteiligung führt, dass sich die Betriebsräte stark auf die gesetzlichen Grundlagen beziehen und dies z.B. in Form von Betriebsvereinbarungen mit dem Management dokumentieren. Man kann jedoch – wie oben dargelegt – einen höchst unterschiedlichen Umgang mit dem neuen Beteiligungsinstrument annehmen, sodass die einheitlich geltenden Voraussetzungen keine uniformen betrieblichen Umsetzungen nach sich ziehen müssen. Verlässliche gesetzliche Regelungen reduzieren auch die Notwendigkeit formalisierter betrieblicher Vereinbarungen.

Tatsächlich weist der folgende Befund zunächst in diese Richtung: In 92% bzw. 91% der Unternehmen, die mit dem Instrument sachkundiger Arbeitnehmer bzw. Arbeitsgruppen Erfahrungen gemacht haben, wurden keine Betriebsvereinbarungen dazu abgeschlossen – hier verlassen sich die Betriebsräte auf Kraft und Gültigkeit des BetrVG.

Das Bild einer hochgradig informellen Praxis in der Anwendung der beiden Beteiligungsformen verändert sich, wenn man nur die Unternehmen betrachtet, für die die Befragten angeben, Konflikte mit dem Management bei der Nutzung der jeweiligen Beteiligungsform ausgetragen zu haben. Trotz der stark reduzierten Zellenbesetzung wird deutlich, dass es bei Konflikten häufiger zum Abschluss von Betriebsvereinbarungen kommt: Statt durchschnittlich 8% geben nun 14% der Konflikt erfahrenen Betriebsräte entsprechende schriftliche Abkommen über das Heranziehen sachkundiger Beschäftigter an. Im Fall der Arbeitsgruppen sind es statt 9% nun 21%.

Man kann diese höhere Neigung zu Betriebsvereinbarungen demnach auch als Absicherungsstrategien von Betriebsräten gegenüber dem Management lesen, um die Nutzung der gesetzlich garantierten Grundlagen für Beteiligung tatsächlich gewährleisten zu können. Gerade diese gesetzliche Vorschrift lässt – wie oben bereits angedeutet – viel Spielraum, der, wenn er nicht durch Betriebsvereinbarungen umfassend geregelt wird, vom Management missbraucht werden kann.

Schwierigkeiten mit Beschäftigten, die es durchaus auch bei der Einführung neuer Beteiligungsformen gibt, und zwar in vergleichbarem Umfang wie mit dem Management, sind jedoch kein Anlass für Betriebsräte verstärkt Betriebsvereinbarungen abzuschließen. Dies ist ein Hinweis darauf, dass die Schwierigkeiten von Seiten der Beschäftigten nicht so sehr darin gesehen werden, dass man dem Management misstraut und eine entsprechende Absicherung für die neuen Beteiligungsformen von der eigenen Interessenvertretung verlangt. Vielmehr sind die hier genannten Schwierigkeiten Ausdruck Skepsis der Beschäftigten, ob sich ihr Teilhabe-Engagement tatsächlich im Sinne der Künstlerkritik, also unter Gewährung von echter Autonomie praktizieren lässt, das sich dann auch faktisch in verbesserten Arbeitsbedingungen niederschlägt.

Schwächung der Repräsentation durch hybride Beteiligung?

Die zwei hier thematisierten Möglichkeiten, Beschäftigte in der betrieblichen Mitbestimmung stärker zu berücksichtigen, waren schon im Gesetzgebungsverfahren Gegenstand von Kontroversen zwischen den Parteien. Zu der Zustimmung durch die Arbeitgebervertreter kam es unter anderem auch deswegen, um der bis dahin gesetzlichen Regelung – wonach Betriebsräte auf (teure) externe Sachverständige zur Lösung ihrer Aufgaben zurückgreifen können – eine Alternative zur Seite zu stellen. Gelegentliche Bedenken von Gewerkschaftsvertretern und Betriebsräten bezogen sich auf den Verlust von Handlungsspielräumen für die etablierten Interessenvertretungsstrukturen. Wenn weitere Akteure aus der Belegschaft die bis dahin klar strukturierte Arena der industriellen Beziehungen betreten würden, auch noch ausgestattet mit Verhandlungsrechten sowie Zustimmungs- und Ablehnungsmacht, bestünde da nicht die Gefahr einer neuen Unübersichtlichkeit und einer möglichen Entsolidarisierung innerhalb der Belegschaft?

Anhand der Zufriedenheit und der Planung künftiger Nutzung hybrider Beteiligungskonzepte lässt sich zum Teil herauslesen, ob diese Formen eher zu einer Schwächung oder eher zu einer Stärkung von Mitbestimmung und Interessenrepräsentanz führen. In großen Teilen der industriesoziologischen Literatur wird angenommen, dass erfolgreiche direkte Beteiligung von Beschäftigten eher zu einer Stärkung der Teilhabe initiierenden Betriebsräte, auch gewerkschaftlicher Arbeit sowie der Erfüllung der Erwartungen, eigene Interessen in der Betriebspolitik berücksichtigt zu finden, führt (Martens 2002; Brinkmann et al. 2008).

Die Zufriedenheit, die Betriebsräte in der WSI-Befragung 2007 über den Nutzen der Beteiligungsformen äußerten, ist mit 53% bzw. 62% relativ hoch, wenn auch nicht überschwänglich (vgl. Abb. 11) – darauf weisen auch die Mittelwerte auf einer Schulnotenskala von 2,4 bzw. 2,3 hin. Dagegen beschränkt sich die Unzufriedenheit auf sehr wenige Befragte.

Als Indikator zur Bewertung des Nutzens und der Praktikabilität der Beteiligungsformen soll nun die geplante künftige Nutzung der Vorschriften herangezogen werden. Bemerkenswert sind hier die Unterschiede, die sich zwischen den beiden Beteiligungsinstrumenten abzeichnen: Während 70% der Befragten angeben, künftig den Einsatz sachkundiger Beschäftigter zur Unterstützung der Betriebsratsarbeit zu planen, sind es nur 34%, die eine Bildung von Arbeitsgruppen forcieren wollen (vgl. Abb. 11). Offensichtlich schlagen hier die grundlegenden Defizite des § 28a stark zu Buche, die eine effektive und stärker interessenvertretungsgeleitete Anwendung verhindern. Der Betriebsratsvorsitzende eines Maschinenbauunternehmens erklärt die Logik der Bevorzugung sachkundiger Beschäftigter gegenüber der Arbeitsgruppenbildung wie folgt:

> „Wenn ich eine Arbeitsgruppe brauche, bilde ich sie, indem ich mehrere sachkundige Beschäftigte einberufe. Dazu brauche ich den 28er Paragraphen nicht, der schützt auch meine Leute nicht so gut, wie die § 80 Absatz 2 Satz 3 Regelung. Die müssen immer befürchten, dass ihnen ein Strick gedreht wird aus ihrem Engagement. Bei den sachkundigen Beschäftigten ist viel klarer geregelt, welchen Zugriff das Management auf diese Leute hat, nämlich während der Zeit unseres Betriebsratsprojektes: gar keinen."

Erfahrungen mit dem Beteiligungsinstrument haben einen großen Einfluss, sich für eine künftige Nutzung auszusprechen. Zumindest bei § 80 Abs. 2 Satz 3 stellt sich dies so eindeutig dar: Für 84% der Betriebsräte, die bereits sachkundige Beschäftigte eingesetzt haben, ist eine weitere Nutzung dieser Beteiligungsform eine klare Sache. Dagegen sind es nur knapp über die Hälfte (52%) derjenigen, die noch keinerlei Erfahrungen mit diesem Instrument sammeln konnten.

Abb. 11: Einschätzung hybrider Beteiligungsformen (Anteil der Befragten in %)

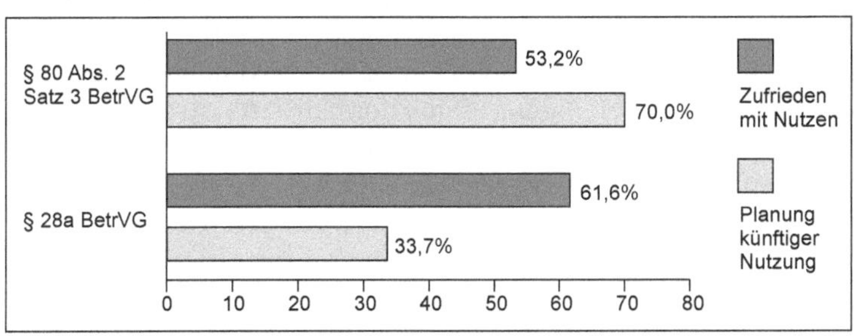

Quelle: WSI-Betriebsrat-Befragung 2007; eigene Berechnungen

Für den Einsatz von Arbeitsgruppen nach § 28a sind die Unterschiede nicht ganz so gravierend, aber auch vorhanden, und sie weisen – erstaunlicherweise – in die entgegengesetzte Richtung. Hier sind es die Befragten ohne bisherige Erfahrungen in der Nutzung des § 28a, die etwas häufiger angeben, die Bildung einer Arbeitsgruppe zu planen (36% gegenüber durchschnittlich 33%). Möglicherweise kann die Zufriedenheit mit dem Nutzen solcher Beteiligungsformen zwar hoch ausfallen, wenn aber die Voraussetzungen für die Nutzung schwierig sind und die Hindernisse bei der Ausgestaltung der Beteiligungsformen überhand nehmen, wirkt sich dies negativ auf die Planung einer künftigen Nutzung aus. Oder anders ausgedrückt: Hinterher ist man immer schlauer, bilanziert zwar ein zufriedenstellendes Ergebnis, sieht aber auch den Aufwand und die Risiken, die mit diesem Vorgehen verbunden waren und möchte sie nicht noch einmal eingehen. Geringere Zukunftschancen bieten aber eben auch jene Beteiligungsformen, die den Beschäftigten weniger Schutz und Regelsicherheit bieten.

Erfahrungen mit Konflikten mit dem Management wirken sich für den zukünftigen Einsatz sachkundiger Arbeitnehmer günstiger aus als Konflikte mit Beschäftigten in dieser Sache. Zumindest ist kein Verzicht auf diese Handlungsoption aufgrund von Schwierigkeiten, das Management von dieser Beteiligungsform zu überzeugen, zu erkennen. Entscheidend für Erfolg und künftige Beteiligungsstrategien sind tatsächlich positive Erfahrungen, die die Beschäftigten mit diesen Beteiligungsansätzen gemacht haben.

Für eine Diskussion um Stärkung oder Schwächung von Repräsentation heißt das, Betriebsräte legen durch Teilhabe und das Ausräumen von Zweifeln in der Belegschaft durch positive Ergebnisse dieser Beteiligungsmodelle den Grundstein für eine weitere Akzeptanz, wenn sie diesen Pfad weiter verfolgen. Sie stärken also genau dann ihre Rolle, wenn Beteiligung keine Eintagsfliege war. Offensichtlich ist jedoch nicht jedes Instrument gleichermaßen zur direkten und wirksamen Einbindung von Beschäftigten geeignet: Während die Zufriedenheit mit den erzielten Ergebnissen durch Beteiligung mehrheitlich hoch bis sehr hoch ist, wird der künftige Einsatz der beiden hier untersuchten Vorschriften höchst unterschiedlich bewertet. Einen deutlich höheren Zuspruch erfahren demnach Ansätze, in denen einzelne Beschäftigte als Sachkundige herangezogen werden, gegenüber einer Beteiligung durch formalisierte Arbeitsgruppen. Hier mögen ein hoher Vorbereitungsaufwand für die Arbeitsgruppen und die angedeuteten Schutzdefizite, die § 28a gegenüber § 80 Abs. 2 Satz 3 aufweist, in die Aufwand-Nutzen-Bilanz der Betriebsräte eingehen. An der Wirksamkeit von Beteiligungsansätzen, wie sie hier untersucht wurden, scheint jedoch kein Zweifel zu bestehen. Die Spezifik der hier untersuchten Beteiligungsformen hat demnach keinen Einfluss auf die stärkende Wirkung von Beteiligung.

Vor dem Hintergrund der qualitativen Betriebsfallstudien und der repräsentativen quantitativen Erhebung lassen sich einige Ergebnisse über das grundsätzliche Potenzial der hybriden Beteiligungsformen festhalten. Eine praxisorientierte Beschäftigtenbeteiligung, die aus Beschäftigten „Experten in eigener Sache“ (Pickshaus/Urban 2003: 271) und somit aktive „Veränderungssubjekte“ (ebenda) macht und gezielt auf den internen Sachverstand der Arbeitnehmer zurückgreift, kann einerseits die betriebliche Interessenvertretung deutlich stärken und trifft andererseits auf Belegschaftsfraktionen, deren Wunsch nach Teilhabe auf gesicherter rechtlicher Basis erfüllt werden kann, ohne die gewählten Interessenvertretungen zu schwächen. Insofern wird ein Betriebsrat „nur gewinnen, wenn er die Interessen der Beschäftigten nach Beteiligung, Mitentscheidung und dem Wunsch ‚ernst genommen zu werden’ aufgreift“ (Becker/Thomas 2005: 209). Die Projektbeteiligten verbanden mit dem Ansatz eine Reihe von Hoffnungen, die teilweise nur mittel- oder langfristig realisierbar erscheinen: den Ausgleich eines diagnostizierten Kompetenzverlustes, die Verbesserung der Legitimationsbasis, Arbeitsentlastung, die Besetzung neuer Themen und damit die Erweiterung der Handlungsfelder, die Bekämpfung der Zersplitterung der Belegschaft durch deren Einbindung sowie die Verbesserung der VL-Arbeit und damit eine Stärkung ihrer Machtbasis. Hybride Beteiligung nach § 80 Abs. 2 Satz 3 kann dabei möglicherweise die Mitbestimmung auf intelligente, Win-win-Situationen schaffende Weise „nach unten“ öffnen (Schumann 2005: 11).

Das neue Instrument stellt allerdings kein Allheilmittel dar. Viele Betriebsräte scheuen noch den damit verbundenen Anfangsaufwand, manche auch die Delegation von Beteiligung als solche. Die bisherigen empirischen Erfahrungen stimmen die befragten Betriebsräte/Betriebsrätinnen jedoch optimistisch, dass sie mit den „sachkundigen Beschäftigten“ ihre strategische Defensive in Partizipationsfragen überwinden können.

Aus der Perspektive der von Boltanski und Chiapello angestoßenen Diskussion von Künstler- und Sozialkritik an der kapitalistischen Verwertung von Arbeitskraft ergibt sich eine neue Betrachtung betrieblicher Gestaltungsansätze der Beschäftigtenteilhabe. Hybride Beteiligung erweist sich dabei als reelle Chance die beiden Kritikformen miteinander auszusöhnen: Der Versuch der Arbeitgeber im traditionellen korporatistischen System, die Proteste im Gefolge von 68 zunächst vor allem als Sozialkritik zu lesen und mit dementsprechenden Konzessionen zu beantworten. Demgegenüber wurden Autonomiebestrebungen der Beschäftigten zurück gewiesen, die sich aus der Künstlerkritik speisten. Letztere passten weder ins zeitgenössische hegemoniale Normenkorsett noch standen institutionelle Ordnungsrahmen zu ihrer Verwirklichung zur Verfügung.

Man hat heute nicht selten den Eindruck, dass sich die Verhältnisse umgekehrt haben. Mannigfaltige Arten (unverbindlicher) Teilhabeofferten gelten als betrieblich und gesellschaftlich anerkannt, viele Spielarten der Sozialkritik erscheinen dagegen nicht kompatibel zum neuen Geist des Kapitalismus. Deutlich wird damit allerdings auch: Wandlungsprozesse dieser Art sind ein Ausdruck historischer Kräftekonstellationen, die sich ändern können.

Die dargestellten hybriden Beteiligungsformen stellen vor dem Hintergrund der bisherigen Erfahrungen ein probates Mittel zur Verbindung von zentralen Ideen der Künstler- sowie der Sozialkritik dar. Machtvoll umgesetzt verkörpern sie offenbar die Möglichkeit, individuelle und kollektive Teilhabe auf Dauer zu stellen, Themen der Sozialkritik (wie den Arbeits- und Gesundheitsschutz) wieder auf die Tagesordnung zu rücken und gleichzeitig der Mitbestimmung ein neues Legitimation stiftendes Standbein zu verschaffen. Allerdings muss erst die praktische Umsetzung von partizipativ erarbeiteten Veränderungskonzepten zeigen, ob sich sozialkritisch inspirierte Themen gleichsam auf der Fähre künstlerkritisch inspirierter Verfahren tatsächlich transportieren lassen.

Vor der Folie dieser Ergebnisse kann auch die Bedeutung hybrider Beteiligung als Voice-Variante in Exit- und Loyalty-Unternehmen bewertet werden. Hinsichtlich beider Varianten stellt diese Beteiligungsform Anknüpfungspunkte und Chancen für eine eigenständige Entwicklungsvariante dar. Die zumindest partielle Freisetzung von vorgezeichneten bürokratischen Wegen teilt sie mit der Marktzentrierung. Parallelen existieren hier ebenso mit Blick auf die wachsende Bedeutung projektförmiger Arbeitsorganisation, die auch von Boltanski/Chiapello analysiert wurde. Aus der Sicht der Betriebsräte ist vor allem der Zugewinn an proaktiver Handlungsfähigkeit zu nennen, der es ihnen potentiell ermöglicht, über die temporäre Delegation von Kompetenzen innerhalb der ausdifferenzierten Unternehmung viele „Baustellen“ gleichzeitig zu bearbeiten. Außerdem bieten zumindest die „sachkundigen Arbeitnehmer“ als Institution den Belegschaften genau jene verbrieften Sicherheiten, die marktzentriertes Arbeiten in der Regel nicht auszeichnet.

In Loyalty-Unternehmen kann hybride Beteiligung als ein Lackmus-Test für die mit Berufung auf eine gemeinsame Unternehmenskultur verbundenen Versprechen dienen. Die Frage beispielsweise nach der Wertschätzung und Anerkennung von spezifischen Kompetenzen und einem „Engagement jenseits der Linienproduktion“ lässt sich auf diesem Testgelände einfacher beantworten als auf unsicherem Terrain. Die in solchen Unternehmen in der Regel vorhandenen situativen Partizipationsangebote erfahren eine Aufwertung mit einem Bezug auf die novellierte Betriebsverfassung, auch wenn (insbesondere in KMU) nicht unbedingt in jedem Fall eine formelle Betriebsvereinbarung als Grundlage dienen muss.

Die Krise betrieblicher Kontrolle und Koordination als Chance für eine Voice-Unternehmung?

In den letzten Jahren hat es in den Sozialwissenschaften immer wieder Debatten über die Koordinationslogiken gesellschaftlicher Einheiten (Betriebe, Arbeitssysteme, interorganisatorische Netzwerke etc.) gegeben. Drei zentrale Mechanismen wurden hier in der Regel identifiziert: Markt, Organisation (Bürokratie) und Gemeinschaft (bei Sorge ähnlich „marktförmige", „herrschaftliche" und „assoziative" Formen1993; Wiesenthal 2005). Im Rahmen dieser Arbeit wurde die aktuelle Krise der drei Logiken dargelegt: beispielsweise die Innovationsschwäche und Neigung zur Entfremdung/Entmündigung des bürokratisch-hierarchischen Musters, die widersprüchlichen Rollenanforderungen und Prekarisierungstendenzen der Marktzentrierung sowie etwa der situative und selektive Charakter funktionalistischer und auf Vergemeinschaftung zielender Kulturanrufungen.

In den sozialwissenschaftlichen und vielen gesellschaftlichen Debatten hat dagegen das in ökonomischen Kontexten praktizierbare Voice eher ein Schattendasein geführt. Allenfalls die Diskussion über die Möglichkeiten von Kund/in-n/en, über explizite Boykott-Maßnahmen auf Unternehmenspolitik in einer Mischung aus Exit und Voice Einfluss zu üben (beispielsweise im Esso-Brent-Spar-Fall), erreichte gelegentlich die Schlagzeilen. Betriebliche und auf die Unternehmung bezogenes Voice befand sich dagegen in der Defensive, lief eher im europäischen Kontext (mit Blick auf das deutsche Niveau) Gefahr, mit Rückschritten und Abwärtsspiralen konfrontiert zu werden, oder befand sich im permanenten Rechtfertigungszwang hinsichtlich seines Ertragsbeitrags vor dem Hintergrund der mit ihm verbundenen Kosten (vgl. dazu auch Boes/Bultemeier 2008). Zweifellos folgt aus der Krise der dargelegten Logiken nicht automatisch gleichsam eine Konjunktur von Voice in Unternehmen – allerdings kann darauf verwiesen werden, dass eine Reihe der dargelegten inhärenten Probleme der bisherigen Kontrolle und Koordination mit einer stärkeren Betonung von abgesicherter Teilhabe der Beschäftigten und anderen Stakeholdern angegangen werden könnte: nachhaltiges Wirtschaften mit langfristiger Orientierung, „weiche" oder vernachlässigte Themen wie Beschäftigtengesundheit oder die systematische Internalisierung „externer Effekte". Die aktuelle Empirie in Unternehmen mit einer Dominanz marktzentrierter Steuerung zeigt, dass sich auf der betrieblichen Ebene variantenreiche Praxen als Reaktionen darauf herausgebildet haben, die sich in Weberscher Terminologie auf einem Kontinuum von informellem „Widerstreben" bis zu offenem „Widerstand" verorten lassen: Hier besteht weiterer Forschungsbedarf, der zumindest in theoretischer Hinsicht insbesondere in der angelsächsischen soziologischen Debatte interessante Anknüpfungspunkte findet. Übertragen in die Terminologie der Marktgrenzenverschiebung bedeutet dies, dass sich viele Betriebsräte bislang oft noch in der Rolle der defensiven Grenzwärter sehen, die mitsamt den Grenzen verschoben werden. Sie könnten sich aber auch stärker selbst als Grenzverschieber betätigen. Diese Haltung widerspräche keineswegs dem Selbstbild moderner Betriebsratsarbeit, da sie sich unter Berufung auf ihren gesetzlichen Auftrag mit guten Argumenten gegen die „Diktatur der kurzen Frist" (Sennett) ebenso wie gegen die zentrifugalen Kräfte der marktorientierten Reorganisation zur Wehr setzen kann. Eine Rückverschiebungsthese dieser Art zu vertreten impliziert dabei nicht notwendig eine Wende um 180 Grad. Ein Zurück zum Taylorismus-Fordismus ist aus bekannten Gründen keine realistische oder wünschenswerte Alternative, die Einforderung einer partizipatorischen Transformation dagegen schon. Beispiele für die Verhinderung von Grenzverschiebungen oder ihre erfolgreiche Rückverschiebung gibt es zuhauf. Auch an Ansatzpunkten für Akteurshandeln mangelt es nicht, einige sind oben angeführt worden, viele weitere tun sich bei näherer Betrachtung auf:

– Die Verschiebung von Marktgrenzen bedarf beispielsweise einer diskursiven Absicherung durch das Management, die von Beschäftigtenseite durchaus kritisch hinterfragt wird. Dies gilt insbesondere für eine ausgeprägte Marktrhetorik bei gleichzeitiger Hierarchiefixierung. Dieses „Talking Ideology" und die Beschäftigtenreaktionen darauf hat Kunda (1993: insb. Kap. 4) in seinen ethnographischen Studien amerikanischer High-Tech-Unternehmen beschrieben. Im Kontext von Marktgrenzenverschiebung lässt sich vielfältiges Widerstreben gegen diese „kulturelle Kontrolle" (Fleming/Spicer 2003) des Managements ausmachen. Ausdrucksweisen wie Ironie (Trethewey 1997), Skepsis (Fleming/Sewell 2002), Humor (Ackroyd/Thompson 1999), alternative Interpretationsweisen (Knights/McCabe 2000) oder Zynismus (Fleming/Spicer 2003) erscheinen vor dieser Folie in neuem Licht. Für die Erweiterung des eigenen Handlungsspielraums hängt viel davon ab, ob es Betriebsräten und Beschäftigten gelingt, frühzeitig in die betriebliche Signifikationspolitik einzugreifen, um beispielsweise die einseitige Kumulation von Risiken (beispielsweise die Nachteile hierarchischer und marktförmiger Reorganisation oder funktionalistischer kultureller Anrufungen) zu beanstanden.
– Eine marktzentrierte Unternehmenssteuerung setzt ein spezifisches Bewertungssystem von Arbeit und Leistung voraus. Viele Tätigkeiten (nicht nur im Hochqualifiziertenbereich) lassen sich aber nicht ohne weiteres unmittelbar marktgerecht messen. Einwände werden deshalb gegen unterkomplexe Verpreislichungsverfahren vorgebracht. Hinter dieser Quantifizierung vermuten viele Beschäftigte wiederum eine Denkweise, Arbeit nicht primär als ein (Anlage-)Vermögen sondern vor allem als einen Kostenfaktor sichtbar

zu machen, den es zu reduzieren gelte. Die Vermutung steht daher im Raum, dass die im Diskurs oftmals vorgetragene Wertschätzung der Humanressource in Divergenz zur betrieblichen Realpolitik steht.

– Unternehmen, die ihren Binnenaustausch verstärkt über marktförmigen Austausch regulieren, setzen ihre Untereinheiten, die eigenständig am Markt operieren sollen, unter verstärkten Rationalisierungsdruck, weil „Quersubventionierungen" zwischen den Bereichen tendenziell wegfallen. Eine Koordination dieser Art produziert damit nicht nur die beschriebene „Versachlichung der sozioökonomischen Beziehungen", sondern riskiert gleichzeitig den Verlust organisationsinterner Verbundenheit und Unterstützung und damit auch spezifische betriebliche Kooperationsvorteile. Schon Max Webers bekannte Kenzeichnung der Marktvergesellschaftung trägt diese Kehrseite des Versachlichungsschubs in sich:

> „Wo der Markt seiner Eigengesetzlichkeit überlassen ist, kennt er nur Ansehen der Sache, kein Ansehen der Person, keine Brüderlichkeits- und Pietätspflichten, keine der urwüchsigen, von den persönlichen Gemeinschaften getragenen menschlichen Beziehungen." (Weber 1972: 383)

Ein nachgerader Handlungszwang für Betriebsräte und Gewerkschaften ergibt sich schließlich aus dem Ansatz der managerialen Marktgrenzenverschiebungen: Denn in der Tendenz stellt die Marktzentrierung in all ihren Varianten einen Ausdruck betrieblicher „Exit"-Kultur dar. Gewerkschaften und Betriebsräte sind aber Katalysatoren einer „Voice"-Kultur (Hirschman 1974), ihre Aktivitäten zielen auf Organisierung von Interessen zur Durchsetzung von Partizipation. Neben dieser schleichenden Unterminierung ihrer Handlungslogiken sind sie von der gewandelten Formierung von Akteuren betroffen. Der schon seit Jahren konstatierte Trend zur Auflösung traditioneller Formen der Arbeitsbeziehungen zu „more complex and fragmentary relational forms" (Clegg 1990: 181) dürfte durch die Marktgrenzenverschiebungen nicht zuletzt deshalb einen weiteren Schub erfahren, weil die Auswirkungen dieser Grenzverschiebungen auf die unterschiedlichen Beschäftigtengruppen aufgrund ihrer Widersprüchlichkeit bislang kaum auf einen Nenner gebracht werden konnten und deshalb auch eine zeitgemäße Interessenpolitik vor große Herausforderungen stellen werden. Betriebsräte und Gewerkschaften stehen deshalb vor einer alten Aufgabe in neuen Kontexten: der Tendenz des Marktes zur Vereinzelung neue Formen von Vergesellschaftung entgegenzusetzen. Fasst man diese Herausforderungen zusammen, so lassen sich als Voraussetzungen der Durchsetzungsfähigkeit unter den skizzierten neuen Bedingungen vor allem die

1. Analysekompetenz,
2. Diskurshoheit,
3 Beteiligungsorientierung sowie die
4. strategische Handlungsfähigkeit

der Voice-Akteure ausmachen.

Die anfängliche Frage lautete, inwieweit die von Hirschman entwickelten Kategorien Exit, Voice und Loyalty aus ihrem eng gefassten Bedeutungsrahmen herausgelöst und als prototypische Ansätze für ein Verständnis des Wandels von Marktzentrierung, Teilhabepostulaten und Unternehmenskultur dienen können. Natürlich kann man empirisch und theoretisch nicht von einer Existenz von Exit-, Voice- oder Loyalty-Organisationen in Reinform ausgehen. Stattdessen hat sich gezeigt, dass sich stets ein politisch vermitteltes Zusammenspiel der Koordinationslogiken findet. Die tatsächliche Ausprägung lässt sich am besten mit Hilfe eines Dreiecks wie des hier dargestellten verdeutlichen, in dem das Feld betrieblicher Koordinationslogiken dargestellt ist und innerhalb dessen sich dann auch Schwerpunktverlagerungen im Gefolge von Strategieänderungen und Reorganisationen abspielen:

Abb. 12: Feld betrieblicher Koordinationslogiken

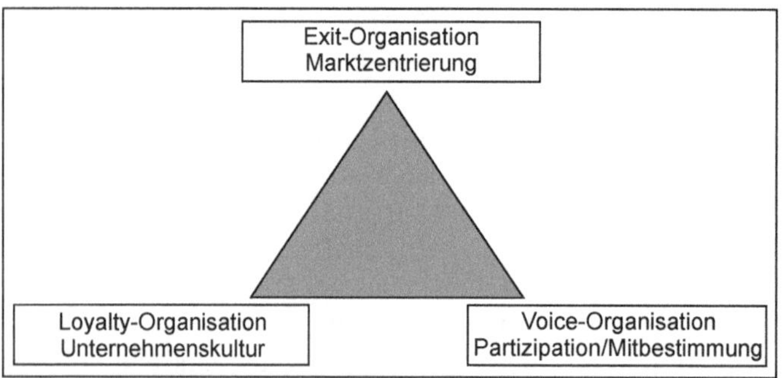

Auf die skizzierten Interdependenzen soll nun abschließend nicht noch einmal detailliert eingegangen werden. Einer Zusammenfassung dient die Tabelle 5.

Festgehalten werden kann, dass die beschriebenen Transformationsprozesse wie die praktizierte Verschiebung der Marktgrenzen in die Unternehmen dazu führt, dass sich das eingespielte Verhältnis von Exit, Voice und Loyalty innerhalb des Dreiecks verschiebt.

Aus einer Teilhabeperspektive ergeben sich aus diesen Verschiebungsprozessen Chancen und Risiken: Wenn die Exit- oder Loyalty-Logik in kolonisierender Manier auf die Voice-Sphäre übergreifen, gerät auch letztere in eine neue Rechtfertigungsschleife. Sowohl Marktzentrierung als auch Unternehmenskulturinitiativen greifen themenspezifisch auf partizipatorische Elemente zurück, d.h. der Mitbestimmung droht von dieser Seite Konkurrenz. Allerdings ist diese Bezugnahme – wie gezeigt – oft nur instrumentell, selektiv und situativ, eben nicht abgesichert und universell. In diesen Defiziten liegt die Chance von Mitbestimmung, die dazu den Selbstzweck demokratischer Verfahren stärken und we-

Tab. 5: Interdepenzen des Verhältnisses von Exit, Voice und Loyalty

Dimension	Exit	Voice	Loyalty
primäres Medium	Geld	Macht	Werte
zentrales Element	(interne) Märkte	Mitbestimmung, Partizipation	Unternehmenskultur, „Familien“-Denken
Integration, Einbindung	kalkulative Einbindung; Abhängigkeit durch arbeitsteiligen Austausch	Einbindung durch Teilhabe/ Mitgestaltung	Einbindung durch Angleichung; emotionales Involvement, Fürsorge
Desintegrationstendenz	egoist. Nutzenoptimierung als Konstitutivum	Blockade durch mangelnde Kompromissfähigkeit	typ. Vergemeinschaftungsprobleme (fehlende Demokratie; Exklusion)
Zeitperspektive	Kurzfristorientierung	eher nachhaltig	eher längerfristig
Umgang mit/Forcierung von Differenzierung	Inszenierung innerbetrieblicher, kleinteiliger Konkurrenz	neue, „hybride“ Beteiligungsformen	Managing Diversity; Wertschätzung von Subkulturen
Umgang mit dem /Forcierung des Problem(s) des „Betriebs als Einheit“	reale bzw. virtuelle Zerlegung als Prinzip	BetrVG: Handeln zum „Wohle des Betriebs“; Vertretung (fast) aller Beschäftigten	Ansprache aller Beschäftigten als Familieneinheit; Stiftung von Zusammenhalt
Akteurshandeln	Marktgrenzenverschiebung	demokratische Teilhabe in der Mikropolitik	Einpassung/Einordnung
prim. Interaktionsmodus	Konkurrenz, Äquivalententausch	Interessenstreit, -abgleich, Konflikt/Kompromiss	(asymmetrischer) Konsens
Akteurslogik	Vereinzelung (individuell)	Interessenagglomeration (kollektiv)	normative Bündelung (kollektiv)
Erwartungen des Managements	Produktivitätssteigerung, Kostensenkung, Innovation	evtl. Einbindung von Opposition; Absicherung von Entscheidungen	Commitment; möglichst friktionslose Normierung; Kultur als Kitt
Erwartung der Beschäftigten	mehr Freiheiten, weniger Bürokratie und Unterordnung	demokratische Durchsetzung von Interessen	Sicherheit und Geborgenheit
Anforderung an Beschäftigte	eigenverantwortliche Selbstoptimierung	Teilhabe als aufwändiger, steter Prozess	Einordnung und Verzicht auf abgesicherte Teilhabeforderung

niger Anleihen bei den anderen Logiken machen sollte: So mag es zutreffen, dass Voice vielfach Kosten senkend und kulturell integrierend wirkt. Die Rolle einer Effizienz- oder Integrationsfeuerwehr sollte jedoch keinesfalls der primäre Begründungszusammenhang für Mitbestimmung sein, zumal diese Argumente in vielen Betrieben nicht zur Kenntnis genommen oder bestritten werden. Die defizitären Teilhabeangebote der anderen Koordinationslogiken zeichnen sich in der Regel dadurch aus, dass sie von Managementseite initiiert werden. Mitbestimmungsakteure können diese Ansätze daher im Sinne einer Brückenfunktion nutzen, indem sie Partizipationsofferten aufgreifen und langfristig in Mitbestimmung überführen. Dieser Umweg kann gerade in mitbestimmungsfeindlichen Kontexten ein probates Mittel zur Legitimierung und Institutionalisierung einer neuen demokratischen Qualität sein. Gleichzeitig können die gesetzlichen Mitbestimmungsakteure auch von Exit- und Loyalty-Varianten lernen – man denke beispielsweise an das mögliche Angebot einer Abkehr vom autoritären „Kasernenhof"-Führungsstil in einer marktzentrierten Organisation oder die Wertschätzung von betrieblichen Subkulturen im Kontext von Unternehmenskulturinitiativen. Neue Möglichkeiten der Betriebsverfassung wie die hybride Beteiligungsform der „sachkundigen Beschäftigten" stellen gerade diesen Versuch dar, die eingeforderten Teilhabechancen ohne große Hürden und Risiken zu verwirklichen.

Der Erfolg solcher Strategien aber fällt nicht vom Himmel. Er setzt vielfach eine Neubesinnung bei den gewählten Akteuren der Mitbestimmung voraus, die sich zwischen Beschäftigtenanforderungen und Reorganisationsstrategien des Managements neu verorten müssen, um den anderen Koordinations- und Kontrollvarianten Freiraum abzutrotzen und beispielsweise über die Rückverschiebung der Marktgrenzen der Idee einer Voice-Organisation näher zu kommen.

10. Zusammenfassung

Der vorliegende Text fragte nach den Ursachen und Auswirkungen des aktuellen Wandels betrieblicher Kontroll- und Koordinationsmodi. Viele sozialwissenschaftliche Untersuchungen betrieblicher Veränderungsprozesse verzichten auf eine explizite Einordnung dieses Wandels in einen größeren gesellschaftlichen Kontext. Die Argumente reichen dabei von der Betonung einer relativen Autonomie betrieblichen Handelns bis hin zur gänzlichen Ablehnung holistischer gesellschaftstheoretischer Konzepte an sich. Dieser Text geht bewusst einen anderen Weg: Im Gang der Untersuchung wurden dazu zunächst mit dem langwierigen „Escape from Fordism" zum Finanzmarktkapitalismus (Kap. 2) und der ostdeutschen Transformation (Kap. 3) die gesellschaftlichen Rahmenbedingungen dieses Veränderungsprozesses untersucht.

Es entsprach der Spezifik fordistischer Vergesellschaftung, dass viele betriebliche Abläufe und abhängig Beschäftigte in der Tendenz mehr und mehr von direkten Marktanforderungen und -risiken abgekoppelt wurden. Einerseits ermöglichte das Produktionsmodell mit seinem spezifischen Produktivitätsmotor (ausdifferenzierte Arbeitsteilung, economies of scale etc.) und seiner eingebauten Nachfrage über den Massenkonsum eine über Jahrzehnte andauernde stabile Entwicklung, andererseits ist es unter anderem der Logik des „fordistischen Versprechens" zu verdanken, dass diese Beständigkeit permanent herausgefordert wurde: So war es stets Gegenstand gesellschafts-, tarif- und betriebspolitischer Auseinandersetzungen, wie hoch die Kompensation für entfremdete Arbeitsverhältnisse zu sein hatte. Der Tauschcharakter dieses Versprechens stellte damit auch den Kern der langjährigen stabilen Hegemonie fordistischer Vergesellschaftung dar. Mit dem Aufbrechen des eingespielten Entsprechungsverhältnisses von Akkumulationsregime und Regulationsweise löst sich das tradierte Produktionsmodell auf. Der Reorganisationsdruck („lean production", „reengineering" etc.) in den USA und Europa seit den 1980er Jahren wurde mit komparativ sinkenden Produktivitätszuwächsen und Margen begründet. Die relative Marktsättigung vieler Märkte tat ihr übriges, indem diese sich von Verkäufer- zu Käufermärkten transformierten und damit einen verschärften Kostendruck induzierten. Dazu gesellte sich eine Kritik am „Manager-Kapitalismus", die der Idee einer Shareholder-Logik Auftrieb verlieh. Zum allgegenwärtigen Maßstab der Prosperität eines Unternehmens sollte nicht mehr dessen nachhaltiges Wachstum sondern seine kurzfristige Wertsteigerung werden. Unternehmen werden nun immer mehr danach analysiert und seziert, welcher Beitrag zum Value-Adding von den einzelnen Abteilungen ausgeht – zum Maßstab dafür wurde die Performance einzelner Einheiten auf fiktiven oder realen Märkten. Der gleichzeitige Aufstieg neuer professioneller Eigentümer wie der Fonds verstärkte diesen Trend. Die Dynamik der globalen Finanzmärkte wurde nun auch zu einem Katalysator für den Wandel der gesellschaftlichen und insbesondere auch der betrieblichen Steuerung hin zu einer stärkeren marktförmigen Logik. Die augenfällige Dominanz der Kapital- und Finanzmärkte lässt sich nicht zuletzt an ihrem starken Größenwachstum der vergangenen Dekade ablesen. Deren Renditeforderungen werden nunmehr in der Regel von der Konzernmutter auf die Töchter bis hin zu deren Untereinheiten und einzelnen Beschäftigten heruntergebrochen, was eine Rücknahme jener fordistischen Dekommodifizierung impliziert. Gleichzeitig erfährt der betriebliche Steuerungsvorgang vielerorts eine deutliche Komplexitätsreduktion, indem vormals ausdifferenziert gelenkte Prozesse auf einzelne Erlös- und Renditeziffern verdichtet werden. Die Aufkündigung des fordistischen Versprechens ist damit ein Ausdruck für die Verschiebung von gesellschaftlichen und betrieblichen Machtverhältnissen.

Ein omnipräsentes, wenn auch „externes" Merkmal fordistischer Vergesellschaftung war der „unsichtbare Dritte": der Widerpart in der Systemkonkurrenz. Unter Rückgriff auf Hobsbawms Argument von 1990 wurde im nächsten Kapitel dargelegt, dass schon die Existenz einer alternativen Vergesellschaftungsform offenbar eine nachhaltige Angst bei den gesellschaftlichen Funktionseliten entfachte. Mit dem Wegfall dieser Angst konnte man Hobsbawm zufolge auch einen entsprechenden Wandel der Politik erwarten: eine Re-Kommodifizierung, die ein Sinken der sozialen Sicherheiten, ein Schrumpfen des Sozialstaats, zurück gehende Lohnquoten, ein Ansteigen sozialer Ungleichheit und ungleicher Lebenschancen nach sich zieht. Tatsächlich verlief bereits die Einverleibung des früheren Realsozialismus unter dem Siegel des „Markttests", wenn auch noch sozialstaatlich abgefedert. In Kapitel 3 wurde dargelegt, dass der Prozess der staatlichen Vereinigung und sozioökonomischen Transformation in Deutschland als spezifischer Katalysator einer Marktzentrierung fungierte. Kritisiert wird, dass die Schwerpunktsetzung der „Privatisierung vor Sanierung" gepaart mit der hohen Privatisierungsgeschwindigkeit zu einem dramatischen ökonomischen Kahlschlag führte. Die Treuhandanstalt war zwar mit weitreichenden Vollmachten ausgestattet, jedoch keinem ökonomischen Risiko ausgesetzt (insoweit erinnert sie an die Fonds als neue Eigentümer). Eine Folge dieser Konstellation war, dass ihre Akteure eine spezifische Definition ihres Aufgabenfelds vornahmen, die keiner direkten demokratischen Teilhabe oder Kontrolle unterworfen wurde und statt dessen legitimatorisch so angelegt, war, dass als „überlebensfähig" behandelt wurde, was sich am Markt bewähren konnte – eine Perspektive, die weltanschaulich vom einflussreichen Sachverständigenrat abgestützt wurde. Binnen Jahresfrist wurde somit nach 1989 der Markt zur dominanten Koordinationsform und Gradmesser für sozioökonomisches Handeln in der früheren DDR, die im Zugriff neoliberal ausgerichteter Eliten nicht selten als „Laboratorium des

Westens“ deklariert wurde. Anhand einflussreicher Akteure wurde dieses „Labormaus“-Argument ausdifferenziert. Bei L. Späth etwa erfüllt Ostdeutschland die Funktion als „Minenhund“ des Westens in der Konkurrenz um staatliche Subventionen und vor allem um privates Kapital. Hier erhofft er sich einen neuen „fruchtbaren Systemwettbewerb“ in einer Abwärtskonkurrenz zwischen Ost- und Westdeutschland.

Vor der Folie der gesellschaftlichen Wertschätzung des Marktes als sozioökonomischem Supraleiter wurde in Kapitel 4 der Versuch unternommen, den Wandel der innerbetrieblichen Kontroll- und Koordinationsmodi theoretisch-konzeptionell zu fassen. Festgehalten wurde, dass – auch wenn sich Marktzentrierung oft als teleologischer Sachzwang inszeniert – das Verhältnis von oder die Entwicklungsrichtung zwischen marktförmiger und nicht-marktförmiger Regulierung keineswegs vorgegeben ist. Statt wie in der organisations- und arbeitssoziologischen Forschung oft vorzufinden als „Vermarktlichung“ wurden diese Prozesse daher als „Marktgrenzenverschiebung“ definiert, bei der die Akteure (als Grenzverschieber) und ihre Strategien in den Blick genommen werden. Märkte sind in diesem Verständnis also vor allem soziale, kulturelle und politische Konfigurationen, bei denen es oft um die inszenierte und/oder tatsächliche Verschiebung von Grenzen zwischen Organisation und ihrer Umwelt geht. Die Versprechen der Vertreter des Konzepts sind weitreichend, oft gerade universell: „Internal markets bring all the advantages of free markets inside large organizations“, schreiben die Autoren des ersten Bestsellers zum Thema und fahren fort, dass grundsätzlich die konzeptuelle Grundannahme gelte, dass „all market functions can be replicated within organizations.“ Und dies nicht nur innerhalb von Organisationen – also beispielsweise durch Bildung von Cost- oder Profit-Centern – sondern auch in der Fortschreibung des Prozesses: der Abtrennung einzelner Einheiten vom Unternehmen, wie es am Beispiel des Outsourcings dargelegt wurde. Während dieser Prozess als funktionale Ausdifferenzierung gefasst werden kann, so stellt die parallele Strategie der „Reduzierung auf das Kerngeschäft“ einen Verdichtungsprozess dar, indem die Unternehmensgrenzen konzentrisch immer enger gefasst werden, bis all jene Bereiche herausgefallen sind, die bislang als Puffer innerhalb der Organisation fungierten. Beispiele dafür sind frühere „Schonarbeitsplätze“, die in der hoch verdichteten und auf Value-Adding getrimmten Unternehmung keine Existenzberechtigung mehr zu haben scheinen. Aus der früheren Entdifferenzierung (d.h. das Unternehmen stellt der nicht mehr 100-prozentig einsetzbaren Arbeitskraft eine innerbetriebliche Alternative zur Verfügung) wird nun durch die Marktgrenzenverschiebung eine ausdifferenzierte Struktur: im Unternehmen verbleiben nur noch die hoch leistungsfähigen Kräfte, wohingegen die arbeitsbedingt verschlissenen sich nun außerhalb der Unternehmensgrenzen befinden. Diese betriebliche Externalisierungsstrategie führt zu einer Verlagerung von Kosten auf die Gesellschaft; betrieblich spiegelt sich unter der Maßgabe der Wertsteuerung und Marktzentrierung hier wider, was sich in der Gesamtwirtschaft der ostdeutschen Bundesländer in toto abgespielt hat.

Insgesamt drei zentrale Schübe für den Aufstieg der Internal-Markets-Debatte werden im Text identifiziert:

(1) Anfang der 1980er Jahre wurde im Zuge der US-amerikanischen Debatte über die vermeintliche japanische Überlegenheit erstmals innerorganisatorischer Wettbewerb als Basis für „ökonomische Exzellenz" prominent diskutiert.

(2) Ihre Initialzündung erfuhren diese Konzepte aber Ende der 1980er Jahre mit dem Untergang des Realexistierenden Sozialismus; auf diesen Bruch beziehen sich zahlreiche Debattenbeiträge.

(3) Insbesondere in der Phase der Dot-com-Blase mit ihrem Aufstieg kleiner, nicht typisch hierarchisch strukturierter Unternehmen orientierten sich auch die alteingesessenen Branchenführer an der Logik interner Märkte. Allerdings – so wurde dargelegt – kann man den Ursprung des Konzepts weit früher als oft vermutet schon in der Mitte des letzten Jahrhunderts verorten, wie Texte von Drucker und Schmalenbach („Aus Beamten werden kleine Unternehmer.") nahelegen.

Im Anschluss an Hirschmans Heuristik wurde schließlich vorgeschlagen, Unternehmen die den Abschied von ihrer früheren bürokratisch-hierarchischen Form in Richtung interner Marktzentrierung konsequent vollziehen, als „Exit-Organisationen" zu kennzeichnen.

Der durchgreifende Charakter des skizzierten Umbruchs wird nicht zuletzt daran erkennbar, dass die Marktzentrierung selbst eigene neue, wenn auch widersprüchliche Rollen(vor)bilder hervorgebracht hat. In Kapitel 5 wird dargelegt, welche Auswirkungen es für die Beschäftigten nach sich zieht, wenn sie sich nicht mehr als Befehlsempfänger, sondern als „Unternehmer im Unternehmen" („Intrapreneure") verhalten sollen. In der Terminologie der Marktgrenzenverschiebung bedeutet dies: Denkt man das Konzept der Internal Markets konsequent zu Ende, verschiebt man also die Marktgrenzen noch tiefer in die Organisationen bis hin zu den einzelnen Subjekten, so landet man beim Leitbild des Intrapreneurs. Die Rollenvorgabe des „internen Unternehmertums" zielt aus einer Management-Perspektive darauf ab, das „Beste aus den zwei Welten" innovativen Unternehmertums und abhängiger Beschäftigung zu kombinieren. Den Beschäftigten verspricht es eine „Ent-Feudalisierung" der Management-Arbeitnehmer-Beziehungen sowie einen Freiheitszugewinn durch eine Herauslösung aus bürokratisch-hierarchischen Zwängen. Die nahezu universelle Verwendbarkeit dieses Konzepts bezieht sich seinen Verfechtern zufolge nicht nur auf ganz unterschiedliche Unternehmensgrößen, sondern auch innerhalb der Unternehmen auf nahezu das gesamte Kontinuum hierarchischer und funktionaler Positionen; potentielle Intrapreneure werden in allen Beschäftigtengruppen geortet: vom Top- über mittleres Management bis hin zum shop floor sollen möglichst viele Akteure die Intrapreneursrolle übernehmen. Kritisch wurde in der Diskussion angemerkt, dass das Konzept mit einer Reihe geradezu paradoxer Grundannahmen ausgestattet ist. Dazu zählt, dass Intrapreneure – anders als dies in der Literatur für Entrepreneure klassisch unterstellt wird – eben nicht freiwillig in diese Rolle schlüpfen können. Dies wiegt besonders schwer, weil die damit verbundenen Zumutungen geradezu kolonisierend auch weit in lebensweltliche Bereiche hineinreichen. „Unternehmer im Unternehmen“ können in der Regel auf keine institutionalisierten Teilhabemöglichkeiten zurückgreifen können; dies nicht zuletzt deshalb, weil schon in der konzeptionellen Literatur dazu keine schlüssige Modellierung von Risiko- und Ressourcenallokation geliefert wird. Ungeklärt und möglicherweise auch unbestimmbar ist das Verhältnis von innerbetrieblicher Konkurrenz und Kooperation, welches durch das neue Rollenmodell induziert wird. Potentielle Intrapreneure sollen sich gleichzeitig als herausragende Teamworker und als Innovations-Individualisten gerieren – eine Anforderung, die auf die zugrunde liegenden amorphen Rollen(-konflikt-)definitionen und weitergefasst auch darauf verweist, dass der Übergang des Rollenvorbilds vom fordistischen Normalarbeiter zum Intrapreneur keineswegs bruch- und friktionslos vonstatten gehen dürfte.

Kapitel 6 begibt sich auf die Suche nach einer Beschäftigtengruppe, die am ehesten diesen neuen Rollenanforderungen zu entsprechen scheint: Mit den Wissensarbeiter/inne/n jene Akteursgruppe anvisiert, die als Träger der „informational economy“ gelten. Den Wissensarbeiter/inne/n wächst dabei die gesellschaftliche Funktion einer „Elite“ (Reich) zu – zentral für die Schaffung und Sicherung von zukünftigem Wohlstand und Erfolg einer Volkswirtschaft sowie einzelner Unternehmen. Diese herausgehobene Rolle und das lange Zeit vergleichsweise knappe Angebot an Wissensarbeitern verschaffte diesen eine vergleichsweise so gute Arbeitsmarkt- und innerbetriebliche Machtposition, so dass eine viel beachtete McKinsey-Studie im Jahr 1997 den „War for Talent“ ausrief.

Es war also weniger ihre hierarchische Stellung, die sie zu machtvollen innerbetrieblichen Akteuren machte. Die Knowledge Workers bezogen ihre Macht vielmehr aus der Beherrschung einer Reihe von „Ungewissheitszonen“ (Crozier/Friedberg), zu denen ihre geringe Kontrollierbarkeit ebenso gehörte wie der Aspekt, dass sie von ihrem Wissen und ihren wissensspezifischen Kompetenzen nicht getrennt werden konnten. Diese Portabilität ihres zentralen Produktionsmittels befreite sie gewissermaßen von der Bürde der von Marx konstatierten „doppelten Freiheit“ abhängig Beschäftigter. Der Text stellte vor dem Hintergrund dieser Machtverschiebung die nahe liegende Frage, ob sich das Management damit abfinden würde. Die Antwort lautet: Nein! Exemplarisch wird dazu in Kapitel 6 dargelegt, wie von Seiten eines Managements auf eine Wiederherstellung der traditionellen Machtverhältnisse hingewirkt wird. „Das Imperium schlägt zurück“, indem die konsequente Kommodifizierung von Wissensarbeit zur Erhöhung ihrer Substituierbarkeit vorangetrieben wird und eine weitgehende quantifizierende Verpreislichung wieder Einzug hält, die der Kontrollverbesserung und Herstellung von Transparenz in einem Bereich dient, der sich traditionell vor allem durch „tacitness“ auszeichnete. Zusätzlich zur Marktsteuerung lassen sich aber noch weitere Strategien der Einbindung, Kontrolle und Entmachtung von Wissensarbeit identifizieren. Zu ihnen gehören die Versuche, auch Wissensarbeit quasi-tayloristisch wieder in ihre Bestandteile zu zerlegen, die „Knowledge Workers“ über eine forcierte Anrufung unternehmenskulturell zu integrieren oder auch sie regelmäßig auf ihre hierarchische Position hinzuweisen. Das erstaunliche Ergebnis: Zu der im Finanzmarktkapitalismus forcierten Leitidee der Wertsteuerung und Marktzentrierung gesellen sich – nicht zufällig, sondern ganz pragmatisch geplant – weitere Kontroll- und Koordinationsformen, die sich in den vergangenen Jahrzehnten im kollektiven Gedächtnis managerialer Sozialtechnologien abgesetzt haben. Zu diesem Tableau zählen unternehmenskulturelle Anrufungen, situative Partizipationsangebote, hierarchische Bevormundung oder technische Einpressung, Nutzung von Gruppenarbeitskonzepten, ergebnisorientierte Steuerung, klassische persönliche Kontrolle bis hin zur Sozialtechnologie der Emotional Intelligence. Wer nun sagt, dass es abwechselnde Steuerungsmodi immer schon gegeben habe, der sollte in Rechnung stellen, dass jedes dieser einzelnen Konzepte mittlerweile durch Konvolute ausdifferenzierter Beratungsliteratur basiert und dass das strategische Springen zwischen einer solchen Vielzahl von Ansätzen eine qualitative Neuerung darstellt.

Man kann diese Kombinationspragmatik auch machttheoretisch darstellen: Denn das Management setzt damit der oben dargelegten machtbegründenden Ungewissheit der Wissensarbeit eine eigene Strategie entgegen: die Ungewissheit der Machtbegründung. Das heißt, dass Wissensarbeiter/innen (immer öfter aber auch andere Beschäftigtengruppen) nie sicher sein können, welche Ressource zu einem Zeitpunkt tatsächlich eine Machtposition begründen darf, da das Management pragmatisch etwa zwischen hierarchischer, technischer und unsichtbarer Marktmacht pendelt. Zu beobachten ist, dass sich unterschiedliche Kontrollmodi chronologisch oftmals nicht ablösen, sondern vielfach nebeneinander wirken. Wenn diese Überlegung zutrifft, so hat sie auch Auswirkungen für sozialwissenschaftliche Forschung, die in einem solchen Setting nicht nur nach fordistischer und marktförmiger sondern stets auch nach weiteren Formen systematisch genutzter Steuerung suchen muss, um deren Auswirkungen abschätzen zu können.

Dies gilt insbesondere für Forschungen im Bereich des betrieblichen Arbeits- und Gesundheitsschutzes, die in Kapitel 7 untersucht wurden. Im simplen Vollzug kapitalistischer Verwertungslogik spielt die Gesundheit der Arbeitskräfte bzw. ihr nachhaltiger Schutz nicht per se eine herausragende Rolle. Im Gegenteil: Gesundheitsschutz stellt oftmals – strukturlogisch argumentiert – einen Kostenfaktor dar, den man von Unternehmensseite nicht selten auch gegen den Widerstand der Beschäftigten reduzieren möchte. Aber schon am Beispiel des „Kampfes um den Normalarbeitstag“ (Marx) wurde verdeutlicht, dass den konkurrenzinduzierten Zwangsgesetzen über politische Auseinandersetzungen die Spitzen genommen werden konnte. Im Schatten des Kampfes um die Transformation von Arbeitskraft in konkrete Arbeit fand daher stets auch eine Auseinandersetzung um den Grad der Vernutzung von Gesundheit statt. Die Nachkriegsgeschichte des „Goldenen Zeitalters“ des Fordismus bis in die 1980er Jahre kann man dabei als stetigen Trend zur Absicherung der Arbeitskraft und ihrer Gesundheit gegen die Risiken des Marktes betrachten – allerdings wurde dessen Logik nicht gänzlich ausgehebelt, und der betriebliche Handel mit der Gesundheit erfuhr einen Formwandel, statt ganz zu verschwinden oder einem nachhaltigen Wirtschaften zu weichen. Dieser Handel wurde Teil des diskutierten „fordistischen Versprechens“, problematische und Kosten sparende Arbeitsbedingungen in Kauf zu nehmen, dafür aber mit Absicherungen und Frühverrentungen entschädigt zu werden. Kapital und Arbeit unterliefen damit oft in schweigendem Einverständnis die Vorgaben. Die Differenz zwischen diesen kostenträchtigen Vorgaben und Kosten sparender Wirklichkeit stellte in dieser Logik zumindest einen fiktiven finanziellen Betrag dar, der in den gesundheitsbezogenen Handel des fordistischen Arrangements einfließen und beiden Seiten materiell entgegen kommen konnte. Insofern verkörperte dieser Tauschhandel lediglich eine Modifizierung der Warenförmigkeit – wenn auch auf deutlich verbessertem Gesundheitsschutzniveau. Im Zuge des Wandels zur Marktzentrierung und Wertsteuerung – so wurde dargelegt – wird dieser Kompromiss nun von Unternehmensseite aufgekündigt. Parallel dazu gibt die Politik als „Flexibilisierung“ und „Entbürokratisierung“ gekleidet viele zentrale Regelungen auf und delegiert die Gestaltung des Arbeits- und Gesundheitsschutzes an die Betriebsparteien. In letzter Instanz führt die Dezentralisierung von Kontrolle zur Verlagerung der Risiken und Gefahren auf die einzelnen Beschäftigten, die – unter dem Zwang zur Selbstvermarktung stehend – sich auf kein verbindliches Regelwerk mehr stützen können.

Festgehalten wurde aber auch, dass sich hier keine vollständige Ein- und Unterordnung unter diese neue Logik ausmachen lässt. Trotz und gerade auch wegen der schleichenden Aufkündigung des fordistischen Handels mit der Gesundheit durch die Unternehmen finden sich vielgestaltige widerständige Haltungen und Praxen gegen die avisierte Marktgrenzenverschiebung. Dieses eigensinnige Handeln wurde in Kapitel 7 anhand seines Umgangs mit Marktzentrierungsimperativen differenziert. Idealtypisch konnte eine Strategie der Rückbesinnung auf traditionelle (fordistische) Regulierungen als Referenz ausgemacht werden, während der andere Strategietyp sich die Marktlogik offensiv zu Eigen machen möchte. Es ist allerdings zu bezweifeln, dass ein „Surfen auf den Wogen des Marktkapitalismus“ mit Blick auf den Arbeits- und Gesundheitsschutz eine realistische Alternative darstellt.

Das Kapitel 8 fasste den Umgang des Managements mit den zentrifugalen Tendenzen der Unternehmen im Wandel ins Auge. Das möglicherweise populärste Reintegrationsinstrument im Werkzeugkasten modernen Managements stellt der Rückgriff auf Unternehmenskulturstrategien dar. Der erstmalige Aufstieg des Konzepts der Unternehmenskultur fand in den frühen 1980er Jahren vor dem Hintergrund krisenhafter Produktivitätsentwicklungen insbesondere der US-Ökonomie statt. Die spezifische Kultur japanischer und „exzellenter“ US-Unternehmen wurde als Garant für deren Erfolg interpretiert und zur Verallgemeinerung empfohlen. In relativ kurzer Zeit entwickelte sich aus dieser Vorstellung eine mächtige Modeerscheinung, zumal das Konzept Lösungsvorschläge für aktuelle Probleme (wie z.B. Mergers) anbot. Dem Diskurs kam außerdem zugute, dass die oftmals amorphen Definitionen von Unternehmenskultur Anknüpfungspunkte sowohl für das Top-Management als auch für die Shop-Floor-Beschäftigten boten. Insgesamt konvergierten in der Debatte über die Unternehmenskultur drei unterschiedliche Entwicklungslinien: neben den „Modefragen“ auch der mikropolitische Aspekt innerbetrieblicher Machtverteilung sowie die Suche nach Lösungen für die materialen Probleme des fordistischen Entwicklungspfades.

Die Unbestimmtheit und Formlosigkeit ihrer Zentralkategorie führte dann allerdings auch zum zwischenzeitigen Nachlassen des „corporate-culture-hype“, es kam zu Enttäuschungen über die Instrumentalisierung betrieblicher Einbindungskonzepte durch das Management, das zu einer Auflösung der temporären Konvergenz von Top-Down und Bottom-Up-Ansätzen führte. Der Aufstieg der Wertsteigerungsmaxime stellte auch Kulturkonzepte unter den Generalverdacht, eher Kosten zu produzieren als sie zu senken: Auf dem Weg von den „shared values“ zum „shareholder value“ erlebte das Unternehmenskulturkonzept einen Backlash.

Dass es nicht den Weg vieler Managementmoden ins vollständige Vergessen ging sondern im Gegenteil: eine zweite Chance erhielt, hing mit dem zeitlich etwas später einsetzenden Aufstieg der Marktzentrierungsbewegungen an. Die marktförmige Desintegration bedarf einer kulturellen Reintegration – so lautete die Devise vieler Protagonisten des Diskurses. Unternehmenskultur soll nunmehr als Kitt der atomisierten Exit-Organisationen dienen. Das bedeutet, dass je stärker betont wurde, dass die mit der Marktzentrierung verbundene propagierte

Freiheit gerade darin besteht, dass man sie aus den klassischen Bindungen an das Unternehmen herauslöst, um so lauter der Ruf nach einer normativen Rückbindung als zentripetaler Kraft wurde. Dem desintegrativen Unternehmenskonzept vom „Binnenmarkt“ wird ein integrierendes Vergemeinschaftungskonzept eines „Culture Club“ zur Seite gestellt. In vielen Unternehmen lässt sich der Versuch beobachten, insbesondere markt- und machtstarke Beschäftigte, also potentielle Exit-Wähler wie z.B. Wissensarbeiter/innen, über unternehmenskulturelle Anrufungen an die Unternehmen zu binden. Allerdings dokumentiert das Misslingen vieler dieser Versuche die begrenzten Möglichkeiten einer instrumentellen kulturellen Vergemeinschaftung. Vom Entstehen einer Loyalty-Organisation, in der dem kulturellen Faktor ein bedeutsamer und nachhaltiger Einfluss auf die betriebliche Kontrollen und Koordination nachgewiesen werden kann, sollte daher nur eingeschränkt gesprochen werden.

Der in dieser Arbeit vorzufindende spezifische Rückgriff auf die Hirschman-Heuristik wird noch einen Schritt weiter entwickelt: Denn es bleibt festzuhalten: Schon bei Hirschman hemmt Loyalität als kulturelle Bindung nicht nur die Neigung zu Exit sondern aktiviert auch Voice. In diesem Sinne können Unternehmenskulturinitiativen auch zu Triebkräften einer neuen Voice-Orientierung werden – dies gilt insbesondere für Unternehmen, die zuvor keine oder nur eine defiziente Institutionalisierung des Voice-Faktors (wie Betriebsräte etc.) aufweisen konnten. In Kapitel 9 wurde im Anschluss daran die Frage aufgeworfen, ob es Tendenzen gibt, die insbesondere die demokratische Teilhabe befördern. Dabei ist zu bedenken, dass die Ablehnung von Beschäftigten-Voice noch immer ein gängiges Reaktionsmuster im Management ist. Insbesondere in eher kleineren Unternehmen mit ihren spezifischen eigentümer- und gründerfixierten Kulturen trifft man nicht selten auf harte weltanschaulich begründete Ablehnungen von Beschäftigtenteilhabe, die selbst dann durchgehalten wird, wenn Partizipation offensichtlich eine Performance-Verbesserung verspräche. In marktzentrierten Unternehmen gerät die klassische Mitbestimmung gleich in mehrfacher Hinsicht unter Druck, einerseits weil die Exit-Orientierung eher kurzfristig, die Voice-Orientierung dagegen langfristig denkt. Andererseits besteht eine Inkompatibilität von Voice als demokratischer Teilhabe zu marktförmiger Koordination auch darin, dass sich jene über Macht verwirklicht und diese gerade den Machtaspekt negiert bzw. Macht mit dem Äquivalententausch maskiert.

Ein besonderes Augenmerk wurde in Kapitel 9 auf die Frage gelegt, inwieweit in den Betrieben eine Neujustierung des Verhältnisses von repräsentativen und direkten Verfahren der Teilhabe stattfindet. Ausgangspunkt dafür ist die Überlegung, dass Ausmaß und Topoi von Voice als betriebliche Machtauseinandersetzungen selber Gegenstände politischer Prozesse und nicht aus Strukturlogiken deduzierbar sind. Mit anderen Worten: die betriebliche Mikropolitik ist relativ autonom, auch wenn sie von Interessengegensätzen und -konvergenzen strukturell überdeterminiert ist und sie sich daher in einem begrenzten Handlungskorridor abspielt. Teilhabeangebote und Freiheitsräume, die von Exit- und Loyalty-Konzepten in Spiel gebracht werden, fallen – so die empirischen Erfahrungen – bei den Beschäftigten durchaus auf fruchtbaren Boden, auch wenn sie deren unsicheren Charakter oft kritisieren. Viele dieser Konzepte können den nachhaltigen Partizipationswunsch von Beschäftigten nur ungenügend befriedigen, ganze Gruppen sind oftmals ausgeschlossen. Im Anschluss an Boltanski/Chiapello wurde daher die Überlegung aufgestellt, dass im Feld der betrieblichen Teilhabe ebenfalls lange Zeit eine Inkompatibilität von Ansätzen der Sozial- und Künstlerkritik vorherrschte und dass neue Formen „hybrider Beteiligung" ein Scharnier zwischen institutioneller Mitbestimmung und direkter Partizipation darstellen können. Die Mitbestimmung als Ausformung des Prinzips der Sozialkritik zielte zumeist thematisch auf die soziale Absicherung von biografischen und marktbedingten Risiken, dagegen setzt die Künstlerkritik auf die Karte der Freisetzung des menschlichen Potentials an Autonomie, Selbstorganisation und Kreativität – eine Haltung, die sich durch eine Kompatibilität zu projektförmigen und temporären Managementofferten im Kontext von Unternehmenskulturinitiativen oder von Marktzentrierung auszeichnet, im Ensemble der klassischen Mitbestimmungsinstrumente bislang aber kaum aufzufinden war. Die Herausforderung einer Verbindung von Künstler- und Sozialkritik im Feld der betrieblichen Mitbestimmung besteht demnach darin, diese Autonomieforderungen mit den etablierten Verfahren innerhalb der betrieblichen Macht- und Herrschaftsordnung sinnvoll zu vermitteln, sprich: abgesicherte Freiräume der direkten Teilhabe zu eröffnen, die nicht gleichzeitig gesicherte Standards gefährden.

Anhand von Fallstudien und einer repräsentativen Erhebung wurde abschließend dargelegt, dass die im Zuge der letzten Novellierung des BetrVerfG eingefügten neuen Paragrafen § 28 (a) und § 80 Absatzs 2 Satz 3 diese Scharnierfunktion übernehmen können: Der Einsatz von „sachkundigen Arbeitnehmern" und „Arbeitsgruppen" kommt sowohl den Betriebsräten als Vertretern der sozialkritischen Seite als auch den interessierten Beschäftigten entgegen, die sich nur situativ und projektförmig engagieren möchten. Die empirischen Erfahrungen verweisen darauf, dass die betrieblichen Voice-Akteure über Projekte dieser Art mit dem Einbezug vieler Akteure nachhaltigere betriebliche Veränderungsprozesse in Gang setzen und sich gleichzeitig aus ihrer strategischen Defensive befreien können, in die sie unter anderem auch deshalb geraten waren, weil seit den Zeiten von Lean Production und Human Resource Management oftmals Konzepte der Exit- oder Loyalty-Logik in kolonisierender Manier auf die Voice-Sphäre übergegriffen haben.

Auch hier wurde festgehalten, dass damit aus einer marktzentrierten noch keine „Voice-Organisation" entsteht – der Stellenwert des Teilhabemodus kann im Wettstreit mit anderen Koordinationsformen allerdings einen deutlichen Bedeutungszuwachs erfahren. Voraussetzung dafür ist allerdings, dass sich Mitbestimmung und partizipative Elemente nicht auf die Rolle einer Effizienz- oder Integrationsfeuerwehr in fragmentierten und auseinanderdriftenden Organisationen reduzieren lassen. Dies setzt eine Neubesinnung auch bei den gewählten Akteuren der Mitbestimmung voraus, die sich zwischen Beschäftigtenanforderungen und Reorganisationsstrategien des Managements neu verorten müssen, um den anderen Koordinations- und Kontrollvarianten Freiraum abzutrotzen und etwa über die Rückverschiebung der Marktgrenzen der Idee einer Voice-Organisation näher zu kommen.

Literatur

Abrahamson, Eric (1996): Management Fashion. In: Academy of Management Review, 21 (1), S. 254-285

Ackoff, Russell L. (1993): Foreword. In: Geranmayeh et al. 1999, S. XV-XVIII

Ackroyd, Stephen/Thompson, Paul (1999): Organizational Misbehaviour. Thousand Oaks: Sage

Adorno, Theodor W. (1991 [1951]): Minima Moralia. Reflexionen aus dem beschädigten Leben. Frankfurt/M.: Suhrkamp

Aglietta, Michel (2000a): Ein neues Akkumulationsregime. Die Regulationstheorie auf dem Prüfstand. Hamburg: VSA

Aglietta, Michel (2000b): Shareholder value and corporate governance: some tricky questions. In: Economy and Society, 29 (1), S. 146–159

Aglietta, Michel/Rebérioux, Antoine (2004): Dérives du capitalisme financier. Paris: Albin Michel

Aglietta, Michel/Rebérioux, Antoine (2005): Vom Finanzkapitalismus zur Wiederbelebung der sozialen Demokratie. In: Supplement der Zeitschrift Sozialismus, 32 (3)

Akerlof, George A. (1970): The Market for ‚Lemons'. Quality Uncertainty and the Market Mechanism. In: Quarterly Journal of Economics, 89, S. 488–500

Albert, Michel (1992): Kapitalismus contra Kapitalismus. Frankfurt/M., New York: Campus

Alewell, Dorothea/Hauff, Sven (2008): Personaldienstleistungen im Spannungsfeld von Unternehmenskultur und Mitbestimmung – konzeptionelle Überlegungen und erste empirische Befunde. In: Benthin/Brinkmann 2008, S. 177–211

Allaire, Yvan/Firsirotu, Mihaela E. (1984): Theories of Organizational Culture. In: Organization Studies, 5 (3) , S. 193–226

Altvater, Elmar/Mahnkopf, Birgit (1993): Gewerkschaften vor der europäischen Herausforderung. Tarifpolitik nach Mauer und Maastricht. Münster: Westfälisches Dampfboot

Alvesson, Mats (2000): Social Identity and the Problem of Loyalty in Knowledge-Intensive Companies. In: Journal of Management Studies, 37 (8) , S. 1101–1123

Alvesson, Mats/Berg, Per Olof (1992): Corporate culture and organizational symbolism: an overview. Berlin: De Gruyter

Amar, A. D. (2001): Managing Knowledge Workers: Unleashing Innovation and Productivity. Westport, CT: Quorum Books

Andrews, Christina/Kouzmin, Alexander (1999): Re-legitimating ‚voice' and ‚loyalty' within economic theories of democracy and accountability: Brazilian exemplars. In: International Review of Administrative Sciences, 65, S. 395–409

Angermeier, Max (2005): Die Diskussion um Strukturänderungen bei den Berufsgenossenschaften. In: WSI-Mitteilungen, (9) , S. 524–530

Arnold, Thurman Wesley (1943 [1937]): The Folklore of Capitalism. Garden City/N.Y.: Blue Ribbon Books

Arrow, Kenneth J. (1974): The limits of organization. New York, London: Norton

Azzellini, Dario (2002): Selbstständige – Marktrambos oder soziale Wesen? In: Kurswechsel, (2), S. 37–49

Baethge, Martin (1991): Arbeit, Vergesellschaftung, Identität – Zur zunehmenden normativen Subjektivierung der Arbeit. In: Soziale Welt, 42 (1) , S. 6–19

Baille, John (1995): Exposing out-oft-date ideals that culture gurus hold dear. In: People Management, (8) , S. 47

Bakker, Isabella/Miller, Riel (1996): Escape from Fordism: the Emergence of Alternative Forms of State Administration and Output. In: Boyer, Robert/Drache, Daniel (eds.): States against markets: the limits of globalisation. London: Routledge, S. 334–357

Barthelemy, Jerome (2001): The hidden costs of IT outsourcing. In: Sloan management Review, 42 (3) , S. 60–69

Bate, Paul (1997): Cultural Change. Strategien zur Änderung der Unternehmenskultur. München: Gerling Akademie Verlag

Baukrowitz, Andrea/Boes, Andreas (2002): Weiterbildung in der IT-Industrie. In: WSI-Mitteilungen, 55 (1) , S. 10–18

Bayrische Staatskanzlei (2003): Entbürokratisieren, deregulieren, flexibilisieren – Vorfahrt für Unternehmen und Arbeit. München

BDA (2006): Positionspapier: Generalüberholung überfällig! Leistungen konzentrieren – Effizienz steigern. Forderungen zur Reform der gesetzlichen Unfallversicherung (Juni 2006). Berlin: Bundesvereinigung der Deutschen Arbeitgeberverbände

BDA (2007): Stellungnahme zum Arbeitsentwurf zur Reform der gesetzlichen Unfallversicherung (29. Mai 2007). Berlin: Bundesvereinigung der Deutschen Arbeitgeberverbände

Bechtle, Günter/Sauer, Dieter (2002): Kapitalismus als Übergang – Heterogenität und Ambivalenz In: FIAB (Hg.): Jahrbuch Arbeit – Bildung – Kultur, Band 19/20. Recklinghausen: FIAB-Verlag, S. 49–61

Becker, Iris/Kunz, Olaf/Schneider, Wolfgang (2002): Die betriebliche Auskunftsperson nach §80 Abs. 2 Satz 3 BetrVG. In: Arbeitsrecht im Betrieb, (9) , S. 537–541

Becker, Iris/Thomas, Angelika (2005): Hilfe für den Betriebsrat. Wie sachkundige Arbeitnehmer sinnvoll in die Arbeit des Betriebsrats einbezogen werden können. In: Arbeitsrecht im Betrieb, 26 (4) , S. 209–213

Becker, Karina/Brinkmann, Ulrich/Engel, Thomas (2008): Lohnt sich Arbeits- und Gesundheitsschutz? Bilanzierung von Kosten & Nutzen angesichts neuer Belastungsformen. Jena: Working Papers: Economic Sociology Jena 3/2008

Beer, Michael/Spector, Bert/Lawrence, Paul R./Mills, D. Quinn/Walton, Richard E. (eds.) (1985): Human Resource Management. A general manager's perspective. Text and cases. New York, London: The Free Press

Behr, Michael/Engel, Thomas/Hinz, Andreas (2008): Blockierte Modernisierung ostdeutscher Unternehmenskulturen als Standortrisiko In: Benthin/Brinkmann 2008, S. 259–284

Bell, Daniel (1973): Die nachindustrielle Gesellschaft. Frankfurt/M., New York: Campus

Bellmann, Lutz/Alexander Kühl (2007): Weitere Expansion der Leiharbeit? Eine Bestandsaufnahme auf Basis des IAB-Betriebspanels. Abschlussbericht. Düsseldorf: Hans-Böckler-Stiftung

Benthin, Rainer/Ulrich Brinkmann (Hg.) (2008): Unternehmenskultur und Mitbestimmung. Betriebliche Integration zwischen Konsens und Konflikt. Frankfurt/M., New York: Campus

Berger, Johannes (1995): Warum arbeiten die Arbeiter? Neomarxistische und neodurkheimianische Erklärungen. In: Zeitschrift für Soziologie, 24 (6) , S. 407–421

Berger, Johannes (1999): Warum arbeiten die Arbeiter? Neomarxistische und neodurkheimianische Erklärungen In: Johannes Berger (Hg.): Die Wirtschaft der modernen Gesellschaft. Strukturprobleme und Zukunftsperspektiven. Frankfurt/M., New York: Campus, S. 51–75

Berger, Ulrike/Offe, Claus (1984): Das Rationalisierungsdilemma der Angestelltenarbeit. In: Claus Offe (Hg.): ‚Arbeitsgesellschaft'. Strukturprobleme und Zukunftsperspektiven. Frankfurt/M., New York: Campus, S. 271–290

Bertelsmann Stiftung (2000): Unternehmenskultur in jungen Unternehmen der Multimedia-Branche (6.3.2000). Gütersloh: Bertelsmann Stiftung (http://www.bertelsmann-stiftung.de/documents/Auswertungstext.pdf)

Bertelsmann Stiftung (2003): Unternehmenskultur und Führungsverhalten als Erfolgsfaktoren. Gütersloh: Bertelsmann

Berthoin Antal, Ariane/Dierkes, Meinolf/Helmers, Sabine (1993): Unternehmenskultur: eine Forschungsagenda aus Sicht der Handlungsperspektive. In: Dierkes, Meinolf/Rosenstiel, Lutz von/Steger, Ulrich (Hg.): Unternehmenskultur in Theorie und Praxis. Konzepte aus Ökonomie, Psychologie und Ethnologie. Frankfurt/M.: Campus, S. 200–218

Beyer, Jürgen (Hg.) (2003): Vom Zukunfts- zum Auslaufmodell? Die deutsche Wirtschaftsordnung im Wandel. Wiesbaden: Westdeutscher Verlag

Beyer, Jürgen/Hassel, Anke (2002): The effects of convergence: internationalization and the changing distribution of net value added in large German firms. In: Economy and Society, 31 (3), S. 309–332

Billington, Rosamund/Strawbridge, Sheelagh/Greensides, Lenore/Fitzsimons, Annette (1991): Culture and Society. A Sociology of Culture. Basingstoke: Macmillan

Birkner, Lawrence R. (2000): Knowledge capital measures. In: Occupational Hazards, 62 (8) , S. 49–50

Bispinck, Reinhard (2005): Betriebsräte, Arbeitsbedingungen und Tarifpolitik. In: WSI-Mitteilungen, (6) , S. 301–307

Bliss, William G. (1999): Why is Corporate Culture important? In: Workforce (Supplement to the February 1999) , S. 8–9

BMWi – Clement (2003): Pressemitteilung – Clement: Weniger Paragraphen, einfachere Vorschriften und mehr Sicherheit (2.9.2003). Berlin: Bundesministerium für Wirtschaft und Technologie

Boes, Andreas/Bultemeier, Anja (2008): Informatisierung – Unsicherheit – Kontrolle – Analysen zum neuen Kontrollmodus in historischer Perspektive In: Dröge, Kai/Marrs, Kira/Menz, Wolfgang (Hg.): Rückkehr der Leistungsfrage – Leistung in Arbeit, Unternehmen und Gesellschaft. Berlin: edition sigma, S. 59–90

Bögenhold, Dieter/Leicht, René (2000): ‚Neue Selbständigkeit' und Entrepreneurship: Moderne Vokabeln und damit verbundene Hoffnungen und Irrtümer. In: WSI-Mitteilungen, 53 (12), S. 779–787

Böhm, Sabine/Lücking, Stefan (2006): Orientierungsmuster des Managements in betriebsratslosen Betrieben – Zwischen Willkürherrschaft und Human Resource Management. In: Artus, Ingrid/Böhm, Sabine/Lücking, Stefan/Trinczek, Rainer (Hg.): Betriebe ohne

Betriebsrat : Informelle Interessenvertretung in Unternehmen. Frankfurt/M., New York: Campus, S. 107–139

Boisot, Max/Griffiths, Dorothy (1999): Possession is nine tenth of the law: managing a firm's knowledge base in a regime of weak appropriability. In: International Journal of Technology Management, 17 (6) , S. 662–676

Boje, David M. (2000): Phenomenal complexity theory and change at Disney: Response to Letiche. In: Journal of Organizational Change, 13, S. 558–567

Boltanski, Luc/Chiapello, Ève (2003): Der neue Geist des Kapitalismus. Konstanz: Universitätsverlag Konstanz

Bontrup, Heinz-J./Müller, Julia (Hg.) (2006): Wirtschaftsdemokratie. Alternative zum Shareholder-Kapitalismus. Hamburg: VSA

Bosch, Aida/Ellguth, Peter/Schmidt, Rudi/Trinczek, Rainer (1999): Betriebliches Interessenhandeln. Zur politischen Kultur der Austauschbeziehungen zwischen Management und Betriebsrat in der westdeutschen Industrie. Opladen: Leske + Budrich

Bosch, Gerhard (2000): Entgrenzungen der Erwerbsarbeit – Lösen sich die Grenzen zwischen Erwerbsarbeit und Nichterwerbsarbeit auf? In: Minssen, Heiner (Hg.): Begrenzte Entgrenzungen. Wandlungen von Organisation und Arbeit. Berlin: edition sigma, S. 249–268

Bourdieu, Pierre (1998): Gegenfeuer. Wortmeldungen im Dienste des Widerstands gegen die neoliberale Invasion. Konstanz: UVK Universitätsverlag

Bourdieu, Pierre (2000): Die zwei Gesichter der Arbeit. Interdependenzen von Zeit- und Wirtschaftsstrukturen am Beispiel einer Ethnologie der algerischen Übergangsgesellschaft. Konstanz: UVK Universitätsverlag

Boyer, Robert (1990): The Regulation school: A critical introduction. New York: Columbia University Press

Boyer, Robert (1992): Neue Richtungen von Managementpraktiken und Arbeitsorganisation. Allgemeine Prinzipien und nationale Entwicklungspfade In: Demirovic, Alex/Krebs, Hans-Peter/Sablowski, Thomas (Hg.): Hegemonie und Staat. Kapitalistische Regulation als Projekt und Prozeß. Münster: Westfälisches Dampfboot, S. 55–103

Boyer, Robert (2000): Is a finance-led growth regime a viable alternative to Fordism? A preliminary analysis. In: Economy and Society, 29 (1) , S. 111–145

Boyer, Robert/Durand, Jean-Pierre (1997): After fordism. London: Macmillan

Boyer, Robert/Freyssenet, Michel (2002): Produktionsmodelle. Eine Typologie am Beispiel der Automobilindustrie. Berlin: edition sigma

Boyer, Robert/Saillard, Yves (eds.) (2002): Regulation theory. The state of the art. London, New York: Routledge

Braverman, Harry (1985): Die Arbeit im modernen Produktionsprozeß. Frankfurt/M.: Campus

Brenner, Robert (2003): Boom and Bubble. Die USA in der Weltwirtschaft. Hamburg: VSA

Brinkmann, Ulrich (2002): Umbruch von unten? Betriebliche Akteure in der ostdeutschen Transformation. München, Mering: Rainer Hampp Verlag

Brinkmann, Ulrich (2002a): Umbruch von unten? Betriebliche Akteure in der ostdeutschen Transformation. München, Mering: Rainer Hampp Verlag

Brinkmann, Ulrich (2002b): ‚Unternehmenskultur' – Aufstieg und Niedergang eines Konzepts. In: Helduser, Ute/Schwietring, Thomas (Hg.): Kultur und ihre Wissenschaft. Beiträge zu einem reflexiven Verhältnis. Konstanz: Universitätsverlag Konstanz, S. 203–230

Brinkmann, Ulrich (2002c): Von den „shared values" zum „shareholder value" – Der Abschied von der „Unternehmenskultur" (FIAB-Arbeitspapier Nr. 3). Recklinghausen: FIAB-Verlag

Brinkmann, Ulrich (2003): Die Verschiebung von Marktgrenzen und die kalte Entmachtung der WissensarbeiterInnen. In: Schönberger, Klaus/Springer, Stefanie (Hg.): Subjektivierte Arbeit: Mensch – Technik – Organisation in einer entgrenzten Arbeitswelt. Frankfurt/M., New York: Campus, S. 63–94

Brinkmann, Ulrich (2004): Antinomien der Marktgrenzenverschiebung In: FIAB (Hg.): Jahrbuch Arbeit, Bildung, Kultur, Bd. 21/22. Recklinghausen: FIAB-Verlag, S. 65–84

Brinkmann, Ulrich/Choi, Hae-Lin/Detje, Richard/Dörre, Klaus/Holst, Hajo/Karakayali, Serhat/Schmalstieg, Catharina (2008): Strategic Unionism – Aus der Krise zur Erneuerung der Gewerkschaften. Umrisse eines Forschungsprogramms. Wiesbaden: VS

Brinkmann, Ulrich/Dörre, Klaus/Röbenack, Silke (2006): Prekäre Arbeit : Ursachen, Ausmaß, soziale Folgen und subjektive Verarbeitungsformen unsicherer Beschäftigungsverhältnisse (unter Mitarbeit von Klaus Kraemer und Frederic Speidel). Bonn: Friedrich-Ebert-Stiftung

Brinkmann, Ulrich/Meifert, Matthias (2003): Vertrauen bei Internetauktionen. Eine kritische Stellungnahme. In: Kölner Zeitschrift für Soziologie und Sozialpsychologie, 55 (3), S. 557–565

Brinkmann, Ulrich/Seifert, Matthias (2001): ‚Face to Interface': Zum Problem der Vertrauenskonstitution im Internet am Beispiel von elektronischen Auktionen. In: Zeitschrift für Soziologie, 30 (1) , S. 22–46

Brinkmann, Ulrich/Speidel, Frederic (2006): Hybride Beteiligungsformen am Beispiel ‚sachkundiger Arbeitnehmer'. In: WSI-Mitteilungen, 59 (2) , S. 86–91

Bröckling, Ulrich/Krasmann, Susanne/Lemke, Thomas (Hg.) (2000): Gouvernementalität der Gegenwart. Studien zur Ökonomisierung des Sozialen. Frankfurt/M.: Suhrkamp

Brotheridge, Céleste M./Lee, Raymond T. (2006): We are family: Congruity between organizational and family functioning constructs. In: Human Relations, 59 (1) , S. 141–161

Brown, Reva Berman/Woodland, Martyn J. (1999): Managing Knowledge Wisely: a case study in organisational behaviour. In: Journal of Applied Management Studies, 8 (2), S. 175–198

Bruch, Michael (1997): Betriebliche Organisationsform und gesellschaftliche Regulation. Zum Problem des Verhältnisses von Organisation und Gesellschaft in polit-ökonomisch orientierten Ansätzen In: Ortmann, Günther/Sydow, Jörg/Türk, Klaus (Hg.): Theorien der Organisation. Die Rückkehr der Gesellschaft. Opladen: Westdeutscher Verlag, S. 181–211

Bundesanstalt für vereinigungsbedingte Sonderaufgaben (1995): Pressekonferenz der BVS, 19.6.1995. Berlin: BVS

Burawoy, Michael (1979): Manufacturing consent. Changes in the labor process under monopoly capitalism. Chicago, London: University of Chicago Press

Burgelman, Robert A. (1983): Corporate entrepreneurship and strategic management. Insights from a process study. In: Management Science, 29 (12): 1349–1364

Burgelman, Robert A./Sayles, Leonard R. (1987): Les intrapreneurs: Stratégie, structure et la gestion de l'innovation dans l'enterprise. Paris: McGraw-Hill

Busch, Martin (2003): Arbeitsgruppen und Gruppenarbeit im Betriebsverfassungsgesetz. Berlin

Carl, Andrea-Hilla/Krehnke, Anna (1997): Der Gerechte Lohn und die Geschlechterfrage: ein ‚Blinder Fleck' in den Unternehmenskulturen. In: Kadritzke, Ulf (Hg.): ‚Unternehmenskulturen' unter Druck. Neue Managementkonzepte zwischen Anspruch und Wirklichkeit. Berlin: edition sigma, S. 185–200

Carrier, Camille (1996): Intrapreneurship in small businesses: An exploratory study. In: Entrepreneurship: Theory & Practice, 21 (1) , S. 5–21

Cartwright, Sue/Cooper, Cary L. (1996): Managing Mergers, Acquisitions and Strategic Alliances: Integrating People and Cultures. Oxford/Auckland/Boston: Butterworth-Heinemann

Casey, Catherine (1999): „Come, Join Our Family“: Discipline and Integration in Corporate Organizational Culture. In: Human Relations, 52 (1), S. 155–178

Casson, Mark (2001): Der Unternehmer. Versuch einer historisch-theoretischen Deutung. In: Geschichte und Gesellschaft: Zeitschrift für historische Sozialwissenschaften, 27 (4), S. 524–544

Castel, Robert (2000): Die Metamorphosen der sozialen Frage. Eine Chronik der Lohnarbeit. Konstanz: Universitätsverlag Konstanz

Castells, Manuel (1996): The rise on the network society. (The information age: economy, society and culture 1). Cambridge/Mass.: Blackwell

Chandler, Alfred D. jr. (1977): The visible hand. The managerial revolution in American business. Cambridge/Mass.: Harvard University Press

Chandler, Alfred D. jr. (1992): The emergence of managerial capitalism In: Granovetter, Mark/Swedberg, Richard (eds.): The Sociology of Economic Life. Boulder, Colo.: Westview Press, S. 131–158

Chandler, Alfred D. jr. (1995 [1962]): Strategy and structure: chapters in the history of the American industrial enterprise. Cambridge/Mass., London: MIT Press

Chesnais, Francois (ed.) (1996): La mondialisation financière. Genèse, coût et enjeux. Paris: Syros

Clegg, Stewart R. (1990): Modern organizations: organization studies in the postmodern world. London: Sage

Coase, Ronald H. (1937): The nature of the firm. In: Economica, (IV) , S. 386–405

Coase, Ronald H. (1990): The Firm, the Market, and the Law. Chicago/London: University of Chicago Press

Colling, Trevor (2003): Managing without Unions: The Sources and Limitations of Individualism. In: Edwards, Paul (ed.): Industrial Relations: Theory and Practice (Second Edition). Oxford: Blackwell Publishing, S. 368–301

Collins, David (1996): Knowledge work of working knowledge? Ambiguity and confusion in the analysis of the ‚knowledge age'. In: Employee Relations, 19 (1) , S. 38–50

Collins, David (1998): Organizational change. Sociological perspectives. London, New York: Routledge

Courpasson, David/Dany, Françoise (2003): Indifference or Obedience? Business Firms as Democratic Hybrids. In: Organization Studies, 24 (8) , S. 1231–1260

Crouch, Colin/Streeck, Wolfgang (Eds.) (1997): Political economy of modern capitalism: Mapping convergence and diversity. London: Sage

Crozier, Michel (1964): The bureaucratic phenomenon. London: Tavistock

Crozier, Michel/Friedberg, Erhard (1994 [1979]): Macht und Organisation: die Zwänge kollektiven Handelns. Königstein: Athenäum

Cummings, Larry L. (1983): The Logics of Management. In: Academy of Management Review, 8 (4) , S. 532–538

Czernich, Christian H. (2003): When do ideas survive in organizations? Variable demands on resource-relatedness and framing efforts of the intrapreneur. In: Academy of Management Proceedings, S. X1–X6

D'Alessio, Nestor/Oberbeck, Herbert/Seitz, Dieter (Hg.) (2000): ‚Rationalisierung in Eigenregie'. Ansatzpunkte für den Bruch mit dem Taylorismus bei VW. Hamburg: VSA

Davenport, Thomas H./Jarvenpaa, Sirkka L./Beers, Michael C. (1996): Improving Knowledge Work Processes. In: Sloan management Review (Summer), S. 53–65

Davenport, Thomas H./Thomas, Robert J./Cantrell, Susan (2002): The mysterious art and science of knowledge-worker performance. In: MIT Sloan management Review (Fall), S. 23–30

Davis, Kevin J./Green, Steve G. (2001): Trust as control in competitive sourcing. In: The Journal of Government Financial Management, 50 (1), S. 10–16

De Vries, Manfred/Balazs, Katharina (1996): The human side of downsizing. In: European Managment Journal, 14 (2), S. 111–121

Deal, Terrence E./Kennedy, Allan A. (1982): Corporate cultures: the rites and rituals of corporate life. Reading/Mass.: Addison-Wesley

Deal, Terrence E./Kennedy, Allan A. (1999): The new corporate cultures. Revitalizing the workplace after downsizing, mergers and reengineering. London: Orion Business

Demirovic, Alex (2006): Demokratie, Wirtschaftsdemokratie und Mitbestimmung. Zum aktuellen Diskussionsstand und den Perspektiven. In: Bontrup, Heinz-J./Müller, Julia (Hg.): Wirtschaftsdemokratie. Alternative zum Shareholder-Kapitalismus. Hamburg: VSA, S. 54–92

Demirovic, Alex (2007): Demokratie in der Wirtschaft. Positionen – Probleme – Perspektiven. Münster: Westfälisches Dampfboot

Deutscher Bundestag (2001a): Ausschuss für Arbeits- und Sozialordnung, Wortprotokoll (91. Sitzung, 14. Wahlperiode), 14.05.2001. Berlin: Deutscher Bundestag

Deutscher Bundestag (2001b): Drucksache 14/6352: Beschlussempfehlung und Bericht des Ausschusses für Arbeit und Sozialordnung (11. Ausschuss). Berlin: Deutscher Bundestag – Referat Öffentlichkeitsarbeit

Deutscher Bundestag (2001c): Plenarprotokoll 14/177: Stenographischer Bericht, 177. Sitzung. Berlin: Deutscher Bundestag

Deutscher Bundestag (Hg.) (2002): Schlussbericht der Enquete-Kommission: Globalisierung der Weltwirtschaft. Opladen: Leske + Budrich

Deutsches Institut für Wirtschaftsforschung (2008): Vermögen in Deutschland wesentlich ungleicher verteilt als Einkommen. In: DIW-Wochenbericht, 74 (45)

Deutsches Institut für Wirtschaftsforschung/Institut für Weltwirtschaft an der Universität Kiel/Institut für Arbeitsmarkt- und Berufsforschung/Institut für Wirtschaftsforschung Halle/Zentrum für Europäische Wirtschaftsforschung (2002): Fortschrittsbericht wirtschaftswissenschaftlicher Institute über die wirtschaftliche Entwicklung in Ostdeutschland. Forschungsauftrag des Bundesministeriums der Finanzen. Halle: Bundesministerium der Finanzen

Deutschmann, Christoph (1989): Reflexive Verwissenschaftlichung und kultureller ‚Imperialismus' des Managements. In: Soziale Welt, 40, S. 374–396

Deutschmann, Christoph (1997): Die Mythenspirale. Eine wissenssoziologische Interpretation industrieller Rationalisierung. In: Soziale Welt, 48 (1), S. 55–70

Deutschmann, Christoph (2001): Die Gesellschaftskritik der Industriesoziologie – ein Anachronismus? In: Leviathan, 29 (1), S. 58–69

DiMaggio, Paul J. (ed.) (2001): The Twenty-First-Century Firm: Changing Economic Organization in International Perspective. Princeton: Princeton Univ. Press

DiMaggio, Paul J./Powell, Walter W. (1983): The Iron Cage Revisited: Institutional Isomorphism and Collective Rationality in Organizational Fields. In: American Sociological Review, 48, S. 147–160

Dore, Ronald (1996): One Nation: Two Problems. In: Prospect, 2 (June), S. 14–17

Doeringer, Paul B./Piore, Michael J. (1971): Internal Labor Markets and Manpower Analysis. Lexington/Mass.

Dörre, Klaus (1997): Unternehmerische Globalstrategien, neue Managementkonzepte und die Zukunft der Industriellen Beziehungen. In: Kadritzke, Ulf (Hg.): ‚Unternehmenskulturen' unter Druck. Neue Managementkonzepte zwischen Anspruch und Wirklichkeit. Berlin: edition sigma, S. 15–44

Dörre, Klaus (2001a): Das deutsche Produktionsmodell unter dem Druck des Shareholder Value. In: Kölner Zeitschrift für Soziologie und Sozialpsychologie, 53, S. 675–704

Dörre, Klaus (2001b): Das deutsche Produktionsmodell unter dem Druck des Shareholder Value. Beitrag auf der Konferenz „Shareholder Value and Globalisation" (Mai 2001). Bad Homburg (http://www.uni-trier.de/uni/fb4/soziologie/apo/conference.htm)

Dörre, Klaus (2001c): Gibt es ein nachfordistisches Produktionsmodell? Managementprinzipien, Firmenorganisation und Arbeitsbeziehungen im flexiblen Kapitalismus In: Candeias, Mario/Deppe, Frank (Hg.): Ein neuer Kapitalismus? Akkumulationsregime – Shareholder Society – Neoliberalismus und Neue Sozialdemokratie. Hamburg: VSA, S. 83–107

Dörre, Klaus (2001d): Partizipation im Arbeitsprozess – Alternative oder Ergänzung zur Mitbestimmung? In: Industrielle Beziehungen. Zeitschrift für Arbeit, Organisation und Management, 8 (4), S. 379–407

Dörre, Klaus (2002a): Entsteht ein neues Produktionsmodell? Empirische Befunde, arbeitspolitische Konsequenzen, Forschungsperspektiven. In: FIAB (Hg.): Jahrbuch Arbeit – Bildung – Kultur Band 19/20. Recklinghausen: FIAB-Verlag, S. 9–34

Dörre, Klaus (2002b): Kampf um Beteiligung. Arbeit, Partizipation und industrielle Beziehungen im flexiblen Kapitalismus. Wiesbaden: Westdeutscher Verlag

Dörre, Klaus (2010): Überbetriebliche Regulierung von Arbeitsbeziehungen. In: Böhle, Fritz/ Voß, G. Günter/Wachtler, Günther (Hg.): Handbuch Arbeitssoziologie. Wiesbaden: VS, S. 873–912

Dörre, Klaus/Brinkmann, Ulrich (2005): Finanzmarktkapitalismus – Triebkraft eines flexiblen Produktionsmodells? In: Kölner Zeitschrift für Soziologie und Sozialpsychologie (Sonderheft: Finanzmarktkapitalismus. Analysen zum Wandel von Produktionsregimen), S. 85–116

Dörre, Klaus/Elk-Anders, Rainer/Speidel, Frederic (1997): Globalisierung als Option. Internationalisierungspfade von Unternehmen, Standortpolitik und industrielle Beziehungen. In: SOFI-Mitteilungen, (25), S. 43–70

Dörre, Klaus/Kraemer, Klaus/Speidel, Frederic (2004): Prekäre Beschäftigungsverhältnisse. Ursache von sozialer Desintegration und Rechtsextremismus? Recklinghausen: Projektzwischenbericht

Dörre, Klaus/Lessenich, Stephan/Rosa, Hartmut (2009): Soziologie – Kapitalismus – Kritik : eine Debatte. Frankfurt/M.: Suhrkamp

Dörre, Klaus/Neubert, Jürgen (1995): Neue Managementkonzepte und industrielle Beziehungen: Aushandlungsbedarf statt ‚Sachzwang Reorganisation' In: Schreyögg, Georg/Sydow, Jörg (Hg.): Managementforschung 5. Empirische Studien. Berlin, New York: de Gruyter, S. 167–213

Dörre, Klaus/Röttger, Bernd (Hg.) (2003): Das neue Marktregime. Konturen eines nachfordistischen Produktionsmodells. Hamburg: VSA

Dörre, Klaus/Röttger, Bernd (2006): Im Schatten der Globalisierung. Strukturpolitik, Netzwerke und Gewerkschaften in altindustriellen Regionen. Wiesbaden: VS

Dostal, Werner/Reinberg, Alexander (1999): Arbeitslandschaft 2010 – Teil 2, Ungebrochener Trend in die Wissensgesellschaft, Entwicklung der Tätigkeiten und Qualifikationen. In: IAB-Kurzbericht (Nr. 10 vom 27.8.1999)

Dove, Rick (1999): Outsourcing Knowledge Work – Why Not? In: Automotive Manufacturing & Production, 111 (10), S. 16–17

Dressler, Soeren (2004): Strategy, Organizational Effectiveness And Performance Management. Boca Raton: Universal Publishers

Drucker, Peter F. (1950): Gesellschaft am Fließband. Eine Anatomie der industriellen Ordnung. Frankfurt/M.: Verlag der Frankfurter Hefte

Drucker, Peter F. (1993 [1949]): The new society. The anatomy of the industrial order. New York: Harper & Brothers Publishers

Drucker, Peter F. (1998): Management's New Paradigms. In: Forbes, (Oct. 5), S. 152–177

Drucker, Peter F. (1999a): Beyond the Informational Revolution. In: The Atlantic Monthly 284, (4 Oct.), S. 47–57

Drucker, Peter F. (1999b): Knowledge-worker productivity: The biggest challenge. In: California Management Review, 41 (2), S. 79–94

Drucker, Peter F. (1999c): Management im 21. Jahrhundert. München: Econ

Drucker, Peter F. (2000): Knowledge Work. In: Executive Excellence, (April), S. 11–12

Drucker, Peter F. (2002): They're not employees, they're people. In: Harvard Business Review, 80 (2), S. 70–77

Dubin, Robert (1974): Human relations in administration. Englewood Cliffs/NJ: Prentice-Hall

Duncan, W. Jack/Ginter, Peter M./Rucks, Andrew C./Jacobs, T. Douglas (1988): Intrapreneurship and the Reinvention of the Corporation. In: Business Horizons, 31 (3), S. 16–22

Eagleton, Terry (2001): Was ist Kultur? Eine Einführung. München: C. H. Beck

Ebers, Mark (1985): Organisationskultur: ein neues Forschungsprogramm. Wiesbaden: Gabler

Ebers, Mark (1988): Der Aufstieg des Themas ‚Organisationskultur' in problem- und disziplingeschichtlicher Perspektive In: Dülfer, Eberhard (Hg.): Organisationskultur. Phänomen – Philosophie – Technologie. Stuttgart: Poeschel, S. 23–48

Eccles, Robert/White, Harrison (1988): Price and Authority in Inter-profit Center Transactions. In: American Journal of Sociology, 94, S. 17–51

Eckblad, John/Kiel, David (2003): If your life were a business, would you invest in it?: the 13-step program for managing your life like the best CEOs manage their companies. New York: McGraw-Hill

Ellig, Jerry (2001): Internal markets and the theory of the firm. In: Managerial and Decision Economics, 22 (4-5), S. 227–237

Engler, Wolfgang (2004): Die Ostdeutschen als Avantgarde. Berlin: Aufbau Taschenbuch Verlag

Esser, Josef, Wolfgang Fach und Werner Väth (1982): Krisenregulierung : zur politischen Durchsetzung ökonomischer Zwänge. Frankfurt/M.: Suhrkamp

Ettl, Wilfried/Jünger, Jürgen (1991): Evolutionäre Transformation der Zentralverwaltungswirtschaft In: Brie, Michael/Klein, Dieter (Hg.): Umbruch zur Moderne? Kritische Beiträge. Hamburg: VSA, S. 35–57

Faber, Ulrich (2005): Die entbürokratisierte Arbeitsstättenverordnung 2004 – ‚Arbeitsschutz light'? In: WSI-Mitteilungen, (9), S. 511–517

Farmer, Paul (2003): Pathologies of Power: Health, Human Rights, and the New War on the Poor. Berkeley: University of California Press

Faust, Michael/Jauch, Peter/Brünnecke, Karin/Deutschmann, Christoph (1997): Dezentralisierung von Unternehmen. Bürokratie- und Hierarchieabbau und die Rolle betrieblicher Arbeitspolitik (3. Aufl.). München, Mering: Rainer Hampp Verlag

Faust, Michael/Jauch, Peter/Notz, Petra (2000): Befreit und entwurzelt: Führungskräfte auf dem Weg zum internen Unternehmer. München, Mering: Hampp

Finlay, Paul N./King, Ruth M. (1999): IT sourcing: A research framework. In: International Journal of Technology Management, 17 (1/2), S. 109–128

Fischer, Stanley/Gelb, Alan (1991): The process of socialist economic transformation. In: Journal of Economic Perspectives, 5 (4), S.: 91–105

Fisher, Maria (1984): The genius within. In: Forbes, 133 (6), S. 188–189

Fitoussi, Jean-Paul (1997): Following the collapse of communism, is there still a middle way? In: Crouch, Colin/Streeck, Wolfgang (eds.): Political economy of modern capitalism: Mapping convergence and diversity. London: Sage, S. 148–160

Fleming, Peter (2005): Workers' Playtime?: Boundaries and Cynicism in a „Culture of Fun" Program. In: Journal of Applied Behavioral Science, 41 (3), S. 285–303

Fleming, Peter/Sewell, Graham (2002): Looking for the Good Soldier, Svejk. Alternative Modalities of Resistance in the Contemporary Workplace. In: Sociology, 36 (4), S. 857–873

Fleming, Peter/Spicer, André (2003): Working at a Cynical Distance: Implications for Power, Subjectivity and Resistance. In: Organization, 10 (1), S. 157–179

Fligstein, Neil (1990): The transformation of corporate control. Cambridge: Harvard University Press

Fligstein, Neil (1996): Markets as Politics. A Political-Cultural Approach to Market Institutions. In: American Sociological Review, 61, S. 656–673

Fligstein, Neil (2001): The Architecture of Markets: An Economic Sociology of Twenty-First- Century Capitalist Societies. Princeton: Princeton Univ. Press

Ford, Henry (1923): Mein Leben und Werk. Leipzig: List

Foucault, Michel (1979): Überwachen und Strafen. Frankfurt/M.: Suhrkamp

Foucault, Michel (1993): Technologien des Selbst In: Luther H., Martin/Gutman, Huck/Hutton, Patrick H. (Hg.): Technologien des Selbst. Frankfurt/M.: Fischer, S. 24–62

Foucault, Michel (2000): Die Gouvernementalität In: Bröckling, Ulrich/Krasmann, Susanne/ Lemke, Thomas (Hg.): Gouvernementalität der Gegenwart. Studien zur Ökonomisierung des Sozialen. Frankfurt/M.: Suhrkamp, S. 41–67

Fox, Pimm (2002): The unseen risks of IT outsourcing. In: Computerworld, 36 (29), S. 20–21

Freeman, Richard B. (1995): If It's Monday, We Must Be In ... – Labour Relations around the World in Nine Papers. In: Labour (Special Issue [IIRA]), S. 5–18

Fricke, Else/Fricke, Werner/Schönwälder, Manfred/Stiegler, Barbara (1981): Qualifikation und Beteiligung. Das ‚Peiner Modell'. Frankfurt/M., New York: Campus

Fricke, Werner (1975): Arbeitsorganisation und Qualifikation. Bonn: Verlag Neue Gesellschaft

Fricke, Werner (2008): Demokratische Beteiligung – Fundament einer Unternehmenskultur von unten. In: Benthin/Brinkmann 2008, S. 375–392

Friedeburg, Ludwig von (1963): Soziologie des Betriebsklimas. Studien zur Deutung empirischer Untersuchungen in industriellen Großbetrieben. Frankfurt/M.: Europäische Verlagsanstalt

Friedman, Andrew L. (2000): Microregulation and post-Fordism: Critique and development of regulation theory. In: New Political Economy, 5 (1), S. 59–76

Friedman, Milton (1962): Capialism and freedom. Chicago: University of Chicago Press

Froud, Julie/Haslam, Colin/Johal, Sukhdev/Williams, Karel (2000): Shareholder value and financialization: consultancy promises, management moves. In: Economy and Society, 29 (1) , S. 80–110

Froud, Julie/Haslam, Colin/Johal, Sukhdev/Williams, Karel (2001): Accumulation under Conditions of Inequality. In: Review of International Political Economy, 29 (1) , S. 66–99

Froud, Julie/Haslam, Colin/Johal, Sukhdev/Williams, Karel (2002): Cars after financialisation: A case study in financial under-performance, constraints and consequences. In: Competition and Change, 6 (1), S. 13–41

Fry, Art (1988): Lessons from a Successful Intrapreneur. In: The Journal of Business Strategy, 9 (2), S. 20–26

Funder, Maria (2000): Entgrenzung von Organisationen – eine Fiktion? In: Minssen, Heiner (Hg.): Begrenzte Entgrenzungen. Wandlungen von Organisation und Arbeit. Berlin: edition sigma, S. 19–46

Furnham, Adrian (2005): The Psychology Of Behaviour At Work: The Individual in the Organisation. New York: Psychology Press (UK)

Gabriel, Yiannis (1999): Beyond Happy Families: A Critical Reevaluation of the Control-Resistance-Identity Triangle. In: Human Relations, 52 (2), S. 179–203

Garaventa, Eugene/Tellefsen, Thomas (2001): Outsourcing: The hidden costs. In: Review of Business, 22 (1/2), S. 28–31

Gardenswartz, Lee/Rowe, Anita (1998): Managing Diversity: a complex desk reference and planning guide (rev. ed.). New York: McGraw-Hill

Gautam, Vinayshil/Verma, Vinnie (1997): Corporate Entrepreneurship: Changing Perspectives. In: The Journal of Entrepreneurship, 6 (2), S. 233–247

Gehlbach, Scott (2006): A formal model of Exit and Voice. In: Rationality and Society, 18 (4), S. 395–418

Geisler, Eliezer (1993): Middle Managers as International Corporate Entrepreneurs: An Unfolding Agenda. In: Interfaces, 23 (6), S. 52–63

Geranmayeh, Ali/Halal, William E./Pourdehnad, Joh N. (1993): Internal Markets : Bringing the Power of Free Enterprise Inside Your Organization. New York: John Wiley & Sons

Gherardi, Sylvia (1995): Gender, Symbolism and Organizational Cultures. London: Sage

Giesen, Bernd/Leggewie, Claus (Hg.) (1991): Experiment Vereinigung. Ein sozialer Großversuch. Berlin: Rotbuch

Glißmann, Wilfried/Peters, Klaus (2001): Mehr Druck durch mehr Freiheit. Die neue Autonomie in der Arbeit und ihre paradoxen Folgen. Hamburg: VSA

Goffman, Erving (1983 [1959]): Wir spielen alle Theater. Die Selbstdarstellung im Alltag. München: Piper

Gossett, Loril M./Kilker, Julian (2006): My Job Sucks. Examining Counterinstitutional Web Sites as Locations for Organizational Member Voice, Dissent, and Resistance. In: Management Communication Quarterly, 20 (1), S. 63–90

Gottenberg, Norbert/Stuart, Spencer (2000): Intrapreneur exodus. In: Chief Executive, (152), S. 58

Grabher, Gernot (1994): The elegance of incoherence. Institutional legacies, privatization and regional development in East Germany and Hungary. Berlin: Wissenschaftszentrum Berlin für Sozialforschung (WZB), discussion paper (FS I 94-103)

Graefe, Stefanie (2010): An den Grenzen der Verwertbarkeit. Erschöpfung im flexiblen Kapitalismus. In: Becker, Karina/Gertenbach, Lars/Laux, Henning/Reitz, Tilman (Hg.): Grenzverschiebungen des Kapitalismus. Umkämpfte Räume und Orte des Widerstands. Frankfurt/M., New York: Campus, S. 229–252

Gramm, Rolf (2005): Experten in eigener Sache. In: Die Mitbestimmung, (11), S. 54–57

Gramsci, Antonio (1991ff.): Gefängnishefte. Hamburg: Argument

Green, Michael (1975): Raymond Williams and Cultural Studies. In: Working Papers in Cultural Studies, (6), S. 31–48

Greer, Charles R./Youngblood, Stewart A./Gray, David A. (1999): Human resource management outsourcing: The make or buy decision. In: The Academy of Management Executive, 13 (3), S. 85–96

Greifenstein, Ralph/Jansen, Peter/Kißler, Leo (1993): Gemanagte Partizipation: Qualitätszirkel in der deutschen und der französischen Automobilindustrie. München/Mering: Rainer Hampp Verlag

Gunkel, Alexander (2005): Reformnotwendigkeiten im Arbeitsschutz aus Sicht der Arbeitgeber (Eröffnung des 29. internationalen Kongresses für Arbeitsschutz und Arbeitsmedizin 2005) (In: http://www.bda-online.de/www/bdaonline.nsf/id/ 4FF60839B3FA8B61C12570 A5004A4312/$file/Rede%20Gunkel.pdf)

Gute Arbeit (2003): Arbeitsstättenverordnung: Weniger Bürokratie oder weniger Arbeits- und Gesundheitsschutz? In: Gute Arbeit, 8–9, S. 8–10

Habermas, Jürgen (1993): Vergangenheit als Zukunft. Das alte Deutschland im neuen Europa? München, Zürich: Piper

Haipeter, Thomas/Lehndorff, Steffen (2004): Atmende Betriebe, atemlose Beschäftigte: Erfahrungen mit neuartigen Formen betrieblicher Arbeitszeitregulierung. Berlin: edition sigma

Haipeter, Thomas (2010): Betriebsräte als neue Tarifakteure: Zum Wandel der Mitbestimmung bei Tarifabweichungen. Berlin: edition sigma

Halal, William E. (1994a): From hierarchy to enterprise. Internal markets are the new foundation of management. In: Academy of Management Executive, 8 (4), S. 69–83

Halal, William E. (1994b): Let's Turn Organizations into Markets. In: The Futurist, (May-June), S. 8–14

Halal, William E. (1996): The New Management. Democracy and Enterprise are Transforming Organizations. San Francisco: Berret-Koehler Publishers

Halal, William E. (1997): From hierarchy to enterprise. In: Executive Excellence, (2), S. 18

Halal, William E. (1998a): Leaders who listen. In: Executive Excellence, (2), S. 13–14

Halal, William E. (1998b): Organizational Intelligence. In: Knowledge Management Review, (1), S. 20–25

Halal, William E. (1999): Knowledge: The infinite resource. In: Executive Excellence, (9), S. 18

Halal, William E./Taylor, Kenneth B. (2002): 21st Century Economics: A Synthesis of Progressive Economic Thought. In: Business and Society Review, 107 (2), S. 255–274

Hall, Peter A./Soskice, David (eds.) (2001): Varieties of capitalism. The institutional foundations of comparative advantage. Oxford, New York: Oxford University Press

Hall, Stuart (1982): The rediscovery of ‚ideology': return of the repressed in media studies. In: Gurevitch, Michael/Woollacott, Janet/Bennett, Tony/Curran, James (eds.): Culture, Society, and the Media. London: Methuen, S. 56–90

Hamel, Gary (1999): Bringing Silicon Valley inside. In: Harvard Business Review, 77 (5), S. 70–84

Hamel, Gary (2006): The Why,What, and How of Management Innovation. In: Harvard Business Review, (February), S. 72–84

Hancock, Bill (2001): What happens when your outsourcing company dies. In: Computers & Security, 20 (6), S. 461–466

Harlos, Karen P. (2001): When Organizational Voice Systems Fail: More on the Deaf-Ear Syndrome and Frustration Effects. In: Journal of Applied Behavioral Science, 37 (3), S. 324–341

Hartz, Peter (2002): Moderne Dienstleistungen am Arbeitsmarkt. Vorschläge der Kommission zum Abbau der Arbeitslosigkeit und zur Umstrukturierung der Bundesanstalt für Arbeit: Manuskript

Hayek, Friedrich August von (1976): Law, Legislation, and Liberty, Vol. II: The Mirage of Social Justice. Chicago: University of Chicago Press

Hayek, Friedrich August von (1976 [1944]): Der Weg zur Knechtschaft. Erlenbach, Zürich: Eugen Rentsch Verlag

Healy, Kieran (2006): Last Best Gifts: Altruism and the Market for Human Blood and Organs. Chicago: University of Chicago Press

Heinemann, Klaus (1976): Elemente einer Soziologie des Marktes. In: Kölner Zeitschrift für Soziologie und Sozialpsychologie, 28, S. 48–69.

Heinen, Edmund (1987): Unternehmenskultur als Gegenstand der Betriebswirtschaftslehre. In: Heinen, Edmund (Hg.): Unternehmenskultur. Perspektiven für Wissenschaft und Praxis. München, Wien: Oldenbourg, S. 1–48

Heintel, Peter/Krainz, Ewald E. (1992): Projektmanagement: Eine Antwort auf die Hierarchiekrise? Wiesbaden: Gabler

Helfert, Mario (1992): Betriebsverfassung, neue Rationalisierungsformen, lean production. In: WSI-Mitteilungen, 45 (8), S. 505–521

Hien, Wolfgang (2003): Wider den schleichenden Abbau des Arbeitsschutzes. In: Soziale Sicherheit, (10), S. 346–354

Hien, Wolfgang (2004): Staatliche Gewerbeaufsicht muss bleiben – Stärkung und Modernisierung des Systems notwendig. In: Arbeitsschutz, (6), S. 182–191

Hippel, Eric A. von (1997 [reprint edition]): The Sources of Innovation. Oxford: Oxford University Press

Hirsch-Kreinsen, Hartmut (1995): Dezentralisierung: Unternehmen zwischen Stabilität und Desintegration. In: Zeitschrift für Soziologie, 24 (6), S. 422–435

Hirsch, Joachim/Roth, Roland (1986): Das neue Gesicht des Kapitalismus. Vom Fordismus zum Postfordismus. Hamburg: VSA

Hirschman, Albert O. (1970): Exit, Voice, and Loyalty. Responses to Decline in Firms, Organizations and States. Cambridge/Mass., London: Harvard University Press

Hirschman, Albert O. (1974): Abwanderung und Widerspruch: Reaktionen auf Leistungsabfall bei Unternehmungen, Organisationen und Staaten. Tübingen: Mohr

Hirschman, Albert O. (1980): ‚Exit, Voice, and Loyalty': Further Reflections and a Survey of Recent Contributions. In: The Milbank Memorial Fund Quarterly. Health and Society, 58 (3), S. 430–453

Hirschman, Albert O. (1984): Against Parsimony: Three Ways of Complicating Some Categories of Economic Discourse. In: The American Economic Review, 74 (2), S. 89–96

Hirschman, Albert O. (1992): Abwanderung, Widerspruch und das Schicksal der Deutschen Demokratischen Republik. In: Leviathan. Zeitschrift für Sozialwissenschaft, (3), S. 330–358

Hobsbawm, Eric (1990): Good-bye to all that. In: Marxism Today, (10), S. 18–23

Hobsbawm, Eric (1995): Das Zeitalter der Extreme. Weltgeschichte des 20. Jahrhunderts. München, Wien: Carl Hanser Verlag

Hodges, Donald Clark/Lustig, Larry (2002): Bourgeoisie out, expertoise in. The new political economies at Loggerheads. In: American Journal of Economics & Sociology, 61 (1), S. 367–381

Hodgson, Geoffrey M. (2001): How Economics Forgot History. The problem of historical specificity in social science. London: Routledge

Hoff, Andreas/Priemuth, Tobias (2002): Unter welchen Bedingungen funktioniert Vertrauensarbeitszeit? Ergebnisse einer Mitarbeiterbefragung. In: Personal, (9), S. 10–15

Hofmann, Jeanette (2001): Digitale Unterwanderungen: Der Wandel im Innern des Wissens. In: Aus Politik und Zeitgeschichte, (B 36), S. 3–6

Hofstede, Geert (1997): Cultures and organizations: software of the mind. London: McGraw-Hill

Holtgrewe, Ursula (2000): ‚Wer das Problem hat, hat die Lösung.' Strukturierung und pragmatistische Handlungstheorie am Fall von Organisationswandel. In: Soziale Welt, 51, S. 173–190

Höpner, Martin (2003): Wer beherrscht die Unternehmen? Shareholder Value, Managerherrschaft und Mitbestimmung in Deutschland. Frankfurt/M., New York: Campus

Hörning, Karl H./Winter, Rainer (Hg.) (1999): Widerspenstige Kulturen. Cultural Studies als Herausforderung. Frankfurt/M.: Suhrkamp

Hromadka, Wolfgang/Maschmann, Frank (2007): Arbeitsrecht Band 2. Kollektivarbeitsrecht und Arbeitsstreitigkeiten. Berlin u.a.O.: Springer

Hübner, Kurt (1990): Theorie der Regulation. Eine kritische Rekonstruktion eines neuen Ansatzes der Politischen Ökonomie. Berlin: edition sigma

Insinga, Richard C./Werle, Michael J. (2000): Linking outsourcing to business strategy. In: The Academy of Management Executive, 14 (4), S. 58–70

Institut der Deutschen Wirtschaft (2002): Noch recht gut in Form: Akademiker-Arbeitsmarkt 2001. In: Informationsdienst des Instituts der deutschen Wirtschaft, (42), S. 4–5

Jacobsen, Niels (1996): Unternehmenskultur: Entwicklung und Gestaltung aus interaktionistischer Sicht. Frankfurt/M.: Peter Lang

Jennings, Reg/Cox, Charles/Cooper, Cary L. (1994): Business elites: The psychology of entrepreneurs and intrapreneurs. London, New York: Routledge

Jessop, Bob (2003): The Future of the Capitalist State. Oxford: Blackwell

Johnson, Richard (1983): What is Cultural Studies anyway? In: Department of Cultural Studies. Stencilled Occasional Papers (9/1983)

Jürgens, Ulrich/Krzywdzinski, Martin (2007): Zur Zukunftsfähigkeit des deutschen Produktionsmodells. In: Kocka, Jürgen (Hg.): Zukunftsfähigkeit Deutschlands. Sozialwissenschaftliche Essays – WZB Jahrbuch 2006. Berlin: edition sigma, S. 203–227

Kadritzke, Ulf (1997): Editorial. In: Kadritzke, Ulf (Hg.): ‚Unternehmenskulturen' unter Druck. Neue Managementkonzepte zwischen Anspruch und Wirklichkeit. Berlin: edition sigma, S. 7–11

Kadritzke, Ulf (2000): Die ‚neue Selbständigkeit' als Gratwanderung – zwischen professioneller Lust und Angst vor dem Absturz. In: WSI-Mitteilungen, 53 (12), S. 796–803

Kädtler, Jürgen (2010): Finanzmärkte und Finanzialisierung In: Böhle, Fritz/Voß, G. Günter/Wachtler, Günther (Hg.): Handbuch Arbeitssoziologie. Wiesbaden: VS, S. 619–641

Kakabadse, Andrew/Kakabadse, Nada (2002): Trends in outsourcing: Contrasting USA and Europe. In: European Management Journal, 20 (2), S. 189–198

Kern, Thomas/Willcocks Leslie P./Heck, Eric van (2002): The winner's curse in IT outsourcing: Strategies for avoiding relational trauma. In: California Management Review, 44 (2), S. 47–69

Kieser, Alfred (1994): Why organization theory needs historical analyses – and how these should be performed. In: Organization Studies, 15 (4), S. 608–620

Kieser, Alfred (1996): Moden & Mythen des Organisierens. In: Die Betriebswirtschaft, 56, S. 21–39

Kinkel, Steffen/Lay, Gunter (2003): Fertigungstiefe – Ballast oder Kapital? Stand und Effekte von Out- und Insourcing im Verarbeitenden Gewerbe Deutschlands. In: Fraunhofer Institut Systemtechnik und Innovationsforschung. Mitteilungen aus der Produktionsinnovationserhebung, (30), S. 1–12

Kitschelt, Herbert/Streeck, Wolfgang (2004): Germany: beyond the stable state. London u.a.O.: Cass

Kleemann, Frank/Matuschek, Ingo/Voß, G. Günter (2002): Subjektivierung von Arbeit – Ein Überblick zum Stand der soziologischen Diskussion. In: Moldaschl, Manfred F./Voß, G. Günter (Hg.): Subjektivierung von Arbeit. München, Mering: Rainer Hampp Verlag, S. 53–100

Kleinman, Daniel Lee/Vallas, Steven P. (2001): Science, capitalism, and the rise of the ‚knowledge worker': The changing structure of knowledge production in the United States. In: Theory and Society, (30), S. 451–492

Knight, Frank Hyneman (1985 [1921]): Risk, Uncertainty and Profit. Chicago: University of Chicago Press

Knights, David/McCabe, Darren (2000): ‚Ain't Misbehavin'? Opportunities for Resistance under New Forms of ‚Quality' Management. In: Sociology, 34, S. 421–436

Kochan, Thomas A./Barocci, Thomas A. (1985): Human resource management and industrial relations: texts, readings, and cases. Boston: Little, Brown and Company

Köhler, Christoph/Krause, Alexandra (2010): Betriebliche Beschäftigungspolitik In: Böhle, Fritz/Voß, G. Günter/Wachtler Günther (Hg.): Handbuch Arbeitssoziologie. Wiesbaden: VS, S. 387–412

Köhler, Christoph/Preisendörfer, Peter (1988): Innerbetriebliche Arbeitsmarktsegmentation in Form von Stamm- und Randbelegschaften. Empirische Befunde aus einem bundesdeutschen Großbetrieb. In: Mitteilungen aus der Arbeitsmarkt- und Berufsforschung, 21, S. 268–277

Kommission für Zukunftsfragen der Freistaaten Sachsen und Bayern (1997): Erwerbstätigkeit und Arbeitslosigkeit in Deutschland. Entwicklung, Ursachen und Maßnahmen. Leitsätze und Schlußfolgerungen der Teile I, II, III des Kommissionsberichts. Bonn

Kotthoff, Hermann (1981): Betriebsräte und betriebliche Herrschaft. Eine Typologie von Partizipationsmustern im Industriebetrieb. Frankfurt/M.: Campus

Kotthoff, Hermann (1994): Betriebsräte und Bürgerstatus. Wandel und Kontinuität betrieblicher Mitbestimmung. München, Mering: Rainer Hampp Verlag

Kotthoff, Hermann (1997): Hochqualifizierte Angestellte und betriebliche Umstrukturierung: Erosion von Sozialintegration und Loyalität im Großbetrieb In: Kadritzke, Ulf (Hg.): ‚Unternehmenskulturen' unter Druck. Neue Managementkonzepte zwischen Anspruch und Wirklichkeit. Berlin: edition sigma, S. 163–184

Kraemer, Klaus/Bittlingmayer, Uwe H. (2001): Soziale Polarisierung durch Wissen. Zum Wandel der Arbeitsmarktchancen in der ‚Wissensgesellschaft' In: Berger, Peter A./Konietzka, Dirk (Hg.): Die Erwerbsgesellschaft. Neue Ungleichheiten und Unsicherheiten. Opladen: Leske + Budrich, S. 313–329

Kratzer, Nick/Nies, Sarah (2009): Neue Leistungspolitik bei Angestellten. ERA, Leistungssteuerung, Leistungsentgelt. Berlin: edition sigma

Krell, Gertraude (1994): Vergemeinschaftende Personalpolitik: normative Personallehren, Werksgemeinschaft, NS-Betriebsgemeinschaft, Japan, Unternehmenskultur. München, Mering: Rainer Hampp Verlag

Krell, Gertraude (1995): Neue Kochbücher, Alte Rezepte. ‚Unternehmenskultur' in den 90er Jahren. In: Die Betriebswirtschaft, 55 (2), S. 237–250

Krell, Gertraude (1996): Mono- oder multikulturelle Organisationen? ‚Managing Diversity' auf dem Prüfstand. In: Industrielle Beziehungen. Zeitschrift für Arbeit, Organisation und Management, 3 (4), S. 334–350

Kühl, Stefan (2002): Vom Arbeitskraftunternehmer zum Arbeitskraftkapitalisten In: Kuda, Eva/Strauß, Jürgen (Hg.): Arbeitnehmer als Unternehmer? Herausforderungen für Gewerkschaften und Berufliche Bildung. Hamburg: VSA, S. 81–99

Kühl, Stefan (2003): Exit. Wie Risikokapital die Regeln der Wirtschaft verändert. Frankfurt/M.: Campus

Kuhn, Thomas (2000): Internes Unternehmertum. Begründung und Bedingungen einer ‚kollektiven Kehrtwendung'. München: Vahlen

Kunda, Gideon (1993): Engineering Culture. Control and Commitment in a High-Tech Corporation. Philadelphia: Temple University Press

Kusterer, Kenneth C. (1978): Know-How on the Job: The Important Working Knowledge of ‚Unskilled' Workers. Boulder/Colo.: Westview Press

Lang, Rainhart (Hg.) (2005): The End of Transformation? VI. Chemnitzer Ostforum. München, Mering: Rainer Hampp Verlag

Lang, Rainhart/Jörges, Rene/Kolakovic, Mihajlo (2005a): Alles aus einer Hand? Tendenzen in der Entwicklung von Personaldienstleistungen am Beispiel von Komplettanbietern. In: Peter Wald (Hg.): Neue Herausforderungen im Personalmanagement. Wiesbaden: Gabler, S. 95–118

Lang, Rainhart/Winkler, Ingo/Weik, Elke (2005b): Organisationskultur, Organisationaler Symbolismus und Organisationaler Diskurs. In: Weik, Elke/Lang, Rainhart (Hg.): Moderne Organisationstheorien 1. Handlungsorientierte Ansätze (2. Auflage). Wiesbaden: Gabler, S. 207–258

Lash, Scott/Urry, John (1987): The end of organized capitalism. Oxford: Blackwell

Lawson, M. B. (2001): In praise of slack: Time is of the essence. In: Academy of Management Executive, 15 (3), S. 125–135

Le Monde diplomatique (2006): Atlas der Globalisierung. Berlin

Leavitt, Harold J. (2005): Top Down: Why Hierarchies Are Here to Stay and How to Manage Them More Effectively. Boston: Harvard Business School Press

Lee, Thomas W./Maurer, Steven D. (1997): The Retention of Knowledge Workers with the Unfolding Model of Voluntary Turnover. In: Human Ressource Management Review, 7 (3), S. 247–275

Legge, Karen (1995): Human resource management: rhetorics and realities. Basingstoke: Macmillan

Leminsky, Gerhard (1985): Mitbestimmung am Arbeitsplatz Erfahrungen und Perspektiven. In: Gewerkschaftliche Monatshefte, (3), S. 151–160

Lewis, Richard D. (2006): When cultures collide: leading across cultures: a major new edition of the global guide. Boston, London: Nicholas Brealey International

Lipietz, Alain (1985): Akkumulation, Krisen und Auswege aus der Krise: Einige methodische Überlegungen zum Begriff ‚Regulation'. In: PROKLA. Zeitschrift für kritische Sozialwissenschaft, 15 (1), S. 109–138

Lipietz, Alain (1987): Mirages and miracles. The crises of global fordism. London: Verso

Lipietz, Alain (1998a): Ein soziales Europa. Die Herausforderung nach Maastricht. In: Krebs, Hans-Peter (Hg.): Nach dem ‚Goldenen Zeitalter': Regulation und Transformation kapitalistischer Systeme. Hamburg: Argument, S. 197–206

Lipietz, Alain (1998b): Rebellische Söhne: Die Regulationsschule In: Krebs, Hans-Peter (Hg.): Nach dem ‚Goldenen Zeitalter': Regulation und Transformation kapitalistischer Systeme. Hamburg: Argument, S. 12–23

Loden, Marilyn/Rosener, Judy B. (1991): Workforce America! Managing employee diversity as a vital resource. Homewood, Ill.: Business One Irwin

Lordon, Frédéric (2003): ‚Aktionärsdemokratie' als soziale Utopie? Hamburg: VSA

Luhmann, Niklas (1989): Vertrauen. Ein Mechanismus der Reduktion sozialer Komplexität. Stuttgart: Ferdinand Enke Verlag

Luhmann, Niklas (1999): Gesellschaftsstruktur und Semantik. Studien zur Wissenssoziologie der modernen Gesellschaft. Frankfurt/M.: Suhrkamp

Lukács, Georg (1976 [1923]): Geschichte und Klassenbewußtsein. Darmstadt, Neuwied: Luchterhand

Lustberg, Arch (2008): How to sell yourself : using leadership, likability, and luck to succeed. Franklin Lakes/NJ: Career Press

Lüthje, Boy (2001): Standort Silicon Valley. Ökonomie und Politik der vernetzten Produktion. Frankfurt/M.: Campus

Lutter, Christina/Reisenleitner, Markus (1999): Cultural Studies. Eine Einführung. Wien: Turia und Kant

Lutz, Burkart/Schmidt, Rudi (Hg.) (1995): Chancen und Risiken der industriellen Restrukturierung in Ostdeutschland. Berlin: Akademie Verlag

Mahnkopf, Birgit (1989): Die dezentrale Unternehmensorganisation – (k)ein Terrain für neue ‚Produktionsbündnisse'. In: PROKLA. Zeitschrift für kritische Sozialwissenschaft, (76), S. 27–50

Malone, Thomas W. (2004): The Future of Work: How the New Order of Business Will Shape Your Organization, Your Management Style, and Your Life. Boston: Harvard Business School Press

Marchington, Mick (1995): Involvement and participation In: Storey, John (ed.): Human resource management: A critical text. London: Routledge, S. 280–305

Markus, M. Lynne/Manville, Brook/Agres, Carole E. (2000): What makes a virtual organization work? In: Sloan management Review, 42 (1), S. 13–26

Marsden, David (1995): Deregulation or cooperation? The future of Europe's labour markets. In: Labour (Special Issue [IIRA]), S. 67–91

Martens, Helmut (2002): Die Zukunft der Mitbestimmung beginnt wieder neu. Bilanz und Perspektiven der Mitbestimmung im Lichte von Grundlagen- und Auftragsforschung, Beratung und Forschungstransfer in den 1990ern. Münster

Martin, Roger L./Moldoveanu, Mihnea C. (2003): Capital versus talent. The battle that's reshaping business. In: Harvard Business Review, (July), S. 36–41

Marx, Karl (1974): Grundrisse der Kritik der politischen Ökonomie (Rohenturf). Berlin: Dietz-Verlag

Matthies, Hildegard (1999): Diskurs im Betrieb. Möglichkeiten und Grenzen einer konsensorientierten Gestaltung des Arbeitsverhältnisses. Opladen: Westdeutscher Verlag

May, Tam Yeuk-Mui/Korczynski, Marek/Frenkel, Stephen (2002): Organizational and Occupational Commitment: Knowledge Workers in Large Corporations. In: Journal of Management Studies, 39 (6), S. 775–802

McCafferty, Thomas (2003): The market is always right : the 10 principles of trading any market. New York: McGraw-Hill

McDermott, Michael J. (2002): The evolution of outsourcing. In: Chief Executive (June), S. 20–25

McKinlay, Alan/Starkey, Ken (eds.) (1998): Foucault, management and organization theory: From panopticon to technologies of self. London: Sage

Meifert, Matthias (2003): Vertrauensmanagement in Unternehmen. München, Mering: Rainer Hampp Verlag

Mentzel, Wolfgang (2003): BWL Grundwissen. Planegg b. München: Rudolf Haufe Verlag

Menz, Wolfgang (2009): Die Legitimität des Marktregimes. Leistungs- und Gerechtigkeitsorientierungen in neuen Formen betrieblicher Leistungspolitik. Wiesbaden: VS

Menz, Wolfgang/Dunkel, Wolfgang/Kratzer, Nick (2010): Leistung und Leiden. Neue Steuerungsformen von Leistung und ihre Belastungswirkungen In: Kratzer, Nick/Dunkel, Wolfgang/Becker, Karina/Hinrichs, Stephan/Peters, Klaus (Hg.): Arbeit und Gesundheit in schwierigen Zeiten – das Projekt PARGEMA. Berlin: edition sigma, S. 103–154

MEW 23 (1983): Marx-Engels Werke. Berlin: Dietz

Michaels, Ed/Handfield-Jones, Helen/Axelrod, Beth (2001): The War for Talent. Cambridge/Mass.: Harvard Business School

Mills, Peter K./Ungson, Gerardo R. (2001): Internal Market Structures. Substitutes for Hierarchies. In: Journal of Service Research, 3 (3), S. 252–264

Moldaschl, Manfred F./Sauer, Dieter (2000): Internalisierung des Marktes – Zur neuen Dialektik von Kooperation und Herrschaft In: Minssen, Heiner (Hg.): Begrenzte Entgrenzungen. Wandlungen von Organisation und Arbeit. Berlin: edition sigma, S. 205–224

Moldaschl, Manfred F./Voß, G. Günter (Hg.) (2002): Subjektivierung von Arbeit. München, Mering: Rainer Hampp Verlag

Mønsted, Mette (2006): Debriefing and motivating knowledge workers in small IT firms: challenges to leadership In: Christensen, Poul Rind /Poulfelt, Flemming (eds.): Managing Complexity and Change in SMEs. Frontiers in European Research. Cheltenham, Northhampton: Edward Elgar, S. 180–197

Montoya, Peter/Vandehey, Tim (2009): The brand called you : create a personal brand that wins attention and grows your business. New York: McGraw-Hill

Morden, Tony (2004): Principles of Management (2nd edition). Aldershot: Ashgate Publishing

Morgan, Gareth (1980): Paradigms, Metaphors, and Puzzle Solving in Organization Theory. In: Administrative Science Quarterly, 25 (4), S. 606–622

Morgan, Gareth (1986): Images of Organizations. London, New York: Sage

Morgan, Gareth (2000): Bilder der Organisation. Stuttgart: Klett-Cotta

Morris, Michael H./Avila, Ramon A./Allen, Jeffrey (1993): Individualism and the Modern Corporation: Implications for Innovation and Entrepreneurship. In: Journal of Management, 19 (3), S. 595–612

Mückenberger, Ulrich (1985): Die Krise des Normalarbeitsverhältnisses. Hat das Arbeitsrecht noch Zukunft? (1). In: Zeitschrift für Sozialreform, (7), S. 415–434

Müller-Jentsch, Walther (2002): Welche Mitbestimmung braucht das neue (nachfordistische) Produktionsmodell? In: FIAB (Hg.): Jahrbuch Arbeit – Bildung – Kultur Band 19/20. Recklinghausen: FIAB-Verlag, S. 101–114

Müller, Hans-Erich/Prangenberg, Arno (1997): Outsourcing-Management. Handlungsspielräume bei Ausgliederung und Fremdvergabe. Köln: Bund-Verlag

Naus, Fons/Iterson, Ad van/Roe, Robert (2007): Organizational cynicism: Extending the exit, voice, loyalty, and neglect model of employees' responses to adverse conditions in the workplace. In: Human Relations, 60 (5), S. 683–718

Neuberger, Oswald/Kompa, Ain (1987): Wir, die Firma. Der Kult um die Unternehmenskultur. Weinheim, Basel: Beltz

Nichols, Don (1989): Bottom-Up Strategies: Asking the Employees For Advice. In: Management Review, 78 (12), S. 44–50

North, Douglas C. (1992): Institutionen, institutioneller Wandel und Wirtschaftsleistung. Tübingen: Mohr

OECD (2001): The Well-Being of Nations: The Role of Human and Social Capital. Paris: OECD

Offe, Claus (1985): Disorganized capitalism. Cambridge: Polity Press

Offe, Claus (1994): Der Tunnel am Ende des Lichts. Erkundungen der politischen Transformation im Neuen Osten. Frankfurt/M.: Campus

Ogbonna, Emmanuel/Harris, Lloyd C. (1998): Organizational culture: It's not what you think ... In: Journal of General Management, 23 (3), S. 35–48

Ogbonna, Emmanuel/Harris, Lloyd C. (2006): The dynamics of employee relationships in an ethnically diverse workforce. In: Human Relations, 59 (3), S. 379–407

Orléan, Andre (1999): Le pouvoir de la finance. Paris: Odile Jacob

Ortmann, Günther (1988): Handlung, System, Mikropolitik. In: Küpper, Willi/Ortmann, Günther (Hg.): Mikropolitik: Rationalität, Macht und Spiele in Organisationen. Opladen: Westdeutscher Verlag, S. 217–225

Ortmann, Günther (1995): Formen der Produktion: Organisation und Rekursivität. Opladen: Westdeutscher Verlag

Osterloh, Margit (1988): Methodische Probleme einer empirischen Erfassung von Organisationskulturen. In: Dülfer, Eberhard (Hg.): Organisationskultur. Phänomen – Philosophie – Technologie. Stuttgart: Poeschel, S. 139–151

Ouchi, William G. (1980): Markets, bureaucracies and clans. In: Administrative Science Quarterly, 25 (1), S. 129–141

Ouchi, William G. (1981): Theory Z. How American Business Can Meet The Japanese Challenge. New York: Avon

Pawlowsky, Peter/Willkens, Uta (Hg.) (2001): Zehn Jahre Personalarbeit in den neuen Bundesländern. Transformation und Demographie. München, Mering: Rainer Hampp Verlag

Pestieau, Pierre (2006): The welfare state in the European Union – economic and social perspectives. Oxford: Oxford University Press

Peter, Lothar (2002): Neue Formen der Arbeit, Arbeitskraftunternehmer und Arbeitssucht. In: Heide, Holger (Hg.): Massenphänomen Arbeitssucht. Historische Hintergründe und aktuelle Entwicklung einer neuen Volkskrankheit. Bremen: Atlantik, S. 106–115

Peters, Klaus (2001): Individuelle Autonomie und die Reorganisation von Unternehmen. In: Fricke, Werner (Hg.): Jahrbuch Arbeit und Technik 2001/2002. Bonn: Dietz, S. 371–388

Peters, Klaus/Sauer, Dieter (2005): Indirekte Steuerung – eine neue Herrschaftsform. Zur revolutionären Qualität des gegenwärtigen Umbruchsprozesses In: Wagner, Hilde (Hg.): Rentier ich mich noch? Neue Steuerungskonzepte im Betrieb. Hamburg: VSA, S. 23–59

Peters, Thomas J. (1992): Liberation Management. New York: Alfred Knopf

Peters, Thomas J./Waterman, Robert H. jr. (1982): In Search of Excellence. Lessons from America's best-run Companies. New York: Harper & Row

Pfeffer, Jeffrey (1998): The Human Equation. Building Profits By Putting People First. Cambridge/Mass.: Harvard Business School

Pfeiffer, Sabine (2010): Technisierung von Arbeit In: Böhle, Fritz/Voß, G. Günter/Wachtler, Günther (Hg.): Handbuch Arbeitssoziologie. Wiesbaden: VS, S. 231–262

Pickshaus, Klaus/Schmitthenner, Horst/Urban, Hans-Jürgen (Hg.) (2001): Arbeiten ohne Ende. Neue Arbeitsverhältnisse und gewerkschaftliche Arbeitspolitik. Hamburg: VSA

Pickshaus, Klaus/Urban, Hans-Jürgen (2003): Gute Arbeit – eine Perspektive gewerkschaftlicher Arbeitspolitik In: Peters, Jürgen/Schmitthenner, Horst (Hg.): ‚Gute Arbeit'. Menschengerechte Arbeitsgestaltung als gewerkschaftliche Zukunftsaufgabe. Hamburg: VSA, S. 264–277

Pickshaus, Klaus/Urban, Hans-Jürgen (2004): ‚Gute Arbeit' – eine arbeits- und gesundheitspolitische Initiative der IG Metall. In: Arbeit (INQA-Sonderheft), S. 220–229

Pinchot, Gifford (1988): Intrapreneuring. Mitarbeiter als Unternehmer. Wiesbaden: Gabler

Pinchot, Gifford (2001): Free Intraprise. In: Executive Excellence, 18 (1), S. 10

Pinchot, Gifford/Pinchot, Elisabeth (1993): The end of bureaucracy and the rise of the intelligent organisation. San Francisco/CA: Berret-Koehler Publ.

Pinkerton, James P. (1993): The New Paradigm of Government: Passing the Torch to a New Administration In: Geranmayeh, Ali/Halal, William E./Pourdehnad, Joh N. (eds.): Internal Markets : Bringing the Power of Free Enterprise Inside Your Organization. New York: John Wiley & Sons, S. 207–216

Pohlmann, Markus C./Schmidt, Rudi (1995): Management in Ostdeutschland In: Lutz, Burkart/Schmidt, Rudi (Hg.): Chancen und Risiken der industriellen Restrukturierung in Ostdeutschland. Berlin: Akademie Verlag, S. 217–143

Polanyi, Karl (1977 [1957]): The great transformation. Politische und ökonomische Ursprünge von Gesellschaften und Wirtschaftssystemen. Wien: Europaverlag

Pongratz, Hans J./Voß, G. Günter (2002): ArbeiterInnen und Angestellte als Arbeitskraftunternehmer? Erwerbsorientierungen in entgrenzten Arbeitsformen. Düsseldorf: Hans-Böckler-Stiftung

Poppo, Laura (1995): Influence Activities and Strategic Coordination: Two Distinctions of Internal and External Markets. In: Management Science, 41 (12), S. 1845–1859

Prabitz, Gerald (1996): Unternehmenskultur und Betriebswirtschaftslehre. Eine Untersuchung zur Kontinuität betriebswirtschaftlichen Denkens. Wiesbaden: Deutscher Universitätsverlag

Prasad, Lakshmanan (1993): The Etiology of Organizational Politics: Implications for the Intrapreneur. In: SAM Advanced Management Journal, 58 (3), S. 35–42

Pratt, John W./Zeckhauser, Richard (eds.) (1985): Principals and agents: The Structure of business. Boston: Harvard University Press

Priewe, Jan (2001): Vom Lohnarbeiter zum Shareholder? In: PROKLA. Zeitschrift für kritische Sozialwissenschaft, 31 (1), S. 103–122

Prisching, Manfred (2000): Alte und neue Unternehmer. In: Wirtschaftspolitische Blatter, 47 (1), S. 23–32

Prognos AG (2002): Technologieatlas 2002. Die Erfolgsfaktoren zur regionalen technologischen Leistungsfähigkeit (www.Prognos.com)

Quinn, James Brian (1999): Strategic outsourcing: Leveraging knowledge capabilities. In: Sloan Management Review, 40 (4), S. 9–21

Quinn, James Brian (2000): Outsourcing innovation: The new engine of growth. In: Sloan management Review, 41 (4), S. 13–28

Ramsay, Harvie (1991): Reinventing the wheel? A review of the development and performance of employee involvement. In: Human Resource Management Journal, 4 (1), S. 1–22

Rappaport, Alfred (1986): Creating shareholder value. New York: Free Press

Reckwitz, Andreas/Sievert, Holger (Hg.) (1999): Interpretation, Konstruktion, Kultur. Ein Paradigmenwechsel in den Sozialwissenschaften. Opladen: Westdeutscher Verlag

Reed, Richard/DeFillippi, Robert J. (1990): Causal Ambiguity, Barriers to Imitation, and Sustainable Competitive Advantage. In: Academy of Management Review, 15 (1), S. 88–102

Reich, Robert B. (1992): The Work of Nations: Preparing ourselves for 21st century capitalism. New York: Vintage Books

Reich, Robert B. (1993): Die neue Weltwirtschaft : das Ende der nationalen Ökonomie. Frankfurt/M.: Ullstein

Reindl, Josef (1995): Von der Treuhand zum Transplantant. Industriesoziologische Analyse eines Transformationsprozesses. In: Das Argument, (208), S. 67–78

Reindl, Josef (2000): Scheinselbständigkeit. Ein deutsches Phänomen und ein verkorkster Diskurs. In: Leviathan, 28 (4), S. 413–433

Reiss, Michael (2000): Interpreneure – Unternehmertum in Netzwerken. In: Frankfurter Allgemeine Zeitung, 09.10.2000, S. 33

Reitz, H. Joseph (1998): Intrapreneurs and Market-based managers: Pirates and gamblers or Knights and saints? In: Business Horizons, 41 (6), S. 49–61

Robinson, Mark (2001): The Ten Commandments of Intrapreneurs. In: Management (December), S. 95–98

Roos, Johan/Krogh, Georg van (1992): Figuring out your competence configuration. In: European Management Journal, 10 (4), S. 422–444

Ross, Joel E. (1987): Intrapreneurship And Corporate Culture. In: Industrial Management, 29 (1), S. 22–27

Rowlinson, Michael/Procter, Stephen (1999): Organizational Culture and Business History. In: Organization Studies, 20 (3), S. 369–396

Sabel, Charles F. (1991): Moebius-Strip Organizations and Open Labour Markets: Some Consequences of the Reintegration of Conception and Execution in a volatile Economy In: Bourdieu, Pierre/Coleman, James Samuel (eds.): Social Theory for a Changing Society. New York: Westview Press, S. 23–61

Sablowski, Thomas (2005): Shareholder Value und die Fragmentierung von Wertschöpfungsketten In: Wagner, Hilde (Hg.): Rentier ich mich noch? Neue Steuerungskonzepte im Betrieb. Hamburg: VSA, S. 59–87

Sablowski, Thomas/Rupp, Joachim (2001): Die neue Ökonomie des Shareholder Value. Corporate Governance im Wandel. In: PROKLA. Zeitschrift für kritische Sozialwissenschaft, 31 (1) , S. 47–78

Sachverständigenrat zur Begutachtung der gesamtwirtschaftlichen Entwicklung (1990): Auf dem Wege zur wirtschaftlichen Einheit Deutschlands. Jahresgutachten 1990/91. Stuttgart: Metzler-Poeschel

Sachverständigenrat zur Begutachtung der gesamtwirtschaftlichen Entwicklung (1999): Jahresgutachten 1999/2000: ‚Wirtschaftspolitik unter Reformdruck'. Wiesbaden: Statistisches Bundesamt

Sackmann, Sonja A. (1983): Organisationskultur: Die unsichtbare Einflußgröße. In: Gruppendynamik, (14), S. 393–406

Sackmann, Sonja A. (1991): Cultural knowledge in organizations : exploring the collective mind. Newbury Park: Sage

Sauer, Dieter (2000): Internalisierung des Marktes – Zur Dialektik von Kooperation und Herrschaft In: Minssen, Heiner (Hg.): Begrenzte Entgrenzungen. Wandlungen von Organisation und Arbeit. Berlin: edition sigma, S. 205–225

Sauer, Dieter (2010): Vermarktlichung und Vernetzung der Unternehmens- und Betriebsorganisation In: Böhle, Fritz/Voß, G. Günter/Wachtler, Günther (Hg.): Handbuch Arbeitssoziologie. Wiesbaden: VS, S. 545–568

Sauer, Dieter/Döhl, Volker (1996): Die Auflösung des Unternehmens? – Entwicklungstendenzen der Unternehmensreorganisation in den 90er Jahren. In: Institut für Sozialforschung Frankfurt/INIFES Stadtbergen/ISF München/Soziologisches Forschungsinstitut Göttingen (Hg.): Jahrbuch sozialwissenschaftliche Technikberichterstattung 1996. Berlin: edition sigma, S. 19–76

Schäfer, Claus (2005): Zur Lage der Interessenvertretung. Die aktuelle WSI-Befragung von Betriebs- und Personalräten. In: WSI-Mitteilungen, (6), S. 290–300

Scharenberg, Albert (2009): Die Lähmung der Linken. In: Blätter für deutsche und internationale Politik, (4), S. 5–9

Scheele, Alexandra (2008): Organisation und Geschlechterkultur. Ist Diversity Management ein geeignetes Instrument zur Realisierung betrieblicher Gleichstellung? In: Benthin/ Brinkmann (2008), S. 123–148

Schein, Edgar H. (1995): Unternehmenskultur. Ein Handbuch für Führungskräfte. Frankfurt/M., New York: Campus

Schein, Edgar H. (1997): Organizational culture and leadership (2nd edition). San Francisco: Jossey-Bass

Schein, Edgar H. (2004): Organization culture and leadership. (3rd Edition). New York: Jossey-Bass

Schmalenbach, Eugen (1948): Pretiale Wirtschaftslenkung. Band 2: Pretiale Lenkung des Betriebes. Bremen: Industrie- u. Handelsverlag Dorn

Schmid, Frank/Seger, Frank (1998): Arbeitnehmermitbestimmung, Allokation von Entscheidungsrechten und Shareholder Value. In: Zeitschrift für Betriebswirtschaft, 68 (5), S. 453–474

Schmidt, Michael (1995): Unternehmenskultur: Integration des kulturtheoretischen Forschungsansatzes in die Betriebs- und Genossenschaftslehre. Wien: Service-Verlag

Schmierl, Klaus (1999): Erosion oder Wandel? Industrielle Beziehungen im transnationalen Produktionsverbund. In: WSI-Mitteilungen, 52 (8), S. 548–557

Schmierl, Klaus (2001): Hybridisierung der industriellen Beziehungen in der Bundesrepublik – Übergangsphänomen oder neuer Regulationsmodus? In: Soziale Welt, (52), S. 427–447

Schmitter, Philippe C./Gerhard Lehmbruch (Hg.) (1979): Trends Toward Corporatist Intermediation. Beverly Hills, London: Sage

Schreyögg, Georg (1991): Kann und darf man Unternehmenskulturen ändern? In: Dülfer, Eberhard (Hg.): Organisationskultur: Phänomen – Philosophie – Technologie. Stuttgart: Poeschel, S. 201–214

Schulz, Yogi (2002): Some things shouldn't be outsourced. In: Computing Canada, 28 (3), S. 25

Schumann, Michael (1998): Frisst die Shareholder-Value-Ökonomie die Modernisierung der Arbeit? In: Hirsch-Kreinsen, Hartmut/Wolf, Harald (Hg.): Arbeit, Gesellschaft, Kritik. Orientierungen wider den Zeitgeist. Berlin: edition sigma, S. 19–30

Schumann, Michael (2005): Mitbestimmung als Medium ressourcenorientierter, innovativer Unternehmenspolitik. In: SOFI-Mitteilungen, 33 (Dezember), S. 7–15

Schumann, Michael/Baethge-Kinsky, Volker/Neumann, Uwe/Springer, Roland (1990): Breite Diffusion neuer Produktionskonzepte – zögerlicher Wandel der Arbeitsstrukturen. Zwischenergebnisse aus dem ‚Trendreport – Rationalisierung in der Industrie'. In: Soziale Welt, 41 (1), S. 47–69

Schumpeter, Joseph Alois (1928): Unternehmer. In: Conrad, Johannes (Hg.): Handwörterbuch der Staatswissenschaften, Achter Band: Tarifvertrag bis Zwecksteuern. Jena: Gustav Fischer Verlag, S. 476–487

Schumpeter, Joseph Alois (1997 [1911]): Theorie der wirtschaftlichen Entwicklung. Eine Untersuchung über Unternehmergewinn, Kapital, Kredit, Zins und den Konjunkturzyklus. Berlin: Duncker & Humblot

Scott, William Richard (1992): Organizations: rational, natural, and open systems. Englewood Cliffs/NJ: Prentice-Hall Internat.

Seeber, Günther (2001): Wissensarbeit im Spannungsfeld von eigeninteressiertem Opportunismus und intrinsischer Motivation. In: Erziehungswissenschaft und Beruf, 49 (2), S. 163–178

Seifert, Matthias/Brinkmann, Ulrich (1999): Verlust einer riskanten Ressource – Vertrauensverfall im Zuge des ostdeutschen Transformationsprozesses. In: Industrielle Beziehungen. Zeitschrift für Arbeit, Organisation und Management, 6 (2), S. 151–188

Seifert, Matthias/Brinkmann, Ulrich (2003): Organisationales Vertrauen, Reziprozität und Interessen – Eine Replik auf Martin K.W. Schweer. In: Zeitschrift Erwägen – Wissen – Ethik, 14 (2), S. 374–377

Sennett, Richard (2000): Wie Arbeit die soziale Zugehörigkeit zerstört. In: Engelmann, Jan/Wiedemeyer, Michael (Hg.): Kursbuch Arbeit. Frankfurt/M.: DVA, S. 124–132

Sennett, Richard (2002): Der flexible Mensch. Die Kultur des neuen Kapitalismus. Berlin: Berlin Verlag

Sharma, Pramodita/Chrisman, James J. (1999): Toward a Reconciliation of the Definitional Issues in the Field of Corporate Entrepreneurship. In: Entrepreneurship: Theory & Practice, 23 (3), S. 11–27

Shays, E. Michael/Chambeau, Franck de (1984): Harnessing entrepreneurial energy within the corporation. In: Management Review, 73 (9), S. 17–21

Sheperd, Alan (1999): Outsourcing IT in a changing world. In: European Management Journal, 17 (1), S. 64–84

Shuttleworth, Alan (1971): People and Culture. In: Working Papers in Cultural Studies, (1), S. 65–96

Siemons, Mark (1997): Jenseits des Aktenkoffers. Vom Wesen des neuen Angestellten. München, Wien: Carl Hanser Verlag

Simmel, Georg (1991 [1900]): Philosophie des Geldes. Frankfurt/M.: Suhrkamp

Simon, Gabriela (2000): Arbeit als Last und als Medium der persönlichen Entfaltung. In: Frankfurter Rundschau, 20.3.2000, S. 6

Simon, Herbert A. (1991): Organizations and markets. In: Journal of Economic Perspectives, 5 (2), S. 25–44

Sinclair, Upton (1983 [1937]): Am Fließband. Mr. Ford und sein Knecht Shutt. Berlin: März-Verlag

Sinn, Gerlinde/Sinn, Hans-Werner (1992): Kaltstart. Volkswirtschaftliche Aspekte der deutschen Vereinigung (2. Auflage). Tübingen: Mohr

SLIC (2006): SLIC Evaluationsbericht über das deutsche Arbeitsaufsichtssystem (http://www.vdgab.de/Ablage/SLIC-Bericht_deutsch.pdf)

Smircich, Linda (1983): Concepts of Culture and Organizational Analysis. In: Administrative Science Quarterly, 28, S. 339–358

Søderberg, Anne-Marie/Vaara, Eero (eds.) (2003): Merging across Borders: People, Cultures and Politics. Copenhagen: Copenhagen Business School Press

Sombart, Werner (1954): Die deutsche Volkswirtschaft im neunzehnten Jahrhundert. Darmstadt: Wissenschaftliche Buchgesellschaft

Sombart, Werner (1967): Liebe, Luxus und Kapitalismus. München: dtv

Sorge, Arndt (1993): Arbeit, Organisation und Arbeitsbeziehungen in Ostdeutschland. In: Berliner Journal für Soziologie, 3 (4), S. 549–567

Southon, Mike/West, Chris (2005): Insider knowledge. In: Director, (June), S. 25

Späth, Lothar (1998): Blühende Phantasien und harte Realitäten. Wie der Umschwung Ost die ganze Republik verändert. Düsseldorf, München: Econ & List Taschenbuchverlag

Springer, Roland (1999): Rückkehr zum Taylorismus? Arbeitspolitik in der Automobilindustrie am Scheideweg. Frankfurt/M., New York: Campus

Stahl, Günter K./Mendenhall, Mark E. (eds.) (2005): Mergers and Acquisitions: Managing Culture and Human Resources. Stanford: Stanford Univ. Pr.

Staute, Jörg (1997): Das Ende der Unternehmenskultur. Firmenalltag im Turbokapitalismus. Frankfurt/M.: Campus

Stehr, Nico (1994): Arbeit, Eigentum und Wissen. Zur Theorie von Wissensgesellschaften. Frankfurt/M.: Suhrkamp

Stehr, Nico (2001): Moderne Wissensgesellschaften. In: Aus Politik und Zeitgeschichte, (B 36), S. 7–14

Steinbicker, Jochen (2001): Soziale Ungleichheit in der Informations- und Wissensgesellschaft. In: Berliner Journal für Soziologie, (4), S. 441–458

Storey, John (1992): Management of Human resources. Oxford: Blackwell

Strauss, Anselm L. (1988): The articulation of project work: An organizational process. In: Sociological Quarterly, 29, S. 163–178

Streeck, Wolfgang (1997): German Capitalism: Does it exist? Can it survive? In: Crouch, Colin/Streeck, Wolfgang (eds.): Political economy of modern capitalism: Mapping convergence and diversity. London: Sage, S. 33–54

Strulik, Torsten (2004): Nichtwissen und Vertrauen in der Wissensökonomie. Frankfurt/M.: Campus

Sturdy, Andrew/Grugulis, Irena/Willmott, Hugh (eds.) (2000): Customer Service. Empowerment and entrapment. Houndsmills: Palgrave

Swedberg, Richard (1987): The Sociology of Markets. In: Current Sociology, 35, S. 105–119

Taylor, Frederick Winslow (1995 [1913]): Die Grundsätze wissenschaftlicher Betriebsführung. (Reprint – Neu herausgegeben und eingeleitet von Walter Bungard und Walter Volpert). Weinheim: Psychologie-Verl.-Union

Tiebler, Petra/Prätorius, Gerhard (1993): Ökonomische Literatur zum Thema ‚Unternehmenskultur'. Ein Forschungsüberblick In: Dierkes, Meinolf/Rosenstiel, Lutz von/Steger, Ulrich (Hg.): Unternehmenskultur in Theorie und Praxis. Konzepte aus Ökonomie, Psychologie und Ethnologie. Frankfurt/M.: Campus, S. 23–89

Townley, Barbara (1993): Foucault, power/knowledge, and its relevance for human resource management. In: Academy of Management Review, 18 (3), S. 518–545

Trethewey, Angela (1997): Resistance, Identity, and Empowerment: A Postmodern Feminist Analysis of Clients in a Human Service Organization. In: Communication Monographs, 64 (4), S. 281–301

Treuhandanstalt (1994a): Daten und Fakten zur Aufgabenerfüllung der Treuhandanstalt. Berlin: THA

Treuhandanstalt (1994b): Dokumentation, 1990–1994. 15 Bände. Berlin: THA

Trompenaars, Fons/Hampden-Turner, Charles (1997): Riding The Waves of Culture: Understanding Diversity in Global Business (2nd edition). London: Nicholas Brealey Publishing

Tullius, Knut (2001): Internal Contractualisation and supervisory control. In: Revised version of a paper presented by the author at EGOS 17th Colloquium, July 2001, Lyon, France

Tullius, Knut (2004): Vertrackte Kontrakte. Formwandel des betrieblichen Steuerungsregimes und die Rolle des Meisters. Berlin: edition sigma

Türk, Klaus (1989): Neuere Entwicklungen in der Organisationsforschung: ein Trend-Report. Stuttgart: Ferdinand Enke Verlag

Ulfelder, Steve (2002): Opting for outsourcing. In: Computerworld, 36 (18), S. 36–39

Useem, Michael/Harder, Joseph (2000): Leading laterally in company outsourcing. In: Sloan management Review, 41 (2), S. 25–36

Välikangas, Liisa (2001): Internal Markets – Emerging Governance Structures for Innovation. In: Paper presented at the Strategic Management Society, 21st Annual International Conference, San Francisco

Vancil, Richard F./Buddrus, Lee E. (1979): Decentralization, managerial ambiguity by design : a research study and report. Homewood, Ill.: Dow Jones-Irwin

Veiga, John/Lubatkin, Michael/Calori, Roland/Very, Philippe (2000): Measuring organizational culture clashes: A two-nation post-hoc analysis of a cultural compatibility index. In: Human Relations, 53 (4), S. 539–557

Vijayan, Jaikumar (2002): The outsourcing boom. In: Computerworld, 36 (12), S. 42–43

Voß, G. Günter/Pongratz, Hans J. (1998): Der Arbeitskraftunternehmer. Eine neue Grundform der Ware Arbeitskraft? In: Kölner Zeitschrift für Soziologie und Sozialpsychologie, 50 (1), S. 131–158

Voß, G. Günter/Pongratz, Hans J. (2000): Vom Arbeitnehmer zum Arbeitskraftunternehmer. Zur Entgrenzung der Ware Arbeitskraft In: Minssen, Heiner (Hg.): Begrenzte Entgrenzungen. Wandlungen von Organisation und Arbeit. Berlin: edition sigma, S. 225–247

Wächter, Hartmut (1998): Krise der Verhandlungskultur. In: Die Mitbestimmung, (9), S. 11–15

Wächter, Hartmut/Führing, Meik (Hg.) (2004): Anwendungsfelder des Diversity Management. München, Mering: Rainer Hampp Verlag

Wagner, Hilde (2005): Die Macht der Zahlen. Neue Steuerung im Betrieb. In: Wagner, Hilde (Hg.): Rentier ich mich noch? Neue Steuerungskonzepte im Betrieb. Hamburg: VSA, S. 9–23

Wardell, Mark/Steiger, Thomas L./Meiksins, Peter (eds.) (1999): Rethinking the Labor Process. Albany: State University of New York Press

Weber, Max (1972): Wirtschaft und Gesellschaft. Tübingen: Mohr

Weitbrecht, Hansjörg/Mehrwald, Sylvana (1998): Mitbestimmung, Human Resource Management und neue Beteiligungskonzepte. Wissenschaftlicher Expertenbericht für die Kommission Mitbestimmung. Gütersloh: Verlag Bertelsmann Stiftung

Westphal, Andreas/Herr, Hansjörg/Heine, Michael/Busch, Ulrich (Hg.) (1991): Wirtschaftspolitische Konsequenzen der deutschen Vereinigung. Frankfurt/M., New York: Campus

Wieland, Josef (1997): Die Neue Institutionenökonomik. Entwicklung und Probleme der Theoriebildung In: Ortmann, Günther/Sydow, Jörg/Türk, Klaus (Hg.): Theorien der Organisation. Die Rückkehr der Gesellschaft. Opladen: Westdeutscher Verlag, S. 35–66

Wiesenthal, Helmut (2005): Markt, Organisation und Gemeinschaft als ‚zweitbeste' Verfahren sozialer Koordination In: Jäger, Wieland/Schimank, Uwe (Hg.): Organisationsgesellschaft – Facetten und Perspektiven. Wiesbaden: VS, S. 223–264

Williamson, Oliver E. (1974): Exit and voice : Some implications for the study of the modern corporation. In: Social Science Information, 13 (6), S. 61–72

Williamson, Oliver E. (1975): Markets and hierarchies. Analysis and antitrust implications. New York: Free Press

Williamson, Oliver E. (1985): The Economic Institutions of Capitalism: Firms, Markets, Relational Contracting. New York: Free Press

Willis, Paul (1982): Spaß am Widerstand. Gegenkultur in der Arbeiterschule. Frankfurt/M.: Syndikat

Willke, Helmut (1998): Organisierte Wissensarbeit. In: Zeitschrift für Soziologie, 27 (3), S. 161–177

Windolf, Paul (2001): The Transformation of Rhenanian Capitalism. Beitrag auf der Konferenz „Shareholder Value and Globalisation" (Mai 2001). Bad Homburg (http://www.uni-trier.de/uni/fb4/soziologie/apo/conference.htm)

Windolf, Paul (2002): Die Zukunft des Rheinischen Kapitalismus. In: Allmendinger, Jutta/ Hinz, Thomas (Hg.): Organisationssoziologie. Sonderheft der Kölner Zeitschrift für Soziologie und Sozialpsychologie. Wiesbaden: Westdeutscher Verlag, S. 414–442

Windolf, Paul (Hg.) (2005a): Finanzmarktkapitalismus. Sonderheft der Kölner Zeitschrift für Soziologie und Sozialpsychologie. Wiesbaden

Windolf, Paul (2005b): Was ist Finanzmarkt-Kapitalismus? In: Windolf, Paul (Hg.): Finanzmarktkapitalismus. Sonderheft der Kölner Zeitschrift für Soziologie und Sozialpsychologie. Wiesbaden: VS, S. 20–57

Windolf, Paul (2008): Eigentümer ohne Risiko. Die Dienstklasse des Finanzmarkt-Kapitalismus. In: Zeitschrift für Soziologie, 37 (6), S. 516–535

Windolf, Paul/Beyer, Jürgen (1995): Kooperativer Kapitalismus. Unternehmensverflechtungen im internationalen Vergleich. In: Kölner Zeitschrift für Soziologie und Sozialpsychologie, 47 (1), S. 1–36

Windolf, Paul/Brinkmann, Ulrich/Kulke, Dieter (1999): Warum blüht der Osten nicht? Zur Transformation der ostdeutschen Betriebe. Berlin: edition sigma

Wolf, Harald (1997): Das dezentrale Unternehmen als imaginäre Institution. In: Soziale Welt, 48 (2), S. 207–224

Womack, James P./Jones, Daniel T./Roos, Daniel (1992): Die zweite Revolution in der Autoindustrie. Frankfurt/M.: Campus

Wright, Melissa W. (2006): Disposable women and other myths of global capitalism. London: Routledge

Wunderer, Rolf (1999): Mitarbeiter als Mitunternehmer – ein Transformationskonzept. In: Die Betriebswirtschaft, 59 (1), S. 105–130

Zahra, Shaker A./Nielsen, Anders P./Bogner, William C. (1999): Corporate Entrepreneurship, Knowledge, and Competence Development. In: Entrepreneurship: Theory & Practice, 23 (3), S. 169–189

Zahra, Shaker A./Pearce, John A. II (1994): Corporate entrepreneurship in smaller firms: The role of environment, strategy and organization. In: Entrepreneurship, Innovation and Change, 3 (1), S. 31–44

Zanoni, Patrizia/Janssens, Maddy (2007): Minority Employees Engaging with (Diversity) Management: An Analysis of Control, Agency, and Micro-Emancipation. In: Journal of Management Studies (doi: 10.1111/j.1467-6486.2007.00700.x)

Verzeichnis der Abbildungen und Tabellen

Abbildungen

Tabellen

Zeitfracht Medien GmbH
Ferdinand-Jühlke-Straße 7
99095 Erfurt, Deutschland
produktsicherheit@kolibri360.de